성종, 군주의 자격을 묻다

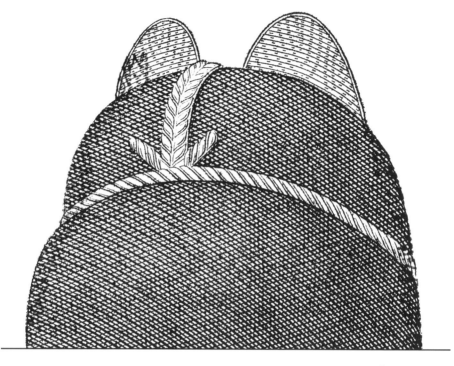

03 군주 평전 시리즈

성종,
군주의 자격을묻다

방상근 지음

푸른역사

이 책의 토대는 필자의 학위논문에 기초한다. 필자는 박사과정 대학원 세미나에서 《조선왕조실록》을 읽으면서 정도전과 태종 그리고 세종에 관한 몇 편의 논문을 학술지에 게재하였다. 처음에는 그 논문들을 토대로 해서 학위논문을 써보려고 했다. 하지만 태조에서 세종에 이르는 시기를 어떤 주제로 일관되게 쓸 수 있을지가 막연했다. 고민 끝에 결국 단념하고, 세종 대 이후를 살펴보기 위해 《세조실록》과 《성종실록》을 읽었다. 마침 그 당시에 학계에서는 헌정주의Constitutionalism에 관한 논의가 많이 있었고, 한국 정치사상 분야에서도 '유교적 헌정주의'에 관한 시론적인 논문들이 나오고 있었다. 필자는 조선의 헌법이라고 할 수 있는 《경국대전》이 세조 대에 시작해서 성종 대에 완성되었다는 사실에 주목해, 기존의 연구가 제시하지 못하고 있는 조선의 헌정주의에 관한 담론과 사례를 실록에서 발견해서 이를 주제로 논문을 써야겠다고 마음먹었다.

아무 일도 없었던 태평성대? ___ 그런데 《실록》을 읽으면서 당황스럽고 실망스러웠다. 일단 《경국대전》이 편찬되고 수정되고 보완되는 과정에 관한 기사들이 많지 않았다. 뿐만 아니라 그 기사들 속에는 필자가 기대했던 격렬한 논쟁이나 토론이 없었다. 실질적 법치주의 시대에 사는 오늘날 우리에게 헌법은 권력구조의 구성에 있어서 뿐만 아니라 일상생활에 있어서 규범적 영향력을 지니고 있는 것이기에, 헌법의 제정과 수정 혹은 개정은 많은 논쟁과 격렬한 대립을 야기하곤 한다. 그런데 《경국대전》의 성립 과정에서는 그러한 모습을 볼 수 없었던 것이다. 누구 누구가 《대전》을 교정하는 데 참여하였고 임금과 대신이 몇 가지 보완사항을 지시하고 언제 반포하고 시행했다는 정도였다. 태조나 태종 시대의 정변과 권력투쟁과 같은 극적인 장면도 없었고, 세종 시대와 같은 조종성헌의 제도화 과정이나 문명의 진보와 성취도 크게 눈에 띄지 않았다.

《세조실록》의 경우 계유정난과 단종 폐위와 복위 음모, 그리고 사육신 사후 펼쳐진 반동적 사건들과 훈구대신들의 전횡과 부패 등이 암울한 시대 상황을 각인시켜 주며 인상적이었다. 반면에 《성종실록》을 읽으면서, 필자가 보기에는 그다지 중요해 보이지 않는 사건들, 이를테면 누가 소인이고 누구의 심술心術(마음가짐)이 바르지 못하다는 등 일종의 에피소드와 같은 '사소한' 사건들이 매우 진지하고 장황하게 나열되어 있음을 발견했다. 처음에 필자는 그 지루함의 의미를 이해할 수 없었다. 그래서 선행 연구에서 지적한 바와 같이 '태평성대'이기 때문에 그런가 보다 생각했다. '아무 일도 일어나지 않았던' 한가한 시절이니 이런 시시한 일들을 가지고 논쟁하고 싸우고 있다고 여겨졌다. 《실록》을 끝까지 읽은 후에도 여전히 혼란스러웠다. 아마도 이 시대 사람들은 이런 일들이 정치적으로 의미가 있다고 생각했기 때문에 《실록》에 기록한 것일 터인데, 도대체 그런 사건들이 왜 중요한 것인지 알 수 없었다.

제도화와 교화 _____ 그러던 중 어느 날 필자가 출석하던 교회에서 담임목사님이 '진정한 변화의 원천'이라는 제목으로 《성경》의 〈느헤미야서〉 8장을 설교하는 것을 들었다. 그 대략적인 내용은 예루살렘 성벽을 중수重修한 후에 수문 앞 광장에 모인 이스라엘 백성들이 학사 에스라가 읽어주는 모세의 율법책에 모두가 감동하여 내면적 변화를 경험하게 된다는 것이었다.

주지하는 바와 같이, 유대민족은 다윗과 솔로몬이라는 탁월한 군주의 리더십과 지혜 덕분에 전성기를 누렸다. 그러나 솔로몬 이후에 나라가 남(유다)과 북(이스라엘)으로 분열되었고 결국 외세의 침입으로 멸망했다. 바빌론에 끌려가 포로생활을 하던 백성들은 페르시아의 아닥사스다Artaxerxes 왕 때에 예루살렘으로 귀환했다. 그들은 조국의 멸망과 포로가 되었던 자신들의 처지를 반성하면서 나라를 일으켜 세우기 위해 무엇이 필요한지를 고민했다. 폐허가 된 성읍과 무너진 성곽을 다시 세우는 일을 시작했다. 그 결과물로 성벽 재건이 이루어졌다. 하지만 그것만으로 나라가 재건되지는 않았다. 에스라가 읽어주는 모세의 율법책에 새겨진 그들의 하나님 여호와의 말씀을 들으면서, 진정한 재건을 위해서는 먼저 불순종했던 자신들의 내면이 변화되어야 한다는 것을 깨달았다. 그것이 개혁의 원천이며 재건을 추동하는 가장 강력한 힘이라는 것을 알게 되자 그들은 눈물을 흘렸다.

그 이야기는 필자에게 조선 초기 역사에 대한 이해의 지평을 넓히는 데 도움을 주었다. 조선왕조는 창업 이후 태종과 세종 대에 이르러 통치질서가 안정되고 수성守成을 이룩하였다. 하지만 세조의 쿠데타 이후 정당성 없는 패도정치가 지속되었고 두 차례에 걸친 여진 정벌로 민생은 어려워졌다. 사풍과 민풍이 퇴보하고 사회의 기강은 무너졌다. 권력을 독점한 대신들의 부패는 극심했다. 성종은 이러한 시대의 유산을 물려받고 왕위에 올랐다. 그는 부패한 정치를 개혁하고 나라의 기강과 질서를 재건하고자 했다. 하지만 진정한 개혁은 눈에 보이는 제도를 바꾸는 것만으로 충분하지 못했다. 나라를 운영하는 정치가와 관료들의 내면을 변화시키는 것이 필요했다. 그것이 바로 교화의 정치였다. 필자는 《성종실록》에 왜 군자와 소인에 관한 논의와 논쟁이 많은지, 왜 '교화'라는 단어가 많이 등장하고 있는 것인지를 비로소 이해할 수 있었다.

고려를 무너뜨리고 조선을 세운 정치가들은 창업 초기의 정변과 위기를 극복하고 나라를 안정시키고자 노력했다. 그들은 먼저 법도와 금령을 새로 세우고 국정 운영의 틀을 제도화하는 작업에 착수했다. 토지제도를 개혁하여 과전법을 만들고 《경제육전》을 비롯한 법전 편찬 작업을 시작했다. 물론 태조 때부터 대간에서는 풍속의 교화를 위한 여러 시책을 건의하였으며, 임금에게 군자를 가까이하고 소인을 멀리하라고 충언하였다. 하지만 원론적인 이야기였고 누가 소인이고 누가 군자인지를 정밀하게 가리자는 주장은 아니었다.

태종과 세종을 거치면서 조종성헌의 제도화에 성과가 나타났고 성종 즉위년에 《경국대전》(기축대전)이 완성되었다. 성종 시대에는 세조 시대에 무너진 기강을 다시 세우고 풍속을 교화해야 한다는 목소리가 강력한 힘을 얻었고 군자와 소인을 구별하자는 논의가 최우선적인 정치 과제로 자리매김되었다. 성종은 풍속의 교화를 자신의 사명으로 자각하고 그 과업을 끝까지 관철하고자 노력한 군주였다. 이와 같은 경향은 연산군 시대의 사화를 경험한 후 중종 대에 등장한 사림파들에 의해 더욱 두드러지게 나타났다. 이러한 역사적 경험과 사례는 주자학이 현실정치와 유리되어 과거시험의 수단으로 전락했던 명나라와 구별되는 조선만의 독자성이라고 할 수 있다.

성종 이전과 그 이후 ___ 오늘날 우리는 성종에 대한 뚜렷한 이미지나 기억을 가지고 있지 않다. 세종과 비교한다면, 거의 기억이 없는 수준이라고 할 수 있다. 성종보다는 오히려 그 주변의 인물들, 예컨대 할머니 정희왕후, 어머니 인수대비, 폐비 윤씨, 아들 연산군, 장인 한명회 등이 많은 사람의 뇌리에 새겨져 있다. 그 이유 가운데 하나는 정치사상과 시대정신보다는 흥미와 사건 위주로 역사를 다루는 사극과 드라마의 영향이라고 할 수 있다. 정치의 본질을 '사회적 가치의 권위적 배분'(D. 이스턴)으로 정의하는 정치학 개념에 익숙한 탓에 유교가 제도의 문제보다 교화에 초점을 두었다는 사실을 우리가 간과하고 있기 때문일 수도 있다. 또 다른 이유는 성종 이후에 전개된 조선의 정치 상황이 사화와 당쟁을 거치면서 갈등이 첨예화되고 종종 비극적인 결말을 초래했다는 사실 때문일 것이다. 그 비극의 씨앗이 성종 시대에 뿌려졌다고 무의식 중에 인식하고 있기 때문이 아닐까?

필자는 아직 성종 이후의 역사에 대한 연구에 착수하지 못했다. 시간과 여건이 허락된다면, 중종과 명종 시대의 사화에 대한 보다 설득력 있는 설명을 제시하고 조선 후기의 국가 재건을 위한 정치가들의 고민과 분투에 대해 연구해 볼 생각이다. 어느 시대이든 개혁이 필요하지 않았던 때는 없겠지만, 중종과 조광조 시대나 선조와 퇴계·율곡의 시대만큼 개혁을 위한 치열한 고민과 다양한 대안이 폭넓게 논의되었음에도 개혁이 좌절된 시기는 흔치 않을 것이다. 그런 의미에서 이 책은 이제까지의 연구를 마무리하고 앞으로의 탐구 방향을 제시해 주는 하나의 이정표라고 말할 수 있다.

주자학에서는 우리 모두가 태어날 때 하늘로부터 리理를 부여받았다고 믿으며 모든 사람이 성인聖人이 될 수 있다고 주장한다. 그 출발점은 먼저 '자포자기'하지 않고 성인이 되고자 하는 마음을 먹고 뜻을 세우는 데 있다. 그런 의미에서 진정한 변화와 개혁은 정치공동체에 속한 모든 구성원이 마음을 크게 새롭게 하여 뜻을 세우는 입지立志에서 출발한다. 초심을 잃지 않고 도중에 포기하지 않고 끊임없이 실현방안을 궁리하고 꾸준하게 실천해 나가는 것이야말로 삶을 영위하고 국가를 운영하는 데 필요한 변화와 개혁의 원천이다. 아무쪼록 필자가 소망하는 연구가 마침내 성과를 맺어 다시 한번 지면을 통해서 독자와 공감할 수 있는 날이 오게 되기를 소망한다.

2022년 11월 도도하게 흐르는 무심천을 바라보며
청주에서 저자 씀

◎ 프롤로그   005

  • 아무 일도 없었던 태평성대?   • 제도화와 교화   • 성종 이전과 그 이후

◎ 성종 연보   020

1. 낡은 정치를 혁파하다

1장 _____ 치열하게 공부하다   028
         • 자산군의 어린 시절
'혼맥'에 힘입은 불안한 출발 ┃ • 후원자, 정희왕후와 한명회
                        • 대왕대비 정희왕후의 수렴청정   • 귀성군 이준 제거   • 공신 책봉과 덕종 추존
조선 임금 중 최다 경연 참가자 ┃ • 기대 이상의 모범생   • 경연의 활성화로 조정을 일신하다
                        • 시기별 독서 목록과 경향   • 《논어》로 경연을 시작하다
                        • 신하에 대한 평가 잣대를 세우다   • 성리학 외 다양한 책 읽으려 하다

2장 _____ 적폐 청산의 시금석, '현석규 탄핵 사건'   050
         • 통치이념, '효치'와 '교화'   • 대신의 권세와 탐욕
권력의 하수인이 된 언론 ┃ • 김언신이 현석규를 탄핵하다   • 탄핵의 역풍
임사홍의 농간, 권력 다툼의 신호탄? ┃ • 이심원과 남효온   • 조선의 왕안석, 임사홍   • 이심원의 폭로
                        • 소인을 분별하는 어려움   • 무술년의 옥사와 무오사화

3장 _____ 왕비를 폐하다   069
        • 교화의 텍스트 《내훈》과 《대학연의》

피해의식에 젖은 투기 | • 윤기견의 딸을 왕비로 삼다   • 국모의 의범이 문제되다
                      • 투기만으로는 폐비할 수 없다

국왕을 해치려 하다 | • 신변의 위협을 호소하다   • 성종의 주장에 힘을 실어준 대비들
                    • 성종 사후를 도모한 폐비 윤씨   • 원자를 폐할 수 없었던 이유

후일의 발호를 경계하다 | • 폐비의 처지를 동정하는 여론   • 권경우와 채수의 실언
                        • 폐비 윤씨를 처단하다

만세를 염려하여 결단하다 | • '국가'라는 영역의 독자성   • 교화의 희생양?   • 국모의 역할과 국가의 흥망

4장 _____ 풍속을 교화하다   100
        • 《소학》과 《삼강행실》

어우동 사건의 파장 | • 어우동은 누구인가   • 어우동 사건의 발단   • 처벌을 둘러싼 견해 차이
                    • 사건의 전후 맥락

교화의 그늘 | • 문란했던 성 풍속   • 무리한 법집행을 관철한 이유   • 교화라는 이름의 '양날의 검'

5장 _____ 우방과 협력하다   117
        • 여진 관계의 기본 틀

중화공동체 전략의 지속 | • '중화공동체 전략'이란   • 태종 대의 중화공동체 전략

우여곡절 건주위 정벌 | • 중화공동체 전략을 계승하다   • 건주위 협공   • 파병을 둘러싼 논쟁
                      • 칙사에게 파병의 뜻을 알리다   • 예상치 못한 어유소의 파진
                      • 재파병을 요청한 신하들   • 만족스러운 파병 결과

일본에 통신사를 파견하다 | • 내전으로 치닫는 일본 정세   • '오닌의 난'이란   • 일본 국왕의 서계
                        • 통신사 파견을 검토하다   • 조선에 중재를 요청하다   • 일본 사정을 탐문하다
                        • 통신사가 되돌아오다   • 마지막 불꽃

6장_____ 유신을 단행하다   144

• 이른바 훈구파와 사림파 • 임사홍 사건 이후 • 군자와 소인을 어떻게 분별할 것인가

참된 인재를 구하려 고심하다 | • 유신의 교화를 선언하다 • 유배 갔던 인사들을 용서하다
• 새로운 인재의 등용 • 인사제도의 변화 • 신정 사건
• 마음속까지 들추어내자!

좌초된 '승출의 법'의 의의 | • 연륜과 격식을 넘어서 • 김종직이 '승출의 법'을 건의하다
• 반론과 재반론 • 재변으로 중단된 승출의 법
• 치세의 분수령, 시대의 분기점

7장_____ 법전을 완성하다   170

• 고려와 조선의 차이

《경국대전》의 시행과 교정 | • 조선문명의 자부심 • 교정을 시작하다 • 풍속을 바로잡다
• 형벌은 엄격하게, 집행은 신중하게 • 법적 안정성 확보
• 법적 타당성 확보 • 상세한 규정을 마련하다

유교적 법치 | • 주자학에서 통치자란 • 예치와 법치

8장_____ 권신을 제어하다   191

• 리더십 딜레마

실세 한명회 극복하기 | • 분경금지법의 무력화 • 한명회의 위세 • 내수사의 장리
• 한명회의 실언 • 곤경에 빠진 한명회 • 한명회를 구해주다
• 갈등의 표면화

'가지치기'로 힘을 빼다 | • 건재를 과시하다 • 압구정 사건 • 정희왕후라는 '성역'
• 사행의 길 • 두루마리 사건 • 달이 이지러지듯이!
• 한명회의 손아귀에서 놀아나다? • '적막한 탄식'과 죽음

2. 포용하고 통합하다

9장 _____ 왕의 남자, 김종직   **228**

• 김종직과 사림

훈구대신들과도 원만한 관계 | • 사림과 신화의 탄생 배경 • 세조의 뜻에 거스르다 • 지방을 떠돌다
• 수령을 자청하다 • 김종직과 신숙주

신진 사림의 구심점이 되다 | • 동류의식 • 유생들이 몰려들다

각자도생하는 제자들 | • 시련과 공직생활 • 뜨거운 이상과 차가운 벽 • 김종직과〈조의제문〉
• 제자들의 행방 • 문묘에 배향되지 못한 이유

10장 _____ 문화정치를 추구하다   **254**

• 문사 양성정책

활기 띤 활자 주조와 문집 간행 | • 경세 지향적 학문 • 활자 주조와 서적 보급 • 갑진자와 계축자
• 판각시험용 인쇄서

서적의 보급과 사가독서 | • 문화외교와 서적 • 목판 인쇄와 활자 인쇄 • 인재 양성과 교화
• 사가독서의 사목 • 독서당 설치

11장 _____ 조선의 무위를 보이다   **272**

• 여진을 조선의 울타리로!

성종 22년의 북정 | • 여진 내부의 반목 • 조산보 사건 • 군대를 일으킬 뜻을 내보이다
• 정벌 계획을 논의하다 • 북정 반대론이 제기되다 • 정벌을 강행한 이유
• 북정의 성과

조선의 군사적 자주권 | • 왕의 권위와 정국 주도권 약화 • 국가전략의 관점

12장 _____ 대신과 대간을 중재하다   **294**

• 심성의 선악을 둘러싼 논쟁

개전인가, 경계인가 | • 성종의 입장 변화 • 뉘우치지 않은 임사홍 • 최초의 촛불시위
• '방지'와 '지록위마' • 관교의 법과 고신의 법 • 가장 좋은 정치는?

마음의 선악을 문제 삼는 정치 | • 약점을 고발하는 풍속 • '마음을 문책'하는 일 • '방납'과 '양핵음사'
• 격렬한 탄핵 • 세종 대에는 없었던 논쟁 • '사화'를 예견하다

대신과 대간의 불화 | • 우의정 임명 • 두 마리 호랑이가 서로 싸우다

13장_____ 언론을 활성화하다   327
　　　　　　· 교화의 요체
태평과 폭정의 갈림길 ┃ · 은밀한 비밀을 다루는 일　· 대신을 존경하고 대간을 예우하다
　　　　　　　　　　· 임금이 지켜야 할 도　· 능상의 폐단　· 사랑과 정의
비판적 지지의 확보 ┃ · 언론 활성화의 배경　· 친위세력의 확보?　· 이념의 힘과 지지의 동원

14장_____ 간쟁하는 신하 채수와 '열린' 성종   343
　　　　　　· 시대의 증인
사가독서에서 파직까지 ┃ · 신진 기예　· 성종의 대화 파트너　· 직언과 강개함
　　　　　　　　　　· 폐비 발언으로 위기에 몰리다
복직, 광망, 칩거 ┃ · 채수를 잊지 않은 성종　· 의기와 강개함을 잃어가다
　　　　　　　· 신중함과 노련함　· 사화를 지켜보며 은거하다

15장_____ 실패한 후계자 교육   366
　　　　　　· 폐비 사건의 그림자
세자의 학습 부진 ┃ · 서연 방식에 관한 논쟁　· 성균관 입학　· 세자의 마음고생
　　　　　　　· 서연의 문제점
끝내 풀지 못한 숙제 ┃ · "아직 문리를 이해하지 못하다"　· 학업을 위한 노력　· 배우려는 마음
　　　　　　　　· 아버지의 사랑

◐ **에필로그** 384

• 성종인가, 인종인가 • 사화의 원인 • 개혁과 통합의 딜레마

◐ **마치며** 397

• 행운과 역량 • 인연과 감사 • 효치와 눈물

◐ **참고문헌** 405

◐ **찾아보기** 409

1469년(성종 즉위년)	**11월** 예종 죽음. 성종 즉위, 교정청과 감교청을 설치.
	12월 군적 개정, 호패법 폐지(대왕대비 정희왕후).
1470년(성종 1)	**1월** 귀성군 이준 유배됨. 의경세자의 시호·묘호·능호를 임금의 지위로 격상. 예종이 실시했던 분경금지법이 완화됨.
	2월 화장 풍습을 금함. 예종의 창릉昌陵(서오릉) 조성.
	4월 직전세를 관수관급제官收官給制로 함.
	7월 《경국대전》의 이전吏典과 병전兵典의 관제 시행.
	10월 최항 등이 《경국대전》을 교정하여 올림.
	12월 의경세자가 중국으로부터 회간왕懷簡王의 시호를 받음.
1471년(성종 2)	**1월** 《경국대전》이 본격적인 시행에 들어감.
	3월 좌리공신佐理功臣 책봉.
	6월 대사헌 한치형이 시무 17조를 올려 민간의 풍속을 교화하는 문제를 거론함. 성종이 예조에 《소학》과 《삼강행실》을 간행할 것을 명함.
	12월 간경도감 폐지. 《세조실록》 편찬. 신숙주, 《해동제국기》 지음.
1472년(성종 3)	**1월** 내수사內需司의 장리소長利所 560개 가운데 325개소 혁파. 사치를 금하는 절목 11개 조를 정함.
	4월 이석형 등, 《대학연의집략大學衍義輯略》 편찬.
	5월 춘추관에서 《예종실록》 찬진.
	8월 전세감납법田稅減納法을 고침.
1473년(성종 4)	**3월** 윤기견의 딸 윤씨(후에 연산군의 母母)를 숙의로 맞아들임.
	6월 병조참지 윤호의 딸 윤씨(후에 정현왕후)를 숙의로 맞아들임.
	7월 공혜왕후가 병이 나서 친정인 한명회의 집으로 거처를 옮김.
	8월 전주사고에 실록 봉안. 양반 집안 부녀자가 승려가 되는 것을 금지.
	10월 왜구의 침입에 대비하여 해안의 방비를 강화함.
1474년(성종 5)	**1월** 《경국대전》(갑오대전)을 개찬하여 중외에 반포함.
	4월 왕비 한씨(공혜왕후, 한명회의 딸) 죽음(15일). 최항 죽음(28일).
	11월 《국조오례의國朝五禮儀》 완성. 서거정의 《동인시화東人詩話》 간행.
1475년(성종 6)	**1월** 부산의 사염장私鹽場 폐지. 박비朴非가 새로운 제지법 창안.
	4월 함경도, 평안도, 황해도에 목화를 심게 함.

5월 대소 인원의 가사家舍 제한을 강화.

6월 신숙주申叔舟 죽음.

8월 일본 국왕이 승려 성춘性春을 통해 서신을 보내옴.

9월 인수대비가 《내훈》을 간행.

10월 의경세자의 묘호가 덕종으로 추존됨.

1476년(성종 7)

1월 덕종의 부묘 뒤에 친정親政 선포.

5월 원상院相을 폐함.

6월 젊고 총명한 문신에게 사가독서賜暇讀書를 시행, 채수蔡壽가 그 문인으로 뽑힘.

7월 숙의 윤씨를 왕비로 삼음(후에 '폐비 윤씨').

11월 연산군 탄생.

12월 노사신 등이 《삼국사절요》 편찬.

1477년(성종 8)

윤2월 친잠親蠶의 제도를 정하고, 적전籍田을 경작함.

3월 중전(윤씨)에 대한 '폐비' 논의(1차 논쟁).

7월 부녀자의 재가再嫁 금지 논의.

9월 언관 김언신이 전 도승지 현석규玄碩圭을 소인으로 탄핵.

10월 성균관 유생 외출 시 청의단령青衣團領을 착용하게 함.

11월 성종이 원자(연산군)를 강희맹의 집에서 키우도록 함.

1478년(성종 9)

4월 전날의 (김언신의) 현석규 탄핵은 임사홍·유자광의 사주에 의한 것이라고 이심언이 폭로.

5월 임사홍과 유자광이 도승지 현석규 일파를 비방하다가 유배당함.

8월 명이 건주위 토벌을 위해 조선에 청병할 뜻이 있음을 통사 홍귀달이 알려옴.

10월 《향약집성방鄉藥集成方》 반포.

11월 서거정徐居正, 《동문선東文選》 편찬. 정인지鄭麟趾 죽음.

1479년(성종 10)

4월 조선통신사가 일본에 가다가 되돌아옴.

6월 왕비 윤씨를 폐함(2차 논쟁) .

8월 대사헌 박숙진이 폐비의 처지를 동정하는 발언을 함.

윤10월 명의 사신이 건주여진 정벌에 군사협조를 요청.

11월 어유소魚有沼를 삼도체찰사로 삼아 1만 명을 출정시켰으나 압록강을 건너지 못하고 파진罷陣함.

12월 윤필상尹弼商을 도원수로 삼아 강을 건너 여진을 정벌함.

1480년(성종 11)	1월 명에 사신을 보내 건주여진 토벌의 첩보를 알림.
	2월 삼포三浦 거주 왜인의 수가 증가하여 폐단이 일어남.
	4월 지방 향교에 학전 지급.
	5월 성균관 유생들, 사찰 건립 반대.
	6월 어우동 사건이 일어남.
	10월 어우동을 교수형에 처함.
	11월 숙의 윤씨(정현왕후, 윤호의 딸)를 왕비로 책봉.
1481년(성종 12)	1월 '유신의 교화'를 선포함.
	3월 〈언문삼강행실〉, 〈열녀도〉 반포.
	4월 서거정 등이 《동국여지승람東國輿地勝覽》 편찬.
	6월 '압구정 사건' 발생.
	8월 왜인으로부터 후추 종자 구함.
1482년(성종 13)	4월 '신정 사건'이 발생하여 신숙주의 아들 신정이 사사賜死됨.
	6월 양성지梁誠之 죽음.
	7월 노사신盧思愼 등에게 《강목신증綱目新增》을 편찬하게 함.
	8월 권경우와 채수가 폐비를 동정하는 발언을 하여 문제를 일으킴.
	폐비 윤씨에게 사약을 내림.
	11월 내수사에 고리대업을 허용.
1483년(성종 14)	2월 한명회의 '두루마리 사건' 발생. 원자 융㦷을 왕세자로 책봉함. 강희맹 죽음.
	3월 세조 비 정희왕후(대왕대비 윤씨) 죽음.
	8월 동반東班의 빈자리에 서반西班을 채용하게 함.
	9월 여진족이 올 때에는 영안도永安道(함경도)를 경유하게 함.
	12월 양현고養賢庫를 다시 설치.
1484년(성종 15)	1월 남도민을 황해, 평안도로 이주시킴.
	2월 전교서典校署를 다시 교서관校書館으로 고침.
	3월 이봉李封, 《본국여지도本國輿地圖》 찬진.
	6월 《진서陣書》를 간행하여 무신에게 배포.
	8월 새로운 활자인 '갑진자'를 주조함.
	9월 대비를 위하여 한성에 창경궁 건립.

11월 서거정, 《동국통감東國通鑑》 편찬. 여진인이 만포에 와서 무역을 간청함.

12월 성균관에 학전 지급.

1485년(성종 16)

1월 《경국대전》(을사대전) 반포.

2월 상인들의 왜인과의 무역을 허가.

4월 '승출의 법'을 시행함.

7월 재변을 이유로 '승출의 법' 시행을 중지.

　　서거정 등이 《신편동국통감新編東國通鑑》 편찬.

3월 임사홍의 직첩을 돌려주는 것에 대한 논쟁 발생.

4월 양계兩界의 수령은 문무관이 교대로 취임하게 함.

5월 효령대군 죽음. 채수가 충청도 관찰사에 임명됨.

6월 군적軍籍을 고치게 함.

8월 일본 승려 도겐等堅이 와서 대장경을 구함.

9월 함경도에 장성長城 쌓음.

11월 세자가 서연에서 《논어》를 다 읽고 《맹자》를 읽기 시작함.

1486년(성종 17)

1월 각 도에 경작이 가능한 넓은 토지에 둔전을 둠. 정창손鄭昌孫 죽음.

2월 세자가 성균관에 입학. 《신찬동국여지승람新撰東國輿地勝覽》 간행.

4월 장순효가 《식료찬요食料撰要》 간행.

8월 경상도 각 포에 석보石堡를 쌓음.

11월 한명회韓明澮가 '적막한 탄식' 속에 죽음.

1487년(성종 18)

1월 경상, 전라, 충청도의 주민을 온성 지방으로 이주시킴.

윤1월 원각사를 중창. 선농제先農祭를 행함.

4월 중종中宗 출생.

5월 유향소留鄕所를 다시 설치함.

9월 임사홍의 아들 임희재가 충청도 향시에 합격한 것이 논란이 됨.

10월 임사홍 서용에 대한 논쟁(~12월까지).

12월 월산대군月山大君·서거정 죽음.

1488년(성종 19)

1월 김방金方의 고변 사건 일어남.

2월 경상·충청도 포구의 성들을 15자 높이로 쌓음.

8월 〈공사천선두안公私賤宣頭案〉에 잘못된 곳 많아 개정.

1489년(성종 20)

일본 사신 승려 게이닌惠人이 대장경을 요청(수락).

9월 영안도(함경도)에서 반란의 유언이 떠돎.

10월 어유소魚有沼 죽음.

11월 황해도 등지에서 도둑이 성행.

1490년(성종 21)

1월 도첩度牒이 없는 승려를 군인에 충원함.

6월 금주령 해제.

9월 북방 야인이 평안도와 만포에 침입.

10월 순천에 전라좌수영 설치.

11월 성변星變이 일어남. 건주야인이 침입함(~12월).

1491년(성종 22)

1월 두만강 유역의 올적합이 조산보를 침입('조산보 사건').

2월 노처녀의 혼인비용을 관청에서 내줌.

3월 사원의 전세田稅를 관청에서 수급하게 함.

4월 북정北征을 결정.

10월 도원수 허종許琮이 두만강 방면의 여진 정벌 - 이후에 도첩제에 대한 논의가 활발해짐.

1492년(성종 23)

1월 성종이 세자의 학문상태를 진단함.

2월 도첩제 중지(《대전大典》에 실린 '도승度僧의 법' 중지(도첩 발급 중지)].

공사公私 천인 소생을 보충대에 소속시킴.

5월 명 사신이 와서 조선의 풍속과 임금의 덕을 극찬.

6월 이극균李克均이 편전片箭을 새로 제작.

7월 《대전속록大典續錄》 편찬.

8월 김종직金宗直 죽음. 남효온南孝溫 죽음.

1493년(성종 24)

3월 성종이 적전籍田을 친히 경작하고 선농제를 행함.

'정성근 사건' 발생(윤5월까지 지속).

6월 윤은로의 '방납 사건' 발생.

7월 이창신의 '양핵음사 사건' 발생.

8월 성현成俔 등, 《악학궤범樂學軌範》 완성.

9월 시명지보施命之寶를 새로 만듦.

10월 대간이 영의정 윤필상을 '간사한 귀신'이라며 탄핵.

11월 경연에서 영사 허종이 '화동론'을 제기.

1494년(성종 25)

1월 세조 9년(1463) 이후 31년 만에 양전量田 실시.

2월 허종 죽음. 삼포 왜인의 농경지에 과세.

4월 성종이 장인 윤호를 우의정에 임명하자 논쟁 발생.

5월 성종이 대신과 대간의 대립을 '두 마리 호랑이'의 싸움에 비유하며 한탄함.

7월 벽동진성碧潼鎭城 축조.

8월 강목교정청綱目校正廳을 다시 둠.

9월 성종이 인정전에서 양로연을 개최, 이 자리에서 손순효가 세자에게 충언을 함.

12월 성종 죽음. 연산군 즉위.

1495년(연산군 1)

4월 성종의 선릉宣陵 조성.

5월 김일손金馹孫이 연산군에게 이로운 일과 해로운 일 26조를 개진.

제1부
낡은 정치를 혁파하다

자산군의 어린 시절 ___ 성종(1457~1494)의 휘諱는 혈娎이며 덕종德宗의 둘째아들이다. 어머니는 인수대왕대비 한씨로서, 좌의정 서원부원군 한확의 딸이다. 세조 3년(1457) 7월 30일에 동저東邸에서 탄생하였는데, 이해 9월에 덕종(당시 의경세자)이 홍서薨逝하였다. 이로 인해 세조가 왕을 궁중에서 양육하였다. 왕은 타고난 자질이 특별히 준수하고, 기상과 도량이 보통 사람보다 뛰어나므로, 세조가 대단히 사랑하여 세조 7년(1461) 정월에 자산군者山君으로 봉하였다. 왕이 일찍이 동모형同母兄 월산군月山君 정婷과 더불어 궁중의 무하廡下에서 글을 읽고 있을 때 마침 요란한 천둥소리가 나고, 소환小宦이 곁에 있다가 벼락을 맞아 죽으니, 모시고 있던 사람들은 놀라서 넘어지며 기운이 쭉 빠지지 않은 이가 없었는데도, 왕은 조금도 두려워하는 기색이 없이 언어와 행동이 침착하여 평상시와 다름이 없으므로, 사람들이 모두 이를 기이하게 여겼다.

1___
치열하게
공부하다

앞에서 언급한 것은《성종실록》〈총서〉에 나와 있는 성종의 어린 시절과 관련한 기사의 내용이다. 이 기록 외에, 성종의 어린 시절에 관한 이야기는 거의 전하지 않는다. 그도 그럴 것이, 그는 열세 살 어린 나이에 즉위하였고, 그 이전에는 왕이 되기 위한 어떠한 교육도 받지 못했으며, 왕이 되리라고는 누구도 예상하지 못한 인물이기 때문이다.

'혼맥'에 힘입은 불안한 출발

후원자, 정희왕후와 한명회 ____ 사후에 덕종으로 추존된 의경세자는 세조의 장자로, 1455년(세조 1)에 세자로 책봉되었으나 병약하여 1457년(세조 3) 20세의 나이로 죽었다. 그 후 세조의 둘째아들로 세자가 된 예종이 1468년에 즉위했지만 불과 13개월 만에 죽었다. 이때 세조 비 정희왕후의 선택에 의해서 즉위한 이가 덕종의 둘째아들인 성종이다.

그러니 그는 본래 왕위를 계승할 적장자가 아니었다. 그의 친부인 덕종은 임금으로 즉위하지 못했고, 그 역시 덕종의 장자도 아니었다. 그럼에도 정희왕후는 예종의 아들 제안대군과 병약했던 덕종의 장자 월산군을 물리치고 평소 총명함으로 인해 세조의 눈에 들었던 13세의 어린 자산군을 즉위시켰다. 성종 즉위년(1469) 11월 28일에 정희왕후가 내린 교서敎書는 다음과 같다.

임금의 자리는 잠시 동안이라도 비워둘 수 없는데, 사왕嗣王(예종)의 아들은 바야흐로 포대기 속에 있고 또 본디부터 병에 걸려 있으며, 세조의 적손으로는 다만 의경세자의 두 아들이 있으나, 월산군 이정은 어릴 때부터 병이 많고, 그 동모제 자산군 이혈은 재질이 준수하여 숙성하였으므로, 세조께서 매양 자질과 도량이 보통 사람보다 특별히 뛰어났음을 칭찬하면서 우리 태조에게 견주기까지 하였다. 지금 나이가 점차 장성하여 학문이 날로 진보되어서 큰일을 맡길 만하다.

위의 전교에서 주목할 것은 의경세자의 두 아들인 월산군과 자산군 가운데, 장자인 월산군이 아니라 차자인 자산군이 선택되는 논리이다. 정희왕후는 월산군이 어릴 때부터 병이 많았다고 말하고 있지만, 조선 초기 왕위 계승에서 적장자가 아닌 자가 왕이 되었을 때 벌어졌던 정변이나 정국의 불안정을 생각한다면, 그 이유만으로 장자를 물리치고 차자를 선택하였다고 보기는 어렵다. 세종의 경우를 보더라도, 장자(문종)가 평소 건강에 문제가 있었음에도 왕위를 계승하도록 했다. 더욱이 월산군은 성종이 즉위한 이후에도 19년이나 더 살았다는 점을 고려하면, 그의 병약함이 후계 구도에서 배제되는 결정적 이유는 아니었을 것으로 보인다.

그렇다면 자산군이 월산군을 제치고 왕이 될 수 있었던 이유는 무엇일까? 정희왕후의 전교에서는 자산군의 "자질과 도량이 보통 사람보다 특별히 뛰어났음"을 언급하고 있다. 조선왕조의 왕위 계승에서 적장자가 아닐 경우 현자 혹은 유덕자가 왕이 되어야 한다는 것이 또 하나의 원칙이었다는 점에서 자산군의 재능과 자질이 그가 왕으로 선택되는 중요한 요인이 되었다고 할 수 있다.

정희왕후가 예종의 후계자를 결정하는 과정에서 월산군과 자산군의 어머니인 인수대비가 어느 정도 역할을 했을 것이고, 비록 나이는 어려도 모든 면에서 자산군의 자질이 상대적으로 뛰어나다고 보아서 그를 추천했을 가능성도 있다. 하지만, 13세에 불과한 자산군의 잠재적 재질을 보고 그를 왕으로 선택하였다는 것 역시 그대로 믿기 어려운 대목이다.

자산군이 왕위를 계승하게 된 좀 더 근본적인 이유로 혼맥으로 연결된 정치적 배경 때문이라는 점이 거론된다. 즉 자산군에게는 왕실의 최고 어른인 정희왕후 및 그녀와 혼맥으로 연결된 한명회의 절대적인 지원이 있었다는 것이다.

정희왕후는 후계자가 결정되지 않은 상황에서 발생한 예종의 죽음으로 자칫 왕위 계승을 둘러싼 정치투쟁이 야기될 수 있음을 생각하였을 것이다. 더욱이 과거에 단종이 어린 나이로 즉위했을 때, 자신의 남편(세조)이 단종을 폐위하고 국왕의 지위에 올랐던 과정에서 겪은 정치적 파란을 다시 겪고 싶지는 않았을 것이다. 그녀는 어린 임금의 즉위에 따른 정치적 혼란을 극복하고 이전의 정치질서가 그대로 유지되기를 바랐을 것이다. 그리고 이를 위해서는 당시 정국에서 가장 큰 영향력을 지닌 한명회를 비롯한 대신들의 협조가 필요했으며, 따라서 후계자 선정에서도 그들의 지지를 고려하였을 것이다.

이처럼 자산군은 예종과 마찬가지로, 정계의 실권자인 한명회의 딸과 혼인하였고, 그를 정치적 후견인으로 두고 있었기 때문에 왕이 될 수 있었다. 아버지가 임금이 아니었고 본인이 적장자가 아니었음에도 불구하고 혼맥을 통해서 왕이 될 수 있었던 성종은 어쩌면 조선왕조 역사상 최대의 행운아가 아니었을까 생각된다. 여기서 성종 왕권의 기반과 관련하여 즉위교서에 나타난 내용에 주목할 필요가 있다. 정희왕후의 전교가 있던 그날 성종은 곧바로 임금의 면복을 갖추어 입고 경복궁에서 즉위하였는데, 다음과 같은 교서를 반포하였다.

태비 전하께서 나에게 명하여 왕위를 계승하도록 하셨으므로, 굳이 사양타 못하여 마침내 대위에 나아가게 되었다. 자성왕대비(정희왕후)를 높여서 대왕대비로 삼고, 대행왕비(안순왕후)를 높여서 왕대비로 삼는다. 지금 왕위를 계승하여 처음으로 정사를 돌보고자 하니, 마땅히 관대한 은전을 펴야만 할 것이다.……내가 어린 몸으로 외롭게 상중에 있으니 어찌할 바를 모르겠다. 그대들 대소 신료는 마음과 힘을 합하여 나의 미치지 못한 점을 보좌하여, 나로 하여금 우리 조종을 욕되게 하는 일이 없도록 하고, 우리 사직을 영구히 보전하도록 하라.

성종의 즉위교서는 정희왕후를 대왕대비로 삼고 예종의 계비繼妃 안순왕후를 왕대비로 삼는다는 것으로 시작해서 은혜와 사면을 베푸는 것으로 이어진다. 그리고 즉위 제일성으로 신하들에게 "나의 미치지 못한 점을 보좌"할 것을 당부하며 도움을 구하고 있다. 그의 왕권이 불안정한 상태에서 시작되고 있음을 말해준다.

이 교서는 세종의 경우와 비교해 볼 때 분명한 차이를 확인할 수 있다. 세종의 즉위교서의 경우, 성종과 마찬가지로 사면령을 반포한 후 마지막 대목에서 "어짊을 베풀어 정치를 일으켜 세우겠다[시인발정施仁

發政]"면서 자신의 정치적 비전을 제시한 바 있다. 여기서 '시인발정'은 본래 《맹자》에 나오는 '발정시인發政施仁'이라는 말을 바꾸어 사용한 것이다. 맹자는 정령을 세우고 인정을 베푸는 것을 말하였는데, 세종은 먼저 백성에게 인정을 베풀고 법과 제도를 세울 것임을 말한 것이다. 즉 백성들에게 인정을 베푸는 것으로 정치를 시작하겠다는 의지를 표명한 것이다.

세종은 갑자기 왕위에 오르긴 하였지만, 즉위 당시 22세였고 두 달이라는 짧은 세자생활을 경험한 후에 즉위하였다. 즉위교서는 그 스스로 작성한 것으로, 정치에 대한 자신의 생각을 '시인발정'이라는 말로 표현할 정도로 나름대로 준비된 왕이었다.

반면 성종의 즉위교서는 성종 자신이 작성한 것이 아니었다. 아무런 준비 없이 갑자기 왕위에 오른 어린 자산군이 자신의 정치 비전을 '취임사'에 담아냈다고 보기는 어렵다. 더욱이 즉위문의 내용이 정희왕후가 전교의 말미에서 언급한 말과 대구를 이루고 있다. 즉 전교가 "그대들 대소 신료는 내 뜻을 잘 본받아서 힘을 다하여 좌우에서 보좌하라"라는 말로 끝나고 있는 것과 마찬가지로 성종의 교서도 "나의 미치지 못한 점을 보좌하라"는 말로 끝나고 있다. 이를 통해 볼 때, 성종의 즉위교서 역시 정희왕후의 전교와 마찬가지로 정희왕후와 그를 옹립한 신숙주·한명회 등의 합의를 거쳐 작성되었음을 짐작할 수 있다. 그러하기에 신료들의 도움을 요청하는 성종의 즉위 제일성을 단순히 겸양의 표현으로 이해하기는 어렵다. 오히려 당시 상황이 그만큼 절박했고 왕권은 불안정했고 대소 신료의 힘에 의지하지 않고서는 국정 수행이 원활하게 이루어질 수 없음을 말해주고 있다.

대왕대비 정희왕후의 수렴청정 ___ 하지만 성종의 행운은 대가를 치러야 했다. 그는 성년이 될 때까지 정희왕후와 한명회를 정치적 후견인으로 받아들여야 했기 때문이다. 성종은 즉위하고 열흘이 지난 12월 9일에 자신이 어린 나이로 대업을 계승했기에 나라를 다스릴 일을 알지 못하겠다고 밝히면서 군사에 관한 중대한 일은 대왕대비의 결정을 받들어 시행할 것이라고 의정부에 알렸다. 이후 7년간 지속된 수렴청정 동안 중요한 정치적 사안의 의사결정에서 대왕대비인 정희왕후의 뜻을 따라야 했고 원상들의 보좌에 의지해서 실무를 수행할 수밖에 없었다. 그동안 성종은 경연을 통해서 국왕으로서 자질과 소양을 갖추기 위해 매진했다.

정희왕후는 수렴청정 기간에 호패법의 폐지와 관수관급제 시행, 귀성군 이준의 처리와 공신 책봉과 같은 굵직한 정책을 시행했다. 호패법은 수렴청정이 시작된 이후 처음으로 논의된 정책이었다. 본래 호패법은 1413년(태종 13)에 인구의 정확한 파악과 역역의 조달을 목적으로 시행되었으나 곧 폐지되었고, 그 후 1459년(세조 5)에 군역 부과의 평준화와 군인의 머릿수를 늘리기 위해 다시 시행되었다. 그러나 호패를 받으면 국역을 부담해야 한다고 생각하게 된 양인들이 이를 기피하는 일이 발생했다. 예컨대 죽은 사람의 호패를 국가에 반납하지 않고 빌려 차고 다니면서 각종 역의 의무를 회피하려는 사례가 늘어났으며, 이를 적발하여 죄를 다스리는 과정 또한 번거로웠다. 성종 즉위년 12월 4일에 정희왕후는 그 문제점을 지적하면서 고위관료들과 논의한 후 폐지하였다.

성종 1년(1470) 4월 20일에 시행된 관수관급제는 국가가 경작자로부터 직접 조租를 받아 관리들에게 현물로 지급하는 제도였다. 이 제도는 세조 대에 시행된 직전법의 문제점을 해결하기 위한 것이었다. 즉 과전법의 제도적 모순으로 관료들에게 지급해야 할 토지가 부족해지자 이를 해결하기 위해 현직 관료에게만 과전을 감축하여 지급한 것이 직전법이었다. 그러나 이 제도의 운영 과정에서 세를 거두는 자가 지나치게 많이 받는 등 수조권을 남용함에 따라 민폐가 발생하였다. 이에 따라 수조권자인 현직 관료의 농민 침탈을 막고 국가의 토지 지배권을 강화하기 위해서 시행된 제도가 관수관급제였다. 이 제도의 시행은 호패법 폐지와 더불어 민생 안정을 목적으로 하는 것이었고 이를 통하여 정권의 기반을 확고히 다지려는 정희왕후의 의도를 보여주는 조치였다.

귀성군 이준 제거 ___ 법과 제도의 보완과 함께 정희왕후가 어린 임금을 위해 심혈을 기울였던 사안은 권력 행사의 걸림돌을 제거하고 지지 기반을 확대하여 왕권의 안정성을 높이려는 조치들이다. 이를 위해 우선 성종에게 가장 위협적인 맞수가 될 귀성군 이준을 정치적으로 거세하였다. 귀성군은 세종의 4남 임영대군의 아들로 세조의 조카였다. 문무 자질을 갖추어 세조의 총애를 한몸에 받았고, 27세 때 4도 병마도총사로 이시애의 난을 토벌하여 적개1등공신에 임명되었으며, 이듬해 영의정이 되어 남이의 옥을 처리한 공로로 익대공신에 책록되었다. 이후 부친의 사망으로 영의정에서 사직하였다가, 성종 1년 정월에 왕재王才를 타고나 여러 사람들이 우러러보는 명망名望이 있다는 권맹희와 최세호의 발언이 문제가 되어 탄핵을 받고 유배된다.

최세호의 난언亂言은 1월 2일에 생원 김윤성이 별시위 윤경의와 함께 승정원에 올린 서신을 통해서 드러났다. 두 사람은 최세호가 그의 숙부 길창군 권람에게서 "귀성군은 건장하고 지혜가 있으니 신기神器 (왕위)를 주관할 만한 사람이다"라고 들었다면서, "어린 임금을 세웠으니 나라의 복은 아닌데 어찌 왕위를 잘못 결정했을까? 만약 내가 권세를 잡았다면 이와 같지는 않았을 것이다"라고 최세호가 말했다고 폭로했다. 이 혐의에 대해 최세호는 두 번이나 신문을 받았으나 자복하지 않았다.

그로부터 며칠 후인 1월 13일, 좌찬성 한계미 등이 권맹희를 고발하였다. 곧 권맹희가 그들에게 임금(성종)과 월산군의 나이를 물으면서 "무엇 때문에 형을 버리고 아우를 세우는가?"라고 질문하였으며, 이어서 "귀성군 또한 왕자로서 명망이 있는 사람이다"라고 말했다는 것이다. 아울러 권맹희가 "최세호가 임영대군 부인의 친족으로서 특지로 관직에 임명된 사람이니 힘써 도모하기를 바란다"고 당부했다고 폭로했다. 최세호의 난언이 권맹희의 발언과 관련이 있음을 말해주는 것이었다.

권맹희와 최세호의 난언이 문제가 되자 신숙주가 나섰다. 신숙주는 귀성군이 세조 대에 나인內人과 내통한 일이 있었는데 세조가 특별히 감싸주었다는 점을 지적하면서, 지금 그 죄를 물어서 서인으로 폐하고 외방에 유배할 것을 건의했다.

정희왕후는 처음에 그 보고를 받고, 여러 소인이 자기들 멋대로 나쁜 말을 만들었을 뿐이며 "준(귀성군)이 어떻게 나인과 서로 통한 일을 알 수 있겠는가"라고 언급하면서 "세조께서 이미 사실이 아니라고 논했으니 지금 소급해 논죄할 수 없다"고 귀성군을 변호해 주었다. 그러나 사안의 중대성을 고려하여 "마땅히 다시 이를 생각해 보겠다"고 답하였다. 이 일을 계기로 신숙주가 정희왕후에게 수렴청정을 시행할 것을 제안하였다. 대비는 "나는 문자를 알지 못하니, 정사를 자세히 듣고 판단하기(청단聽斷)가 어렵겠다"고 답했지만, 신숙주가 "승지가 문자를 해석하여 아뢴다면 청단하기에 어려움이 없을 것입니다"라고 건의하자 결국 "그렇다면 마땅히 친히 청단하겠다"고 말하면서 수렴청정을 시작한다. 이날 정희왕후는 곧바로 신숙주에게 권맹희를 국문할 것을 명하였다.

다음 날인 1월 14일에 하동군 정인지를 비롯한 문무관료와 재상들이 귀성군을 외방으로 내칠 것을 청했다. 정희왕후는 "귀성군은 세조께서 돌보아 사랑한 사람인데, 지금 밖으로 내쫓는다면 세조의 뜻에 어긋날 듯하다"며 주저했다. 하지만 신숙주가 "세조가 오늘날에 있었다면 용서할 수 없었을 것이니 법으로써 빨리 결단하소서"라고 하자, "내가 마지못해 힘써 따르니 경 등은 잘 처리하라"고 당부했다. 결국 귀성군은 권맹희의 난언이 보고된 지 하루 만에 공신 명부에서 이름이 삭제되고 직첩을 회수당하여 경상도 영해에 안치된다. 사안의 심각성을 고려하여 전광석화와 같이 단행된 조치였다.

공신 책봉과 덕종 추존 ___ 성종을 옹립하고 보필한 공신을 의미하는 좌리공신佐理功臣은 1471년(성종 2) 3월 27일에 책봉되었다. 그러나 이 공신 책봉은 신료들의 반발에 부딪혔다. 언관을 중심으로 한 반대론자들은 건국 이래의 각종 공신은 나름대로의 공이 있었지만, 좌리공신들은 무슨 공이 있느냐고 비판했고, 또 평화로운 시기에 논공하는 것은 마땅하지 않다고 하면서 반대하였다.

4월 4일에는 고령부원군 신숙주와 도승지 정효상이 "근자에 대간에서 공신을 봉하는 것이 온당하지 못하다고 논하여 여러 번 상소하고서 사직하기에 이르렀습니다. 신 등은 명백하게 나타나는 공훈이 없으므로 대간의 말이 과연 옳으니, 청컨대 그 말을 따르소서"라고 했다. 하지만 성종은 "이는 경들이 의논할 일이 아니고, 바로 인주人主가 훈로勳勞를 포장하는 전례이니 사양하지 말라"고 전교하였다. 이는 좌리공신의 책봉이 뚜렷한 공로에 대한 대가가 아니라, 취약한 성종의 왕권을 보호해 준 일부 대신들을 위한 논공행상의 의미가 담긴 것임을 말해준다. 당시 수렴청정 상황이었다는 점을 고려하면, 공신 책봉은 성종보다는 정희왕후의 의지가 더 반영된 것이라 할 수 있다.

성종의 왕권을 확립하려는 노력은 성종의 친아버지인 의경세자의 추숭과 부묘祔廟를 통해서도 확인할 수 있다. 1470년(성종 1) 1월 22일에 의경세자의 시호·묘호·능호를 임금의 지위로 격상했다. 1474년(성종 5) 8월 28일에는 의경세자를 국왕으로 추봉해 줄 것을 명나라에 요청하였고, 결국 이해 12월 11일에 회간왕懷簡王이라는 시호를 받았다.

그 후 1475년(성종 6) 9월 12일에는 의경세자의 종묘 부제祔祭에 대한 문제가 대두되었다. 당시 정인지·정창손 등의 원상과 예문관 관리·언관들은 예종이 세조로부터 토지와 인민을 받았으니 정통성이 있는 반면, 의경세자는 세자로 책봉은 되었으나 왕으로 재위하지 못했기에 종묘에 부묘해서는 안 된다고 주장하였다. 반면 임원준과 승지 등 왕실 측근세력은 세조로부터 세자로 책봉되었고, 비록 왕위에는 오르지 못했으나 명으로부터 왕으로 추존되어 고명誥命을 받았으니 부묘할 수 있다고 주장하였다.

이 논의는 정희왕후가 왕실 측근세력의 주장을 지지하면서 부묘를 하는 쪽으로 여론을 몰아갔고 결국 관철시켰다. 10월 9일에 의경세자 의 묘호가 덕종으로 추존되었고 15일에 그 위패는 옛 세자궁이 있던 자 리에 지은 연은전이라는 별전에 부묘되었다. 이처럼 정희왕후가 의경 세자의 추숭과 부묘를 적극적으로 추진한 것은 성종의 생부인 덕종을 추존함으로써 성종의 왕권을 확립하고자 했기 때문이라고 볼 수 있다.

조선 임금 중 최다 경연 참가자

기대 이상의 모범생 ___ 성종은 즉위한 지 한 달여가 지난 원 년 1월 7일에 처음으로 보경당에 나아가 경연을 개최하였다. 이때 동 지사 정자영이 《논어》〈학이편〉을 진강하면서 음독과 해석을 각기 세 번씩 읽었고, 임금이 그를 따라 음독과 해석을 각기 한 번씩 읽었다. 이 날의 경연이 만족스럽지 못하였는지, 대왕대비가 "오늘 경연에서 해석 한 음과 뜻이 분명하지 못하다. 주상께서 처음 배우면서 어찌 능히 환 하게 알겠는가? 후에는 이와 같이 하지 말고 분석하여 진강하기를 힘 써야 한다"고 전교하였다.

그 후 경연은 매일 계속되었다. 1월 10일에도 임금이 경연에 나아갔 는데, 대왕대비가 다시 전교하여 "지금 주강에서 다만 전일에 수업한 음만 한 번 읽고는 해석은 하지 않으니, 혹시 이해하지 못하는 곳이 있 을까 염려된다. 앞으로는 음과 해석을 각기 한 번씩 읽는 것이 어떻겠는가?"라고 말하였다. 정희왕후가 어린 나이에 즉위한 손자의 교육에 큰 관심을 기울이고 있었음을 보여주는 대목이다.

흥미로운 것은 이날 정희왕후의 전교 가운데, 성종의 학문 수양이 어느 정도였는지를 알려주는 내용이 있다는 점이다. 정희왕후는 세조가 자산군을 볼 때마다 "글 읽기를 일삼지 마라. 글 읽는 것은 너희들이 서두를 것이 아니다"라고 말했다고 언급하면서 "무릇 사람이 어릴 때에는 대부분 글 읽기를 좋아하지 않는데, 세조의 명령도 이와 같은 까닭으로, 주상의 학문이 숙달하지 못하였다"고 술회한다.

성종은 즉위 당시 제왕이 되기 위해 필요한 학문적 소양을 갖추지 못하고 있었다. 그것은 정희왕후가 지적한 바와 같이, 첫째는 세조가 "글 읽기를 일삼지 말라"고 명령했기 때문이고, 둘째는 일반적으로 어릴 때에는 글 읽기를 좋아하지 않기 때문이었다. 세종은 예외적인 사례인데, 그는 아버지 태종이 책 읽기를 권하지 않았음에도 불구하고, 스스로 책을 가져다가 밤새워 읽었다. 자산군이 왕으로 즉위하기 이전에 글 읽기를 좋아했는지 여부는 알 수 없다. 다만 즉위 이전까지는 책을 많이 읽지 않았다는 점은 분명하다. 별다른 준비 없이 임금이 되었고 거의 바닥에서 출발해서 학문을 시작한 것이다.

정희왕후가 성종 즉위년에 경연 내용에 대해서 일일이 간섭하며 전교를 내린 것은 성종이 혹시나 학문을 멀리할까 걱정되었기 때문일 것이다. 그러나 성종은 경연에 열성을 보이며 할머니의 걱정을 불식시켰다. 비록 글을 많이 읽지는 않았지만, 왕이 된 이후 학문을 좋아하는 모습을 보여주었다. 자신을 용상에 올려준 할머니에게 보답하기 위해서라도 더욱 경연에 열의를 보인 것이다.

성종은 후에 경사經史에 널리 통하였고 사예射藝와 서화에도 상당한 수준에 이르렀다는 평을 받았다. 실제로 재위 동안 그의 학문에 대한 관심과 노력은 이러한 평가가 괜한 것이 아니라는 점을 보여준다. 호학의 군주와 관련한 기사는 실록을 통해서도 확인할 수 있다.

1470년(성종 1) 6월 5일에는 원상 김질 등이 "매우 무더워서 하루에 세 번 경연에 나아가는 것은 몸을 피로하게 할까 두려우니" 주강을 정지하고 또 석강에도 편복으로 임할 것을 권유했다. 하지만 성종은 "내가 촌음을 아끼는데 어찌 주강을 정지할 수 있겠는가?"라며 거부하였고, 조정 신하를 편복으로 접견할 수 없다고 말했다. 1471년(성종 2) 2월 29일의 기사에는 그가 독서를 그만두지 않는 모습을 보고 정희왕후가 "피곤하지 않으오?"라고 물었는데, 성종은 "마음이 저절로 독실하게 좋아하므로 피곤한 줄을 알지 못하겠습니다"라고 대답하였다. 수렴청정이 끝나고 친정을 하고 있던 1477년(성종 8) 6월 1일에도, 승정원에서는 더위가 심하고 임금의 옥체가 회복된 지 오래되지 않았으니 주강과 석강을 정지할 것을 건의하였는데, 성종은 허락하지 않았다.

경연의 활성화로 조정을 일신하다 ___ 성종은 조선왕조에서 경연을 가장 많이 개최한 군주였다. '배우기를 좋아하는' 군주였던 세종보다도 더 많이 개최했다. 경연은 언관과 재상들이 왕 앞에 앉아서 고전을 놓고 공부하면서 당면 과제를 풀어가는 회의 방식이다. 세종은 즉위하자마자 그전까지 형식적으로 운영되던 경연을 본격화하고 국정토론의 중심지로 만들었다. 특히 세종은 경연에 언관이나 재상만이 아니라 당시 신진 엘리트 그룹인 집현전 학사들도 참여하게 하여 '말'과

'일'을 엮으며 국사를 의논하였다. 세종 대 창의적인 과학적 성과나 혁신적인 제도가 많이 이루어진 것은 경연을 통해서 국정 토론을 활성화하고 좋은 아이디어를 모은 결과라고 할 수 있다. 세종은 세자로서의 준비 기간이 두 달밖에 안 된 상태에서 즉위하였기 때문에 왕이 된 후 신하들과 함께 고전을 공부하고 토론함으로써 국정에 관한 이론과 실무를 동시에 익히고자 했다.

갑자기 즉위한 성종 역시 왕으로서의 자질과 소양을 갖추기 위해 경연을 활성화할 수밖에 없는 상황이었다. 세종이 왕이 된 이후에도 4년 동안 상왕인 태종이 살아있는 상태에서 '견습왕'으로서 자신의 치세를 준비했던 것과 같이, 성종 역시 왕이 된 이후에 정희왕후의 수렴청정이라는 '수습 기간'을 거치면서 친정을 준비했다. 왕실의 남자들(세조·의경세자·예종)이 차례로 죽어가는 위기 속에서 절치부심했던 세 대비(정희왕후·안순왕후·소혜왕후)의 기대를 한몸에 받으며 그에 보답하기 위해서 학문에 정진해야 했다. 세종보다 더 많은 경연을 개최했던 것은 이러한 사실을 배경으로 하고 있다.

성종은 25년 동안 집권하면서 성리학을 바탕으로 도학정치를 실현하기 위해 학문에 심혈을 기울였다. 잡직의 전문성을 향상시키기 위해 분야별로 습독관제도를 두고 관련 분야의 책을 집중적으로 읽고 토론하도록 했으며, 독서당제도를 마련하여 문신들에게 특별휴가를 주어 독서를 권장하였다. 뿐만 아니라 그들을 자주 불러서 읽은 분야를 시험해 성적이 좋으면 상을 주고 좋지 않은 자는 이직시키면서 독서를 권장하였다. 이에 내관들까지 실력 향상을 위해 경연관들에게 특별히 강독을 부탁하는 열의를 보일 정도였다.

또한 성종은 학문이 깊고 문장에 조예가 있는 선비들에게 책을 저술토록 하거나 교서관을 통하여 간행하도록 하였으며, 성균관 내에 존경각이란 도서관을 설립하여 여러 선비나 유생들이 독서의 혜택을 누리도록 하였다. 왕 자신도 선비들 못지않게 선왕들이 실시해 온 전례에 따라 경연에서 경연관들과 조강·주강·석강·야대 등 하루 4회씩 독서와 토론을 병행했다. 이처럼 성종은 학문에 독실하여 하루 세 번 때맞춰 책을 읽고 밤이면 옥당(홍문관)에서 숙직하는 선비와 글을 읽었다. 끝난 후에는 신하에게 술을 하사하며 고금의 치란에 대해서 질문하고 때로는 민간의 노고도 물었다.

성종은 조강·주강·석강·야대를 정기적으로 실시한 것 외에도 수시로 경연을 실시함으로써 조선조 역대 제왕 중 가장 왕성한 학구열을 보여주었다. 이러한 탐구정신은 유학을 기본이념으로 삼고 '성현의 가르침을 본받아 나라를 다스리는' 이상적인 국가를 만들고자 하는 노력의 근간이 되었다. 조선왕조가 건국 후 100년이 지난 성종 대에 이르러 통치체제가 완성된 것도 경연의 활성화에서 찾을 수 있다.

시기별 독서 목록과 경향 ___ 경연 기록을 바탕으로 성종 대의 경연을 초기·중기·말기로 구분하고, 시기별로 경연의 목적이 다르게 형성되었음을 확인할 수 있다. 그러한 시기 구분과 경연 목적을 토대로 하여, 성종의 독서 목록을 살펴보면 다음과 같다.

먼저 초기는 성종 재위 7년까지로 주로 경전과 역사서 중심의 학문적 형성기였다. 이 시기는 성종이 학문에 관심이 가장 많았던 시기로 연 수업 일수 228~243일이 말해주듯, 사신 접대 등 국가 행사일, 제사

일, 활쏘기 구경할 때, 심한 무더위 때를 제외하고는 빠짐없이 경연에 참가할 정도로 적극성을 보인 때이다. 성종 초기는 현실정치의 적용보다는 교재 내용의 이해와 활용에 비중을 둔 시기였다. 당시 진강 교재는 《대학》, 《논어》, 《맹자》, 《중용》, 《시경》, 《서경》, 《춘추》, 《고려사》, 《국조보감》, 《통감강목》, 《정관정요》, 《명신언행록》, 《송원절요》 등이었다. 경연관들은 이를 통해 군왕의 학문적 기초 다지기에 초점을 두었고, 국정 문제의 논의도 병행함으로써 이론과 실천이 현실정치에 반영될 수 있도록 하였다.

중기는 재위 8년부터 18년까지의 시기로 역사서 중심의 치인관治人觀이 형성되고 학문적으로도 완숙된 시기이다. 사서삼경을 복습했고, 다양한 역사서의 진강을 통해 사람을 다스리는 원리와 활용법을 연구하였으며, 국정 현실에 필요한 실제적 학문에 관심을 둔 시기였다. 이때의 교재는 앞에서 언급한 초기 진강 교재 외에도 《주역》, 《예기》, 《악경》, 《사서춘추》, 《좌전》, 《통감강목속편》, 《한서》, 《자치통감》, 《소미통감》, 《진서》, 《국어》, 《대학연의》, 《근사록》, 《역학계몽》, 《가어》, 《동자습》, 《이문등록》, 《장감박의》, 《병서》 등이었다. 성종은 경전과 역사서 학습을 통해 선왕들의 흥망성쇠의 자취를 알고, 이를 실제 치인의 원리로 발전시키고자 노력했다. 예를 들어 《대학연의》는 이 시기에 있었던 주요 사건들 가운데 하나인 폐비 윤씨 사건을 처리하는 데 참고가 되었다. 《동자습》의 진강은 중국어 회화 습득을 목적으로 하였고, 《이문등록》은 중국 조정과의 왕래 사항에 대한 지식 습득을 목적으로 하였다. 《장감박의》와 《병서》는 역대 명장의 재주와 품성의 고하, 기량의 대소, 지략의 장단을 아는 데 목적을 두었다.

말기는 재위 19년부터 25년까지로, 성리학 서적의 진강을 통해 역사적 비판과 그 적용 문제에 관심을 둔 시기였다. 이때의 교재로는《논어》,《맹자》,《중용》,《서경》,《사기》,《대학연의》,《문헌통고》를 들 수 있는데, 교재의 진강보다는 현실 문제의 토론에 비중을 두었다. 연 수업 일수(32~82일)가 말해주듯이, 전에 비해 경연 참석은 저조한 편이었다. 이는 성종의 건강 악화도 한 원인이겠지만 현실정치에 보다 관심을 보였기 때문이라고 할 수 있다.

《논어》로 경연을 시작하다 ___ 이러한 시기 구분과 독서 이력을 참고로 하여, 실록에 나타난 구체적인 독서 사례를 살펴보자. 성종은 어린 나이에 왕위에 올라 자료 선정 능력이 없었기 때문에 경연에서 어떤 책을 먼저 읽어야 할지 판단이 부족하였다.

성종이 즉위하자마자 교재로 선정된 책은 신숙주가 추천한《논어》였다. 성종은 이 책을 재위 1년(1470) 1월 7일에 처음으로 읽기 시작하여 11월까지 경연관들과 완독하였다. 어린 나이에《논어》가 독서 교재로 선정되었다는 것은 이미《소학》등의 기본적인 서적은 읽었다는 근거가 될 수 있다.《논어》를 완독한 뒤 12월부터《맹자》를 조강, 주강, 석강으로 나누어 반복해서 읽기 시작하였다.

1471년(성종 2) 2월 1일에는 시강관 김계창이《맹자》에만 치중하다 보면《논어》의 내용을 잊을 것을 염려하여 5, 6일이나 10일에 한 번씩《논어》한 편씩 읽도록 권하기도 하였다. 같은 해 3월 12일에는 성종이 명륜당에서《대학》을 강독하는 중에 시강관 구종직이 제왕은 반드시 '격물치지'를 공부할 필요가 없다고 발언했다는 이유로 사간원에서는 그를 파면해야 한다고 건의하기도 하였다. 윤9월부터는 야대에서 《국조보감》을 병행하여 읽기 시작하였다. 그 후 1472년(성종 3) 6월에는 《서경》을, 그리고 같은 해 9월부터는 《시경》을 읽기 시작하여 1473년(성종 4) 3월 중순까지 완독하였다. 《시경》을 완독한 성종은 자신의 뜻대로 《춘추》를 읽기 시작하여 1474년(성종 5) 3월 초에 마치고, 곧바로 《자치통감강목》을 선정하여 1477년(성종 8)년 2월까지 완독하였다. 《강목》은 1474년(성종 5)부터 1477년(성종 8)까지 3년에 걸쳐 완독하였으나, 《강목》 한 자료에만 치중한 것이 아니라 《고려사》, 《대학》 등 여러 자료를 병행해 읽었다.

이처럼 수렴청정 기간에 성종은 사서를 비롯하여 《시경》, 《서경》, 《춘추》, 《강목》과 같은 경전과 함께 《고려사》와 《통감》과 같은 역사서를 읽음으로써 제왕으로서의 자질과 소양을 길렀음을 알 수 있다. 특히 주자학의 핵심 텍스트라고 할 수 있는 《강목》과 《대학》을 읽으면서 동시에 《송명신언행록》을 읽고 있었다는 사실은 주목할 만하다. 성종은 1476년(성종 7) 10월 13일에 승지들에게 석강에서 진강하게 하였는데, 당시 승지들은 "아침에 《강목》을 강하고 낮에 《대학》을 강하고서는 또 마땅히 온고溫故해야 하니 강하는 것이 너무 많습니다"라고 말하면서 《송명신언행록》은 진강하지 않을 것을 건의하였으나, 성종은 석강에서 강하도록 전교하였다.

신하에 대한 평가 잣대를 세우다　　　《송명신언행록》은 중국의 북송 및 남송 시대에 활약한 중요한 인물의 말과 행적을 '신하됨'의 기준에서 서술한 일종의 전기집으로, 저자는 남송 전반기의 주희와 남송 후반기의 이유무이다. 《송명신언행록》은 주희가 서문에서도 밝혔듯이, 세상을 교화하기 위한 목적을 가지고 문집을 비롯한 서적 여러 곳에 흩어져 있는 '명신'의 말과 행적을 모아서 수록한 것이다. 북송 시기에 활약한 신하들을 주희 자신의 가치체계에 의해 선별하였고, '명신'의 이름을 부여하여 서술하였다. 이후 원·명 등에서도 이와 유사한 저술이 나와 《송명신언행록》은 교훈서로서, 역사적 포폄의 한 전형이 되었다. 세종은 경연에서 《송명신언행록》을 읽으며 신하들과 함께 역대 인물들을 포폄하기도 했다. 성종도 이 책을 읽어보았다. 이는 이후 현석규 탄핵 사건 때 군자와 소인에 관한 논쟁이 전개되는 것이 결코 우연이 아님을 말해주고 있다.

1477년(성종 8) 11월 4일에는 석강에서 《강목》을 강하다가 당나라 헌종이 재상 이강과 더불어 붕당을 논의한 대목에 이르자 성종이 "붕당은 심히 나쁜 것이다"라고 하였다. 이에 좌부승지 손비장은 "군자와 소인이 서로 용납되지 못하는 것은 마치 얼음과 숯을 같은 그릇에 담을 수 없는 것과 같습니다"라고 단언했다. 그는 임금이 만약 밝지 못하면 사정邪正이 뒤바뀌고 시비가 혼란되어 군자는 벼슬에서 물러나고 소인은 벼슬에 나오게 될 것임을 경계하고, 임금이 뜻을 정성스럽게 하고 마음을 바르게 하여 군자와 소인을 변별할 것을 건의하기도 하였다.

성종은 1478년(성종 9) 이후 1월 4일에는 석강에서 유진과 최자빈에게 《역학계몽》을 윤번으로 진강하도록 하였다. 같은 해 5월 4일에는 석강에서 《강목속편》을 읽고, 9월 8일부터는 주강에서 《예기》를 읽었으며, 1479년(성종 10) 3월 28일 석강에서 다시 《논어》에 들어갔으며, 같은 해 4월부터 10월까지 《대학연의》를 강독하였다. 《대학연의》를 읽는 도중에도 주강에서 《좌전》을 읽고 경연관들과 토론하기도 하였고, 1481년(성종 12)부터는 《자치통감》을 읽기 시작하였다.

성리학 외 다양한 책 읽으려 하다 ___ 그러나 성종은 경연관들이 추천한 책을 받아들이기만 한 것은 아니었다. 경연에서 정한 자료 외에도 읽고 싶은 책이 있을 때에는 경연관들과 상의해서 결정하려고 노력하였다. 그는 폭넓고 다양한 독서를 원했으며, 문신들이 이단의 책이라 하여 멀리한 《노자》, 《장자》, 《열자》와 같은 책도 읽고자 하였다. 성종은 신하들이 어떤 사유로 그러한 책들의 독서를 금하고 있는지 직접 읽고 양서인지 악서인지 판단하고자 하였던 것이다.

독서 자료의 선정 문제로 성종이 경연관들과 의견 대립한 것은 한두 번이 아니다. 1483년(성종 14) 12월 8일에는 성종이 주강에서 《전국책》을 읽고 싶어 했으나, 시강관이 네 차례에 걸쳐 역사책을 읽는 것은 옳지 못하니 경학을 읽도록 권유하는 기록이 나와 있다. 그 이유에 대해서 영사 홍응은 "비록 제시諸史로써 지식을 넓힐지라도 성리학으로써 단속하면 수신·제가·치국·평천하에 거의 보탬이 있을 듯합니다"라고 말하고 있다. 《전국책》은 행실을 단속하는 성리학 서적이 아니며, 비록 지식을 넓히는 측면에서는 도움이 될 수도 있지만, 경학을 근본으로 삼아 정치하는 도에 부족함이 있다는 것이었다.

1487년(성종 18) 3월 12일에는 《자치통감》 강독이 거의 끝나자 성종은 《원사》를 읽고 싶어 했다. 성종은 왕위에 오른 후 18년이 지난 시점에서 여러 경서를 다양한 방법으로 읽어왔기 때문에 경서 위주의 경연을 탈피하고 다른 책을 읽고 싶어 했지만, 경연관들은 그 요구를 들어

주지 않았다. 그 결과 성종이 집권 25년 동안 경연에서 읽고 토론한 책은 대략 27종 정도였다. 그 밖에도 경연관들의 반대로 읽지 못한 책은 앞서 언급한 책 외에도《문한류선》,《삼국사》등이 있다.

　학구열이 강했던 만큼 성종은 다양한 서적들을 보고자 했으나, 경연관들의 반대로 뜻을 이루지 못했다. 어쩌면 이것이 성종 대에 성리학의 심화가 교조주의로 이어진 하나의 계기가 아니었을까 생각된다. 어쨌든 성종은 성리학 서적을 읽으면서 유학이 지향하는 이상적인 정치가 무엇인지 그리고 그 정치를 이루기 위해서 자신이 무엇을 해야 하는지를 자연스럽게 익히게 되었다. 친정 이후 그의 정치는 여기에서 출발한다.

통치이념, '효치'와 '교화' ___ 1476년(성종 7) 1월 10일에 성종은 그의 친부인 덕종을 종묘에 부묘하고 나서 다음과 같이 통치이념으로서 '효치'의 뜻을 담은 교서를 반포하였다.

천성에 근본하는 것을 친애親愛라 이르는데, 친애는 실로 은혜에 근본하는 것이고, 인정에 따르는 것을 예절이라 이르는데, 예절은 그 근본을 잊지 않는 것이니, 이는 고금에 변경할 수 없는 떳떳한 도리이다. 내가 변변치 못한 몸으로써 외람되이 대통의 소중함을 계승했는데, 황백고를 추념해 보니 종천終天이 비통을 영원히 품으셨으므로 별도로 원묘를 세워 신이 안주하기를 기다렸다. 이것이 어버이를 높이는 일에 지극하지 못하였으니, 어찌 내 마음이 편안하겠는가? 옛것을 참고하고 예절을 참작하여 사유를 갖추어 황제에게 아뢰니, 마땅함에 따르고 정리에 맞다고 하여, 곧 제명帝命으로 윤허한 것이다. 이에 휘호를 내려주어 존숭을 극진하게 하니, 마땅히 종묘에 부祔하여 종사에 영원히

2 ___
적폐 청산의 시금석,
'현석규 탄핵 사건'

흠향하도록 해야 할 것이다.……이에 효치孝治(효로써 나라를 다스리는 정치)를 나타내어 백성의 풍속을 두텁게 교화하고자 한다.

위의 교서에서 성종은 그의 아버지 의경세자가 왕위에 오르지 못하고 죽음을 맞이한 것에 대해서 "종천終天(세상이 끝남)이 비통을 영원히 품으셨다"고 표현하고 있다. 여기에는 태어난 지 불과 한 달여 만에 아버지를 잃은 아들의 비통한 마음도 녹아들어 있었다.

성종이 덕종의 부묘를 단행하면서 표명한 '효치'의 이념은 일반적으로 유교에서 강조하는 효 이상의 특별한 의미를 가진 것이었으며, 그의 핵심적인 통치이념이라 할 수 있다. 그 말은 일차적으로 성종의 정치적 아버지인 세조의 정책을 계승하겠다는 뜻이었다. 자신을 왕위에 올려준 할머니 정희왕후에 대한 고마움의 표현이기도 했다. 다른 한편으로 어머니 인수대비에게 드리는 다짐이었다. 일찍 남편(의경세자)과 사별한 어머니에 대한 눈물겨운 감사의 고백이었다. 그 어머니의 헌신과 배려를 생각할 때 결코 부끄러운 아들이 되지 않겠다는 맹세였다.

교서의 핵심적인 부분은 "효치를 나타내어 백성의 풍속을 두텁게 교화한다"는 구절이다. 성종은 효치와 함께 풍속의 교화를 자신의 통치이념으로 선포한 것이다. 성종 대는 세조 대의 정변과 권력 찬탈, 사육신 사건과 단종의 폐위와 사사, 서정西征과 북정北征, 그리고 내란(이시애의 난)이라는 격변과 혼란으로 무너져 내린 선비와 백성들의 풍속을 바로잡아야 했던 시기였다. 이 시대의 핵심적인 정치적 과제인 풍속의 교화가 세조 대에 있었던 폐정의 결과였다는 점은 당시 대간들의 말을 통해서 확인할 수 있다. 1474년(성종 5) 3월 22일에 채수는 "고려 말에 사풍이 크게 무너졌는데, 우리 태조 때부터 세종 때에 이르기까지 사풍이 다시 떨치었습니다. 그러다가 세조 조 이후로 탕연하게 기강이 없어져서, 대신으로서 탐오하고 절제가 없는 자가 많이 있습니다"라고 지적한 바 있다.

수렴청정 동안 실록에는 도둑의 성행이나 대신들의 탐오로 인한 문제, 사풍이 심각하게 무너져 내린 상황에 대한 기사들이 많이 등장한다. 그러나 성종은 대신들의 장리長利나 농장과 전원, 그리고 권세가들의 횡포 등이 야기하고 있는 문제들에 대해서는 신중한 모습을 보인다. 여기서 '장리'란 돈이나 곡식을 꾸어 주고받는 한 해 이자를 말한다. 성종이 자신의 정치적 부모라고 할 수 있는 세조와 정희왕후에 대한 효를 내세우는 이상 세조 대에 있었던 폐정이나 대신들의 비위에 대해서 언급을 삼가거나 쉽게 처단하지 못했다.

이처럼 '효치'와 '교화'는 때로는 양립하기 어려운 정책적 딜레마를 내재하고 있다. 특히 불사佛事 문제와 관련해서는 정면으로 충돌하는 이념이기도 했다. 성종은 말년에 도승법度僧法(승려가 되려는 자에게 일정한 대가를 받고 허가장을 내주던 제도)의 시행과 중지를 둘러싼 논쟁에서, 불사를 좋아했던 정희왕후에 대한 효와 불사를 금해야 한다는 교화의 논리 사이에서 진퇴양난의 처지에 빠지기도 했다. 그럼에도 성종이 즉위 초에 세조 대의 부정적인 정치적 유산과 폐단으로 인한 풍속의 퇴락과 같은 문제에 대해 효치를 내세우면서 풍속을 교화시키고자 했다는 점은 주목할 만하다.

덕종의 부묘가 있은 후 1월 13일에 정희왕후는 수렴청정을 중단하고 국정을 성종에게 되돌린다. 이에 성종은 마지못해 친정의 뜻을 밝힌다.

친정을 선포한 이후에도 교화의 필요성은 계속 제기되었고, 사풍을 교화하는 데 크게 두 가지 과제가 놓여 있었다. 첫째는 세조 대의 권신으로 여전히 막강한 영향력을 행사하는 대신들과 그들에게 달라붙어 자신들의 이익을 도모하려는 소인들을 교화하는 문제였다.

성종은 친정을 선포한 후 대간의 건의를 받아들여 원상제院相制를 폐지했다. 원상제는 어린 임금이 즉위할 경우 재상들이 승정원에서 일하면서 임금을 보좌하고 정사를 돌보던 제도를 말한다. 세조가 죽고 열아홉 살의 예종이 즉위하자 한명회, 신숙주 등의 재상들이 원상제를 채택한 것이었다.

대신의 권세와 탐욕 ___ 하지만 이후에도 세력을 좇고 권세에 빌붙는 사교私交 문제는 그치지 않았다. 이에 성종은 1477년(성종 8) 1월 24일 여러 도의 관찰사에게 하유하여 신하로서 봉공의 직무를 다할 것을 강조하며, 세력 있고 요직에 있는 자와 붕당을 지어 자기편을 두둔한 자는 형정으로 징계할 것을 선언하였다. 이는 특히 당대 최고의 실권자인 한명회와 관련되어 있었다.

한명회의 집사 김성이 한명회 집의 물건을 훔쳐 외방에 내다판 사건이 발생했다. 이에 충청도 절도사 이종생이 신유정을 보내어, 김성의 물건을 몰수해 한명회의 종 도치에게 돌려주고 김성과 작당한 10여 인을 가두었다. 이 일은 본래 군사의 일을 담당하는 절도사가 처리할 일이 아니었다. 군사 관련한 일이 아니기 때문에, 지방행정을 맡은 관찰사나 그 고을의 수령이 담당해야 할 일이었다. 이처럼 이종생은 자신의 직임이 아닌 줄 알고 있었음에도 "한명회의 환심을 사기 위해서 한 짓"

이라고 성종은 밝히고 있다.

친정을 시작한 성종이 직면한 두 번째 문제는 대신들의 탐오함을 교화해야 하는 문제였다. 같은 해 6월 23일에 있었던 한 경연에서 검토관 성담년이 "사대부의 뜻이 낮아져 이익과 탐욕에 골몰하여 염치를 차리는 것을 오히려 졸렬하다고 하며, 뜻을 도탑게 하여 현혹되지 않고 청렴함과 올바름을 스스로 지키는 자가 드뭅니다"라고 지적하자, 성종 역시 이를 시인하였다. 경연 자리에 참석했던 영사 김질은 이러한 풍속의 비루함을 바로잡기 위해서는 법을 사사로이 사용하는 일이 없어야 하며, 비록 친하고 귀한 자라도 법을 어기면 용서하지 않아야 한다고 건의하였다. 그러자 영사 윤자운은 교화는 "천백 년을 쌓아도 넉넉하지 못하나 하루에 무너뜨려도 남음이 있다"는 옛말을 인용하면서, 풍속이 비루한 것은 하루아침에 형벌로써 다스릴 수 있는 것이 아니고 오직 윗사람이 몸소 모범을 보여야 한다고 주장하였다.

권력의 하수인이 된 언론

김언신이 현석규를 탄핵하다 ___ 성종의 친정 초기에 발생한 '현석규 탄핵 사건'은 권신에게 빌붙어서 자신들의 이익을 도모하는 언론(언관)의 풍속과 대신의 탐오함이 결합되어 나타난 대표적 사건이었다.

1477년(성종 8) 9월 5일, 언관 김언신이 경연 자리에서 당시 형조판서인 현석규를 음험하고 간사한 소인이라고 지목하여 탄핵했다. 현석규가 이전에 도승지였을 때, 여러 승지가 '조식의 일'을 임금에게 고한 적이 있었다. 이때 현석규가 도승지인 자신이 없는 자리에서 임금에게 아뢴 것에 분노하여 눈을 부라리며 소매를 걷어붙이고 동료에게 '너'라고 하기까지 하여 조정의 화합을 해쳤다는 것이다.

김언신의 상소에서 언급된 '조식의 일'이란 조식과 조식의 매부인 송호 등이 과부가 된 동복형제 조씨의 재산을 빼앗은 데다가 조씨가 전 칠원 현감 김주와 성혼하자 이를 강간이라며 의금부에 무고한 사건이다. 이를 처벌하는 문제에 대해 동부승지 홍귀달 등이 임금에게 알린 것이었다.

김언신은 현석규를 노기와 왕안석에 빗대어 소인이라고 지목하면서 그의 진퇴에 국가 안위와 치란이 달려있다고 주장하였다. 이에 성종은 의정부 대신들과 이조 당상을 불러 그 진위를 논의하도록 지시하였다. 대신들의 의견이 현석규가 그러한 소인은 아니라는 것으로 모아졌다. 그 결과 오히려 김언신이 탄핵당하게 되었다.

그다음 날 성종은 대신과 전조銓曹, 즉 이조와 병조에서도 모두 현석규를 소인이라 하지 않는데 김언신이 그를 소인이라 하고, 심지어 자신을 당나라 덕종과 송나라 신종에 견주며, "만일 (현석규가) 소인이 아니면 신이 극형을 받겠습니다"라고 아뢰었다면서 김언신을 추국할 것을 명하였다. 이에 대간은 비록 자신들이 직접 현석규를 소인이라고 한 것은 아니지만, 본래 모두 같은 마음으로 현석규를 탄핵하였으니 자신들도 김언신과 함께 하옥하라고 아뢰었다. 사건이 이렇게 전개되자 성종은 김언신을 하옥한 것은 현석규 때문이 아니라 자신이 소인을 썼다고 한 것 때문이며, "소인은 국가 치란에 관계되니, 그 화가 또한 참혹하지 않은가?"라고 답변하였다.

탄핵의 역풍 ___ 이틀 후 의금부에서는 김언신이 현석규를 소인이라 지목하고, 기망하여 탄핵한 죄는 장杖 100대, 도徒 3년에 해당한다고 고했다. 이에 성종은 "기망한 죄는 마땅히 죽어야 하는데, 어찌 율이 가벼운가?"라고 하면서 다시 고쳐 조율하고 김언신을 잡아올 것을 지시하였다. 김언신이 쇠사슬을 목에 감고 승정원 뜰에 나타나자 성종은 죽음을 앞두고서도 현석규를 아직도 소인으로 여기는지, 아니면 애초에 고집한 것이 잘못되었다고 생각하는지 물었다. 이는 만약 김언신이 자신의 과오를 고집하지 않는다면 죽음에서 벗어날 수도 있음을 암시하는 것이었다.

그러나 김언신은 자신이 죽기를 두려워하거나 잘못 고집한 것도 아니며 현석규는 참으로 소인이라고 답변하였다. 죽음을 불사하고 자신의 소신을 굽히지 않는 김언신의 태도에 성종은 "내가 (간신과 소인을 중용했던) 덕종·신종과 비슷하다는 비판은 이미 당하였고, (당나라 덕종 때의 간신) 노기나 (송나라 신종 때의 소인) 왕안석은 모두 당류黨類가 있었는데, 지금 대신·전조에서 모두 말하기를 현석규는 소인이 아니라고 하니, 이것도 (대신과 전조가) 현석규의 편을 들면서 (그가 소인이라는 사실을) 숨기는 것이냐?"라고 질문하였다. 이에 김언신은 "임금께서 지혜롭고 총명하신데 어찌 붕당이 있겠습니까? 저들은 알지 못하고 말하는 것입니다. 왕안석이 소인인 것을 오직 여회 한 사람만이 알았습니다. 신이 어찌 거짓말을 하겠습니까?"라고 답하였다.

이 사건에 대한 최종 판결을 내리기에 앞서 성종은 "내가 그대를 죽이면 걸·주와 같은 임금이 되겠구나. 그대가 죽어도 용봉·비간과 더불어 지하에서 놀고자 하느냐?"라고 마지막으로 질문하였다. 김언신은 "신은 죽는 것을 다행으로 여깁니다"라고 최후 변론을 하였다. 성종은 "그대가 강개하고 굴하지 않는 것을 내가 대단히 기뻐한다"라면서 "가서 그대의 직사職事(직무에 관계되는 일)에 나아가라"고 판결하였다.

이제까지의 변론의 진행 과정을 볼 때 성종의 이러한 판결은 예상 밖이었다. 확실한 근거도 없이 대신을 소인으로 지목해 기망하면서, 임금을 그러한 소인을 등용한 어리석은 군주로 간주했다는 점에서 김언신에 대한 단죄는 피할 수 없는 것으로 보였다. 그럼에도 성종이 김언신을 가상하게 여기고 받아들인 이유는 그가 간신諫臣으로서 죽음을 두려워하지 않는 강개함을 보여준 때문일 것이다. 또한 대간의 잘못된 말을 벌하기보다는 오히려 이를 흔쾌히 용납함으로써 '정관의 치'를 이루었던 당 태종의 고사를 염두에 둔 것이었다.

비록 언관의 말에 허물이 있고 임금의 귀에 거슬리는 말이라도 너그러운 마음으로 받아들여야 한다는 대간의 주장을 기쁘게 받아들이는 '아름다운' 정치의 모습이라고 할 수 있다. 이후에 다시 대간에서는 현석규를 소인으로 지목하면서 장차 큰 죄를 범할 것을 경계하여 처벌할 것을 주장하지만, 성종은 현석규에게는 죄가 없다고 비호한다.

임사홍의 농간, 권력 다툼의 신호탄?

이심원과 남효온 ___ 한동안 잠잠했던 현석규 탄핵 사건은 이
듬해인 1478년(성종 9) 4월 8일 이심원이 상소를 올리면서 다시 부각되
었다. 이심원의 상소는 4월 1일에 흙비가 내리는 재이가 있자 임금이
직언을 구한 것에 응해 올린 것이었다. 여기서 이심원은 천견天譴(하늘
의 견책)이 나타난 여러 이유 중 하나로 당시 세조 때의 신하들을 모두
쓰고 있어 잘못됨이 나타난 것이라고 지적하였다.

성종은 다음 날 이심원을 불러 "지금의 대신들은 모두 세조 조의 훈
구인데, 이들을 버리고 장차 누구를 쓸 것인가?"라고 물었다. 이심원은
옛 신하들을 모두 쓸 수 없다는 것이 아니라, 그 가운데 재주와 덕을 겸
비한 자는 쓰고 어질지 못한 자는 쓰지 말자는 것이라고 답했다. 구체
적으로 인물을 밝히지 않은 원론적인 대답이었다.

이심원이 물러난 후 당시 도승지였던 임사홍은 조정에서는 모름지기
구신舊臣을 써야 한다면서, 이심원을 옛글에 의존해 시의를 알지 못하
는 어리석고 망령된 사람이라고 비판하였다. 임사홍의 주장을 요약하
자면 대간이 대신들의 한마디 말실수를 가지고 한갓 구차한 말을 하고
있으니, 그들의 말을 모두 들을 필요는 없고 오직 임금의 마음으로 결
정하면 된다는 것이었다. 사관은 《성종실록》의 4월 9일 기사에 임사홍
의 발언에 대해 "인신人臣은 마땅히 간하는 말을 받아들이도록 임금에
게 경계하는 말을 올려야 하는데, 임사홍의 말하는 바가 이와 같으니,
실언한 죄를 피할 바가 없다"고 문제점을 지적하였다. 성종은 훈구대

신을 한 가지 실수 때문에 견책할 수는 없다고 대답함으로써 논의를 마무리하였다.

4월 15일, 이번에는 남효온이 상소하여 재이가 일어난 이유와 이를 막을 방법에 대해서 논하였다. 그의 상소 가운데 문제가 된 것은 벼슬이 당상관의 지위에 있음에도 생활이 어려운 누이에게 양식을 주지 않은 대신이 있다는 것이었다. 이에 대해 임사홍은 이 상소가 이심원의 상소와 같다고 하면서, 이심원이 천거한 서생 강응정의 무리인 남효온과 정여창, 박연 등이 강응정을 공자로 추숭하고 박연을 안연이라 칭하며 항상 소학小學의 도를 행하며 이론異論을 숭상하니, 이들이 폐풍을 이루어 치세에 누가 된다고 비판했다. 그들이 아직 벼슬하지 않은 선비에 불과하지만, 당파를 형성하여 정치운동을 한다면 임금의 치세에 폐해가 될 수도 있음을 경계한 것이다. 그러나 성종은 구언求言의 명령이 있었으니 남효온의 말이 적중하지 못해도 죄를 물을 수는 없다고 하였다. '구언'이란 나라에 재앙이 있을 때 혹은 국정에 필요한 경우 임금이 정치의 잘잘못에 대하여 널리 신하로부터 비판의 말을 구하던 일을 말한다.

당시의 재이와 천견에 대해서 사간원도 대책을 제시했다. 그 가운데 주요한 것은 세 가지였다. 첫째 사대부의 집에 대해 칸수는 정했지만 높이와 넓이는 정하지 않아 토목의 역사가 성하므로 사치스럽고 크게 짓지 못하게 할 것, 둘째 관사觀射(활쏘기)는 유희에 가까우니 경회루 밑에서 관사할 때 임금은 참관만 할 것이고, 종친과 더불어 활을 쏘거나 술에 취한 종친들과 어울려 엄숙하고 공경하는 예를 잃어서는 안 된다는 것, 셋째 흙비와 지진이 있고 성 안에 불이 나서 수백 집이 연소되었으니 병이나 혼인·제사 이외에는 술을 금하라는 것이었다.

조선의 왕안석, 임사홍 ___ 이에 대해 임사홍은 천재지변이

재이가 아니라 운수라는 점을 언급하면서 "이제 흙비도 때의 운수가 마침 그렇게 된 것인데, 어찌 재이라고 할 수 있겠습니까? 만약 화재를 재변이라 한다면, 민가의 집이 붙어 있고 담이 연해 있어 불이 나자 마침 바람이 불어 연달아 탄 것이니, 족히 괴이할 것이 없습니다"라고 임금에게 고하였다. 아울러 임금이 종친과 함께 활을 쏜 것은 친친親親의 의를 편 것이므로 문제될 것이 없으며, 집의 칸수는 이미 법이 세워져 있으니 자잘하고 사소한 것까지 정할 필요가 없다고 주장했다. 또한 대간의 간사한 꾀는 측량하기 어렵다고 비판했다.

성종은 임사홍의 주장에 대해 "대간이 나로 하여금 비록 재변이 없을지라도 항상 경계하고 두려워하도록 하였으니, 이는 어려운 일이 아니"라고 말하였다. 주목할 것은 흙비를 재이가 아니라 운수라 하고 화재도 재변이 아니니 괴이할 것이 없다는 임사홍의 주장은 사실상 천견론天譴論을 부정하는 것이었다는 점이다.

천견론은 자연계의 현상과 인간행위 사이에 상관 관계가 존재한다고 보는 천인상관설天人相關說의 일종이다. 이는 천재지변이 인간 정치와 관련이 있다는 것으로, 만일 왕이 폭정을 일삼으면 하늘의 음양이 조화를 잃고 이상기후 현상이 일어나 '하늘의 꾸짖음', 곧 천견으로 나타난다는 것이다. 천견론은 절대적인 군주권을 견제하는 논리로 주로 사용되었고, 천견론을 부정한 송나라의 왕안석은 대표적인 소인으로 지목되어 왔다.

4월 21일, 사관은 당시 임사홍의 말에 대해 "이치에 어긋나게 임금을 속였으니, 옛날의 아첨한 말로 스스로 몸을 파는 자와 무엇이 다르겠는가?"라고 하면서 '요망한 말'이라고 규정했다. '재변은 족히 괴이할 것이 없다'는 임사홍의 말은 '천변은 족히 두려워할 것이 없다'라고 한 왕안석의 말을 상기시킨다.

임사홍의 '요망한 말'에 대해서 4월 27일에 홍문관과 예문관이 문제를 제기하였다. 양 관의 상소는 임사홍이 음험하고 방자하여 술수를 쓰며 밖으로는 엄하고 굳센 듯하지만 안으로는 간사하고 아첨하여 옛 소인의 태도를 모두 겸하고 있다고 비판했다. 또한 임금 앞에서 하늘과 사람의 재이는 족히 두려울 것이 없고 대간의 말은 들을 것이 못 된다고까지 말하였으니, 이는 임금을 업신여겨 속이는 것이라고 지적했다. 따라서 임사홍과 그의 아버지인 임원준을 내쫓아서 여망에 부응하고 천견에 답하여 간사하고 불충한 자의 경계로 삼을 것을 주장했다. 이 탄핵 상소는 임원준·임사홍·임광재의 권세를 지적하면서 임금이 삼대三代의 정치를 이루어 가는 것을 그르치게 하는 간사한 자들을 요직에서 제거해야 함을 역설한다.

다음 날 성종은 대간과 양 관의 관원을 인견한 자리에서 "만일 양 관이 임사홍이 소인인 것을 알았으면 어찌하여 일찍 아뢰지 아니하였는가"라고 반문하면서 "그대들이 전일에는 현석규를 소인이라고 하더니, 이제 또 임사홍을 소인이라고 하는가?"라며 불쾌감을 드러냈다. 그리고 임원준에 대해서는 "아들의 악행 때문에 그 아버지를 아울러 논하는 것은 옳지 못하다"고 답변하였다. 이 자리에서 대간과 양 관은 그동안의 임사홍의 행적을 지적하면서 죄 주지 않을 수 없다고 주장하였다. 하지만 성종은 '좌우에서 모두 죽여야 옳다고 해도 듣지 말고 나라 사람들이 모두 죽여야 옳다고 말한 뒤에야 죽인다'라는 맹자의 옛말을 들어서, 대신들과 의논하지 않을 수 없다는 뜻을 밝혔다. 그러나 결국 임사홍이 대간을 견책하라고 분명히 말하지 않았지만, 그의 '요망한 말'이 지나치다고 하면서 국문할 뜻을 내비쳤다. 양 관 역시 임사홍이 소인임을 알면서도 일찍이 말하지 아니하여 임금의 덕을 보양하지 못했으므로 함께 국문하도록 지시하였다.

4월 28일, 성종은 양 관 관원의 벼슬을 파면하고 임사홍의 고신告身 (직첩)을 거두도록 이조에 전지하였다. 지금까지 논의를 통해서 드러난 임사홍의 언술을 볼 때 그가 소인이라고 생각될 수 있었다. 그러나 참으로 소인인지 아닌지 분별하는 것은 단지 겉으로 드러난 행적이나 말만이 아니라, 그 마음의 사정邪正까지 분변해야 한다는 점에서 어려운 일이었다.

한 가지 분명한 것은 당시 소인이 정사에 끼칠 수 있는 해악의 위험성 때문에 소인을 물리치는 것이 치평治平을 이루는 요체라는 것에 대해서는 임금과 신하들 모두 인식하고 있었다는 점이다. 성종은 비록 임사홍이 소인인지는 확실히 단정할 수 없지만, 대간을 견책하라고 하거나 대간의 말이 자질구레하다는 그의 말이 소인의 말과 같기 때문에 고신을 거두도록 명을 내린 것이었다. 성종의 이 전지에 대해 모두가 지당하다고 동의하였다.

이심원의 폭로 ___ 양 관의 관원을 죄 주고 임사홍의 고신을 거둠으로써 마무리될 듯 보였던 이 사건은 다음 날 이심원이 임사홍의 간계를 폭로함으로써 새로운 국면으로 전개되었다. "군자와 소인을 쓰고 버리는 것과 형벌이 전도顚倒되는 것은 사직에 관계되므로 감히 친히 아뢰기를 청한" 자리에서 이심원은 현석규가 마음이 바르지 못하고 도량은 온후하지 않으나 일에 직면하면 용감하게 발언한다는 점에서 소인은 아니며, 이제까지 대간들이 현석규를 소인이라고 하여 탄핵한 것은 임사홍이 몰래 사주한 것이라고 폭로했다. 이에 성종은 놀라워하면서 "임사홍이 몰래 사주하여 현석규를 공격하였으니, 바로 간사한 자"라 하고, "네가 임사홍 부자와 더불어 혼인한 인연이 있었기에 망정이지, 만약 그 간사함을 자세히 알지 못하였으면 어찌 감히 이같이 하겠는가?"라고 말한다. 곧 대신과 대간, 그리고 양 관의 관원과 임원준 부자 등을 불러 모아서 심문한다.

이심원이 고발하게 된 근거가 있었다. 표연말이 김맹성으로부터 들은 말을 이심원에게 전한 것이었다. 즉, 임사홍이 박효원을 부추겨서 현석규를 공격하도록 하였다는 것, 대간들이 처음에는 이에 동조해 현석규를 공격했다가 뒤에 임사홍의 술책에 빠졌음을 알게 되었는데 그 책임을 질 것을 두려워하여 그를 공격할 수 없었다는 것, 그리고 대간이 현석규를 공격할 때는 소인이라고 하지는 않았는데 뒤에 김언신이 현석규를 소인이라고 지목하여 탄핵했다는 것 등이었다.

표연말의 진술에 대해서 김맹성 역시 동일하게 진술하였다. 결국 그들의 진술은 이 사건의 핵심 인물로, 임사홍의 사주를 받아 대간으로 하여금 현석규를 탄핵하도록 한 박효원을 지목하게 되었다. 박효원은 임사홍의 편지를 받았다는 사실, 그리고 임사홍이 현석규를 비판하면서 도승지가 부하를 욕하는 것은 옳지 못하다고 했다는 점에 대해서는 인정하였다. 그러나 현석규를 공격하여 탄핵한 것은 자신이 대간을 부추긴 것이 아니라, 동료들이 의논 끝에 차자를 올린 것이라고 진술하였다.

다음 날 성종은 임사홍에게 박효원을 부추겨 현석규를 공격하게 했는지를 물었다. 임사홍은 박효원에게 편지나 말로 지시한 구체적인 내용은 잊었지만, 사실상 자신이 그를 사주하였음을 시인했다. 이에 성종은 관원들에게 임원준·임사홍 부자의 소인됨을 다시 물었다. 대사헌 유지는 임사홍이 박효원을 시켜 현석규를 공격할 때에 김언신이 현석규를 왕안석에게 비유했던 사실을 지적하면서, 김언신과 임사홍이 가까운 이웃으로 아침저녁으로 상종했다는 것으로 보아 김언신의 현석규 탄핵 상소 역시 임사홍이 시킨 것으로 보인다고 말했다. 또한 그때 유자광의 상소가 김언신의 아뢴 바와 뜻이 같고 김언신과 유자광이 또 친한 관계로 틀림없이 부화뇌동해 탄핵한 것이라며 이들을 함께 추국할 것을 청했다. 임금은 의금부에 내려 국문하도록 지시했다.

소인을 분별하는 어려움 ___ 이 사건은 결국 이심원의 폭로와 임사홍의 자백으로 그의 간계가 드러났다. 하지만 4월 30일에 성종은 "사람을 알기가 심히 어렵다"고 고백했다. 성종은 5월 1일에 의금부에서 올린 것을 보며 유자광과 김언신이 함께 의논한 것이 명백하며, 이들이 그때에 현석규를 소인이라고 극언하였으니 김언신이 반드시 임사홍의 술책에 빠져서 말한 것이었으며, 이 일은 이미 드러났으니 엄하게 징계할 것임을 선언했다. 임사홍이 몰래 사주한 일임을 승복한 상황에서도 김언신과 유자광만은 5월 3일 옥중에서 각각 글을 올려 임사홍의 사주를 받은 것이 아니며, 오직 의리와 공의에 따라 현석규의 음험하고 간사함을 아뢰었을 뿐이라고 주장하였다. 이에 대해서 성종은 다음 날 아래와 같이 말하였다.

> 김언신이 극진히 말할 때에는 내가 절개가 곧은 선비라고 생각하였는데, 어찌 그 붕당을 위해서 말한 것인 줄 알았겠는가? 이로써 보면 대간의 말을 어찌 다 믿을 수 있겠는가? 양 관의 상소를 보고 임사홍이 진짜 소인인 줄 알지 못하였는데, 실정을 알고 보니, 소인의 행동이 누가 이보다 더하겠는가?

성종은 죽음 앞에서도 의연히 현석규를 탄핵했던 김언신의 강개함과 곧은 절개는 사실 임사홍과 결탁하여 그를 위해서 말한 간계였음을 지적하고, 사람을 쓰는 일과 간관의 말을 듣는 일에 대해 근본적인 질문을 던지고 있다. 임금과 신하가 의리와 신뢰에 기초해서 군자를 받아들이고 소인을 내쳐야 하는 것이 원칙이지만, 신의가 무너지고 소인의 간계로 인해 누가 진짜 소인인지 분별하기 어렵고, 오히려 소인이 아닌 군자가 탄핵될 수 있는 상황이라면 어떻게 해야 하는가? 군주는 소인을 끝까지 가려내어 모두 처벌해야 하는가? 그러나 그럴 경우 자칫 군자가 해를 입을 수도 있다. 뿐만 아니라 임사홍의 경우와 같이 왕실과 연결되어 있는 경우나 임원준·유자광과 같은 세조 대의 구신이자 공신을 처벌하기는 쉽지 않았다.

참고로 1486년(성종 17) 3월 15일의 실록에는 임사홍이 대간을 시켜 현석규를 공격할 때에 다들 임사홍이 음험한 줄은 알았으나 현석규의 사람됨은 몰랐다고 기록되어 있다. 즉 현석규의 사람됨 역시 간사하고 크게 탐욕스러운 마음을 가지고서도 임금 앞에서는 깨끗한 체하고 미더운 체하여 속이는 소인이었다는 점을 지적하면서, 임사홍이 간관을 사주하여 현석규를 탄핵한 사건을 "소인으로써 소인을 친다는 것"이라고 규정하고 있다.

1478년(성종 9) 5월 7일에 의금부에서 임사홍·유자광·박효원·김언신 등에 대해 적용한 형벌은 '붕당을 결성하여 조정을 문란하게 한 죄'로 참형에 처하는 것이었다. 대간에서도 붕당의 사람은 자기와 뜻이 다른 자는 배척하고, 자기를 편드는 자는 가까이하여 조정의 정사를 혼탁하고 어지럽게 하고 나라가 난망하기에 이르게 하니 두렵다고 하면서, "임사홍 등은 은밀히 대간과 결탁하여 대신을 모함하였으니, 의금부에서 간사한 무리를 처벌하는 법률에 해당시킨 것은 매우 합당합니다"라고 했다. 그러나 성종은 "유자광은 조종 조 때의 원훈이고, 임원준은 지금의 좌리공신인데, 만약 일체로 율문과 같이한다면, 어찌 '백세까지 죄를 용서한다'는 뜻이 있겠는가?"라며 반대하였다. 다음 날 성종이 내린 최종 판결은 사건의 주요 인물인 임사홍·유자광·박효원·김언신을 유배 보내고, 임사홍의 술책에 속아 넘어간 김맹성과 김괴를 도형徒刑에 처한 뒤 유배하며, 박효원과 김언신은 곤장을 치는 것이었다.

무술년의 옥사와 무오사화 ____ 현석규 탄핵 사건에서 임사홍 일파의 유배에 이르는 일련의 사건들과 관련한 선행 연구에서는 이들이《대명률》의 '간당조'에 의해 처벌되었다는 점에 주목하여 붕당론의 관점(정만조, 1989)이나 훈구세력에 대한 사림의 도전(이병휴, 1999)으로 다루었다. 정두희(2010)는 이 사건에 대해 중종 대 이후의 사림들이 '무술년(1478)의 옥사'로 특별하게 명명했던 배경을 밝히면서, 사림들이 자신들을 역적으로 몰아넣었던 연산군 대의 무오사화(1498)가 일어나기 이미 20년 전에 두 적대적인 세력의 대립이 시작되었다고 해석하고 있는 《연산군일기》를 비판적으로 검토한 바 있다. 유자광에 대한 평가 내용과 무오사화의 전말에 대해 기록하고 있는 《연산군일기》 1498년(연산군 4) 7월 29일의 내용은 다음과 같다.

식자들이 탄식하기를, '무술년의 옥사는 정류正類가 사당邪黨을 다스린 것이요, 무오년의 옥사는 사당이 정류를 모함한 것이다. 20년 사이에 일승일패를 했는데 치와 난이 따랐으니, 애석하도다! 군자가 형벌을 쓰는 것은 항상 관대하고 느림에 치우치고, 소인이 원망을 보복함은 반드시 잔멸하고야 말도다. 만약 무술년의 군자들이 능히 그 율을 다 썼던들 어찌 오늘의 화가 있겠는가' 하였다.

중종 대 이후의 사림들은 무오사화의 발생 배경을 1478년 무술년(성종 9) 옥사의 연장선의 관점에서 재조명하였다. 그러나 무술년 옥사는 성종이 친정을 선언한 직후였던 1477년(성종 8)에 현석규와 승지들 사이의 반목에서 비롯되었다. 그때 유자광과 임사홍을 같은 정치세력으로 볼 수는 없다. 오히려 유자광은 세조 대 이래의 훈신들을 비판하는 입장에 서 있었다. 이 사건의 진행 과정에서 중요한 부분은 훈구파와 사림파의 갈등이 아니라, 사욕을 추구하면서 정치를 해치는 소인들을 어떻게 분별하고 사풍의 교화를 이루어 갈 것인가 하는 점이었다. 뒤에서 살펴보겠지만, 임사홍의 음모를 고발했던 이심원과 표연말 등이 김종직의 제자들이었다는 점은 사실이다. 하지만 그들이 하나의 정치세력으로 훈구대신들과 대립했던 것은 아니었다. 더구나 당시 언관들은 대신들의 권세에 눌려 있거나 그들과 결탁하여 사익을 추구하고 있었다. 적대적인 세력의 대립이라는 프레임으로 이 사건을 이해하기보다는, 부패하고 탐오하며 속임수를 쓰는 권세가에 대한 폭로라는 측면에서 바라보는 것이 실상에 더 가까울 것이다.

이 사건 이후 성종은 세조 대 이래로 내면이 병들어 있는 대신과 언관을 어떻게 치유할 것인지, 어떤 '처방'을 통해서 기존의 인사 시스템이 지닌 문제를 보완할 것인지, 그리고 특히 세조 대 대신들의 탐오함과 권력 남용을 어떻게 제어할 수 있을지 하는 문제를 놓고 고민하게 된다. 성종은 세조 시대를 극복하고 새로운 시대를 열어가고자 했지만, 세조 시대의 아류들이 아직 그의 시대에 활동하며 역사의 진전을 가로막고 있었다.

교화의 텍스트 《내훈》과 《대학연의》 ___ 성종 시대의 폐비 사건을 다루기 위해서는 먼저 두 권의 책을 언급할 필요가 있다. 그 하나는 인수대비의 저서 《내훈》이며, 또 다른 하나는 《대학연의》이다. 《내훈》은 1475년(성종 6) 겨울에 만들어졌다. 성종의 첫 번째 왕비이자 한명회의 딸이었던 공혜왕후 한씨는 1474년(성종 5)에 죽었다. 당시 공석인 왕비 자리에 누구를 앉혀야 하는가 하는 문제로 인수대비(소혜왕후)는 고민하고 있었다. 더욱이 당시 19세였던 성종이 성인의 나이를 앞두고 있었고, 이듬해에 정희왕후가 수렴청정을 거두고 성종이 친정을 할 것으로 예상되는 상황이었다. 이에 잠재적 왕비 후보자들인 궁중 여성들의 기강을 바로잡을 필요성이 컸기에 《내훈》을 저술했다. 성종은 많은 후궁을 두었다. 그것은 성종의 호색 때문이라기보다는, 세조와 예종의 연이은 죽음으로 예상치 못한 상황에서 급작스럽게 즉위했던 성종을 후원하면서 왕실의 안정을 기하고자 했던 세 대비(정희왕후·안순왕후·소혜왕후)의 배려 때문이었다.

___3
왕비를
폐하다

《내훈》은 결혼한 여성들의 역할에 대해 자세히 설명한다. 시부모를 잘 모시는 며느리, 순종적이고 의무를 다하는 부인, 그리고 현명하고 자상한 어머니로서의 역할을 다해야 한다고 가르친다. 특히 여성으로서 지녀야 할 네 가지 덕목을 제시한다. 첫째는 도덕적 행위(조용하고 차분하며 정숙하고 예의범절이 있어야 한다), 둘째는 얌전한 말씨(상스러운 말이나 공격적인 말은 삼가고 잘 가려서 해야 한다), 셋째는 정숙한 외모(아름다울 필요는 없으나 의복과 외모가 청결해야 한다), 넷째는 여성으로서 의무(베를 짜거나 손님을 접대하는 의무들에 정성을 기울여야 한다)이다.

《대학연의》는 성리학의 가장 기본적인 책인 《대학》의 이해를 돕는 해설서이다. 《대학》은 원래 오경 가운데 하나인 《예기》의 한 편명이었는데, 송나라 학자들이 《예기》에서 분리시켜 단행본 형태로 만들었다. 송대 신유학에서 《대학》은 가장 기본이 되면서 전체 체계를 제시하는 경전으로 확고한 위치를 갖게 되었다. 3강령과 8조목 체제의 《대학》은 인정仁政을 지향하는 제왕학의 성격이 강한 텍스트로 임금과 신하가 공통적으로 숙지해야 할 과제로 인식되었다. 그러나 《대학》은 기본적인 원칙만을 제시하였기에 제왕의 실제적인 정치에 직접 활용하기에는 어려움이 있었다.

송나라 학자 진덕수의 《대학》 주석서인 《대학연의》는 1403년(태종 3)·1434년(세종 16)·1527년(중종 22) 등 여러 차례 국비로 간행되었고, 임금이 참여하는 경연의 텍스트로 자주 활용되었다. 남송 대 사서四書 중심의 주자 성리학을 받아들인 고려 말과 조선 초에는 《대학》과 《대학연의》가 정치 지침서가 되었다. 성종 역시 1479년(성종 10) 4월부터 10월까지 《대학연의》를 강독한 바 있다. 이해 윤10월 5일에 시독관 안침은 성종에게 "《대학연의》를 지금 이미 다 보셨는데, 치란·흥망의 자취를 환하게 볼 수가 있었습니다. 다른 책은 산만하여 한결같지 않은데, 이 책은 펴보기가 매우 편리하니, 되풀이해 본다면 정치하는 도리에 크게 도움이 있을 것입니다"라고 하면서 《대학연의》를 반복하여 강론할 것을 요청하였다.

이 시기에는 특히 폐비 논의가 한창 진행되고 있었다. 따라서 성종이 폐비를 결심하고 단행하게 된 사상적 배경에는 《대학연의》가 있었다고 말할 수 있다. 후술하는 바와 같이, 성종은 처음 이 사건이 발생했을 때 단지 '투기'와 '국모의 의범'을 언급했다. 그런데 그의 폐비 시도가 신하들의 반대로 좌절된 뒤《대학연의》를 읽기 시작했고 그 책을 읽은 뒤로 이 사건에 대해 윤씨의 국왕 모해 의도와 집권 의지를 언급했다. 뿐만 아니라 그 사례로《대학연의》에 나오는 한 성제漢成帝를 언급하며 자신의 주장을 정당화했다.

《대학》의 8조목 가운데 하나인 제가齊家와 관련하여,《대학연의》에서는 상당히 긴 분량을 할애하여 풀어 설명하고 있다. 그 앞의 조목인 성의정심誠意正心이나 수기修己와 비교해 보면 분량이 더 많다. 그만큼 제왕의 제가는 나라를 다스리는 데 중요한 사안임을 말해준다.《대학연의》〈제가〉편의 첫 장에서는 '왕비를 중하게 여김'이라는 제목으로 '왕비를 엄격하게 간택하여 세우는 도리'에 대해서 설명한다. '왕의 교화'에서 가장 중요한 것은 그 배필인 왕비의 행실에 있다는 점을《대학연의》는 제가의 첫머리에서 강조하고 있다. 왕비의 행실이 정숙하고 지조를 지키고 정욕의 감정이 얼굴과 몸가짐에 나타나지 않으며 사사로운 뜻이 나타나지 않아야, 임금의 배필이자 종묘의 주인으로 교화를 이루어 갈 수 있다는 것이다. 이처럼 이 책은 왕비가 지녀야 할 덕목으로 남편을 내조하는 역할을 제시하는 것에 그치지 않고, 임금과 함께 교화의 정치를 이루어 가는 공적인 정치 주체로서의 역할을 강조한다.

《대학연의》는 《시경》의 〈관저關雎〉에 대한 주희의 해석을 인용하고 있다. 주희는 "마땅히 자나 깨나 잊지 않고 요조숙녀 얻기를 구해야 하는 것"이며 "이런 사람과 이런 덕은 세상에 늘 있는 것이 아니니 열심히 구하여 얻지 못하면 군자의 배필이 되어 가정을 다스리는 아름다움을 이룰 수 없다"고 말한다. 이어서 《대학연의》는 《시경》 〈대명大明〉의 구절을 인용한다. 왕계의 배필이 되어 문왕을 낳은 태임의 덕을 칭송한 이 시는, 주나라 왕실이 세상에서 뛰어나고 빼어난 임금을 갖게 되어 그 덕이 하늘과 합치됨을 노래한 것이며, 하늘이 뛰어나고 빼어난 배필을 내려주어 빼어난 아들을 낳게 함으로써 정벌의 공을 이루었다고 해설한다.

그 구절을 인용함으로써 진덕수가 말하고자 하는 바는 공자가 흠모하며 따르고자 했던 주나라의 훌륭함은 바로 빼어난 왕비[태임]가 빼어난 아들[문왕]을 낳았기 때문이었다는 것이다. 그가 강조하는 것처럼, 왕실이 흥성할 수 있는 요체는 제왕의 '제가'에 있고, 제가의 요체는 빼어난 아내를 만나고 빼어난 아들을 낳는 데 있다. 주희 역시 〈대명〉에 대한 해설을 통해서 이 시가 문왕의 덕을 노래한 것이며, "문왕은 뒤로는 빼어난 어머니가 있어서 이룬 것이 원대했고 안으로는 뛰어난 왕비가 있어서 임금을 깊이 도왔다"고 말하고 있다. 임금이 배필이자 왕자의 어머니로서, 왕비의 역할이 얼마나 중요한 것이며 그렇기에 왕비를 택하는 데 얼마나 신중하고 조심해야 하는지를 잘 말해주고 있다.

성종은 폐비 윤씨 사건이 진행될 때 《대학연의》를 경연에서 읽고 있었다. 자신의 '제가'가 심각하게 문제되고 있는 상황이라는 점을 고려한다면, 성종이 필시 〈제가〉편 첫 구절인 이 대목을 읽었을 것이라고 보는 것도 무리가 아닐 것이다. 그렇다고 한다면, 이 구절들이 성종에게 윤씨 사건을 처리하는 데 어떠한 행동지침을 주었는지도 어렵지 않게 추측해 볼 수 있다.

피해의식에 젖은 투기

윤기견의 딸을 왕비로 삼다 ___ 1473년(성종 4) 3월 19일 윤씨가 성종의 후궁이 되었을 때, 실록에서는 "고故 판봉상시사 윤기견의 딸을 숙의淑儀로 맞아들였다"고 적고 있다. 이는 윤씨가 숙의가 되기 전에 그의 아버지인 윤기견이 이미 세상을 떠났음을 말해준다. 윤기견의 정확한 생몰년은 전하지 않지만, 고려 때의 시중 윤관의 9대손인 아버지 윤응과 어머니 안동 권씨의 4남 2녀 가운데 장남으로 태어났다. 윤기견은 1439년에 생원으로 친시親試 문과에 병과로 급제하였고 세종 말년에 김종서, 박팽년, 신숙주 등과 함께 《고려사절요》 편찬에 참여하기도 하였다. 1453년(단종 즉위년) 계유정난에 참여한 공로로 사헌부 지평이 되었으며, 1454년에는 단종에게 불당의 철거를 청하다가 성삼문 등과 함께 좌천되었으나, 1455년 세조 즉위 뒤 좌익원종공신에 봉해졌고 봉상시 판사직까지 올랐다.

윤씨의 어머니는 세종 대에 정언正言을 지낸 신평의 딸이다. 신평은 양녕대군을 서울로 불러들이려는 세종의 뜻에 반대하여 세종과 대립했던 강직한 언관들 가운데 한 사람이었다. 이렇게 볼 때, 폐비 윤씨 집안이 윤기견 사후에 비록 가난했다고 전해지지만 가문 자체가 한미한 집안은 아니었다. 윤씨가 공신 가문인 친가와 대간을 지낸 외가에 대한 자부심을 가지고 있었을 것으로 생각된다. 그녀가 성종의 후궁으로 간택될 수 있었던 것도, 윤기견이 공신으로 세조와 가까웠던 점이 작용했을 것이다.

폐비 윤씨가 숙의가 되어 입궁하던 3월 즈음에, 성종의 첫 번째 부인이었던 공혜왕후 한씨는 건강이 좋지 않은 상태였다. 성종은 6월에도 병조참지 윤호의 딸을 숙의로 맞아들였다. 7월에는 공혜왕후가 병으로 친정인 한명회의 집에서 거처하였고, 이듬해인 1474년(성종 5) 4월에 자식 없이 죽었다. 왕비의 3년상을 마친 1476년(성종 7) 7월 11일에, 성종은 대비의 뜻에 따라 숙의 윤씨를 중전으로 삼았다. 당시 대왕대비인 정희왕후는 윤씨를 왕비로 삼은 이유에 대해 성종이 총애하고 있으며, 검소하고, 정성과 조심성으로 일을 대하며, 세 대비(정희왕후·안순왕후·소혜왕후)와 주상을 잘 섬기고, 사양할 줄 아는 현숙함을 지니고 있다는 점을 들었다.

성종이 적장자가 아니었음에도 왕이 되었던 행운아였던 것과 마찬가지로, 폐비 윤씨 역시 후궁으로 입궁했음에도 공혜왕후의 죽음과 대비의 간택으로 3년 만에 왕비가 되는 행운을 잡았다. 그러나 윤씨 스스로 말하고 있는 바와 같이 "과부집에서 자라나 보고 들은 것이 없음"에도 왕비가 되었기에, 그녀의 행동과 처신은 명문가 출신의 후궁들에게는 질투 대상이 되었고 궁궐 사람들의 관심과 비난의 소재가 되었다. 이것이 조선 초기 왕실의 최대 비극이라고 할 수 있는 폐비 윤씨 사건이 태동하는 토양이 되었다.

7월에 왕비가 된 윤씨는 11월 7일에 아들(후에 연산군)을 낳았다. 성종의 후사를 잉태하고 있다는 것이 그녀가 왕비로 선택될 수 있었던 요인 가운데 하나였다는 것을 의미한다. 성종의 적장자이자 대통을 계승할 왕자를 낳았다는 것은 윤씨에게는 큰 힘이 되었을 것이다. 왕비로서 그녀의 지위는 이제 확고해진 것으로 보였다. 그런데 이로부터 불과 4개월 만에 대왕대비의 명으로 중전을 폐하는 문제를 논하는 장면이 실록에 등장한다. 그 사이에 도대체 무슨 일이 있었기에 이런 논의가 나오게 되었을까?

국모의 의범이 문제되다 ___ 1477년(성종 8) 3월 29일 성종은 일찍이 정승을 지낸 사람과 의정부, 6조 판서, 대사헌, 대사간을 불러서 대왕대비의 언문 한 장을 꺼내어 의지懿旨(정희왕후의 명)를 내보였다. 그 내용은 크게 사건의 개요를 설명한 부분과 중전의 행실에 대한 평가로 이루어져 있다. 사건의 개요는 다음과 같다.

권 숙의(성종의 친부인 덕종의 후궁)의 집에 정 소용과 엄 숙의가 모의하여 중궁과 원자를 해치려 한다는 투서가 있었다. 그 뒤에 성종이 중궁의 침소에서 비상과 굿하는 책을 발견했다. 이 독약과 책은 1476년(성종 7)에 윤씨가 친잠親蠶했을 때 종 삼월이가 윤씨에게 바친 것이었다. 왕비를 투기하는 정 소용과 엄 숙의를 제거하기 위해서였다. 이를 통해서 볼 때, 권 숙의 집에 언문을 투서한 것도 중궁(윤씨)이었다는 사실을 알게 되었다는 것이다. 정 소용과 엄 숙의가 중전과 원자를 해치려고 했는지는 불분명하다. 하지만 그들이 왕비와 그 아들을 질투하고 시기한 것은 분명했다. 그렇다고 하더라도, 왕비가 그들을 모해하기 위해 독약과 굿하는 책을 지니고 있었다는 것은 국모로서 의범儀範을 잃은 부덕한 행실이었다. 또한 그들을 음해하기 위해서 권 숙의 집에 투서까지 했다는 것은 도를 넘은 행동이었다.

정희왕후는 윤씨의 행실을 비판하면서, 윤씨가 중궁이 되기 전에는 지나친 행동이 없었으며 임금과 세 대비를 잘 섬겼는데, 중궁이 된 이래로 잘못됨이 많았다는 점을 지적했다. 그 가운데에서도 임금의 첩을 투기하고 그들을 죽이려고 했다는 것은 아름답지 못한 일로 '국모로서의 모범'이 되지 못한다는 점을 언급했다. 언문의 의지에는 윤씨가 왕비가 되고자 자신의 평소 행실을 숨겼다는 사실과 함께 그녀의 속임수를 알아차리지 못하고 왕비로 삼았던 일에 대한 깊은 후회가 드러나 있다. 하지만 이미 국모가 된 이상, 대비도 어쩔 수 없는 일이었다. 윤씨가 임금에게 위해危害를 가하려고 하지 않은 이상, 후궁을 투기하여 죽이려 했다는 사실만으로는 그녀를 국모의 자리에서 끌어내릴 수는 없음을 고백하고 있다.

주목할 대목은 윤씨가 중전이 되고 원자를 낳았음에도 후궁과의 관계에서 여전히 문제가 있었다는 점이다. 즉 윤씨는 정 소용과 엄 숙의가 자신과 원자를 해쳐서 자신의 자리를 빼앗을지도 모른다고 생각하고 있었고, 그 결과 먼저 그들을 제거하고자 시도했으며, 그것이 그녀의 폐비가 논의되는 한 원인이 되었다. 왜 윤씨는 그런 불안감 혹은 피해의식을 지니게 되었을까? 이와 관련하여 한희숙(2005)은 몇 가지를 지적한다.

첫째, 후궁들이 윤씨의 시어머니인 소혜왕후(인수대비)를 가까이하면서 윤씨를 이간질하거나 참소하는 행동이 있었을 것이라는 점이다. 특히 정 소용은 임신을 한 상태여서 윤씨의 심기를 매우 불편하게 만들었다. 둘째, 윤씨의 친정세력이 한미해 그녀를 비호해 줄 세력이 없었다는 점이다. 아버지 없이 어머니만 있었으며 형제들에게도 힘이 없었다. 이 점은 그녀가 궁궐에서 무시당할 수 있는 요소였다. 오직 성종의 총애만이 그녀를 버티게 하는 힘이었는데 성종은 후궁에 더 관심이 많았다. 셋째, 그녀를 둘러싸고 있는 여성들은 막강한 힘을 가지고 있었다는 점이다. 정희왕후는 파평 윤씨 가문이었고 소혜왕후와 안순왕후는 당대 큰 세력을 가진 청주 한씨 가문의 딸이었다. 또 윤씨와 거의 같은 시기에 궁궐에 들어온 숙의 윤씨(후에 정현왕후)도 파평 윤씨로 정희왕후와 일문이었다. 요컨대 후궁의 신분에서 왕비가 된 윤씨는 어려운 대비들의 시선과 쉽게 제어되지 않는 후궁들의 질투로 자신과 아들이 신변의 위협을 당할지도 모른다는 피해의식이 있었고, 다른 후궁들이 아들을 낳을 경우 자신의 지위가 흔들릴 수 있다는 두려움이 있었다. 이런 상황에서 자신을 지원해 줄 세력이 없었기에 자신감이 결여되어 있었다. 그 결과 비상식적인 행동을 한 것이다.

정희왕후의 글은 "중궁이 이미 국모가 되었고 또한 원자가 있는데, 장차 어떻게 처리해야 할 것인가?"라는 물음으로 끝을 맺고 있다. 하지만 그 자리에 참석했던 사람들은 실색하여 쉽사리 말을 꺼내지 못했다. 한참 뒤에 내관 김효강이 윤씨를 당장 폐하기보다는 별도 방에 거처하게 하여 2, 3년 동안 개과천선함을 기다린 연후에 다시 복위시킴이 옳을 것이라는 의견을 제시하였다. 하지만 성종은 윤씨를 중전의 자리에서 폐하되 원자는 폐하지 않을 것이며, 장차 임금이 될 원자의 처지를 고려하여 윤씨를 사저에 거처하도록 하겠다는 입장이었다. 그리고 이 사건을 종묘와 사직에 고하고 중외中外에 유시하고자 했다. 그러나 영의정 정창손은 "투기는 누구에게나 있는 감정인데 종묘사직과는 상관이 없습니다"라고 말하였다. 예조판서 허종은 "정승들과 함께 다시 사흘 동안 생각하셔서 후회를 남기지 않게 하소서"라고 건의하였다.

성종은 재상들이 모두 모인 자리에서 이 사건이 단순한 투기 문제가 아니며, 국모로서 자격과 품위에 관련된 일이라고 말하였다. 그리고 "비록 나를 해치려고 하지는 않았다 하더라도"라는 언급을 통해서, 어쩌면 자신이 해를 당했을 수도 있었음을 은연중에 내비치고 있다. 임금의 안위와도 관련된 사안임을 완곡하게 말한 것이다. 그러나 정창손은 중궁을 폐하여 서인으로 만들었던 사례는 없었으며, 중궁을 빈嬪으로 강등하는 것만으로도 징계가 될 것이고, 사저와 같이 누추한 데 거처하도록 할 수는 없다고 지적하였다. 결국 성종은 정창손의 말에 따라 윤씨를 빈으로 강등하고 자수궁에 두기로 결정하였다. 윤씨를 도와 일을 꾸몄던 여종 삼월이는 교형에 처하고 사비는 장 100대를 때려 변방 고을의 종으로 보내고, 윤씨의 어머니 신씨에게는 비복을 다스리지 못한 죄를 물어 작첩을 빼앗는 것으로 사건을 마무리하였다.

투기만으로는 폐비할 수 없다 ___ 1477년(성종 8) 3월의 투서 사건에서 시작된 이 사건은 후궁에 대한 왕비의 투기 문제로 진행되었고, 국모로서 예의범절을 지키지 못한 왕비를 폐해야 한다는 임금의 주장과 투기만으로는 왕비를 폐할 수 없다는 신하들의 주장이 대립했다. 주지하는 바와 같이, 유교에서는 이른바 칠거지악 혹은 칠출七出이라고 하여 남편이 아내를 내쫓을 수 있는 일곱 가지 사유를 열거한다. 그것은 부모에 대한 불효, 아들을 낳지 못한 경우, 간통, 절도, 부당한 질투, 중병, 심한 수다 등이다. 그러나 칠거지악이 악용되는 것을 막기 위해 부인을 내쫓을 수 없는 세 가지 사유도 있었다. 즉 결혼해서 살면서 재산이 크게 늘어난 경우, 부인이 친정으로 돌아갈 수 없는 경우, 이미 시부모에 대한 복상服喪의 의무를 다한 경우이다. 윤씨 사건의 경우, '부당한 질투'에 해당되고 삼불거에 해당되지는 않는다.

비록 국모로서의 예의범절을 잃은 것은 사실이지만, 투기만으로 왕비를 폐할 수 없다는 신하들의 의견이 대세였다. 신하들은 더 이상 정치적으로 쟁점화하려 들지 않았다. 이 사건에서 성종은 투기만을 '가家의 논리'로 보았고 국모의 의범을 '국의 논리'로 보았다. 반면 신하들은 국모의 의범이 결국 윤씨의 투기를 말한다는 점에서 이를 가의 논리로 보았다. 사실 '국모의 의범'이라는 것이 국모가 가진 '국'의 속성과 '가'의 속성 때문에 본래 이중적이라고 할 수 있다. 성종과 신하들의 견해 차이는 여기에서 발생했다. 성종은 국모의 의범을 내세워 윤씨를 폐위하고자 했으나 신하들은 수용하지 않았다.

그로부터 2년 뒤 국왕 모해 의도와 집권 의지, 그리고 '국가의 대계'와 같은 국의 논리가 등장한다. 특히 윤씨의 국왕 모해 의도와 집권 의지는 이 사건을 단순한 투기나 가사 사건이 아닌 반역이나 역모 사건으로 전환시켰고, 끝내 '폐비'와 '사사'로 이어지게 된다. 그렇다면 그 사이에 무슨 일이 벌어진 것일까?

국왕을 해치려 하다

신변의 위협을 호소하다 ___ 1477년(성종 8) 4월 초에 일단락 되었던 폐비 문제는 성종 10년에 다시 논의되기 시작하였다. 그 사이 에 별궁에 거처하던 윤씨와 성종 사이에 둘째아들이 태어났다. 하지만 1479년(성종 10) 6월에 윤씨를 서인으로 폐한다는 하교를 내린 것으로 보아, 둘째아들이 태어난 뒤에도 윤씨와 성종의 사이는 좋아지지 않았 던 것으로 보인다. 그렇다면 왜 이 시점에 와서 다시 윤씨를 서인으로 폐하고자 했던 것일까? 성종은 2년 전에 국모의 의범을 내세워 윤씨를 폐위하고자 했으나 신하들의 반대로 수용되지 않았다. 그 뒤 2년 동안 윤씨가 보여주었던 비행을 견뎌왔다. 그런데 이것이 더 이상 부부간의 사사로운 일이나 인내해야 할 일이 아니라, 국가와 관련된 사건임을 인식하고 마침내 결단하여 폭로하게 된 것이라고 생각된다. 그리고 그 인식의 계기는 성종이 그동안 경연에서 읽었던 《대학연의》라고 할 수 있다.

1479년(성종 10) 6월 2일에 성종은 대신들을 선정전에 소집한 자리에 서 "궁중의 일을 여러 경에게 말하는 것은 진실로 부끄러운 일이지만 일이 매우 중대하므로 말하지 않을 수가 없다"면서 입을 열었다. 그는 조정의 대신들과 승지 및 사관들이 모두 모인 자리인지라 중궁의 실덕 을 상세히 언급할 수는 없지만 한두 가지가 아니며, 예법의 칠거지악, 곧 옛날에 아내를 내쫓을 수 있는 일곱 가지 조건 가운데 '말이 많으면 버린다', '순종하지 아니하면 버린다', '질투를 하면 버린다'라는 내용을 언급하였다.

상당부원군 한명회가 "성상께서 칠거七去로써 말씀하시니 신은 말을 할 수가 없습니다"라고 하면서도 "그러나 다만 원자가 있어서 사직의 근본이 되는데 어떻게 하겠습니까?"라고 대답하였다. "사세가 이에 이르렀으니 어찌할 수가 없습니다"라고 대답한 윤필상도 있었지만, 과거 태종이 원경왕후와 화합하지 못하여 한 전각에 벽처僻處하게 했다는 점을 상기시키면서 "지금도 역시 별궁에 폐처하도록 하는 것이 좋겠습니다"라고 답한 심회도 있었다. 이에 성종은 다음과 같이, 윤씨를 서인으로 폐하고자 하는 분명한 뜻과 이유를 밝힌다.

경들은 사의事宜를 알지 못한다. 한나라 성제가 갑자기 붕어한 것은 누구의 소위였던가? 대저 부덕한 사람은 비의한 짓을 많이 행하는 것인데, 일의 자취가 드러나게 되면 화는 이미 몸에 미친 뒤이다. 큰일을 수행함에 만약 일찍 조처하지 아니하였다가 만연이 된 뒤에는 도모하기가 어려울 것이다. 만일 비상한 변이 생기게 되면 경들이 비록 나를 비호하고자 하더라도 미치지 못할 것이다.

1477년(성종 8)의 폐비 논의에서는 그해 3월에 터져 나온 투서 사건을 통해서 드러난 왕비와 후궁 사이의 질투 문제에 초점이 놓여 있었지만, 2년 뒤인 1479년(성종 10)의 폐비 논의에서는 성종이 윤씨를 궁궐에 그대로 거처하게 하는 것이 자신의 신변에 위협이 된다는 점을 분명하게 밝히고 있다는 점에서 차이가 있다.

위 인용문에서 그가 언급하고 있는 한나라 성제는 《대학연의》에서

'제가'에 실패한 대표적 사례의 하나로 다루어지고 있다. 한 성제는 즉위 이후 주색에만 빠져 있었고, 황태후 왕씨와 사이가 별로 좋지 않았다. 조비연(효성황후 조씨)과 조합덕(후궁 조씨)은 굉장히 아름다웠는데, 가무로 성제를 홀렸다. 성제는 조씨 자매를 궁으로 불러들였고 그녀들은 차례대로 성제를 모셨다. 그런데 어느 날 성제가 조합덕의 침상에서 급사하였다. 외척의 득세를 불러왔던 그의 죽음으로 한나라의 황제 지배체제는 무너지기 시작하였고 왕망王莽 정권의 등장을 초래하였다.

성종의 주장에 힘을 실어준 대비들 ___ 성종은 자신의 결정이 대비의 뜻에 따른 것임을 강조한다. 대왕대비 역시 "내가 항상 화가 주상의 몸에 미칠까 두려워했는데, 이제 이와 같이 되었으니, 나의 마음이 편안하다"라고 하교하였음을 언급하면서 "자식 된 자가 부모로 하여금 그 마음을 편안하게 하는 것이 또한 옳지 않겠는가?"라고 폐비시키려는 뜻을 강력히 표명하였다. 성종이 윤씨로부터 신변의 위협을 느낀 것이 과연 어느 정도 객관적인 사실인지는 부부간의 내밀한 일이라 확인하기 어렵다.

이한우(2006)는 성종이 윤씨가 자신을 죽이려 할 것이라고 생각한 것은 윤씨를 폐비시키기 위한 일종의 엄살이자 논리 비약이라고 보았다. 하지만 대비들이 모두 성종의 진술을 지지하고 공감하고 있다는 점에서, 성종이 단지 윤씨를 미워하는 사감으로 꾸며낸 이야기는 아닐 것으로 판단된다. 세 대비가 아무리 성종을 일방적으로 비호했다고 해도, 성종이 꾸며낸 이야기에 근거하여 왕비를 폐하기로 결정한다는 것은 왕실과 종사의 미래를 염두에 두는 대비들 처지에서 수용하기 어려웠을 것이기 때문이다. 또한 비록 부부간의 일이기는 하지만, 내명부의 일을 가장 잘 알고 있는 이들이 대비들이기 때문에, 일단 그들의 주장을 신뢰하는 것이 더 객관적일 것이다.

정희왕후는 더 나아가 폐비의 일을 정승과 의논해 결정했음에도 도승지 홍귀달을 비롯한 승지들이 대의를 헤아리지 않고 왕을 가볍게 보고 왕후를 무겁게 여기어 왕비를 구하고자 했음을 지적하면서, 의금부로 하여금 그 사정과 이유를 추국하여 아뢰도록 지시하였다. 결국 이날 성종은 교서를 반포하면서 윤씨 폐비를 내외에 공식화하였다.

바르게 시작하는 길은 반드시 내치를 먼저 해야 하는 것이니, 하나라는 도산塗山(우 임금의 아내)으로써 일어났고, 주나라는 포사褒姒(주나라 유왕의 비)로써 패망했다. 후비后妃의 어질고 어질지 못함은 국가의 성쇠가 매인 것이니, 돌아보건대 중하지 아니한가? 왕비 윤씨는 후궁으로부터 드디어 곤극坤極의 정위正位가 되었으나, 음조陰助의 공은 없고, 도리어 투기하는 마음만 가지어, 지난 정유년(성종 8·1477)에는 몰래 독약을 품고서 궁인을 해치고자 하다가 음모가 분명히 드러났으므로, 내가 이를 폐하고자 하였다. 그러나 조정의 대신들이 합사合辭해서 청하여 개과천선하기를 바랐으며, 나도 폐비하여 (외방에) 안치하는 것은 큰 일이고 허물은 또한 고칠 수 있으리라고 여겨, 감히 결단하지 못하고 오늘에 이르렀는데, 뉘우쳐 고칠 마음은 가지지 아니하고, 실덕함이 더욱 심하여 일일이 열거하기가 어렵다. 그러니 결단코 위로는 종묘를 이어 받들고, 아래로는 국가에 모범이 될 수가 없으므로, 이에 성화成化 15년 6월 2일에 윤씨를 폐하여 서인으로 삼는다. 아아! 법에 칠거지악이 있는데, 어찌 감히 조금이라도 사사로움이 있겠는가? 일은 반드시 여러 번 생각하는 것이니, 만세를 위해 염려해야 되기 때문이다.

교서에서 폐비의 실덕을 일일이 열거하기가 어렵다는 점을 들어 언급하지 않았고, 궁중과 침실의 일을 조정 신하들에게 밝히기도 어렵다는 점을 들어 언급을 삼갔지만, 폐비를 확정한 이후 실록에 보이는 기록을 통해 볼 때 그 '실덕'의 구체적 내용과 관련된 몇 가지 점을 확인해 볼 수 있다.

교서를 반포한 다음 날 성종이 의금부에서 국문을 받던 승지들을 불러서 한 말 가운데 "(중전이) 후궁의 방에 들어간 것으로 허물이 되는 것이 아니라 평소에 실덕이 많았기 때문이다"라고 언급하고 있다. 다시 말하면 윤씨가 성종이 총애하는 후궁의 방에 들어가 '질투'를 하였으며 이로 말미암아 성종과 갈등이 있었다는 것을 암시한다. 이와 관련하여 실록에서는 구체적으로 확인되지 않지만, 야사에서는 이때 윤씨가 성종의 얼굴에 상처를 냈고 이를 안 성종의 어머니 소혜왕후 한씨가 크게 노하여 윤씨 폐비에 앞장선 것으로 알려져 있다.

성종 사후를 도모한 폐비 윤씨 ___ 6월 5일에는 의정부와 6조·대간이 성종에게 윤씨를 폐비해 사저로 돌아가게 한 것은 옳지 못하다고 하자, 성종은 그들이 폐비한 연유를 알지 못하여 의심한다고 반박했다. 윤씨의 부덕함에 대해서 "내가 일일이 면대하여 말하겠다"고 하면서 다음과 같이 언급한다.

항상 나를 볼 때 일찍이 낯빛을 온화하게 하지 않았으며, 혹은 나의 발자취를 찾아서 없애버리겠다고 말하였다. 비록 초부의 아내라 하더라도 감히 그 지아비에게 저항하지 못하는데, 하물며 왕비가 임금에게 있어서이겠는가? 또 위서偽書를 만들어서 본가(친정)에 이르기를, '주상이 나의 뺨을 때리니, 장차 두 아들을 데리고 집으로 나가서 내 여생을 편안하게 살겠다'고 하였는데……또 항상 궁중에 있을 때에 대신들의 가사에 대해서 말하기를 좋아했으나, 내가 어찌 믿고 듣겠는가? 내가 살아있을 때에야 어찌 변을 만들겠는가마는, 내가 죽으면 반드시 난을 만들어 낼 것이니, 경 등은 반드시 오래 살아서 목격할 자가 있을 것이다.

여기서 성종이 말하는 '난'의 의미가 구체적으로 무엇인지는 불분명하지만, 성종 사후에 어린 아들이 왕이 될 경우, 정희왕후가 했던 것처럼 수렴청정이나 섭정을 하고자 했던 것으로 해석할 수 있다.

성종이 앞서 2일에 윤씨를 폐하면서 "한나라 성제가 갑자기 붕어한 것은 누구의 소위였던가"라고 질문하면서 "만약 비상한 변이 생기게 되면 경들이 비록 나를 비호하고자 하더라도 미치지 못할 것이다"라고 말한 것과 연관시켜 보면, 한 성제가 조 황후에 의해서 암살되었던 것처럼, 성종은 윤씨가 자신을 해치려는 마음을 품고 있음을 분명하게 밝히고 있는 것이다. "내가 살아있을 때에야 어찌 변을 만들겠는가"라는 말 속에서 안도감이 아니라 위협감이 배어나오고 있다.

성종이 윤씨를 폐출한 원인에 대해 선행 연구에서는 윤씨의 부덕한 행동들이 원인이었음을 언급하면서, 부부간의 갈등과 고부간의 갈등,

그리고 처첩간의 갈등이 서로 치열하게 얽혀 있는 가운데 윤씨가 고립되어 있었음을 지적하고 있다. 물론 그런 부분도 어느 정도는 사실일 것이다. 하지만 부부간, 고부간, 처첩간의 갈등이나 투기는 누구에게나 있는 일이라는 점에서 볼 때, 그것이 국모인 윤씨를 서인으로 폐하고 폐출·사사賜死까지 이르게 하는 결정적인 원인이었다고 보기는 어려울 것이다.

윤씨의 폐비는 그녀가 통상 있을 수 있는 그러한 갈등 상황을 슬기롭게 극복하지 못하고, 오히려 성종에게 위해를 가하고 원자를 내세워 훗날을 도모하고자 했다는 것이 더 중요한 요인으로 부각된다. 적어도 성종에게 그것은 자신에 대한 일종의 '반역'이자 '역모'로 인식되었다. 이것이 그가 폐비를 단행한 더 근본적인 이유였다. 당시 성종의 해명을 들은 정창손과 박숙진은 윤씨를 사저가 아닌 별궁에 안치하려는 것은 "윤씨를 위함이 아니고 곧 원자와 대군을 위하는 것"이라고 대답하였다. 그 이후 '폐비' 자체에 대해서 이의를 제기하는 논의는 거의 사라졌다. 사건의 본질이 투기 문제가 아니라 국왕에 대한 반역 문제로 전환되었기 때문이다.

원자를 폐할 수 없었던 이유 ___ 윤씨를 폐출하였다면, 원자는 어떻게 되는 것일까? 후일의 역사를 아는 사람의 관점에서 보면, 어머니를 폐출하면서 그 아들을 원자로 두어 왕위를 계승시킨다는 것은 후환을 남긴 것이고 성종의 왕실 경영에서 최대의 실책이라고 생각된다. 성종은 그 아들이 뒷날 왕이 되어 어머니의 폐위 사실을 알게 되었을 때 문제가 될 수도 있다는 점을 몰랐을까? 물론 성종도 훗날 문제가

될 수 있음을 인식하고 있었다. 하지만 성종은 비록 윤씨를 폐하더라
도 그 아들까지 폐할 수는 없으며, 그 아들이 뒤에 자신의 생모를 왕후
로 추봉하더라도 어쩔 수 없는 것이라고 생각했다.

성종은 윤씨를 폐출할 때에 원자가 후일에 윤씨를 추봉하는 과정에
서 정치적 보복과 같은 불미스러운 일이 벌어질 수 있다는 것도 예상했
다. 폐비를 단행한 지 두 달이 지난 8월 17일에 성종은 자신이 죽은 뒤
에 "나쁜 무리끼리 서로 도와가며 만일 이날의 원한을 보복한다면, 폐
비를 의논한 신하는 그 몸을 보전할 수가 있겠는가? 반드시 상[机] 위의
고기가 될 것이다"라고 언급했다. 갑자사화와 같은 참극의 발생 가능
성을 예언한 것이다.

하지만 성종의 입장에서 보면, 어머니를 폐했다고 해서 아들을 폐하
는 것은 명분에 맞지 않는다. 성종 이전에 세자를 폐했던 사례는 태종
이 양녕대군을 폐한 것이었다. 태종의 경우 양녕의 비행을 참아내다가
결국 포기하고 충녕대군(세종)을 세자로 책봉했다. 그런 점에서 보면,
아들(원자)에게 큰 비행이나 허물이 없는 상황에서 단지 어머니 때문에
아들을 폐한다는 것은 사리에 맞지 않는다.

또한 윤씨를 폐하고 그 아들까지 폐하여 내칠 경우 후사가 불확실했
다. 폐비 윤씨와 함께 1473년(성종 4)에 후궁으로 들어온 숙의 윤씨(윤
호의 딸)는 아직 임신도 못한 상태였고, 1480년(성종 11) 11월에 왕비로
책봉된 숙의 윤씨(정현왕후)의 아들(중종)이 태어난 것은 윤씨를 폐출한
지 9년이 지난 1488년(성종 19)의 일이었다. 성종에게는 충녕대군과 같
은 대안이 없었다. 비록 다른 후궁의 아들을 원자로 세운다 하더라도,
폐비 윤씨의 아들이 성장한 뒤에 또다시 문제가 될 수 있다. 여론이 그

를 부추겨 후일을 도모할 수 있기 때문이다. 이처럼 당시 성종의 입장에서는 원자를 보전하는 것이 그가 취할 수 있는 선택지 가운데 최선이었다.

윤씨를 폐하여 사저로 폐출한 뒤, 성종은 승정원에 전교하여 윤씨를 금폐하여 그 형제를 만나지 못하게 하고, 그 어머니와 동거하게 하는 절목을 마련하라고 지시하였다. 이에 승정원은 "다만 어머니를 따라 사는 것은 허락하되, 동생 및 원근 족친과는 교통하지 못하게 한다. 혹 어떤 사람이 출입하게 되면 가장 가까운 이웃 사람으로 하여금 이를 고하게 하고, 만약 알면서 고하지 아니하면 임금의 교지를 위반하는 자를 다스리는 율로써 죄를 준다. 그 부部의 관원으로 하여금 상시로 고찰하게 하되, 그렇게 하지 아니하는 자는 아울러 이를 죄 준다"라고 성종에게 알렸다. 그 결과 폐비 윤씨는 완전히 고립되었다. 성종은 윤씨 부모의 봉작을 박탈할 것을 이조에 지시하였다.

후일의 발호를 경계하다

폐비의 처지를 동정하는 여론　　윤씨가 폐위된 후인 1479년(성종 10) 8월 16일에, 대사헌 박숙진은 자신이 두 번 폐비의 집 앞을 지나갔는데 문 앞에 인적이 없어서 화재가 나거나 도적이 침입했을 때 문제가 될 수 있음을 염려하면서, 옛말에 '3개월이면 천도天道도 절후가 조금 바뀐다'고 한 것처럼, 윤씨도 스스로 후회하는 마음이 있을 터이니 별전에 두는 것이 옳을 것이라고 건의하였다. 그러나 성종은 박숙진의 발언이 윤씨를 복위시켜서 장차 큰 화를 만들 수 있음을 경계하면서 그를 의금부에 가두고 대사헌을 교체하도록 지시하였다.

성종은 윤씨에게 아들이 있기 때문에 자신이 죽은 뒤에 다시 복위될 가능성이 있으며, "만약 윤씨가 다시 나오게 되면 반드시 큰 변이 생길 것"이라고 말했다. 다음 날 의정부에서 대사헌 박숙진이 견책당하여 언로가 막힐 것을 두려워한다고 하자, 성종은 폐비의 결정이 하루아침에 이루어진 사사로운 노여움 때문이 아니라 3년을 참아오다가 대의로 결단한 사안임을 거듭 언급하였다.

성종은 윤씨가 자신을 죽이고 아들을 왕으로 올려 수렴청정을 할 것이라고 판단하여 폐출하였고 더 이상 폐비에 대한 논의가 없기를 바랐다. 만약 그의 바람대로 되었다면, 폐비 윤씨가 죽음에 내몰리는 일까지는 없었을 것이다. 그렇다면 왜 윤씨는 폐출된 지 3년 뒤에 사사되었을까? 고립된 윤씨가 다시 사저에서 변란을 꾸미기라도 했던 것일까? 실록에는 그와 관련한 기사는 등장하지 않는다. 다만 궁궐에서 벌어진 일을 잘 알지 못하는 일반 백성들의 처지에서는 윤씨를 동정하는 여론이 형성되었던 것으로 보인다. 그것은 비록 윤씨가 의도한 것이 아니었지만, 윤씨가 죽음에 이르게 된 원인이 되었다.

원자인 폐비의 아들이 점점 자라나자 사저에 유폐되어 있는 윤씨를 동정하면서 궁궐로 불러들여야 한다는 주장이 제기되었다. 그것은 국왕의 반대에도 폐비와 그 아들을 동정하며 자신들의 주장을 관철시키려는, 성종 시대에 활성화된 언관의 성격 때문이라고 볼 수도 있다. 하지만 다른 측면에서 보면 그것은 일종의 '보험'과도 같은 것이었다. 만약 그런 주장을 하지 않은 상태에서 원자가 왕이 되었을 경우, 그 왕이 어떤 '처벌'을 하게 될지도 모를 일이기 때문이다.

권경우와 채수의 실언 ___ 윤씨를 사가로 내친 지 3년이 더 지난 1482년(성종 13) 8월 11일에 열린 한 경연 자리에서 시독관 권경우는 폐비 윤씨의 죄악이 매우 크므로 폐비해야 마땅하다는 점을 전제로 하면서, "그러나 한때 국모가 되었던 분이니 이제 여염에 살게 하는 것을 온나라의 신하와 백성들이 마음 아프게 여기지 않는 이가 없습니다"라고 했다. 당시 경연에 참여했던 한명회 역시 "지존께서 쓰시던 것은 아무리 작고 미미한 것이라도 외처에 두지 못하는데, 하물며 일찍이 국모가 되었던 분이겠습니까?"라고 발언하였다. 그러자 성종은 언성을 높여 화를 내면서 "이는 다름이 아니라 원자에게 아첨하여 후일의 지위를 위하려는 것"이라고 비난하였다.

윤씨를 사저로 폐출해야 한다는 성종의 생각은 단호하였고, 윤씨가 자신에게 준 곤욕에 대해서 더 노골적으로 언급하기 시작하였다. "차고 다니는 작은 주머니에 항상 비상(독약)을 가지고 다녔으며 반드시 나에게 쓰려는 것일 텐데 종묘와 사직이 어찌 편하였겠는가?"라면서 "나는 당나라 중종과 같이 됨을 거의 면하지 못하였을 것이다"라고 말하였다. 중종은 왕후인 위후韋后의 음란하고 방자함을 방치하였다가 뒤에 위후에게 도리어 시해당하였다. 성종은 윤씨가 자신이 거처하는 곳의 장막을 가리키며 '소장素帳', 곧 장사 지내기 전에 궤에 치는 포장이라고 말하였다고 폭로하면서, 자신이 목숨을 보전한 것만도 다행이며 "만일 일찍이 계책을 도모하지 아니하였다면 한나라 여후呂后나 당나라 측천무후 같은 화가 없겠는가?"라고 반문하였다.

　이런 상황에서 대사헌 채수의 발언이 성종을 더욱 격동시켰다. 채수는 최근 세종의 첫째 서자인 화의군 영瓔과 종친인 귀성군 준浚이 종묘사직에 관계되는 죄를 지어 외방에 추방당했지만 국가에서 그들에게 옷과 음식을 공급했다고 하면서, "윤씨도 유폐시키되 옷과 음식은 공급해 주는 것이 좋겠습니다"라고 건의하였다. 이에 성종은 윤씨가 가난하다는 사실을 어떻게 알았으며 누가 말해주었는지를 묻고는 윤씨가 목숨을 보존한 것만도 다행인데 음식을 주어 공양하고자 한다면 자신의 녹봉으로 공급하라고 말하며 비판하였다. "그대들은 윤씨의 신하인가, 이씨의 신하인가?"라고 질문하는 성종의 모습에서 그가 얼마나 격노했는지를 읽을 수 있다. 그는 채수의 말이 "반드시 윤씨의 오라비 등 불초한 무리들이 서로 무리를 지어 퍼뜨려서 말하기 때문인 것이다"라고 단정하고 윤씨의 오라비들을 의금부에 가두도록 지시했다.

　"온나라의 신하와 백성들이 통한하지 않는 이가 없다"고 말한 권경우의 발언이 당시 민심을 얼마나 정확히 반영한 것인지는 알 수 없다. 단지 윤씨의 처지를 동정하여 우연히 내뱉은 말일 수도 있다. 폐비가 논의되었던 1479년(성종 10) 즈음에 그는 천추사 검찰관으로 명나라에 다녀왔기 때문에 폐비 당시의 상황을 잘 몰라서 했던 발언일 수도 있다. 그러나 그 발언의 파장은 컸다. 성종은 의정부와 6조 그리고 대간들을 불러서 그렇게 '통한'하였다는 자들을 낱낱이 말해보라고 다그쳤다. 그 자리에서 성종은 윤씨의 일을 참고 참다가 부득이하여 결단한 것이고 종묘와 세 대비에 고하고 대신들과 의논하여 폐한 것인데, 이제 와서 "인심이 통한하지 않음이 없다고 말하니, 내가 참으로 통분한다"고 말했다. 권경우는 윤씨의 일을 다 알지 못해서 그럴 수 있다 하더라도, 자세히 알고 있는 자 가운데에도 그의 말에 동조하여 윤씨를 동정하거나 윤씨에게 음식을 주어야 한다고 말한 자들이 있다는 것을 매우 분하게 생각했다.

폐비 윤씨를 처단하다 ___ 성종은 승지를 보내어 세 대비에게 이 일을 아뢰게 하였고, 대비전에서 언문으로 된 글을 지어 보내왔다. 그 내용은 다음과 같다.

이제 권경우의 일을 듣고서 매우 놀랐다. 윤씨는 정유년 3월에 죄를 지었는데……만일 우리들이 바른말로 책망을 하면, 저는 손으로 턱을 고이고 성난 눈으로 노려보았다. 우리들이 명색은 어버이인데도 이러하였다. 심지어 주상에게는 패역한 말까지 많이 하였는데, 주상을 가리키면서 '발자취까지도 없애버리겠다'고 하고, 또 스스로 '상복을 입는다' 하면서 여름철에도 표의(겉옷)를 벗고 항상 흰옷을 입었다. 그리고 늘 말하기를, '내가 오래 살게 되면 후일에 볼 만한 일이 있을 것이다' 하였다. 이는 그가 어린 원자가 있기 때문에 후일을 계획한다는 것이니, 우연한 말이 아니다.……우리는 모두 주상을 우러러보면서 사는 자들이다. 그러니 저가 만일 주상을 대함에 실덕함이 없었다면, 우리들이 마땅히 먼저 폐비를 하지 말도록 간언하였을 것이다.……이제 권경우의 말로써 보면, 온나라 사람들의 마음을 장차 다 변하게 할 것이다. 만일 옳게 한 일을 도리어 그르게 한 일로 안다면, 작은 일도 그래서는 안 되는데, 하물며 큰일이겠는가? 주상께서 몸에 화가 미칠까 두려워서 전교하여도 오히려 믿지 아니하고, 다시 사람의 마음을 동요하게 하니 장차 큰일이 일어날까 두렵다. 이는 주상의 신하가 아니니, 마땅히 옳고 그름을 가려내어 이를 징계하고 뒷사람을 경계해야 하겠다.

정희왕후의 언문 교지에는 이제까지 알려지지 않았던 윤씨의 부덕한 행실이 좀 더 구체적으로 언급되고 있다. 대비의 말을 통해서 성종이 신변의 위협을 느꼈다는 것이 꾸며낸 엄살이나 논리 비약이 아니라는 점을 확인할 수 있다.

대비의 교지가 있은 뒤, 성종은 권경우와 채수에게 그들이 발언한 진의와 배경에 대해서 진술을 요구하였고 그들의 처리에 관해 여러 신하의 의견을 물었다. 이 사건에서 가장 중요한 것은 원자가 점점 더 자라남에 따라 그의 어머니에 대한 동정 여론이 형성되어 더 크게 문제가 될 수 있다는 점이었다. 결국 사태 해결의 관건은 윤씨를 처단하여 후환을 제거하는 데 있다는 결론에 이르게 되었다. 권경우와 채수의 발언이 있은 지 5일 후인 8월 16일에, 성종은 의정부·6조·대간들을 선정전에 불러놓고 다음과 같이 말하였다.

윤씨가 흉험하고 악역한 것을 이루 다 말할 수 없다. 당초에 마땅히 죄를 주어야 하겠지만, 우선 참으면서 개과천선하기를 기다렸다. 기해년 (성종 10)에 이르러 그의 죄악이 매우 커진 뒤에야 폐비하여 서인으로 삼았지만, 그래도 차마 법대로 처리하지는 아니하였다. 이제 원자가 점차 장성하는데 사람들의 마음이 이처럼 안정되지 아니하니, 오늘날에는 비록 염려할 것이 없다고 하지만, 후일의 근심을 이루 다 말할 수 있겠는가? 경들이 각기 사직을 위하는 계책을 진술하라.

이 자리에서 정창손은 "후일에 반드시 발호할 근심이 있으니 미리 예방하여 도모하지 않을 수 없습니다"라고 말하였고, 심회와 윤필상 등은 "마땅히 대의로써 결단을 내리어 일찍이 큰 계책을 정하셔야 합니다"라고 건의하였다. 결국 성종은 좌승지 이세좌에게 명하여 윤씨를 그 집에서 사사賜死하게 하고, 이 뜻을 우승지 성준에게 명하여 세 대비전에 아뢰도록 하였다. 대비들 역시 원자를 보호하기 위해 대의로써 결단한 일이라고 하면서 성종의 결정에 동의하였고, "이와 같이 한 뒤에야 사람의 마음이 한결같이 안정될 것입니다"라고 격려하였다. 권경우의 발언이 있은 지 불과 5일 만에 전격적으로 단행된 조치였다.

윤씨의 오라비인 윤구, 윤후, 윤우 등에게는 각기 장 100대를 때려 외방에 안치하라는 명령이 내려졌다. 윤씨의 어머니 신씨는 윤구와 함께 장흥에 유배되었고, 윤우는 거제에, 윤후는 제주도에 유배되었다. 그리고 이 사건의 발단을 제공한 권경우와 채수에 대해서 성종은 "그대들의 죄를 논한다면 마땅히 중한 법으로 처리해야 하겠지만, 이제 특별히 사면한다"고 말하면서 앞으로 나라에 보답하라고 명령하였다. 이에 채수 등이 감격하여 눈물을 흘리면서 물러갔다.

만세를 염려하여 결단하다

'국가'라는 영역의 독자성 ___ 폐비 윤씨 사건은 사적인 갈등에서 출발했지만 최고의 공적인 존재들과 관련되면서 국가적 범죄로 처리되었다. 즉 윤씨는 투기와 불순종, 국왕에 대한 음모와 집권의 위험성, 후일의 발호와 동정 여론에 대한 우려 때문에 폐출되고 사사되기에 이르렀다. 김범(2010)은 성종이 다른 측면에서는 인내와 절제를 보여주었지만 이 사건에서는 '자제력이 부족했다'고 지적한 바 있다. 하지만 폐비 윤씨가 원자(세자)를 끼고 훗날을 도모할 것임을 공공연히 밝힌 상황에서 성종이 어떤 자제력을 발휘해야 했을까? 최소한 죽이지는 말아야 했을까? 그런데 그것이야말로 폐비가 진정 원하는 것이고, 자신이 목숨만 살아있으면 언제든 훗날을 도모할 수 있다고 공언하고 있었다. 따라서 성종에게는 폐비를 살려두는 것이 결국 왕실과 국가를 해치는 것을 의미했다.

이 사건이 만약 사대부 가문에서 일어난 일이었다면, 윤씨는 비록 쫓겨났을지언정 죽음에 이르지는 않았을 것이다. 하지만 왕실에서 일어난 이 사건은 국왕에 대한 반역을 의미하는 것이었고, '사직'을 위해서는 그 반역자를 처단함으로써 훗날의 더 큰 화를 예방하는 것이 당시 국왕으로서 취할 수 있는 최선이었다. 비록 국모로서 보여준 윤씨의 부덕함과 비행에 일정 부분 성종의 책임이 있고 성종이 집안을 올바르게 다스리지 못했다 하더라도, 자신에 대한 '반역'을 도모하는 왕비를 그대로 놔두거나 스스로 왕위에서 물러날 수는 없었던 것이다. 이 사건은

'국가'의 영역에서 벌어진 일이기 때문이다.

윤씨가 사사당할 당시 상황을 기록한 《연려실기술》에 따르면, 윤씨가 죽으면서 붉은 피를 토해냈다고 전해진다. 그 피로 얼룩진 수건과 적삼은 그녀의 어머니 신씨에 의해 보관되었는데 1504년(연산군 10)에 사화가 벌어지는 한 원인이 되었다. 연산군은 폐비 사건을 계기로 아랫사람이 윗사람을 능멸하는 능상凌上의 풍습에 젖은 대간과 대신들을 처벌하고자 했고, 성종 대에 탄핵을 받아 오랜 유배를 경험한 임사홍은 연산군의 울분을 자극하고 부추겨 자신을 탄핵한 대간에 대한 개인적인 원한을 풀고자 했다.

교화의 희생양? ____ 폐비 윤씨 사건과 관련해 당사자인 윤씨 본인이나 그 집안의 해명을 실록에서는 찾아볼 수 없다. 따라서 성종과 대비들의 주장처럼 그녀가 정말 남편을 죽이려 했거나 아들이 즉위한 뒤에 수렴청정을 하고자 했는지에 대해서는 쉽게 단정하기 어렵다. 어쩌면 선행 연구의 지적처럼, 그녀는 성리학적인 여성관이 정착되어 가는 과정에서의 희생양일지도 모른다. 그러나 성종의 시대는 교화의 시대였고 '풍속의 교화'라는 구호 속에서 법규정보다 더 강력한 처벌을 받은 사람은 비단 왕비만이 아니었다.

성종 시대의 정치사를 기록하고 있는 《실록》을 보면, 사풍의 교화를 추구하는 과정에서 좌천되고 처벌되는 관료(남성)들의 이야기로 가득 차 있다. 그러한 이야기들은 고위관료일수록 더 사회적 책임을 묻고 있으며, 겉으로 드러나는 품행과 관련된 비행(음행·부정·부패)뿐만 아니라 내면의 마음가짐조차 진퇴와 출척黜陟(못된 사람을 내쫓고 착한 사람을 올려 씀)의 근거가 되었다. 남성 관료들은 심술(마음가짐)이 바르지 못하다는 이유로 소인으로 몰려 처벌받거나 좌천되었다. 1477년(성종 8)에 전 도승지 현석규 탄핵 사건이 있었고, 이 사건으로 임사홍·유자광 일파가 유배되고 군자—소인 논쟁이 전개되었다. 그 논쟁이 한창 진행 중이던 1479년(성종 10)에 윤씨는 폐위되었다.

성종 대의 정치가 여성에게 품행의 정절을 요구하였다면, 남성들은 인격 그 자체만으로도 얼마든지 탄핵을 당하였다. 대간은 국왕을 비롯한 통치자들의 인격적인 완성을 부단히 촉구함으로써 덕치라는 유교적인 이상정치를 구현하려 했다. 유교는 정치공동체에 속한 구성원을 성인으로 만드는 교화의 정치를 지향하고 있으며, 교화를 위해서 임금과 위정자가 먼저 모범을 보일 것을 요구한다. 오늘날 관점에서는 지나치게 높은 도덕 수준과 희생을 요구한다고 볼 수도 있지만, 교화의 명분과 논리가 무의미하다고 말할 수는 없을 것이다.

국모의 역할과 국가의 흥망 ___ 폐비 윤씨는 여성이기 이전에 국모였다. 정치의 세계에서 최고권력자나 그 배우자에게는 엄격한 품위 유지 의무와 책임이 요구된다. 그것은 본인들에게는 일종의 특권이자 희생일 수도 있지만, 국가적 차원에서는 나라의 품격과 흥망성쇠에 직결된 사안이라고 할 수 있다.

성종에게 이 사건은 단지 부인의 투기나 불미스러운 비행에 그치는 문제가 아니었다. 자신을 모해하거나 어린 세자를 왕위에 올려서 훗날을 도모하려는 일종의 '역모' 사건이었다. 사전적 의미에서 반역이란 '통치자에게서 나라를 다스리는 권한을 빼앗으려는 행위'로 정의된다.

사실 윤씨가 아무리 어리석다고 하더라도, 성종에게 직접적으로 "당신이 죽으면 내가 나라를 다스리는 권한을 차지할 것이다"라고 말하지는 않았을 것이다. 하지만 성종이 문제 삼은 윤씨의 발언들 가운데 '내가 오래 살게 되면 후일에 볼 만한 일이 있을 것이다'라는 말이 있다. 그 말이 무엇을 의미하는가는 그녀가 성종이 죽기를 바라면서 '상복을 입는다'고 말했다는 것, 그리고 여름에도 상복인 흰옷을 입는 것 등을 고려해 보면 분명해 보인다. 그리고 중요한 것은 성종이 그런 발언을 자신에 대한 반역으로 인식했다는 점이다.

어쩌면 윤씨는 남편인 성종을 죽이려고 하지는 않았을지도 모른다. 굳이 죽일 필요가 없었을지도 모른다. 단지 남편보다 더 오래 살아남기만 한다면, 아들이 왕이 되고 자연스럽게 왕의 생모로서 지위와 권세를 회복하고 누릴 수 있다고 생각했을 것이다. 그러나 그것은 성종의 처지에서 보면, 왕실과 국가가 풍전등화와 같은 위기에 봉착하는 것이며, 조선왕조의 미래를 생각할 때 결코 바람직하지 않은 일이었다. 임금이 두 눈을 부릅뜨고 살아있는데도 후일을 도모한다고 공공연하게 밝히고 있는데, 임금이 죽고 윤씨의 아들이 왕이 된다면 누가 윤씨를 통제할 수 있겠는가? 성종은 폐비 교서에서 언급한 바와 같이 "만세를 위해 염려해야 하기 때문"에 결단한 것이다.

조선왕조에서 폐비 문제가 처음 제기되었던 것은 태종 대 원경왕후의 사례였다. 당시 태종은 원경왕후와 사이가 좋지 않았고, 그로 말미암아 폐비 문제를 놓고 심각하게 고민하였다. 하지만 사안의 중대성을 주장하는 신하들의 반대에 부딪쳐 실행하지 못했고, 결국 폐비 문제는 수면 아래로 가라앉았다. 그 사건은 태종과 같은 강력한 왕권을 지닌 군주에게서조차 폐비 문제가 얼마나 중대하고 결정하기 어려운 사안인지를 알려준다.

그런데 성종 대에는 논의되었을 뿐만 아니라, 실제로 단행되었다. 그 결과는 조선 전기의 역사에 심대한 영향을 주었다. 연산군 대의 참혹했던 갑자사화는 폐비 윤씨 사건이 단초가 되어서 발생하였기 때문이다.

《소학》과《삼강행실》 ___ 2장에서 살펴본 1478년(성종 9)의 임사홍 사건이나 다음의 6장에서 살펴볼 인사 시스템의 개혁과 '승출陞黜의 법' 제정, 그리고 12장의 심술心術에 관한 논쟁에 이르기까지, 《성종실록》의 기사는 사풍士風의 교화를 명분으로 소인으로 규정되거나 관직에서 파출당하는 수많은 관리의 사례들이 제시되어 있다. 그들 가운데 상당수는 부패를 처벌하는 실정법을 위반하지는 않았지만, 행실이 부적절하거나 '심술이 바르지 못하다'는 이유로 탄핵당하고 자리에서 물러나야 했다. 오늘날 '심술'이라는 말은 사전적 의미로 "온당하지 아니하게 고집을 부리는 마음"으로 정의된다. 하지만 성종 당시에 자주 사용된 이 말은 그런 부정적인 의미보다는, '마음 씀씀이', '마음씨' 혹은 '내면의 마음가짐' 정도의 중립적인 의미였다.

이처럼 성종 대에 남성 관료들은 심술과 인격 그 자체만으로도 얼마든지 탄핵을 당하였다. 당시 대간은 국왕을 비롯한 통치자들의 인격적인 완성을 부단히 촉구함으로써 '덕치'라고 하는 유교적인 이상정치를

4 ___
풍속을
교화하다

구현하고자 했다. 덕치를 위해서 사풍의 교화는 필수적이었다. 나라를 이끌어 갈 엘리트라고 할 수 있는 선비들의 풍습뿐 아니라, 민간의 풍속에 대한 교화도 성종 대의 정치 과제였다.

1471년(성종 2) 6월 8일에 대사헌 한치형이 상소를 올려 민간의 풍속을 교화하는 문제를 거론하고 있다. 그 내용 가운데 요점은 첫째, 《소학》과 《삼강행실》을 널리 간행하여 어른과 어린이 모두 배우게 할 것, 둘째, 지혜·어짊·용기의 덕과 부모를 섬기는 효행, 군자를 존경하는 우행, 스승을 섬기는 순행을 알게 할 것, 셋째, 지智·인仁·성聖·의義·충忠·화和의 덕과 효孝·우友·목睦·인婣·임任·휼恤의 행실을 알게 할 것, 넷째, 재물을 다투고 은혜를 상하는 자를 징계할 것, 다섯째, 이곳저곳 돌아다니며 구차하게 승진하려는 자를 파출할 것, 여섯째, 사치한 것을 믿고 의리를 멸하는 자를 억제할 것, 일곱째, 참소하고 면전에서 아첨하는 자를 물리칠 것, 여덟째, 사람의 착한 마음을 감발感發(감동하여 분발함)하게 하고 사람의 방일한 뜻을 징계할 것 등이다. 이를 통해서 민풍과 사풍을 바르게 하여 교화에 힘쓸 것을 건의하고 있다. 상소 내용을 거꾸로 생각해 보면 성종 초년의 민풍과 사풍을 추측할 수 있다.

한치형의 상소를 검토한 성종은 예조에 "백성의 풍습과 선비의 습속은 위에 있는 사람이 높이 장려하고 격려해야 하니, 중외中外(중앙과 지방)로 하여금 충신·열부·효자·순손을 찾아다니며 계문하여 착한 사람과 악한 사람을 구별하게 하고, 또 각 도 관찰사로 하여금 《소학》과 《삼강행실》 등을 널리 간행하여 백성들로 하여금 강습하게 하라"고 지시하였다. 《소학》은 중국 송나라의 유자징이 8세 안팎의 아동들에게 유학을 가르치기 위해 1187년에 편찬한 수양서로 일상생활의 예의범절, 수양을 위한 격언, 충신·효자의 사적 등을 모아놓은 책이다. 《삼강행실도》는 1434년(세종 16)에 직제학 설순 등이 왕명으로 조선과 중국의 서적에서 군신·부자·부부의 삼강에 모범이 될 만한 충신·효자·열녀의 행실을 모아 편찬한 언행록이자 교훈서다. 성종은 《삼강행실도》를 한글로 풀어 쓴 언해본을 인쇄해서 부녀자들이 쉽게 읽도록 전국에 배포했다. 여기에 단지丹脂·할고割股 사례들이 많이 나와 있다.

성종 12년(1481)에 완성된 지리서 《동국여지승람》에는 각 도의 지리, 풍속, 인물 등을 자세하게 기록해 놓았는데, 〈효자편〉이 따로 있었다. 그러한 연유로 단지·할고 같은 인육 치료가 전국적으로 대유행하기도 했다. 이처럼 성종 시대에 인육 치료 기록이 증가한 이유는 당시 효자나 절부節婦에 대한 조사와 표창이 시행된 것과 관련이 있다. 효를 행한 이들에게 열녀문·효자문을 세워주고 곡식 지급이나 세금 면제 등의 경제적 보상을 해주었는데, 그 '효'라는 것이 인육 치료라는 자극적인 방식으로 나타나게 된 것이다. 유교 국가를 건설하기 위해 중앙정부 주도로 단지·할고 치료를 조장했던 것이다. 국가 주도로 이렇게 효를 강조한 이유는 일차적으로는 민풍을 교화하기 위한 것이지만, 부모에 대한 효성이 국왕에 대한 충성으로 확장된다는 유교적 발상도 이런 일이 발생하는 데 한몫했다고 할 수 있다.

유교가 지향하는 교화의 정치는 정치공동체에 속한 구성원으로 하여금 타고난 선한 본성을 회복하도록 이끌어 줌으로써 갈등의 근본적인 해결을 추구한다는 점에서는, 법과 제도에 의존하는 방식보다 진일보한 것이다. 하지만 교화의 정치는 때로는 가혹한 희생을 강요하는 문제점도 있었다. 그 사례들 가운데 하나로서, 성종 대에 큰 문제가 되었던 어우동 사건을 살펴보자.

어우동 사건의 파장

어우동은 누구인가 ___ 어우동(혹은 어을우동)은 외교문서를 담당한 종3품 승문원 지사였던 박윤창과 어머니 정씨 사이에서 태어난 양갓집 규수였다. 그런데 시집에서 나온 뒤 성은 쓰지 않고 어우동於于同이란 기이한 이름으로 불렸다. 자기 스스로 이렇게 부른 것 같지는 않다. 한자로는 뜻이 잘 안 통하는 이름인데 이에 대한 설이 분분하다. 크게 두 가지로 생각해 볼 수 있다. 하나는 '함께'란 뜻의 '동同' 앞에 한글 '어울리다'의 한자어를 음역한 '어을於乙'을 넣어 '다 함께 어울린 여자'란 뜻으로 어을우동이라 불렀을 가능성이 있다. 또 하나는 '어른'의 어원으로 추정하는 한글 '얼우다'의 '얼'자를 한자어 음역으로 '어을'이라고 썼을 가능성이다. 고어의 '얼우다'는 남녀의 교합을 뜻하니 '다 함께 교합한 여자'란 뜻으로 어을우동이라 불렀을 수도 있다. 또 한 가지, 동同자는 어우동의 첫 남편 이동李仝의 동소자와 같은 글자이므로 '이동의 여인'이란 뜻이었을 수도 있다.

어우동과 가장 비슷한 사례는 세종 대 유감동이 있다. 남녀 관계에서 어우동에 결코 뒤지지 않았던 그녀 또한 양반의 딸이었다. 조정 대신부터 천민까지 수십 명의 남자와 간통한 죄목은 같았으나 결과는 달랐다.

세종은 "여자들의 음행이 풍속을 어지럽히니 본보기로 죽여야 한다"는 대신들의 강력한 주장에도 불구하고 살려주었다. 유감동은 곤장을 맞고 노비가 되는 데 그쳤다. 반면 성종은 같은 죄에 대해 살려준 선례가 있다는 대신들의 많은 주장을 접하고도 어우동을 처형했다. 이를 두고 논란이 있다.

논란의 핵심은 크게 두 가지다. 하나는 성종 대가 도덕을 강조하는 성리학적 지배질서가 더욱 공고히 자리를 잡아갈 때라서 성종이 정치적 목적을 위해 그렇게 처리했을 것이라는 주장이다. 다른 하나는 세종의 경우 어진 임금이라 유감동을 살려주었던 데 반해 성종은 거친 성욕을 소유한 사람이라서 어우동을 죽였을 것이라는 주장이다.

하지만 필자는, 세종 대 '유감동 사건'과 성종 대 '어우동 사건'은 본질적인 차이가 있다고 본다. 여성의 음란한 풍속과 관련되어 있다는 점에서 서로 유사하게 보이지만, 유감동의 경우 남편에게 버림받은 뒤 '스스로를 기생 창기라고 부르며' 신분이나 지위와 상관없이 여러 남자와 성관계를 가졌다. 반면 어우동의 경우 남편에게 버림받은 뒤 자신의 정체를 숨기며 왕실 종친들에게 접근하여 근친상간의 죄를 야기했다는 이유로 처벌을 받았다. 전자가 사회풍속을 문란하게 한 사건이었다면, 후자는 왕실을 문란하게 했던 사건으로 '종실(종친) 간의 근친상간과 관련된 강상의 죄'를 야기한 것이었다.

어우동 사건의 발단 ___ 사건의 전말은 《실록》에 잘 정리되어 있다. 1480년(성종 11) 10월 18일은 어우동이 교수형에 처해진 날이다. 이 사건의 발단은 4개월 전으로 거슬러 올라간다. 즉 이해 6월 13일에 처음으로 성종은 의금부에 "방산수 난이 태강수 동의 버린 아내 박씨와 간통하였으니, 국문하여 아뢰라"는 전지를 내렸다. 15일에는 "태강수의 버린 아내 박씨가 죄가 중한 것을 스스로 알고 도망하였다 하니, 끝까지 추포하라"는 명령을 하달한다. 이 명령들은 어우동의 처형에 가장 적극적인 역할을 한 좌승지 김계창의 고발에 연유한 것이다. 그는 "박씨가 처음에 은장이와 간통하여 남편의 버림을 받았고, 또 방산수와 간통하여 추한 소문이 일국에 들렸으며, 또 그 어미는 노복과 간통하여 남편에게 버림을 받았습니다. 한 집안의 음풍이 이와 같으니, 마땅히 끝까지 추포하여 법으로 처치해야 합니다"라고 간언하였다. 어우동이라 부르지 않고 박씨라 부르긴 했지만, 방산수 이난을 국문하라는 사건이 불과 이틀 만에 어우동과 그 어미의 음욕 사건으로 변질되었다.

어우동은 남편 태강수의 평소 행실과 이유 없는 내침, 직첩의 수거 및 회수, 기생 연경비와의 관계 등이 겹치면서 분노와 좌절이 극에 이르렀던 듯하다. 10월 18일의 판결문 기록에는 어우동이 계집종의 부추김 때문에 남자를 상대하기 시작하였고 사노 지거비의 협박에 굴복하고 방산수가 시키는 대로 공초를 한 일 등이 적시되어 있다. 이는 어우동이 주동적으로 남성들을 유혹하여 간통하였다는 김계창의 고발과는 조금 다른 모습이다.

당시 많은 신하가 그녀의 음행과 죄를 성토했지만 극형에 처할 정도는 아니라고 건의했다. 그럼에도 성종은 어우동을 사형시키기로 결정했다. 뿐만 아니라 즉각 교수형에 처하는 극단적인 방법을 채택했다. 이처럼 성종이 그녀를 용서하지 못한 이유는 무엇이었을까? 《성종실록》의 대다수 사례에서 성종은 법에 입각해 일을 처리하고 있는데, 왜

유독 이 사건에 대해선 강경한 입장을 고수한 것일까?

어우동 추포 명령이 떨어지고 사형이 집행되기까지 넉 달이 걸린다. 추문에 관련된 사람의 직위가 높고 숫자가 많기는 했으나 그 정도면 재판 기간이 짧은 것은 아니다. 핵심 인물은 왕실의 종친인 방산수 이난이다. 그는 팔뚝에 문신을 새길 정도로 어우동과 정이 두터웠고 오래 관계를 가졌다.

《실록》에 따르면 방산수는 자신의 죄를 줄여보고자 숱한 인물들을 억지로 끌어다 붙였다고 한다. 성종이 아끼던 많은 신하의 이름이 그의 입에서 나왔으며 어우동에게 관계한 모든 사람을 실토하라고 조언하기도 했다. 그런데 6월 13일 기사에는 "방산수 난이 태강수 동의 버린 아내 박씨와 간통하였다"고 했는데, 7월 9일 의금부에서는 "방산수 이난과 수산수 이기가 어우동이 태강수의 아내였을 때에 간통한 죄는, 율이 장 100대, 도 3년에 고신을 모조리 추탈하는 데에 해당합니다"라고 보고한다. 왕실의 종친에게는 매질을 할 수가 없으므로 벌금으로 대체하였다. 그리고 방산수 난을 곤양에, 수산수 기를 정읍에 살도록 하는 형벌에 처했다.

성종은 이중적 태도를 보인다. 의금부에서는 이 사건에 등장하는 인물 모두를 국문할 것을 요청했는데, 성종은 미관말직인 박강창, 홍찬과 어우동에게는 형을 가하고, 공적이 뛰어난 자나 고관대작과 그들의 자제인 어유소, 노공필, 김칭 등은 증거가 부족하고 무고를 당한 것이니 석방하라고 하였다. 그 외에도 여러 차례 신하들의 논쟁이 있었으나, 성종은 무고나 증거 없음 등을 이유로 묵살하였다. 이 당시 성종의 나이는 23세였으며 친정을 한 지 5년째 되는 해였다. 《실록》을 읽다 보면 성종의 분노는 특히 방산수에게 집중되어 있다. 나이가 좀 많았던 수산수는 태강수와 8촌간이고 방산수는 태강수와 6촌간이다. 수산수는 어우동이 태강수의 전 부인이라는 사실을 몰랐다는 것이 판명되어 빨리 석방되었으나, 방산수에 대해서는 성종이 매우 많은 역정을 낸다.

처벌을 둘러싼 견해 차이 ___ 1480년(성종 11) 9월 2일 조정에서는 어우동에 대한 처벌을 둘러싸고 논쟁이 벌어진다. 정창손, 김국광, 강희맹, 홍응, 한계희, 이극배, 채수, 성현 등의 다수 의견은 어우동이 비록 죽을죄를 지었으나 법률에 있는 대로 처리해야 하며 왕으로서 어짊을 보여야 한다는 것이었다. 반면 심회, 윤필상, 현석규, 김계창 등은 극형(사형)에 처해야 함을 주장했다. 그들이 내세운 이유는 '사족의 부녀로서 강상을 무너뜨렸다'는 것이고 '귀천과 친척을 논하지 않고 모두 간통하였다'는 것이다. 성종은 신하들의 논의를 모두 들은 후에 "어을우동은 음탕하고 방종하기를 꺼리지 않았는데, 이런데도 죽이지 않는다면 뒷사람을 어떻게 징계하겠느냐? 의금부에 명하여 사율死律(사형죄)을 적용하여 아뢰게 하라"고 지시하였다.

10월 18일 극형을 언도한 날에도 논란은 여전히 계속되었다. 성종은 이렇게 말한다. "지금 풍속이 아름답지 못하여, 여자들이 음행을 많이 자행한다. 만약에 법으로써 엄하게 다스리지 않는다면 사람들이 징계되는 바가 없을 텐데, 풍속이 어떻게 바르게 되겠는가? 옛사람이 이르기를, '끝내 나쁜 짓을 하면 사형에 처한다'고 하였다. 어을우동이 음행을 자행한 것이 이와 같은데, 중한 형벌에 처하지 않고서 어찌하겠는가?"

성종이 어우동에 대한 엄형을 주장하면서 내세운 논리는 법으로써 엄하게 다스려 풍속을 바르게 해야 한다는 것, 중한 형벌을 통해 풍속을 고쳐서 교화를 이루어 가야 한다는 것이다. '풍속의 교화'에 대한 성종의 의지가 얼마나 강한 것이었는지 잘 보여준다. 성종을 곁에서 모시는 승지들도 그의 의중을 파악하여 극형을 주장하였다.

성종은 노비 지거비에 대해서는 법률보다 낮은 형벌을 내렸으나 종친의 아내였던 어우동에 대해서는 결국 김계창의 일관된 주장대로 '사족의 부녀로서 실행을 하였으니' 풍속을 바로잡기 위해 사형을 언도했고 당일 처형했다. 그로부터 한 달 뒤인 11월 13일에는 종부시의 건의에 따라 종친들의 이름을 기록한 《선원록》에서 어우동의 본이름을 지우도록 함으로써 사건은 종결되었다.

그 이후 논의들은 연루자들의 죄를 둘러싼 것이었다. 대부분 관대한 형벌로 다스렸으며 다소 엉뚱한 이유들로 거의 모두 사면되었다. 남자들은 모두 풀려나고 어우동만 처형된 결과라는 점에서 논란의 여지가 있다. 어우동에 대한 판결은 일종의 차별로 해석될 수도 있기 때문이다. 이 사건은 '풍속의 교화'라는 명분을 내세워 여성의 정절을 강요하고 남성에 비해 엄격하게 처벌했다는 인상을 지우기 어렵다.

사건의 전후 맥락　　성종이 여성의 음행을 엄벌하는 결정을 내린 것과 관련해서 추가적인 설명이 필요하다. 어우동 사건이 처음 제기된 1480년(성종 11) 6월부터 어우동의 교형이 집행된 10월 18일까지 조정의 분위기는 여러 사건으로 인해서 어수선했다. 1477년(성종 8)의 현석규 탄핵 사건을 시작으로 군자와 소인에 관한 논쟁이 처음 제기되었고, 그 결과 임사홍과 유자광 등이 소인으로서 붕당을 결성하였다는 죄목으로 유배되었다. 거기에는 다수의 언관이 포함되었고, 그들이 대신들과 결탁하여 임금 앞에서도 서슴없이 거짓말을 했다는 점에서 성종에게 충격을 주었다. 이 사건을 계기로 성종은 군자와 소인을 어떻게 구분하고 교화를 이루어 갈 것인가 하는 문제로 고심했다.

그즈음에 폐비 논의가 불거졌다. 이미 1477년(성종 8) 3월에 있었던 '투서 사건'을 계기로 폐비 문제가 거론된 바 있었지만, 윤씨를 별궁에 거처하게 조치하는 것으로 마무리되었다. 그런데 1479년(성종 10) 6월 다시 윤씨가 임금을 모해하려 했다는 논의가 제기되었고 '비상한 변'을 우려한 세 대비와 성종의 합의로 결국 폐비가 단행되었다. 성종 개인으로서도 치욕스런 일이었지만 왕실 운영에도 심각한 위기 상황이었다.

후사를 이을 왕비를 다시 물색하면서 성종은 절치부심했다. 그러던 중에 1480년(성종 11) 6월에 어우동 사건이 터졌다. 왕실 종친의 아내가 다른 종친들뿐만 아니라 노비와도 교합하였다는 점에서 다시 한번 왕실을 욕보인 사건이었다. 성종은 어우동을 엄형에 처하지 않는다면 무너진 왕실의 권위를 회복하기 어렵다고 판단했을 것이다. 더욱이 자신이 친정 때부터 내세운 통치이념인 효치와 교화는 그저 명분일 뿐 실질은 없다는 비판을 받고 퇴색할 수밖에 없는 상황이었다. 성종이 어우동을 사형에 처한 것은 이 때문이었다.

성종은 어우동을 처형한 지 한 달이 안 된 11월 8일에 인정전에 나아가 숙의 윤씨(정현왕후)를 왕비로 책봉했다. 왕비를 책봉하면서 내린 글 가운데에 "아! 내가 어린 몸으로 왕업을 이어받아 거의 내치의 도움에 의뢰하였는데, 많은 문제가 있음으로 해서 중궁의 자리가 두 번씩이나 비었다"는 말이 있다. 첫 번째 왕비였던 공혜왕후 한씨는 병으로 죽었기에 그의 책임은 아니라고 말할 수도 있으나, 두 번째 왕비였던 폐비 윤씨의 경우 성종에게도 '제가'를 그르친 책임이 있었다. 이처럼 두 번씩이나 중궁의 자리가 비었던 까닭에 성종은 왕비의 내조를 받지 못했고, 그로 인해 집안과 나라를 올바로 다스리지 못했다고 자책했다. 이런 상황에서 불거진 어우동 사건은 그에게 왕실 운영의 위기감을 더해 주었다.

성종은 어우동에 대한 엄한 처벌과 새 왕비의 책봉을 계기로 왕실의 권위를 다시 세우고 교화의 시대를 열어나갈 것을 다짐했다. 이후 관료 사회에 교화의 새바람을 불어넣기 위한 성종의 지속적인 노력은 1485년(성종 16)의 '승출의 법'으로까지 이어진다. 다음의 6장에서 살펴보는 바와 같이, 많은 남성 관료가 교화를 명분으로 파출되고 징계를 받았다. 이처럼 1478년(성종 9)부터 1485년(성종 16)까지 있었던 일련의 사건과 논의를 검토할 때, 1480년(성종 11)의 어우동 사건은 1478년(성종 9)의 임사홍 사건과 마찬가지로, 성종이 '유신'을 추진하는 하나의 계기가 된 사건이라고 평가할 수 있을 것이다.

교화의 그늘

문란했던 성 풍속 ___ 어우동이 처형을 당한 이후에도 성 풍속은 여전히 문란하였던 것으로 보인다. 성종 1487년(성종 18)에는 상중에 기생과 교합한 사람도 있었다. 1489년(성종 20)에는 승지가 기생과 관청에서 음행을 벌인 일도 있었다. 8월 15일 보름달이 휘영청 아름다운 밤에 성종이 의정부, 6조 판서 등과 주악을 베풀어 달구경을 한 날 벌어진 일이었다. 이날의《실록》기사에는 "이날 밤에 여러 신하가 모여서 술을 마셨는데, 마침 검은 구름이 달을 가리어 어두컴컴하고 밝지 아니하니, 승지 조극치가 기생을 데리고 청사에서 음행하였다. 무부武夫(무인)의 광망함이 이와 같았다"는 사신의 논평이 실려 있다.

어우동 사건 이후에도 간통 문제는 여전히 중요한 사안이었다. 그런데 어떤 이유에선지 연산군의 폭정이 지나고 중종 때부터《실록》에선 성 문제와 관련된 사건들이 거의 자취를 감추게 된다. 아마도 연산군의 패륜과 황음을 목도한 신하들이 더 이상 하급관리나 민간의 문란한 성 풍속에 대해서 언급할 가치나 필요를 느끼지 못했기 때문이 아닐까 추측된다.

성종은 폭압으로 신하들을 대하지 않았다. 오직 폐비 윤씨와 어우동에게만 가혹한 죽음을 내렸다. 1480년(성종 11)에 어우동을 처형하고 1482년(성종 13년)에 윤씨에게 사약을 내렸다. 1485년(성종 16)에는 풍속 교화를 위해서 재혼한 여자의 자손을 조정 관리의 반열에 끼지 못하도록 명령하였다.

무리한 법집행을 관철한 이유 ___ '정확한 법조문이 없을 경우 인율비부引律比附한다'는 법적용의 원칙이 있었기 때문에 성종이 없는 법을 강제로 적용했던 것은 아닐 수 있다. 여기서 '인율비부'란 어떤 죄가 율문律文에 정한 조문이 없을 때에는 사정과 조리를 고려하여 비슷한 조문과 서로 비교하여 더할 것은 더하고 뺄 것은 빼서 죄를 정하는 것을 말한다. 성종은 '남편을 버리고 개가(재혼)한 죄'에 비부한 것이다. 하지만 어우동이 재혼한 것인지 확인할 수도 없고, 비율比律하더라도 사형에 대한 것은 역시 정률을 적용해야 한다는 점에서 무리한 것이었다. 절차상으로도 세 번 심리를 해야 하는데, 그전에 세 번 심문을 했다지만 사형을 내린 대목에선 다시 심리하지 않고 전광석화처럼 집행했다. 이처럼 어우동 사건에 대한 성종의 판결은 문제가 있었지만, 그는 "지금 엄히 징계하지 않는다면 고려 말세의 음란한 풍속이 이로부터 일어날까 두렵다"는 말로 정당화했다.

어우동에 대한 처벌 수위를 논의하는 과정에서 임금의 심증을 파악한 신하들 가운데 대표적 인물은 도승지 김계창이었다. 그는 성종의 '입안의 혀'와 같은 역할을 하며 성종의 편에서 의론을 펼쳤다. 그의 논거는 어우동이 가문과 신분질서를 어지럽혔다는 것이었다. 성종의 입장에서는 왕가에 속한 사람들과 그들의 소유인 종들에 이르기까지, 왕실의 질서를 문란하게 하여 체면을 훼손한 어우동은 어떤 죄인보다 괘씸하게 보일 수밖에 없었다.

성종이 자신의 정치를 펼치려 조율해 놓은 사람들이 '한갓 음탕한 계집'으로 인해 내쳐지게 될까봐 어우동을 죽여 그 입막음과 뒷단속을 확실히 할 필요가 있었다는 견해도 있다. 성종은 어유소·노공필·김세적을 보호하고 싶어 했는데, 방산수의 공술에서 이들이 거론되었다. 때문에 의금부로 하여금 국문하도록 하였지만 한 차례 심문하고 별다른 혐의가 없다는 이유로 풀어주었다는 것이다. 방산수는 성종의 권력 기반을 약화시킬 목적으로 성종이 총애하는 이들 세 명을 제거하고자 하였고, 그 의도가 노골적으로 드러나지 않기 위해서 음란하다는 소문이 자자했던 김칭·김휘·정숙지 등을 끌어들여 일종의 '물타기'를 하였다는 것이다.

하지만 성종이 총애하는 세 명이 처벌을 받는 것을 우려했기 때문에 어우동을 처형하여 입막음을 했다고 보기에는 무리가 있다. 총신 세 명이 처벌받는다고 해서 왕의 권력 기반이 침해된다고 보기도 어렵고, 방산수가 정말 그런 이유로 그들을 거론한 것인지도 불분명하다. 어유소는 무재가 뛰어나다는 이유로 1479년(성종 10) 건주위 정벌 당시 대장을 맡았고, 김세적은 무과에 장원급제한 무관으로 어우동 사건이 조정에서 공론화될 무렵에는 건주위 정벌의 공을 인정받아 절충장군 부호군에 제수되어 오위부호군의 직에 있었다. 노공필은 문신으로서 병조참의 벼슬에 있었다. 이렇게 보면, 성종이 이들을 총애한 것은 다분히 북방정책과 관련한 군사 전문가들이었기 때문이라고 이해된다. 그들이 처벌을 받는 것이 성종이 추진하는 군사정책에서의 손실이 될 수는 있겠지만, 왕권 자체를 위협할 만한 사안이었다고 보기는 어렵다.

어우동 사건은 백성들에게는 상류층 인사가 연관된 성 스캔들이었지만, 성종에게는 왕실의 기강을 흔든 사건이었다. 그는 왕실의 질서를 바로잡기 위해 어우동을 일벌백계로 다스렸다. 그렇다면 왜 종실의 남자들은 엄형에 처하지 않았을까? 그런 점에서 차별이 아닐까? 하지만 다른 임금이라도, 이 사건에 대해서 왕실의 종친을 엄하게 벌할 수는 없었을 것이다. 양성평등의 관점에서, 어우동과 놀아난 종친들에 대해서도 똑같이 엄벌에 처했어야 했다고 주장하는 것은 조선이 신분제 사회이며 왕조 국가라는 사실을 간과하는 것이다.

성종이 인율비부의 한계를 넘어서 사형을 집행한 것은 분명 과도한 처벌이었다. 하지만 유교적 법치에 있어서 법규정의 준수는 그 자체가 목적이 아니다. 성리학을 통치이념으로 하는 조선에서 정치의 본질은 눈에 보이는 외면적인 제도나 법령을 바꾸는 차원을 넘어서, 내면의 변화를 통해 정치공동체에 속한 모두가 성인이 되는 것을 목표로 삼는다. 법집행의 근본적 목적은 교화에 있다. 따라서 음란한 풍속을 교화시키기 위해서 인율비부의 한계를 넘어서는 처벌이 반드시 유교적 법치에 반한다고 말할 수는 없다. 논의의 초점은 그가 왜 그 한계를 넘어서게 되었는가에 맞추어져야 한다.

설사 어우동이 처음부터 의도적으로 왕실과 종친에 대한 '복수'를 위해 접근한 것은 아니었다고 할지라도, 그녀는 자신과 관계한 세 명의 남자가 왕실의 종친이라는 것을 알고 있었다. 자신의 음행이 결과적으로 종실 남자들 사이의 근친상간이나 강상에 관련된 죄로 비화될 수 있음을 충분히 인지하고 있었다. 태강수의 아내이자 사족의 자녀였던 그녀가 그것을 예상하지 못했을 리는 없다. 그런데도 그녀는 종친 및 종친의 사위와 잠자리를 가졌다. 그 행위를 통해서 판단하건대 그녀의 내면에 자리 잡고 있는 동기는 자신을 버린 태강수와 왕실(종친)에 대한 복수심이었다. 성종은 그 복수심을 벌하기 위해서는 인율비부만으로는 불충분하다고 판단한 것이다.

교화라는 이름의 '양날의 검' ___ 어우동 사건은 성종 대 여성관을 보여주는 대표적인 사례로 거론된다. 이 사건에 대한 성종의 판결은 '여성 억압을 통한 사회 통제체제의 구축'이나 '남성 중심의 지배질서 강화', 혹은 '풍속을 바로잡는다는 명분하에 진행된 친정체제의 구축' 등으로 언급되고 있다. 필자 역시 이 사건이 풍속을 바로잡는다는 명분하에 진행된 사회 통제체제 구축의 성격이 있다는 점에 공감한다. 어우동 사건은 성종이 교화의 정치를 추구하는 과정에서 나타난 사건이었고 이후에 그가 '유신'을 추진하는 하나의 계기가 되었기 때문이다. 하지만 그것이 여성 억압을 통한 남성 중심 지배질서의 강화나 왕권 강화, 혹은 성종의 친정체제 구축을 위한 것이었다는 주장에는 동의하기 어렵다. 왜냐하면 성종 대 교화의 정치는 여성에게만 적용된 것이 아니었고, 세조 이래로 지속되어 온 사회 전반의 도덕적 타락과 부패, 그리고 관료사회의 적폐를 일신하기 위한 정책이었기 때문이다. 그것은 조선 전기 역사의 큰 틀에서 보면, 세종으로 대표되는 '정政'의 시대를 마감하고 통치제도의 완성 이후에 전개된 '교教'의 시대를 알리는 서막이었다.

이처럼 국왕이 풍속의 교화를 추진하고 이를 통해서 정치의 도덕성을 강화하는 것은 성종 집권 후반기나 중종 시대 조광조의 사례에서 보는 바와 같이 왕권 강화에 도움이 되기보다는 오히려 왕권을 위협하거나 약화시킬 소지가 다분하다. 국왕 자신도 그 '도덕의 칼날'로부터 자유로울 수 없으며, 대간들이 국왕의 인사권에 대해 비판하고 도전할 수 있는 발판이 되기 때문이다.

여진 관계의 기본 틀 ___ 태조 이성계 사후에 조선과 여진 관계는 차츰 악화되었고 태종이 즉위한 후 여진족이 침입해 왔다. 태종은 동맹가첩목아와 같은 우호적인 여진족 추장을 포섭하여 변경을 튼튼히 하고 영토를 확장하는 것을 구상했다. 특히 가문이 일어섰던 두만강 일대를 '왕실의 발상지'라고 여겨 반드시 확보하고자 했다. 그는 여진족의 각 세력, 특히 변경에서 가까운 지역의 세력을 회유하고자 노력했다. 그런데 세종 대에 동맹가첩목아가 사망하고, 조선의 여진정책은 4군과 6진의 개척을 통해 압록강과 두만강 일대를 조선의 영토로 편입시키는 확장정책으로 이어졌다. 여진족의 입장에서 볼 때 그것은 일종의 침략이었고, 그들은 복수를 위해 지속적으로 변경을 침입하고 노략질을 감행했다. 이에 대응하여 조선은 변방에서 문제를 야기하는 여진족을 관리하기 위해 대규모 정벌을 단행하기도 하고 회유를 모색하기도 하였다.

조선은 지속적으로 여진인들을 회유했다. 내조하는 여진 부족들에게

5___
**우방과
협력하다**

관직을 주거나 조선인 여자와의 혼인을 장려했다. 내조한 야인의 자손을 대우하고 성姓을 내려주는 등의 배려도 했다. 또한 경제적으로는 거처, 식량, 밭과 토지, 생필품 등을 마련해 주었다. 성종 대에도 이러한 여진정책의 기조는 변화하지 않았다. 알타리와 올량합과 마찬가지로 올적합의 여러 족류들도 조선에 내조했다. 종래에 교통하였던 올적합 이외에 여타 족류의 내조도 상당히 이루어졌다. 그 양상을 보면 올적합 족류들은 1478년(성종 9)과 1484년(성종 15)을 제외하고 성종 재위 내내 내조했으며, 이때 조선으로 내조한 올적합 종족으로는 골간과 홀라온이 압도적이었으나, 그 외 니마거 등 강성 올적합 족류들 역시 이 시기에 내조했다. 조선은 내조를 이용하여 올량합과 알타리, 골간올적합 등이 안정적으로 생활할 수 있도록 도와주었다. 이는 큰 나라가 작은 나라를 보살펴 주는 '자소字小'와 일맥상통한다.

조선과 여진의 관계는 여진족 거주 지역에 대한 관할권을 둘러싼 명과 조선의 경쟁 구도를 기본조건으로 한다. 그런데 여진을 둘러싼 명과 조선의 경쟁 관계, 그리고 조선과 여진의 긴밀한 관계는 기존의 사대질서를 통해서 이해되기 어려운 측면이 존재한다. 조선의 국왕들, 특히 세조는 단지 여진족이 변방의 환란이 되지 않도록 회유를 통해 그들의 내침을 방지하는 기미책羈縻策에만 머물지 않았다. 그는 '일시동인'이라는 명분을 내세워 여진족 내부의 갈등과 반목에 깊숙이 개입하여 그들의 화해를 중재하였고, 이를 통해 올적합·올량합·알타리와 같은 여진족을 조선 '변방의 울타리'로 만들고자 했다. 성종의 여진정책을 이해하기 위해서는 조선의 건국 이래로 지속되어 온 이러한 북방정책을 '중화공동체 전략'의 관점에서 이해할 필요가 있다.

중화공동체 전략의 지속

'중화공동체 전략'이란 ___ 맹자는 "오직 인자仁者만이 대국을 가지고 소국을 섬길 수 있으며, 오직 지자智者만이 소국을 가지고 대국을 섬길 수 있다"고 말한 바 있다. 이에 대해 주자는 "지혜로운 자는 의리에 밝고 시세를 안다. 그러므로 강대국에게 침략과 모욕을 당한다 하더라도 내가 그를 섬기는 예를 더욱 폐할 수 없는 것이다"라고 말했다. 또한 맹자가 언급한 천天을 리理로 규정하면서, "대국이 소국을 사랑함과 소국이 대국을 섬김은 모두 리의 당연함이다"라고 말했다.

본래《맹자》의 사대事大·사소事小의 개념에서 소국이 사대하는 것은 대국을 지속적으로 섬기기 위한 것만이 아니라, 자신이 대국이 되어 천하를 통일할 때까지의 잠정적인 조치로 상정된 것이다. 따라서 이적夷狄인 소국도 화華로 변화되어 천하를 통일할 수 있는 길(가능성)이 열려 있다. 이러한 맹자의 사대·사소의 질서에서 중국과 주변국 사이의 관계는 수평적이며, 각 국가는 대용大勇을 길러서 천하를 통일하는 것이었다.

그런데 명나라가 주변국을 포섭하기 위해 사용한 '일시동인'의 논리는 맹자 시대와는 다른 의미가 있었다. 중국과 주변국 사이의 수직적·일방적 질서를 상정하고 있는 이 체제에서 만약 명나라의 주변국이 화이론을 수용한다면, 명나라 중심의 천하질서에 포섭되어 정치적으로 속국이 되고 문명적으로는 중화문명의 아류로 전락하게 된다. 그러나 주변국이《맹자》의 본의를 고수한다면, 스스로 천하질서를 담당하는 길을 가야 하고 그렇게 되면 명나라와 천하를 놓고 대결해야 한다. 박홍규(2021)에 의하면, 조선이 이러한 딜레마를 극복하기 위해서 내세운 논리가 바로 '중화공동체론'이다. 이것은 맹자의 본의와도 다르고 명나라의 화이론과도 다른 조선만의 국가전략이며, 이 전략을 체계화한 것이 바로 정도전의《조선경국전》이다.

정도전은 천자(명)와 제후(조선)를 수직적 관계가 아닌 동일한 원리[도道]에 의해 존재하는 수평적 관계로 묘사하고, 조선왕조의 유지는 천자의 책봉이 아니라 임금의 인정仁政 여부에 달려있다고 설명한다. 그는 조선 국왕의 왕권과 권위가 천자로부터 유래하는 것이 아니라 스스로 천지가 만물을 생육시키는 그 마음을 자기의 마음으로 삼는 '불인인지정不忍人之政'을 행함으로써 유지될 수 있음을 강조하고 있다. 물론 명나라 천자로부터의 책봉과 그에 따른 조공 관계를 부정하는 것은 아니다. 그러한 형식적 사대질서 속에서도 실질적으로 왕권을 유지하는 요체는 인정에 있음을 말하고 있는 것이다.

이처럼 정도전은 조선과 명나라의 관계를 '원리적 수평성'으로 설정하고 있다. 그러나 맹자와 달리 주변국(소국)인 조선이 장차 대국이 되어 명과 일전을 치르고 중원을 차지하는 것은 부정한다. 대신에 조선이 작은 주나라(소중화)가 되어 큰 주나라(대중화)인 명과 함께 '중화공동체'를 형성한다는 전략을 구상했다. 중원으로의 진출을 예정하고 대국주의 전략을 유지했던 고려가 우왕의 요동 정벌에서 보듯 중원의 왕조와 전면전을 상정했던 것과 달리, 조선은 대국주의가 초래한 고려 멸망의 전례를 인지하고 소국주의로 전환했다.

그러나 이 소국주의는 종종 오해되고 있듯이 수직적 사대질서에서 중국의 속국이자 중화문명의 아류로 전락하는 것을 의미하지는 않는다. 수평적이고 쌍무적인 관계에서 명나라와 함께 '평천하'의 한 부분을 담당하겠다는 주체적인 전략이며, 조선은 다른 이적과는 다르다는 '조선 예외주의' 전략이었다. 조선이 중국(명)과 동일한 도, 즉 유교를 국가이념으로 채택하여, 동질적인 유교문화를 실현하면서도 정치적으로는 자립을 유지하는 것이 바로 정도전이 구상한 국가전략이다. 이 전략에서 조선은 명과 마찬가지로 천명을 받은 나라이며 명과 함께 '중화공동체'를 형성하여 주변의 이적들을 다스려 나가는 것으로 상정되어 있다. 조선에 대한 여진의 '사대'와 동북면 여진에 대한 조선의 관할권은 이러한 전략의 틀에서 이해될 수 있다.

태종 대의 중화공동체 전략 ___ 중화공동체 전략은 단지 정도전의 구상으로만 그친 것이 아니었다. 태종은 정적이었던 정도전의 '사람됨', 즉 사적인 욕망을 채우기에 급급한 소인배로 규정하고 폄하했을 뿐이지, 그가 설정하고 추진한 조선의 전략과 국가정책을 비판, 변경, 폐지한 적이 없다. 오히려 태종은 정도전의 중화공동체 전략과 그에 따른 국가정책을 충실히 계승했다. 그는 영락제가 추진하는 천하질서에 수동적으로 포섭되려고 하지 않았고, 소국의 입장에서 상대적 자율성을 확보하면서 여진 문제를 해결하고자 했다. 그의 대책은 명나라에 성실히 사대정책을 취하면서 동시에 여진을 더욱 후대해 그들이 명에 조공하지 않도록 하는 것이었다. 특히 공험진 이하의 동북면이 조선의 영토라는 것을 명에게 주장하며 조선의 기득권을 설득했다. 역사적 사실에 기반한 조선의 강한 요구를 명도 인정하지 않을 수 없었다.

명나라가 천하질서를 유지하는 데 가장 힘든 상대는 북원의 잔존세력인 달단이었다. 조선이 모범적인 사대정책을 취하여 천하질서가 안정적으로 확립되었다고 판단한 영락제는 마침내 1410년(태종 10)에 이르러 달단에 대한 적극적 공략에 나서게 된다. 출정을 준비하면서 영락제와 명나라 조정은 조선군의 참전도 고려했다. 그러나 아직 군사 행동을 함께할 정도로 명나라가 조선을 신뢰하지 않았기 때문에 결국 명나라는 조선과의 '협공'보다는 '말 무역'을 택했다. 당시 군마는 국가의 안보와 직결되는 전략무기였다. 명의 참전 요청을 예상해 대비하던 태종은 선뜻 1만 필을 제공하기로 했다. 달단을 주적으로 설정하고 조선의 안보를 확보하기 위한 전략적 지출이었고 일종의 동맹전략을 구사한 것이었다.

영락제가 달단 정벌을 위해 출정한 사이에 태종은 변경에서 문제를 일으키는 여진(올적합)에 대한 정벌(기습)을 단행했다. 달단과 여진이라는 두 이적을 대중화인 명나라와 소중화인 조선이 각각 정벌해 천하질서를 유지한다는 사고와 전략하에 이루어진 공격이었다. 태종은 황제를 대신해 여진을 응징해서 후방의 안정을 도모하고 영락제의 친정이 순조롭게 진척되도록 기반을 마련했다.

1410년(태종 10) 10월 9일에 말을 제공한 태종의 충정을 칭찬하는 영락제의 칙서가 도착했다. 이 시점에 이르러 조선은 소중화의 위상을 확보했다고 볼 수 있다. 조선 건국 이후 정도전이 구상하고 태종이 계승해 추진해 온 중화공동체 전략의 가시적인 성과가 나타난 것이다. 1410년(태종 10) 조선이 여진을 정벌한 이후 북방을 침입하기도 하고 화친을 타진하기도 하며 활로를 모색하던 동맹가첩목아가 마침내 1411년(태종

11) 4월 26일에 개원으로 이동했다. 1405년(태종 5) 조선을 배신하고 명나라에 내조한 이래 두만강 변경 지역의 골칫거리이던 그가 명나라로 투항한 것이다. 이로써 1403년(태종 3) 영락제의 적극적 팽창정책의 여파로 여진에 대한 통제권을 둘러싸고 조선과 명의 갈등 상황이 일단 종결되었다.

우여곡절 건주위 정벌

중화공동체 전략을 계승하다 ___ 중화공동체 전략은 성종 대에도 이어졌다. 성종 역시 '일시동인'의 자세로 동북면에서 평천하를 이루고자 하는 세조의 뜻을 계승하였고, 이를 위해 여진의 각 부족 사이의 화해를 적극적으로 중재하는 역할을 담당하고자 했다. 아직 정희왕후의 수렴청정을 받고 있던 1473년(성종 4) 11월 29일에 알타리 중추 이가홍 등을 인견하여 술자리를 베푼 자리에서 알타리와 올적합이 화해한 것을 기뻐하며 위무하였다.

1474년(성종 5) 11월 30일에는 구주의 올적합들에게 교서를 내려 서로 화해하여 생업에 힘쓰라고 유시하였다. 이 교서에서 성종은 "구주의 여러 올적합은 골간·올량합·알타리와 더불어 대대로 원수가 되어 한쪽이 가면 다른 한쪽이 와서 거의 편안한 해가 없으니, 피차의 부인과 늙은이와 어린이들이 비참한 해독을 입는 것을 내가 참지 못하겠다"라고 말하면서, "너희는 마땅히 분함을 억제하고 욕심을 막아서 원망과 원수를 풀고 각기 약탈한 것을 돌려주며, 서로 화해하여 생업을 편안하게 하고 나의 차별 없이 사랑하는 뜻(일시동인一視同仁)에 부응하도록 하라"고 타이르고 있다.

명은 건주위를 설치한 이후, 설사 이 지역의 여진족에 대한 조선의 정벌이 단행된다 하더라도, 여진 지역에 대한 명의 영향력이 흔들림 없을 것이라 판단했다. 1467년(세조 13)에 명이 건주위 정벌을 시행하면서 조선의 지원을 요구했던 것도, 결국에는 여진 지역에 대한 주도권 문제가 걸려있었기 때문이었다. 명은 건주위 정벌에 조선의 지원을 받음으로써 해당 지역의 주도권을 갖고 있는 존재가 누구인지를 명확하게 하고 싶었던 것이다. 그런데 조선에서는 군사를 따로 움직여 이만주와 이고납합 등의 주요 추장들을 직접 제거하면서 명의 의도와는 달리 여진 지역에 대한 조선의 영향력을 유지하는 데 성공했다. 따라서 성종 대에 다시 명이 건주위 정벌에 나서면서 조선의 지원을 요구했던 일은 해당 지역에 대한 주도권을 확보하기 위한 목적을 가진 또 다른 시도였다.

건주위 협공 ___ 명이 건주위 토벌을 위해서 조선에 청병할 뜻이 있다는 것이 알려진 것은 1478년(성종 9) 8월 21일이었다. 중국에 갔던 사신보다 먼저 돌아온 통사通事 홍귀달이 명이 9월에 건주위를 섬멸하고자 하며 조선과 함께 협공할 것을 요청할 것임을 알렸다. 그러면서 "먼저 군사를 뽑는 것이 어떻겠습니까?"라고 건의하였는데, 성종은 "만약 먼저 군사를 뽑으면 오랑캐가 혹시 소요할까 염려스럽다"라고 답하였다. 23일에 성종은 일찍이 정승·평안도 관찰사·절도사를 지낸

자와 의정부·병조를 불러서 "명이 우리에게 청병하여 건주위를 치려고 한다"고 말하면서, 이에 응하기 위해 필요한 군사의 수, 양식의 운반 방식, 척후의 적당한 대책을 함께 의논하여 아뢸 것을 지시하였다. 이 자리에 참석한 주요 대신들은 청병에 응하는 것을 전제로 구체적인 방법과 침투 경로에 대해 논의했다.

한편 이극배는 1467년(세조 13) 당시 건주위 야인들이 조선의 군사가 칠 것을 예상하지 못하고 건장한 자들이 모두 요동에 나가 방어했기 때문에 조선군이 빈틈을 타서 칠 수 있었다면서, 세 가지 이유를 들어 명의 청병 요구에 응하지 않는 것이 좋겠다고 건의했다. 첫째로 건주위 여진인들이 1467년의 경험을 기억하고 있기 때문에 명나라의 거병 소식만 들어도 조선의 파병을 예상하고 대비할 것이기에 군사작전의 성과를 기대하기 어렵다는 점, 둘째로 1467년의 이만주 토벌 이후 원한을 품은 여진족이 끊임없이 침략하여 변경의 백성을 해쳤는데 또다시 참전한다면 더 큰 원한과 분쟁의 불씨를 남길 것이라는 점, 셋째로 현재 평안도에 기근이 들었고 남쪽에도 왜구가 침입해 서정西征(건주위 정벌)을 위한 군사를 동원하기가 어렵다는 점이었다.

이처럼 1478년(성종 9) 8월과 9월에 건주위 공격에 대한 조선 조정의 논의가 있었지만, 명이 실제로 청병을 요청해 오지는 않았던 것으로 보인다. 9월 이후 그에 대한 논의가 없기 때문이다. 그로부터 1년이 지난 1479년(성종 10) 10월 28에 다시 청병에 대한 논의가 제기되었다. 성절사 한치례가 요동에서 보고 들은 사건을 올렸는데, 명나라 태감 왕직이 청병의 뜻이 담긴 황제의 칙서를 가져온다는 내용이 있었다. 다음 날 성종은 명나라의 청병에 따라야 할 것인가 말아야 할 것인가를 의논하게 하였다. 정창손·한명회·김국광·윤필상·홍응·이극증은 따를 것을 주장했고, 윤사흔·이극배·한계희·권감·어유소·어세공·여자신·이길보 등은 따를 수 없다고 답하였다.

파병 찬성론의 논거는 조선이 평시에 지성으로 대국을 섬겼는데 청병 요청에 따르지 않는 것은 옳지 않다는 것이었다. 파병 반대론의 논거는 평안도에서 농사가 실패했으며 서북 지방에 눈이 내려 말을 먹이기 어렵다는 것, 그리고 정해년(1476, 세조 13)을 경험한 야인들이 조선의 협공에 대해 철저하게 대비할 것이라는 점, 그리고 세종 조에도 황제의 청병에 따르지 않은 사례가 있었다는 것이었다. 결국 성종은 "거절하기가 매우 어려우니, 청하는 데에 따르기로 정하고, 그 군사의 수를 의논하라"고 지시했다. 이날의 논의에서 군사 규모를 1만 명으로 하고 우찬성 어유소를 대장으로 파견할 것을 결정했다.

파병을 둘러싼 논쟁 ___ 같은 해 윤10월 7일에 평안도 관찰사 현석규가 요동 지휘指揮 고청이 칙서를 가지고 강을 건너왔다고 보고했다. 이날 승문원 참교 정효종은 이번 서정西征이 황제의 명령이기 때문에 따르지 않을 수 없다는 임금의 뜻에 반대해 상소를 올렸다. 그는 1449년(세종 31)에 황제가 조선의 정병을 징병하여 달달적達達賊(달단)을 협공하자고 했지만 조선 조정에서 따르지 않았던 사실을 지적했다. 세종 역시 대국을 지성으로 섬겼지만 시세를 짐작하여 임시 편의대로 대응한 것은 변방의 근심을 염려해 나라의 근본을 튼튼하게 하기 위함이었는데, 당시 중국에서도 조선을 그르다고 여기지 않았음을 강조했다. 그는 1476년(세조 13)의 서정은 특별히 그때의 사정에 맞게 한 일이므로 그 사례를 인용하여 본보기로 삼을 수는 없으며, 만약 이번에 황제의 명에 따른다면 다음에도 따라야 할 것이고, 이후로는 중국이 오랑캐를 정벌할 때마다 조선의 군사를 징발하여 응할 수는 없음을 지적했다. 정효종은 명나라의 청병 요청에 응하지 않더라도 세조에 대한 효나 황제에 대한 충에 실수가 없을 것이며, "성인의 일은 시세에 따라 적당한 방식으로 대응하는 것이므로 진실로 옛것에 구애받지 않고 지금에 구애받지도 않는 것"임을 강조했다.

정효종은 조선의 여진정책과 파병이 시세에 따라서 변할 수 있음을 언급했다. 하지만 이는 건주위 정벌을 위한 세조의 파병 결정이 중화공동체 전략하에서 이루어진 것이라는 점을 간과한 것이다. 그 결정은 여진에 대한 통제권 확보를 둘러싸고 발생한 조선의 중화공동체 전략과 명조의 천하질서 전략이 충돌하는 지점에서 발휘된 전략적 행위였다. 세조 13년의 건주위 정벌은 1410년(태종 10)에 이루어진 조선과 명나라 사이의 협조체제의 양상이 일련의 조정 과정을 통해서 세조 대에 재현된 것이었다. 여진정책이 태종 이래 일관된 국가전략 속에서 이루어져 왔다는 점을 정효종은 놓치고 있었다.

성종은 세조에 대한 효와 황제에 대한 충을 명분으로 그 전략을 이어가고자 했다. 그는 1479년(성종 10) 윤10월 9일에 삼도 도체찰사 어유소에게 "이번에 건주의 야인이 중국을 위협하고 침범하여 황제가 요동지휘 고청을 보내어 우리에게 원병을 청해서 성원聲援을 삼으려" 한다고 전교했다.

칙사에게 파병의 뜻을 알리다 ___ 11일에 모화관에서 칙사를 맞이했다. 이 자리에서 성종은 "마땅히 칙서에 의거해서 (파병을) 시행하겠습니다"라고 말했다. 그러면서도 "지금 날씨가 추워서 풀은 말라 죽고 눈은 깊이 쌓인 데다가 길이 험하여 군사를 내보내기가 어렵습니다"라고 대답했다. 성종은 명나라와 함께 건주위 정벌을 단행하는 것은 흔쾌히 따르지만, 그 구체적인 방법과 시기에 있어서는 가급적 조선군의 피해를 최소화하고자 했다. 그래서 군사를 출동시키는 시기를 늦추고자 했다. 이에 칙사는 명군의 출동 기일이 윤10월 25일이라는 점을 알리면서 "이 날짜는 앞으로 당기거나 뒤로 물릴 수 없으며, 또 용병은 신속함을 소중히 여기니 모름지기 이날에 군사를 출동시켜야 할 것입니다"라고 말하였다.

성종은 "본국은 건주와의 거리가 매우 멀고 산천이 험하니 어찌 빨리 도착할 수 있겠습니까"라고 대답했다. 하지만 칙사는 호송군이 칙서의 뜻을 먼저 알고 와서 보고했을 것인데 그 시기에 맞추어서 군사를 보내기 어렵다는 것은 이해할 수 없다고 언급했다. 그러나 성종은 "호송군은 다만 칙서가 있는 것만 보고했을 뿐인데 어떻게 칙서 내용을 알았겠습니까?"라고 답하였다. 칙서 내용을 미리 알고 병조와 각 도의 체찰사에게 파병을 준비하도록 지시했던 성종은 그 내용을 몰랐던 체하면서 지연전술을 썼던 것이다. 조선군이 "만약 밤낮을 가리지 않고서 이틀 걸을 길을 하루에 걷게 된다면 사졸들이 먼저 스스로 피곤해져 죽을 것"이라고 우려했기 때문이다.

예상치 못한 어유소의 파진 ___ 성종은 명나라 군사가 정벌한 후에 야인들이 방심한 틈을 타서 갑자기 조선 군사가 들어가 공격하는 방식을 구상했다. 21일에 그는 군사를 보전하기 위해서 경솔히 전진하지 말고 너무 오래 머무르지 말 것을 삼도 체찰사 어유소에게 당부했다. "가능하다고 판단되면 전진하고 어렵다고 생각되면 후퇴하는 것이 훌륭한 장수의 하는 일"이라고 언급하면서, "군대가 완전히 안전한 곳으로 나아가는 것이 나의 본뜻"임을 유시했다. 이는 눈 내리는 한겨울에 변방에 나아가 싸워야 하는 사졸에 대한 연민에 기인한 것이었다. 뿐만 아니라 명나라의 정벌전에 조선군이 참여한 일로 인해 향후 2, 3년 동안 서북 지방에서 위기가 발생할 것을 예상하면서 그 상황에 대비하기 위한 것이기도 했다.

반대 의견이 있었음에도 성종은 어유소로 하여금 1만 명을 동원하여 출정케 하였다. 건주위 여진을 제어하기 위한 명나라와의 협조체제를 계승하기 위해서였다. 그런데 어유소는 압록강이 제대로 얼지 않아 강을 건너기 곤란하다는 이유로 진군을 중지시키고 파진罷陣하였다. 성종이 '어렵다고 생각되면 후퇴하라'고 당부한 것을 그는 너무 맹목적으로 따랐다. 얼음의 두께가 세 치 정도여서 말을 타고 건널 수 없다는 이유로 평안도 군사만을 남겨두고 군대를 해산시켰다. 그리고 서정 종사관 신중거를 통해서 이 사실을 11월 11일에 알려온 것이다. 13일에 조정에서는 다시 군사를 징집할 것인지 아니면 강의 얼음이 얼어붙지 않아 파병할 수 없다고 명나라에 보고할 것인지에 대한 논의가 제기되었다.

사실대로 보고해도 의리에 해롭지 않다고 주장한 의견도 있었지만,

명나라를 지성으로 섬기는 대의를 생각할 때 날씨를 이유로 강을 건너지 않고 돌아올 수는 없다는 것이 대부분의 의견이었다. 1478년(성종 9)의 논의에서 파병을 반대했던 이극배 역시 강의 얼음이 얼어붙지 않았다고 명에 보고하더라도 믿지 않을 것이며, 이미 파병을 결정한 이상 남아있는 군사를 거느리고 강을 건너가서 군대의 무위를 드날리고 돌아온다면 조선군의 손해도 없을 것이라고 주장했다.

많은 대신이 강을 건너가야 한다는 의견이었다. 성종은 그 의견에 따르는 것이 옳다고 언급하면서, 만약 강을 건너게 된다면 마땅히 적군의 본거지를 공격해야 할 것이고 단지 군대의 무위를 드날리고서 돌아오는 것은 옳지 못하다고 말했다. 그런데 이날 성종은 "우리 군사가 전쟁에 이기지 못하는 화는 작은 것이고, 명나라가 견책하는 해는 큰 것이니, 의리로서는 마땅히 강을 건너가야 할 것이다. 그러나 사람과 말이 모두 죽으리라는 것을 미리 알면서도 이를 보내는 것은 내가 차마 하지 못하는 바이므로, 차라리 백성을 위하여 명의 견책을 받는 것이 어떻겠는가?"라고 언급했다. 측근의 신하들이 모두 숙연해졌다. 성종은 다시 "차라리 백성을 위해서 명의 책망을 받겠으니, 우선 강을 건너간다는 의논은 정지하고, 주문사가 가지고 갈 사목事目을 마련하여 아뢰라"고 지시했다.

재파병을 요청한 신하들 ___ 국왕의 입장에서 사대 관계나 조선의 국가전략을 고려하지 않을 수 없지만, 백성을 생각하는 임금의 입장에서는 차마 군사를 사지에 몰아넣는 일은 하고 싶지 않은 성종의 고민을 읽을 수 있다. 물론 성종이 파병 자체를 포기한 것은 아니었다. 그럼에도 그 논의를 정지시킨 것은 신중하게 전진할 것을 당부한 왕명에 따라서 파진하고 돌아온 지휘관으로 하여금 다시 강을 건너가라고 명하기가 내심으로 쉽지 않았을 것이라는 점도 고려할 필요가 있다.

성종은 주문사가 가지고 갈 주본奏本(조선 왕이 명나라 황제에게 보내는 외교문서)에 "내년에 들어가서 공격하겠다는 뜻을 상세히 서술하는 것이 어떻겠는가?"라는 의견을 제시했다. 대신들은 "만약 내년에 사고가 있어서 군사를 일으키지 못한다면 어떻게 하겠습니까?"라고 대답했다. 윤필상은 건주를 금년에 명나라가 공격하고 내년에 조선에서 공격한다면, 건주의 오랑캐가 조선에 원한을 품어서 전쟁이 계속될 것이라고 주장했다. 특히 한명회는 "명나라 조정에서 매양 전하의 정성을 칭찬하고 있는데 지금 한 가지 일로써 견책을 당한다면 어찌 옳지 않음이 없겠는가"라는 뜻을 도승지 김승경을 통해서 전해왔다. 결국 17일에 성종은 내년에 공격하겠다는 뜻을 접고 "후일에 마땅히 들어가서 공격하겠다는 뜻만 서술하라"고 말했다.

세조 정권의 창업 공신이었으며 세조 시대의 정책을 대변하는 한명회는 성종에게 세조의 전략을 계승할 것을 지속적으로 요구했다. 그는 해산한 군대를 다시 징집할 수는 없지만, 남아있는 군사 가운데 날랜 사람을 가려뽑아서 적지에 들어가도록 한다면, 비록 적의 소굴을 공격하지는 못하더라도 강을 건너가지 않고서 퇴각한 것보다는 나을 것이라고 건의했다. 성종은 그의 건의를 수용해서 다시 건주위를 공격할 것을 천명했다. 동부승지 이계동으로 하여금 평안도에 가서 절도사 김교와 함께 군사를 뽑아서 기다리도록 지시했다. 또한 1467년(세조 13)의 정벌 때 활약했던 허종이 병이 들어 좌의정 윤필상을 도원수로 삼았다.

만족스러운 파병 결과 ___ 윤필상은 조선군 2,958명을 거느리고 1479년(성종 10) 12월 9일에 강을 건너 적진으로 들어갔고, 13일에는 적의 소굴에 깊이 들어갔다. 정예 기병 900명과 유격전 부대가 길을 나누어 일시에 적진을 공격하여 17명을 사살하고 22명을 생포하였다. 윤필상은 16일에 돌아왔다. 한 사람이 빗나간 화살에 맞았고, 두 사람이 병들어 죽은 외에 나머지는 모두 무사하다고 보고했다. 성종은 비록 한두 명만 잡아도 만족하다고 여겼는데 사살하고 생포한 자가 많은 편이라 기뻐했고, 무엇보다 한 사람도 전사하지 않은 것에 대해서 "이루 말할 수 없이 기쁘다"고 말하였다.

1479년(성종 10)의 건주위 정벌전에서 조선군의 전과가 이전의 정벌전보다 적었던 이유는 조선군이 압록강의 결빙 문제로 명군과의 약속을 이행하지 못하고 명군의 공격 이후를 수습한 데 불과했기 때문이라고 설명된다. 그러나 명나라의 청병에 따른 것이었고 지휘관이 교체되었음에도, 더구나 1467년(세조 13)의 건주위 정벌에 대한 경험으로 조선의 공격에 대비한 야인들의 매복과 기습 등의 위험에도 불구하고 군대가 모두 무사하게 돌아왔다는 점에서 그 성과는 적지 않았다. 성종은 12월 20일에 윤필상에게 친필로 서찰을 보내면서 "날마다 우리 백성들이 죄없이 사지에 나아간 것을 염려하고 있었는데, 전쟁에 이겼다는 말을 듣고, 또 전쟁에서 한 명의 군사도 잃지 않게 되었으니, 저절로 웃음이 나와 입술이 이빨을 가리지 못함을 깨닫지 못하였다"고 유시했다.

1479년(성종 10)의 건주위 정벌로 조선과 건주위는 다시금 충돌 직전의 상황이 되었고 성종 12년까지 원만한 관계를 유지하지 못했다. 조선이 건주삼위(본위와 내·우위)의 내조를 받아들이면서 안정을 찾았던 것은 성종 중반 이후였다. 성종 대 후반에 들어서 조선은 건주삼위 추장이 야인의 조선 침구를 막지 못하고, 또 노략질한 인축人畜을 돌려주지 않는다는 이유로 그들의 귀순을 용인하지 않았다. 이로 인해 조선과 건주삼위는 다시 긴장 관계에 놓이게 되었다.

성종은 비록 "건주위 사람은 본디 예의가 없으며 우리 서북 방면의 백성이 이 때문에 생업을 잃는다"는 말이 있지만, 그들의 귀순을 허용하고 올 길을 터주는 것이 먼 지방을 편안하게 하는 도리라고 주장했다. 위엄과 은혜를 보이면서 명나라와 함께 야인들을 다스리며 평화를 추구하는 세조의 정책을 계승하고 있음을 알 수 있다.

만약 조선이 중화공동체 전략을 가지고 있지 않았다면, 명의 청병 요청에 그렇게 신속하게 파병을 결정한다거나 강이 얼지 않아서 군대가 파진한 상황에서 다시 강을 건너 적의 본거지에 진격하는 작전을 감행하지는 않았을 것이다. 그러나 한명회를 비롯한 세조 대의 훈신과 성종은 명과의 단순한 사대 관계를 넘어서는 공동체적 관계를 생각하고 있었다. 그것이 지휘관을 교체하면서까지 건주위로 들어가서 야인들에게 위엄을 보이는 정책으로 나타난 것이었다.

일본에 통신사를 파견하다

내전으로 치닫는 일본 정세 ___ 1467년(세조 13)은 조선과 일본 양국 모두의 역사에서 중요한 한 해였다. 이해에 조선에서는 '이시애의 난'이 일어나 북방 지역에서 수많은 관민이 살해되는 참화를 겪게 되지만, 수개월 후 난을 진압함으로써 조선은 바야흐로 태평 시대를 맞이하게 된다. 반면 일본에서는 이해에 '오닌應仁의 난'이 일어나면서 내전 시대로 들어가게 된다. 이처럼 동일한 시점에서 내란을 겪은 조선과 일본이지만, 이후 전개되는 정세는 정반대 방향으로 내달렸다.

이러한 상반된 국내 정세가 양국 관계에 미친 것은 복잡성과 불확실성의 증대였다. 이제까지 무로마치 막부의 쇼군을 일본 국왕으로 하는 공식적인 교류 루트가 와해되고, 야마나 가문과 호소카와 가문을 비롯한 여러 정치세력이 내전 과정에서 조선으로부터 직접 혹은 간접적인 지원을 얻기 위해 교류를 시도했다. 이로 인해 기존의 '조선 국왕–대마도주–일본 국왕'으로 이어지는 공식적인 교류 채널은 교란되고 양국 관계는 혼란 상태에 빠지게 된다. 이 상황에서 조선 정부의 기본 입장은 일본 국왕과의 선린우호 관계를 유지하면서 일본 내 각 정치세력과는 일정한 거리를 두고 신중하게 대응하는 것이었다.

'오닌의 난'이란 ___ 조선은 일본 국왕과의 교류 채널을 복원하고자 노력하면서 일본의 전쟁 상황과 정세를 파악하고자 했다. 한편 일본 국왕은 이 시기에 조선을 통해서 중국과 통교함으로써 난국을 타개하고 새로운 활로를 모색하고자 했다. 그 내용을 검토하기에 앞서, '오닌의 난'에 대한 간략한 설명이 필요하다.

오닌의 난은 하극상의 전국戰國 시대를 여는 서막이었다. 무로마치 시대 오닌 원년(1467)에 가장 강력한 쇼군이었던 요시미츠가 죽은 후, 후계자를 둘러싸고 쇼군을 보좌하는 관령管領이며 당대 최대의 슈고 다이묘守護大名인 시바·하타케야마라는 두 집안의 다툼 문제였다.

1467년 양측의 충돌을 계기로 본격적인 전투가 벌어졌다. 주요 전쟁 터인 경도京都는 불태워져 황폐화되었으며, 전란은 점차 지방으로 파급되었다. 1473년 양군의 수뇌인 호소카와 가츠모토와 야마나 소젠이 잇달아 사망하자 전란은 마침내 진정되기 시작하고, 1477년 전쟁은 흐지부지 종결되고 말았다. 오닌의 난이 조선에 최초로 보고된 것은 난이 일어난 지 2년이 지난 1469년(성종 즉위년) 12월 10일이었다.

일본 국왕의 서계 ___ 일본의 정세에 관한 보다 공식적인 소식은 일본 국왕의 회수납정소(일본 왕의 서정庶政을 출납하는 사람으로 영지와 재정에 관한 소송을 맡아보는 관직)를 담당해 왔던 이세수 정친伊勢守 政親이 입도入道 등을 보내면서 전한 서계書契를 통해서 알려졌다. 1470년(성종 1) 8월 24일에 정친은 "일본의 관령 호소카와와 야마나는 사사로운 야심으로 전쟁을 일으켰습니다. 그러므로 호소카와도 따르는 제후가 있고, 야마나도 따르는 제후가 있어서 일본의 서울은 크게 어지럽습니다"라고 전하면서 "귀국의 남은 힘을 입고자 하는데, 바라는 물건은 면주 3천 필, 면포 5천 필, 백저포 1천 필, 쌀 5천 석이니, 자비로 살피소서"라고 하였다.

8월 25일에 일본 국왕인 쇼군 미나모토 요시마사가 보낸 사신 심원동당心苑東堂 등이 예물을 가지고 조선 조정을 방문하였다. 그가 가져온 글에는 일본에서 여러 해 동안 간사한 도적이 난리를 일으켜서 수도의 사원과 관청의 창고가 모두 초토화되었으며 이로 인해 조선의 금인을 잃어버렸음을 언급하면서 "엎드려 바라건대 승려 수린壽藺에게 다시 금인을 내려주시어 영구히 인호隣好를 닦게 하시면 이보다 더 큰 다행이 없겠습니다"라고 써 있었다.

당시 조선 정부에서는 사신들이 가져온 서계에 도서圖書가 날인되어 있지 않은 것에 대해서 의심을 품고 있었다. 9월 27일에 예조판서 김겸광이 정친에게 보내는 회답에서는, 일본 국왕의 인장이 전란으로 타버렸으니 다시 보내주기를 요구하였는데, 옛 문서를 모두 상고하여 보아도 일찍이 인장을 보낸 적이 없음을 지적하고 있다.

그러나 이후에도 양국간의 공식문서에 사용되는 인장과 관련한 문제는 계속되었다. 이에 대해 성종은 12월 15일에 다음과 같이 답서를 보냈다.

지난번에 호소카와·이세 양 씨의 사신이라고 일컬은 자들은 모두 다 왕명을 가탁하고 와서 병비兵備를 요구하므로, 다만 환란을 구하고 재앙을 나누는 것이 의리상 당연하게 생각되어, 그 사이에 의심할 겨를이 없었던 것입니다. 지금 내유來諭를 받고서야 그것이 왕명을 속인 것임을 알았습니다. 내사來使가 또 말하기를, '우리 국왕의 사신이라는 자만이 아니고 여러 대신이 보낸 바라고 일컫고 오는 자도 또한 이와 같은 것이 많다'고 하고, 이어서 전하의 뜻으로 부신符信을 가지고 징험을 삼기를 청하였습니다. 과인도 생각하기를 넓은 바다로 멀리 떨어져서 설사 조그마한 거짓이 있다고 하더라도 쉽게 구명해 살피지 못할 것이므로, 오직 부신이라야만 가히 징험할 수 있을 것입니다.

부신이란 본래 나뭇조각이나 두꺼운 종잇조각에 글자를 쓰고 증인證印을 찍은 뒤에 이것을 다시 두 조각으로 쪼개어, 한 조각은 상대자에게 주고 다른 한 조각은 자기가 보관하였다가 뒷날에 서로 맞추어서 증거를 삼게 만든 물건을 말한다. 성종은 상아로 부신 열 개를 만들어 각각의 오른쪽 반쪽을 일본에 보냈다. 왕명을 사칭하며 조선과 일본 사이의 교류를 교란시키는 세력을 막고 일본 국왕과 공식적 교류를 지속하고자 하는 성종의 의지를 읽을 수 있다.

성종은 1474년(성종 5) 11월 25일에 일본국 사신 정구正球 등이 왔을 때 인정전에서 연회를 베풀면서 일본통신사 파견의 뜻을 처음으로 보였다. 그는 "너희 나라에 병란이 이미 그쳤다고 들었다. 선왕조(세조 대)에서 보낸 사람이 중도에 배가 패몰하여 도달하지 못하고 오래 통신하지 못하였으나, 너희 나라의 병화가 완전히 그치기를 기다려서 보내겠다"고 말하고, 물건을 차등 있게 하사하였다.

통신사 파견을 검토하다 ___ 1475년(성종 6)에 성종은 통신사 파견을 위해 신하들로부터 의견을 수렴하였다. 4월 2일에는 조정에서 일본을 가장 잘 알고 있는 신숙주에게 통신사를 보낼 수 있는지를 문의하였다. 이에 신숙주는 일본의 내란이 아직 끝나지 않아 보낼 수 없으며, 일본 내 사정을 잘 아는 고위급 사신이 오기를 기다린 후 보내는 것이 좋겠다고 답하였다. 그는 1443년(세종 25)에 서장관으로 일본에 다녀온 후 1471년(성종 2)에 왕명에 따라 보고 들은 것을 《해동제국기》라는 책으로 찬진했으며 '일본국의 일을 두루 아는 자는 유독 신숙주 한 사람뿐'이라는 평가를 받았다. 신숙주는 이해 6월에 사망했다.

신숙주 사후 다시 통신사 파견에 대한 논의가 있었다. 같은 해 6월 4일에 영사 홍윤성은 세조 대에 번번이 사신을 보내 통신하고자 했던 일을 상기시키면서, 1459년(세조 5)에 통신사 일행을 태운 배가 풍랑을 만나 패몰한 사건은 자연재해가 아닌 인재였음을 지적한다. 그 이전에 세종 대에 보낸 통신사들은 모두 무사히 왕래했음을 지적하면서 바닷길이 험하고 멀다고 해서 그만두는 것은 마땅하지 못하다고 대답했다.

성종은 다시 "병란의 시기에 사신을 보내는 것은 어렵지 않겠는가?"라고 질문했는데, 정창손은 왜의 사신은 왕래하는 데에 막힌 바가 없었음을 거론하며, 다만 왜인이 조선의 사신을 싫어하지 않을까 우려했다. 이에 성종은 "지난 겨울에 일본국의 사신 정구수좌正球首座가 사신을 보내주도록 청하였고, '만약 사신을 보내면 내가 마땅히 함께 돌아갈 것입니다'라고 하였으니, 이를 보면 저들이 어찌 이를 싫어하겠느냐?"라고 말했다. 그의 뜻이 파견하는 쪽으로 기울었다. 결국 7월 16일에 성종은 다음 달에 통신사 파견을 결정하고 사신으로 배맹후·이명숭·채수 등을 낙점했다.

조선에 중재를 요청하다 ___ 1475년(성종 6) 8월 11일에 일본 국왕은 승려 성춘性春을 통해 서신을 보내왔다.

표문을 받들고 방물을 갖추어 명나라에 조공하기를 알리고 또 새로 감합勘合하는 부신을 요구하였습니다. 그러나 폐읍이 때마침 군려軍旅(전쟁)의 일 때문에, 회보하는 서신과 요구하는 감합까지도 한결같이 이 지경에 이르지 못하게 되었으니, 하물며 그 나머지 일이겠습니까? 다만 사자使者가 본국에 돌아온 것만 들었을 뿐입니다. 지금 또 일로써 명나라에 통신하면서 경태 연간의 감합이 있는 것에 힘입어 이것으로써 증거로 삼으려고 하는데, 혹시 일을 알리는 사람이 우리를 혐의의 처지에 두지는 않겠습니까? 가만히 받들건대 상국(조선)이 명나라에 봉역封域이 연접連接하여 빙문聘問이 잦다 하니, 청컨대 우리를 소개하여 이 일로써 알리게 한다면, 상국의 은혜가 어느 것이 이보다 더하겠습니까?

서신에 언급되어 있는 '감합'이란 외교·무역 관계로 입국한 왜인들이 가지고 온 도서, 즉 입국허가서를 원부와 대조하며 확인하는 일을 말한다. 여기서는 일본 사신이 명나라에 입국할 때 부신을 확인하는 것을 의미한다. 일본 국왕은 명나라에 조공하고자 했으나 병란으로 인해 부신을 잃어버리고 감합하지 못하였음을 언급하면서, 명나라와 연접하여 자주 왕래하는 조선이 일본의 국내 사정과 조공을 원하는 일본 국왕의 뜻을 명나라 황제에게 알려줄 것을 요청하였다.

그러나 이 글에 대해서 12일 동지사 이승소는 사신으로 온 성춘이 사신의 예물이 없고 서계에 도서가 없으며 학문을 이해하지 못하니 의심스럽다고 지적했다. 14일에 예조 겸 판서 윤자운은 조선이 일본 국왕의 말에 따라서 명나라에 요청한다면 조선과 일본이 서로 좋게 지낸다고 여길 것이며, 만약 조선의 소개에도 불구하고 명나라가 조공을 허가하지 않는다는 뜻을 조선으로 하여금 일본국에 전하도록 한다면 작은 일이 아니라는 이유를 들어서 일본의 요청을 들어주지 않는 것이 좋겠다고 건의했다.

이후 일본 국왕이 조선 국왕에게 공식적으로 보내는 서한은 보이지 않는다. 그 이유가 명나라와의 통교 주선을 거절한 조선 측에 대한 실망 때문인지 아니면 일본의 국내 사정 때문인지는 불분명하다.

일본 사정을 탐문하다 ___ 일본에서의 전란으로 인해 오랫동안 통신하지 못하였다. 1476년(성종 7) 1월 25일에 대마도주 종정국宗貞國이 특별히 보낸 사신 조국차助國次를 인견한 자리에서 성종은 일본 국왕이 여러 번 사신을 보내 답례를 하려고 했지만 병화兵禍가 있어 하지 못했다는 점을 밝히면서, 대마도에서 여러 번 사신을 보냈으므로 자신도 사람을 보내려 한다고 말한다. 그리고 2월 12일에 선위사로 파견하는 김자정에게 삼포에 거주하는 왜인을 쇄환하는 일뿐 아니라, 일본 국의 병화를 자세히 알아오라고 지시한다.

성종은 이후에도 계속해서 일본과 통신하고자 대신들의 논의를 통해서 그 시기를 저울질하였다. 1477년(성종 8) 5월 8일 예조에서는 대마도주의 글에 따라 난이 그친 후에 보낼 것을 건의하였다. 이에 따라 성종은 5월 24일에 대신들과 통신사를 정지하는 일을 논의하였다. 이때 정창손 등은 일본에서 조선에 사신을 보낸 것이 잦았으므로 통신사를 보내는 것이 교린하는 뜻에 합당하지만, 일본이 중국에 대항하고 반역을 일삼았기에 옛날부터 중국에서 조선이 일본과 교통하는 것을 책망하였다는 점을 들어서 일본에 사신을 보내어 교류하는 것은 불가하다고 건의했다.

반면 조석문은 일본이 사신을 보내어 방문한 것이 잦았으니 통신사를 보내는 것이 매우 예에 합당하고 폐지할 수 없음을 지적했다. 그는 특히 대마도는 옛날부터 조선이 일본 본국과 직접 통신하는 것을 원하지 않았기 때문에 병란 때문에 교통하기 어렵다는 말은 다 믿을 수 없다는 점을 지적하면서, 비록 병란이 있더라도 오래지 않아 마땅히 풀릴 것이고 비록 풀리지 않더라도 이웃 나라의 사신이 가지 못할 이유는 없다고 건의했다.

성종은 조석문의 의견에 공감하면서, 다만 대마도주의 의견을 고려하여 통신사의 파견은 연기했다. 같은 해 10월 12일의 《실록》 기사에서 성종은 조선에서 일본에 사신을 보내지 않은 지가 오래되었고 그들의 진정과 허위를 살펴보기 위해서라도 보내야 한다는 입장을 밝혔다. 비록 일본에서 난이 있다고 하지만, 옛날 중국의 전국 시대에도 사신을 죽인 자가 있었다는 말을 듣지 못하였고, "왜가 무지하다고 하더라도 어찌 우리의 사신을 해치겠는가?"라는 인식을 가지고 있었다.

통신사가 되돌아오다 ___ 성종은 일본에서의 난이 그칠 때를 기다리며 통신사 파견을 준비했고, 난이 끝난 사실이 조선에 알려진 후 파견을 실행에 옮겼다. 1479년(성종 10) 1월 19일에는 통신사 군관을 선발하기 위하여 문관에게 활쏘기를 시키고 구경하면서 "오늘의 선발에는 한갓 무재만을 뽑는 것이 아니라 모름지기 사장詞章을 잘하는 자를 가려서 아뢰라"고 지시했다. 2월 26일에는 경연에서 지사 강희맹이 통신사가 갈 때 화약을 잘 만드는 약장藥匠은 보내지 말기를 청하자 그에 따랐다. 화약을 합성하는 기술은 당시로서는 최첨단 군사기술이었기 때문에 일본에 유출되어서는 안 된다는 의견을 수용하여 화약장인 대신에 총통군을 함께 보내기로 한 것이다.

같은 해 3월 25일에는 예조에서 일본국에 가는 통신사의 사목을 올렸다. 여기에는 일본 국왕이 누차 사신을 보냈으므로, 조선에서도 마땅히 사신을 보내는 것이 예로는 합당하겠으나, 다만 근래에 경도(교토)에 병란이 일어났기 때문에 시행하지 못하였을 뿐이라고 언급하면서, "이제 족하(대마도주)의 사신이 병란은 이미 안정되어 도로에 막힘이 없다고 알려주었으므로, 통신사를 보내어 예전의 우호를 편다"고 밝히고 있다. 아울러 5년 전 일본 국왕의 사신 정구正球를 통해 보낸 부신이 제대로 전해졌는지를 묻고, 경도에서 병란이 발생한 이유와 서로 싸운 지 오래되었는지 여부와 사리의 옳고 그름 및 승패 관계를 상세히 아뢰도록 지시하고 있다. 또한 일본 국왕의 나이와 자식의 많고 적음, 궁궐의 복식, 계승할 자의 나이와 이름 및 호칭, 그리고 계승은 반드시 적장자가 하는지 여부를 상세히 묻도록 지시하고 있다.

그러나 4월 7일에 조선의 통신사가 일본을 향해 가던 중에 오우치 도노와 쇼니 도노가 군대를 내어 다시 난리가 일어났다는 보고가 올라온다. 통신사 일행은 일본 내에서 일어난 변란의 사정을 알지 못하고 이미 출발한 상태였다. 17일에 다시 대신들과 의논하여 통신사를 일단 계획대로 보내기로 한다. 이후에 이어지는 일본 내의 상황과 관련한 보고와 이에 대한 오랜 논의 끝에 결국 7월 15일 통신사에게 돌아오도록 명령한다. 이로 인해 당시 조선과 일본 사이를 오갔던 거짓된 서계들과 일본 국왕의 사신이나 관령의 사인使人이라고 칭하며 왕래했던 사신들의 진위를 온전히 밝히지 못하게 된다.

1483년(성종 14) 9월 25일 성종은 "통신사를 보내는 것은 비록 급한 일은 아니나, 이웃 나라와 교린하는 도는 서로 왕래하여 교빙하지 않을 수 없는 것"이라고 말하면서 통신사를 파견하고자 하는 의지를 재차 밝힌다. 하지만 신하들은 일본 내의 병란이 평정되어 길이 막힘이 없는지도 정확하게 알지 못하고, 더구나 정희왕후의 장례로 인하여 나라에 씀씀이가 많은 상황에서 통신사를 보내는 것은 급한 일이 아니며, 반드시 보내고자 한다면 대마도주에게 병란의 상황을 물어서 회보를 기다린 후에 보내는 것이 좋다고 주장하며 반대했다. 26일에 결국 파견 시도는 최종적으로 무산되었다.

마지막 불꽃 ＿＿ 성종은 세조가 실현한 평화를 물려받았고 세조 대에 이루어진 평화질서를 유지해 가고자 했다. 신하들의 반대에도 불구하고, 집권 후반인 1491년(성종 22)에 북정北征을 단행한 것은 세조의 뜻을 잇고자 했기 때문이다. 일본에 대한 통신사 파견 역시 그 맥락에서 이해해야 할 것이다. 세조 대에 통신사 파견이 세 차례나 실패했음에도, 더구나 일본이 오닌의 난 이후에 사실상 내란 상태에 빠져 있음에도 불구하고 파견을 감행했다. 뿐만 아니라 정희왕후가 승하한 지 몇 달 지나지 않은 국상 중임에도 불구하고 성종이 통신사 파견 의지를 표명했던 것은 단순히 '교린 관계의 유지'만으로 설명하기 어렵다. 성종은 세조가 이루지 못한 통신사 파견을 통해서 세조의 '평천하 의지'를 이어가고자 했던 것이다. 그것은 그의 통치이념인 '효치孝治'에 부합하는 것이기도 했다. 성종은 국내정치에서는 세조 대의 폐습을 개혁하고자 노력했지만, 국제정치에서는 세조 대의 업적을 충실히 계승하고자 했음을 알 수 있다.

성종 시대의 여진정책과 대일외교는 조선이 동아시아 국제 관계에서 주도적으로 평화를 실현해 갔던 '마지막 순간'이었다.

이른바 훈구파와 사림파   기존 연구에 따르면, 성종 대는 창업 초기의 정변과 같은 권력투쟁의 문제가 마무리되고 국정 운영의 틀이 제도화의 완성으로 안정되어 가고, 조선을 건국했던 혁명파 사대부들이 정변과 정란을 거치면서 분화되는 시기였다. 태종과 세조 시대의 공신들이 훈구대신으로 확고한 정치적 입지를 확장하고 있었고, 그 가운데 창업 과정에서 배제되었던 온건파 사대부들이 새롭게 정치무대에 등장하였다. 이런 점에서 잠재적으로 갈등 요인이 내재하고 있었다. 이처럼 선행 연구에서는 이 시기를 여말의 권력투쟁에서 패배한 온건파 신진 사대부들이 사림파 혹은 절의파로 불리며 재등장해 훈구파와 대립하며 새로운 정치를 모색해 가던 시대로 설명한다.

성종 대부터 중앙 정계에 진출하기 시작한 소위 '사림파'가 당시 훈구파에 대항해서 얼마만큼 정치적 결속력을 가지고 영향력을 행사하고 있었는가는 견해의 차이가 있다. 그러나 선행 연구는 공통적으로 사림파의 등장이라는 외재적인 변화 혹은 세대교체를 통해 비로소 성종 대

6___
유신을
단행하다

에 새로운 정치가 시작되었다고 본다. 성종 대를 다룬 비교적 최근 연구들에서도 훈구와 사림의 대립 구도하에서 성종의 사림파 등용을 통한 새로운 정치의 모색이라는 관점을 공유하고 있다.

성종이 김종직을 임명하여 사림세력을 등용하고 훈구세력을 견제함으로써 사림정치의 기반을 조성하였다고 보는 시각이 대표적이다. 이러한 견해에 입각할 때 성종의 역할은 기득권층인 훈구파와 신흥세력인 사림파 사이에서 발생하는 갈등을 어떻게 조정하며 균형을 이루고 왕권을 유지 혹은 강화해 갔는가의 차원에서 다루어진다. 성종이 '이이제이책'을 사용하여 사림파로 하여금 훈신들의 지나친 통치권 행사나 파당화를 규탄하는 데 치중하게 했다는 것이다.

하지만 김종직 일파가 향촌사회를 배경으로 유향소 복립운동을 전개하는 한편 삼사三司의 언관 활동을 전개함으로써 정치세력화하는 기반을 구축하였다는 것이 얼마나 역사적 사실에 부합한지는 의문이다. 적어도 성종 대에 김종직과 그의 제자들이 정치세력화되었다고 보기는 어렵기 때문이다. 필자는 연산군 대 사화를 거친 후 중종 대 사림들이 성종 대를 '훈구와 사림'의 이분법으로 바라보던 시각이 기존 연구에 투사된 것이라고 생각한다.

임사홍 사건 이후 ___ 성종이 세조 대를 넘어서기 위해 새로운 정치를 모색했고 이에 따라 새로운 인물들을 등용한 것은 사실이다. 그러나 새로운 세력의 등용이 반드시 새로운 정치를 보장하는 것은 아니다. 그들이 새로운 정치를 펼칠 수 있기 위해서는 그들 자신의 이념과 노력 못지않게, 그들을 둘러싼 정치 환경과 여건이 중요하다. 따라서 성종이 어떻게 그 환경과 여건을 마련해 갔는가에 주목할 필요가 있다.

그 점을 해명하기 위해 성종이 어떤 방식으로 교화를 추구해 가고 있었는지, 그것이 유교가 표방하는 이상적인 교화 방식인 감화와 어떻게 다른 것인지를 살펴본다. 이를 통해서 성종이 모범을 보임으로써 자연스럽게 교화되도록 유도하는 감화보다는 군자와 소인을 분별하는 '옥석 가리기'를 통해 소인을 출척시키는 방식으로 교화를 추구했다는 점을 조명해 보고자 한다.

군자와 소인의 분별에 관한 논쟁은 성종 대의 '임사홍 사건'을 계기로 정치의 전면에 등장하였다. 물론 성종 대 이전에도 군자와 소인에 관한 논의는 많이 있었다. 그러나 이 논의가 권력투쟁과 연관되면서 정치적 현안으로 본격적으로 제기된 것은 이 사건에서 비롯된다. 1477년(성종 8) 9월에 있었던 현석규 탄핵 사건을 시작으로 1478년(성종 9) 5월에 임사홍·유자광 등이 유배됨으로써 마무리되었던 이 사건은 붕당이 죄악시되었던 조선 초기에 "《대명률》을 사용한다"는 《경국대전》의 〈형전〉에 따라 《대명률》 '간당조'의 규정에 의해서 처리되었다.

《대명률》에서는 "조정의 관원으로서 붕당을 교결交結(결성)하여 조정의 정치를 어지럽히는 자는 모두 참하여 그 처자는 종으로 삼고 재산은 관에 몰수한다"고 규정되어 있다. 《대명률》의 조문은 중국의 전통적인 부정적 붕당관에 기초하여 명문화된 것으로 붕당 행위를 죄목으로까지 규정해 놓은 것이며, 조선 초기의 붕당관 역시 이와 마찬가지로 극히 부정적인 성격을 지니고 있었음을 보여준다.

이처럼 성종 대(15세기)의 붕당론은 붕당을 소인이 이해관계에 따라 취합하는 사당私黨과 같은 의미로 사용하고 있다는 점에서 중종 대 이후 사림의 붕당론과는 현저한 차이가 있다. 연산군 대에 일어난 사화는 붕당을 소인이 이해관계에 따라 취합하는 사당으로 바라보는 부정적 붕당 관계에 근거한 것이었다. 그리고 이러한 인식에서 벗어나 약간이나마 긍정적인 의미를 부여하려 시도한 사례는 중종 대 신진 사류세력의 도학정치론의 일환으로 제기된 군자와 소인의 분별에 관한 논의 과정에서 찾을 수 있다.

　임사홍이 처벌된 죄목은 그가 붕당을 결성했다는 것이었다. 하지만 보다 근본적인 이유는 그가 천견을 부정했을 뿐만 아니라 몰래 간관을 사주하여 현석규를 탄핵하고자 했던 소인이었기 때문이다. 이 사건에서는 붕당과 소인의 문제가 서로 결합되어 나타났기 때문에 소인의 문제는 곧 붕당의 문제로 이해되고 있지만, 붕당에 의한 정치가 이루어지기 이전이라는 점에서 사법적 심사의 초점은 임사홍이 소인인가 아닌가에 좀 더 비중이 있었다. 그리고 붕당정치가 이루어지는 16세기 이후라 할지라도, 즉 군자의 결합인 붕朋의 존재가 긍정된다고 하더라도, 사욕을 추구하면서 정치를 해치는 소인들을 어떻게 배제해야 하는가, 그리고 그들을 어떻게 교화해 나갈 것인가 하는 문제는 여전히 중요한 과제가 되었다.

군자와 소인을 어떻게 분별할 것인가 ＿＿ 1479년(성종 10) 5월 18일의 경연에서 성종은 "군자와 소인을 어떻게 구별하는가?"라고 질문한다. 이때 이세광은 '일하는 것'과 '말하는 것'을 병합해 보면 알 수 있다고 대답한다. 조위는 "그 하는 바를 보고 그 마음씀을 관찰하며 그 좋아하는 바를 살피면 사람이 어찌 숨기겠는가?"라는 공자의 말을 인용하면서 그 말을 듣고 행실을 관찰해야 군자와 소인을 구별할 수 있을 것이라고 간하였다. 이에 대해서 성종은 동의를 표명한다.

이듬해인 1480년(성종 11) 2월 11일에도 경연에서 주나라 말기의 치란과 흥망성패의 자취에 대해 강론했다. 강론이 '당고黨錮의 화'에 이르자 김흔이 군자와 소인은 각각 그 무리로써 당을 삼는다고 말하였다. 당고의 화는 후한 말에 환관이 정권을 전담하는 것에 분개한 지사들이 이를 공박했다가 환관의 미움을 받아 종신금고의 형을 받았던 일에서 나온 말이다. 이에 성종은 "분별하는 것이 밝지 못하면 군자가 그 화를 입는다"고 말하였다. 이때 이창신은 "만일 공평무사하여 사정私情에 가려지지 않는다면 가히 분별할 수가 있을 것"이라고 말한다.

성종은 당시 새로이 관직에 들어온 자가 모두 직언을 하지만, 지위가 높아지고 편하게 되면 처음과 같지 못하고 곧음을 내세워 승진을 탐내는 자들이 많아서 취할 바가 못 된다고 비판한다. 이 자리에 참석했던 성현은 선을 좋아하면서도 능히 쓰지 못하고 악을 미워하면서도 능히 물리치지 못하여 나라가 망하는 지경에까지 이르렀던 춘추 시대의 곽공, 우문사급의 아첨을 알고서도 능히 물리치지 못했던 당 태종, 이임보의 간사함을 알고서도 능히 물리치지 못했던 당 현종 등의 사례를 거론하면서, 간사하고 아첨하는 소인을 물리치지 못하여 후회가 있었다는 점을 경계로 삼을 것을 간언하였다.

이처럼 임사홍 사건 이후 지속된 군신간의 논의에서는 정치에 있어서 군자와 소인을 분별하는 일과 소인을 물리치고 군자가 나아오게 하는 것에 관한 논의가 집중적으로 이어지고 있었다. 이러한 논의는 그동안 신하들과 암묵적으로 합의해 왔던 감화를 통한 교화의 정치를 탈피하고, 공의를 실현하여 교화를 보다 철저하게 시행하기 위한 제도적인 방안을 새롭게 마련하는 논의로 연결된다.

참된 인재를 구하려 고심하다

유신의 교화를 선언하다　　　1480년(성종 11) 6월부터 10월까지 조정과 세간을 뜨겁게 했던 어우동 사건 이후, 같은 해 11월 8일에 왕비(정현왕후)를 책봉하였다. 이날 정승들의 동의를 얻어 사면령을 내리는데 이때 임사홍 사건으로 유배를 갔던 이들도 풀려나게 된다. 대간에서는 11월 10일부터 21일까지 임사홍 등은 죄를 범한 바가 매우 무거우므로 용서할 수 없다고 하면서 지속적으로 반대했다. 성종은 강상에 관계되는 것이 아니면 모두 용서하였는데 임사홍 일파만 용서하지 않는 것은 신의를 저버리는 것이라고 하여 받아들이지 않았다.

이듬해인 1481년(성종 12) 정월, 성종은 예조에 삼퇴례와 삼소례를 행할 것을 상의해서 고하라고 전지하였다. 삼퇴례는 임금이 적전籍田에 나아가 쟁기를 잡고 세 차례 쟁기질을 하는 의식을 말하며, 삼소례는 왕비가 누에고치의 실을 뽑을 때 세 차례 손으로 잡고 실을 뽑는 의식을 말한다. 친경親耕과 친잠親蠶의 뜻을 조상과 백성들에게 보이고 있는 이 전지에서 성종은 '유신의 교화'를 선언한다.

　내가 부덕한 자질로 조종의 기업基業(대대로 물려 내려오는 재산과 사업)

을 이어 신민의 위에 군림하여, 농사짓고 누에 치는 것이 제대로 수행되지 않을까 염려하였다. 그래서 이미 지난해에 고전을 널리 상고하게 하여 친경과 친잠하는 예를 행하도록 하였다. 이제 윤씨를 왕비로 삼았으니, 마땅히 이를 책봉한 뒤에 반드시 성한 예에 맞추어 유신維新의 교화를 펴게 할 것이다.

성종이 이 시점에서 유신의 교화를 선언한 직접적인 이유는 전지에 나와 있는 바와 같이 폐비 사건 이후 한동안 왕비의 자리가 비어 있었는데, 새로이 왕비를 맞이하고 친경과 친잠을 행하는 것을 계기로 국정을 일신하고자 했던 것이다. 그런데 성종 이전의 임금들이 '유신'을 선언할 때 그 이전과 이후가 구별되는 정치적 변화를 보여주었다는 점에서 볼 때, 성종의 유신 역시 단지 새로운 왕비 책봉에 따른 의례적인 선언 이상의 의미를 지녔다고 할 수 있다. 그렇다면 성종이 유신의 교화를 통해 추구하고자 했던 변화는 무엇인가?

유배 갔던 인사들을 용서하다 ___ 우선 주목할 것은 앞서 왕비 책봉과 더불어 사면령을 내린 것에서 알 수 있듯이 성종은 이 유신 선언을 전후로 임사홍 사건으로 유배되었던 인물들에 대한 포용을 시도하고 있다. 이 점은 1481년(성종 12) 5월 21일에 임사홍 무리를 용서하면서 "유자광은 사직에 공이 있으니 공신녹권을 특별히 돌려주라"고 이조에 전지한 대목에서도 보인다. 유자광은 비록 임사홍 사건에 연루되어 함께 유배를 갔지만, 그 자신이 공신이란 점에서 다른 이들과는 다른 대우가 필요한 신분이었다. 성종은 이미 그 사건이 마무리된 이듬해인 1479년(성종 10) 4월 21일에 유자광에게 공신녹권을 환급해 줄 뜻을 드러낸 바가 있다. 그러나 겨우 1년이 넘어서 갑자기 공신녹권을 돌려주는 것에 대한 대간의 반대가 컸고, 대신들 역시 너무 빠르다고 한 까닭에 뜻을 굽혔다. 이로부터 2년이 지나 유신의 교화를 선언한 시점에서는 더 이상 대간의 반대나 문제 제기는 없었다.

1482년(성종 13) 7월 22일에서 25일까지 유자광의 직첩을 돌려주는 것과 관련해서 대간이 반대하면서 다시 문제가 제기된다. 대신들은 유자광의 죄는 비록 중하지만 그 공이 크니 다시 쓸 만하다고 건의하였다. 대간에서는 유자광이 소인과 교제를 맺어 나라를 저버렸는데 국가에서 녹권을 주어서 그 공에 보답한 것이 이미 지극하였다는 점과 상벌이 이치에 합당한 뒤에야 하늘의 마음을 화하게 할 수 있다는 점에서 가뭄을 이유로 직첩을 돌려줄 수 없다고 반대하였다. 그러나 성종은 그가 예종 조에 큰 공이 있다는 이유로 직첩을 주면서 김맹성·김괴·표연말에게도 모두 직첩을 주라고 지시하였다. 이에 사헌부 대사헌 채수 등이 직첩을 돌려주는 것이 마땅치 못하다고 논하였으나, 성종은 유자광이 공신을 우대하는 임금의 마음을 다시 저버리지는 않을 것이라며 들어주지 아니하였다.

새로운 인재의 등용 ___ 유신의 교화를 전후로 하여 이처럼 한 편으로는 유배를 갔던 인물들에 대한 용서와 포용을 시도했던 성종은 다른 한편으로 새로운 인재의 등용을 적극적으로 추진하고 있었다. 이는 성종의 즉위 이후 지속적으로 문제가 된 세조 대 훈신들의 탐오와 전횡, 그리고 당시의 신하들이 보여주었던 표리부동한 행태를 목도하면서 새로운 인재 등용의 필요성을 보다 분명하게 인식하게 되었기 때문이다. 성종은 1481년(성종 12) 6월 22일 의정부와 6조·대간에 인재를 천거하라고 전지하면서 다음과 같이 말한다.

내가 생각건대, 사람을 등용하기는 어렵고 사람을 알아보기는 더욱 어렵다. 외모가 공손한 듯하고 언어가 정직한 듯하나 실지는 그렇지 않은 자가 있고, 외모와 언어는 민첩하지 않은 듯하나 마음과 행실이 충직한 자가 있다. 더구나 지위가 낮은 관직에 있거나 멀리 초야에 사는 자 중에 어진 인재가 있더라도 내가 어떻게 알겠는가? 전조銓曹(이조와 병조)의 주의에도 혹 구슬을 빠뜨리는 한탄이 있다.

성종은 이 당시 화기和氣를 손상하여 재변을 부르는 일이 발생하고 있는 것도 인재를 잘못 등용한 것과 무관하지 않다고 지적하면서 널리 어진 인재를 구해서 함께 치평治平을 이루어 천견에 보답하고자 한다는 점을 말하고 있다. 이에 대해서 사간 경준과 영사 정창손 등은 우리나라는 중국과 달리 땅이 좁아서 한 가지 기예라도 이름난 자는 다 기록되었으므로 유능한 인재가 잊히거나 발견되지 아니하여서 등용되지 아니하거나 침체되어 있는 자가 없을 것이라고 하면서, 다만 인재를 가려뽑는 일을 맡는 자들이 마땅한 사람을 구하기에 달려있다는 의견을 제시한다. 그러나 23일에 성종은 "이조와 병조에서 인재 선발의 직임을 맡은 자가 마땅한 사람을 구하더라도 어찌 사람의 현부를 모두 알 수 있겠는가?"라고 하면서 대신들로 하여금 아는 자를 천거하게 하였다.

성종은 인재를 등용하고 물리치는 직임을 맡고 있는 전조의 역할에 대해서 근본적인 문제를 제기하고 있는 것이다. 그것은 전형을 맡고 있는 자의 능력과 자질에 대한 불신과 함께, 사람을 알아보는 것이 얼마나 어려우면서도 절실한 것인가에 관한 인식에 기반하고 있는 것이었다. 어진 사람을 등용하고 쓸 만한 재주를 가진 자를 알아보기 위해서는 전조의 판단만으로는 미진하고, 보다 폭넓은 시각과 경험에 의지해 그 인선을 행하는 것이 필요하며, 이 과정에서 현능한 자에 관한 여러 사람의 논의와 검증이 필요함을 말해주고 있다.

인사제도의 변화 ___ 같은 해 9월 29일에 선비를 시험하는 책문을 내면서도 성종은 "어떻게 해야 풍속을 순박하게 하고 교화가 유행하겠는가?"에 관해 물으면서, "현재에 유통하면서 옛것에 어긋나지 않고 옛것을 본받되 현재에도 어긋나지 않게 하려고 하면 무슨 방법으로 이를 성취시키겠는가?"라고 문제를 제기한다. 이러한 모색은 당시 관리들의 인사에 관한 규정을 담고 있는 전최殿最의 법에 관한 문제 제기로까지 이어지고 있다. '전최'란 이조와 병조에서 관리의 근무성적을 평가하는 것이다. 《경국대전》〈이전〉에는 관리의 업적 평가, 즉 포폄에 대해 "중앙 관리는 해당 관청의 당상관·제조 및 소속된 조曹의 당상관이, 지방 관리는 관찰사가 해마다 6월 15일과 12월 15일에 등급을 평정하여 임금에게 보고한다"고 규정되어 있다.

성종은 11월 13일에 관리의 포폄에 대해서 의정부에 전지를 내렸다. 당시 중앙과 지방의 관리들의 현명함과 그렇지 못함을 평가하는 담당자들이 '공'을 버리고 '사'를 따르는 관행으로 인해 용렬한 자들이 높은 점수를 받고 있는 폐단이 있음을 지적했다. 따라서 전최의 법이 제대로 시행되기 위해서는 포폄을 맡은 자들이 사정을 버리고 공도를 따라야 하며, 이로써 관리의 잘잘못을 가릴 수 있다고 했다. 전조의 직임과 역할이 관행에 따라서 관리들의 근무성적과 업적을 평가하는 것에 그쳐서는 안 되고, 그들의 현명함과 그렇지 못함, 그리고 내면의 마음가짐까지 분별해야 함을 요구한 것이다. 성종은 유신의 교화를 선언한 이후 전조로 하여금 현부賢否뿐만 아니라 마음 씀씀이를 관찰하도록 촉구하고, 전최를 행함에 있어서 사사로운 정을 버리고 공도公道를 따라야 함을 역설했다. 관리들의 변화를 요구하며 설득한 것이다.

신정 사건 ___ 그러나 공도에 따라서 근무성적의 평가를 올바르게 시행하기만 한다면 교화는 이루어지는 것인가? 성종의 치세 중반기에 해당하는 이 시기의 논의를 살펴보면 그것이 말처럼 쉬운 일이 아니라는 점이 드러나고 있다. 1482년(성종 13) 4월 21일부터 24일 사이에 전 도승지이자 평안도 관찰사였던 신정이 인신을 위조했을 뿐만 아니라 세 번이나 임금을 속이며 자신이 위조하지 않았다고 상소까지 한 사건이 발생하였다. 성종은 신정이 신숙주의 아들이고 공신이라는 점을 고려해 처벌에 신중을 기하고자 했다. 하지만 임금을 대면해서도 거짓으로 상소까지 올린 일은 고금에 없던 일이라고 한탄하면서 자책했다. 결국 신정은 공신이었음에도 사사되어 공신의 적에서 삭제된다.

신정 사건은 성종으로 하여금 사람을 구별하고 인재를 쓰는 일에 대한 경각심을 불러일으켰다. 이해 6월 2일 경연에서 사람을 쓰는 일에 대해 논하면서 "기예가 있다고 하더라도 마음씨가 바르지 못하면 장차 어떻게 쓸 것인가. 만일 정대하다고 하면 재주가 모자란다는 이유로 버리는 것은 옳지 않다"라고 말하고, "신정을 시험해 보았더니, 과연 마음씨가 바르지 못하였다"고 술회한다. 성종은 6월 28일에 어질고 능력 있는 인재를 찾아서 고하도록 지시하고, 아울러서 훌륭한 덕행이 있는 선비도 이름을 적어 올리도록 하면서, 자신이 사람의 마음을 들추어내어 판별하고자 함을 알린다.

현명하고 능력 있는 선비가 혹 하급관료로 침체되어 그 재주를 다 펴지 못하기도 하고, 혹은 한산한 곳에 배치되어 세상에 쓰이지 못하는 자도 있을 것이다. 비록 완전한 덕을 갖춘 사람이 아니더라도 진실로 일절의 덕행이 있으면 이도 훌륭한 사람이 되므로 또한 채용할 만하니 아울러 이름을 적어 계문하여서 나의 측석명양側席明揚(마음을 기울여 들추어냄) 하는 뜻에 부응하도록 하라.

이 전지에서는 숨은 인재뿐만 아니라 도고·관고·포관과 같은 천한 직업에 속한 자까지 언급하고 있는데, 이는 성종이 인재의 진퇴 문제에 대해서 얼마나 심각하게 고민했는지를 보여주는 대목이라고 할 수 있다.

마음속까지 들추어내자! ___ 유신의 교화를 선언한 이후 성종은 새로운 인재를 등용하고자 했다. 이를 위해서는 사람을 분별하는 것이 필요하고, 사람을 올바르게 분별하기 위해서는 겉으로 드러나는 모습만이 아니라 그 사람의 마음을 들추어내야 한다. 그러나 사람의 마음속을 들추어내기 위해서는 먼저 그 속마음을 털어놓아야 하는데, 군주와 신하라는 상하 관계에 있어서 신하가 속마음을 임금 앞에서 솔직하게 털어놓는다는 것은 쉽지 않다. 따라서 임금이 신하의 속마음까지 분별하는 일 역시 어려운 일이다. 그렇다면 어떻게 신하가 스스로 그 속마음을 허심탄회하게 털어놓도록 할 수 있는가? 성종은 이 문제에 있어서 세심한 배려를 보여준다.

11월 29일 《대학》을 강론하는 경연의 자리에서 성종은 신하들과 함께 군자를 등용하고 소인을 물리치는 임금의 도를 논하면서 순 임금은 뜻이 성실하고 마음이 거울처럼 맑고 저울처럼 공평하기 때문에 능히 사흉四凶의 간사함을 알아서 내쫓았다고 말한다. 임금이 신하의 속마음을 들추어내기 위해서는 먼저 임금의 뜻이 성실하고 마음이 바르고 맑고 공평해야 함을 자각하고 있다. 이어서 왕안석이 소인이 되는 이유를 신하들로 하여금 자세히 말하도록 하였는데, 이 자리에서 공조판서인 손순효가 몹시 취하여 말이 절도를 잃었다. 하지만 성종은 이를 관대히 용서했다.

1483년(성종 14) 1월 4일에 대간은 경연의 자리에서 손순효의 행실을 비판하였는데, 이에 대해 성종은 다음과 같이 말한다.

무릇 사람이 취하면 반드시 속마음을 털어놓는 것인데 임금과 신하 사이에 품은 것을 반드시 진술하는 데 옳지 못한 것이 있겠는가? 만약 머리와 꼬리를 두려워하여 말을 골라서 하면 교언영색 하는 것인데, 이것이 옳겠는가? 사람으로 하여금 임금 앞에서 담론하지 못하게 하면 임금이 누구와 같이 사람의 어질고 어질지 못한 것과 정치의 잘하고 못한 것을 논하겠는가? 대간의 말이 매우 옳지 못하다. 손순효의 말이 비록 오활한 듯하나 다만 마음속을 털어놓았을 뿐이다. 무슨 다른 뜻이 있겠는가? 군신 사이에는 항상 공경하는 것만을 주로 할 수 없다.

성종의 이러한 언급은 사람의 마음속 깊은 곳을 들추어내어 그 마음가짐을 알고서 등용하는 일이 가능하기 위한 조건이 무엇인지에 대한 해답을 제시해 주고 있는 것이라고 할 수 있다. 군주와 신하 사이의 공적인 담론에 관한 성종의 이러한 인식과 태도는 단지 정치에 있어서 담론의 중요성에 대한 일회적인 언급으로 그쳤던 것이 아니었다. 성종의 집권 후반기에 이르러서 홍문관이 언관의 기능을 띠면서 언론이 더욱 활성화되고 있었다.

좌초된 '승출의 법'의 의의

연륜과 격식을 넘어서 ___ 1483년(성종 14) 3월에 대왕대비 정희왕후가 승하하자 성종은 신하들의 의견을 물리치고 삼년상을 치른다. 상중이던 1484년(성종 15) 11월 10일에 이조에 다음과 같이 전지한다.

사람을 알아보는 것은 요순도 어려워하는 바이므로 인재의 선발과 평가의 임무를 일체 전조에 위임하였는데, 전조에서 연륜과 격식에 구애되어 인물의 착하고 착하지 못한 것은 가리지 아니하므로, 비록 뛰어난 사람이 있을지라도 보통 하찮은 사람과 더불어 한 격格에 섞였으니, 어찌 국가에서 어진 재주를 골라서 쓰는 도라고 하겠는가?

위의 전지를 내리면서 성종은 재주와 행실이 뛰어난 자는 자격에 구애 없이 쓰고, 그다음으로 쓸 만한 사람은 그 임기에 따라 차례로 써서 점차 승진하게 할 것을 지시했다. 또한 범용한 무리는 비록 갑자기 버리지는 않더라도 벼슬을 올려주지 않고 임기가 만료된 뒤에 같은 품계에서만 옮기도록 함으로써, 어질고 어리석은 이가 함께 오래 벼슬에 머물러 있는 폐단이 없도록 당부했다.

본래 유교에서는 세습이나 출신을 관직 분배의 기준으로 내세우지 않는다. 유가에서는 덕성과 능력을 갖춘 사람, 즉 현능이야말로 남을 다스리는 위치에 설 수 있으며, 관직에 오를 자격이 있다고 생각했다. 덕과 능력은 이상적인 관리에게 필요한 도덕적·인격적·행정적 탁월성을 지칭하는 것이었다. 관직이 세습이나 출신 혹은 연륜과 격식에 구애받아 왜곡되거나 침체되는 경우는 있었지만, 유교에서는 정치에 있어서 도덕적이고 인격적인 덕성과 탁월성을 향상시킬 것을 요구할 뿐만 아니라, 관직의 배분과 관원의 선별을 통해서 이를 실현할 수 있는 제도적 장치를 마련하고 있었다.

성종은 당시 관직에 있는 자들을 재주와 행실이 뛰어난 자, 쓸 만한 사람, 범용한 무리로 구별하여 이들을 각각 차등적으로 대우할 것을 요구하고 있다. 특히 재주와 행실이 뛰어난 자를 높이면서 인물의 착하고 착하지 못한 것을 가려야 함을 다시 역설했다. 관직의 배분과 관원의 선별을 통해서 '내면의 변화'를 실현하고자 했던 것이다. 이는 '전최의 법'에 대한 문제 제기와 비판의 차원을 넘어서는 것이라는 점에서 보다 진일보한 조치였다. 그러나 이것으로도 사풍을 바로잡아 교화를 이룰 수 없다면 그다음에 취할 수 있는 조치는 무엇인가?

1485년(성종 16) 1월 9일 홍문관에서 유교를 장려하기 위해서 올린 상소에는 감화의 정치를 강조하고 있다. 즉 교화는 허물어지고 풍속은 날마다 야박해져서 점점 구제할 수 없는 지경으로 빠져들어 가고 있는 상황을 지적하면서, 백성을 교화하기 위해서는 임금이 먼저 그 몸을 닦고 마음을 바르게 하여 인도해야 한다는 것이다. 임금이 먼저 모범을 보인다면 법령이나 명령이 없어도 백성들이 감화될 것이고 풍속이 바르게 되고 인간으로서 지켜야 할 떳떳한 도리가 밝아질 것이라는 원론적인 건의였다.

그러나 1월 24일에 성종은 "덕과 예로 인도하고 형벌과 정사로 가지런히 한다"고 하는 옛사람의 말은 바꿀 수 없는 지론이지만, "지금으로 보면 한갓 덕과 예만 믿고 다스릴 수는 없다"고 답하였다. 당시의 각박한 시대 상황과 부박한 풍속을 고려해 보다 개혁적인 조치가 필요함을 말하고 있는 것이다.

김종직이 '승출의 법'을 건의하다 ___ 그로부터 두 달여가 지난 4월 7일에 비로소 정희왕후의 삼년상을 끝내고 탈상하는 제사를 마친 후 경연 자리에서 동지사 김종직은 다음과 같이 건의하였다.

지금 관직의 과궐窠闕(벼슬자리에 결원이 생기는 일)이 부족하여, 별좌別坐가 8년이 되도록 등용되지 못한 자가 있고, 부장部將이 10년이 되어도 등용되지 못한 자가 있는데, 전지傳旨로 서용敍用하는 자가 매우 많아서 즉시 서용하지 못합니다. 또 현능한 자도 침체되어 등용되지 못하는 자가 있으니, 청컨대 승출陞黜(올리고 내림)의 법을 행하소서.

김종직은 벼슬자리에 결원이 적어 인사적체 현상이 심각한데, 임금의 명령으로 새로 서용하는 자가 많아 관직(자리)이 모자라 모두 서용하지 못함을 지적한다. 이러한 문제를 해결하기 위해 기존 관료들 가운데 어질지 못한 자를 내치는 '승출의 법'을 시행할 것을 요청한 것이다. 그리고 이 건의에 성종은 다음과 같이 화답하였다.

과연 경의 말과 같다. 용렬한 사람이 하급관직에 머물러 있는 것은 괴이할 것이 못 되나, 적당히 쓰일 재목이 억울함을 품고 펴지를 못한다면, 이는 실로 잘못된 정사인 것이다. 사람을 쓰는 전지를 전조에서 대부분 많이 폐각하고 행하지 않음은 매우 옳지 못하다. 지금의 관직에 있는 자가 어찌 다 어질겠는가? 그 직임을 감당하지 못하는 자는 내치고, 현사賢士를 등용하는 것이 가하다.

그러나 승출의 법을 시행하는 데에는 많은 논란이 야기된다. 성종은 이날 의정부와 전조의 당상관을 불러서 승출의 법을 통해서 쓸 만한 사람을 얻으려 한다면서 의견을 구했는데, 대신들 가운데는 이조판서 이숭원이 임금의 뜻에 동감을 표시하였지만, 영의정 윤필상 등은 반대하였다. 반대의 논리는 "비록 출척黜陟을 행한다 하더라도 정밀하기가 어려울 것이며, 만약 정밀하지 못하다면 물의를 불러일으킬 뿐"이라는 것이었다. 의정부와 이조·병조에서 합사하여 아뢴 의견도 대체로 이와 유사하였다.

윤필상은 당시 출척이 정밀하지 못하여 물의를 불러일으켰던 사례로 '서감원 사건'을 언급했다. 이 사건은 대구에 사는 생원 서감원이 1484년(성종 15) 8월에 구언에 응하면서, 파직되어 오래도록 복직되지 않은 자가 있으며 의정부가 수령의 승출에 있어서 어진 자와 어질지 못한 자를 구별하지 못했다고 비판한 것을 말한다. 이로 인해 이해 8월부터 11월까지 넉 달여에 걸쳐 조정에서는 '파직되어 오래도록 복직되지 않은 자'가 누구를 말하는지에 관한 논란이 야기되었다.

결국 서감원이 자신의 사촌으로 폐비 윤씨를 동정하는 언사로 인해 파직된 전 대사헌 채수를 비호하기 위해 말한 것이었음이 밝혀졌다. 성종은 서감원이 처음부터 채수를 언급하지 않고 그와는 상관없이 파직되어 오랫동안 복직되지 않은 정윤정을 말한 점, 그리고 수령을 올리고 내치는 것이 공론에 맞지 않는다는 것은 채수의 아버지인 남양 부사 채신보와 관련된 것인데 처음에 말하지 않았다는 점을 들어서 간사함이 막심한 소인의 행위라고 비판했다. 이어 나라의 기강을 세우기 위해 서감원을 처벌할 뜻을 보였으나, 구언에 응한 자를 처벌하면 언로가 막힌다는 신하들의 건의를 받아들여 그를 용서하였다.

반론과 재반론 ___ 이처럼 승출의 문제를 둘러싼 임금과 신하들의 입장 차가 명료하게 드러나고 있는 상황에서, 성종과 신하들은 지속적인 논의를 통하여 서로의 견해를 제시하였다. 1485년(성종 16) 4월 12일에 성종은 세 가지 논거를 제시한다. 첫째, 어진 사람의 보좌를 얻어서 선왕의 다스림을 일으켜야 한다는 것, 둘째, 지금 대간은 재능이 있는 자를 찾아 한 계급을 올리면 작은 일을 하나하나 들어 과하다고 논박하고 책임을 면할 뿐이며, 어진 자가 벼슬에 오르지 못하는 등의 인사정책의 미비점 및 정치가 나아가야 할 방향 등을 말하는 이가 없다는 것, 셋째로 대간의 말이 모두 지극한 공에서 나오는 것이 아니며 사사로이 붕당을 심고 은밀히 선한 사람을 배척하는 자도 있으니 대간 역시 변별하지 않으면 안 된다는 것이었다.

　신하들은 반대 논리로 사람의 현부와 마음을 알기란 매우 어렵기 때문에 이를 억지로 분별하려면 착오가 많을 것이라는 점 외에도 다음과 같은 논거를 제시했다. 첫째, 임금이 어진 사람을 구하는 마음을 처음부터 끝까지 한결같이 하면 어질고 선량한 인재가 (조정에) 나오기를 기다리지 않아도 (저절로) 나올 것이라는 점, 둘째, 어진 사람을 올리고 바르지 못한 사람을 물리치는 것은 비단 대간의 책임만은 아니며 이조와 병조의 관리로 마땅한 사람을 얻으면 시행하는 것이 모두 마땅함을 얻게 될 것이라는 점, 셋째, 군주의 마음은 모든 교화의 근본이니 임금이 먼저 그 마음을 바르게 하면 대간을 비롯한 조정이 바르게 될 것이라는 점이었다. 하지만 성종은 신하들의 반대에도 불구하고 승출의 법을 시행할 것을 지시하면서, 4월 19일에 이조와 병조에 다음과 같이 전지한다.

　어진 사람과 우매한 사람이 같이 침체되고 선악의 구별이 없으면, 장차 어떻게 사람을 권려하고 징계하겠는가? 말이 여기에 미치니 진실로 마음이 아프다. 오직 너희 전조는 나의 지극한 뜻을 체득하여, 쓸 만한 자는 한미하다고 하여 가벼이 여기지 말고, 제거할 만한 자는 권세가 있다고 하여 비호하지 말며, 혐의를 갖지도 말고 형적을 숨기지도 말며, 아는 바에 따라 분별하여 승출시켜, 내가 위임하여 책성하는 뜻에 부응하도록 하라.

같은 날 성종은 각 도 관찰사에게 지방의 수령들에 대해 근무 평가를 엄격히 시행할 것을 지시하였다. 그는 최근 여러 도에서 수령들을 평가하여 등급을 매긴 것을 살펴보았는데, 상등에 있는 자가 많고 중등과 하등에 있는 자는 적었음을 지적했다. 한 도가 넓고 군과 읍이 많아서 수령들이 반드시 모두 어질지는 않을 것인데도, 용렬하여 그 임무를 감당하지 못하고 백성에게 피해를 끼친 자를 관찰사가 정밀히 살피지 않고 겉으로 드러난 허물만 없으면 거의 모든 수령을 상등에 두고 있다는 것이다. 이러한 관찰사들의 행태는 악한 자를 내치고 착한 자를 올려 쓰고자 하는 임금의 뜻과 부합하지 않는다. 뿐만 아니라, 착한 행실을 권하고 악한 행실을 징계하는 데 모범이 되지 못하며 사람을 쓰고 버림에 있어서 적실성을 잃은 행태였다. 윤4월 7일에도 성종은 관찰사들에게 글을 내려서 수령들의 근무성적을 상고하여 출척하도록 했다.

승출의 어려움과 감화를 통한 교화를 주장하는 신하들의 입장은 형정보다는 감화를 보다 바람직한 것으로 여기는 일반론에 입각하고 있다. 그러나 신하들이 승출을 반대하는 논리로 감화를 내세우고는 있지만, 그 말 속에 담긴 진실함이라는 측면에서는 설득력이 없다. 왜냐하면 그들이 승출을 반대하는 이면에는 자신들의 사욕이 드러나는 것을 두려워하는 뜻이 있었기 때문이다. 성종이 감화론을 내세우는 신하들의 논리에 반대하면서, "대간의 말이 모두 지극한 공에서 나오는 것이 아니며 간혹 사사로이 붕당을 심고 은밀히 선한 사람을 배척하는 자도 있으니 대간 역시 변별하지 않으면 안 된다"고 말한 것은 이 사실을 말해준다.

감화보다는 출척이라는 징계를 사용하고자 한다는 점에서 성종은 예와 덕보다는 승출을 통한 교화를 시도한 것이었다. 비록 모든 신하로부터 환영받지 못하는 일이라 할지라도 책벌을 통해서 사풍을 바로 세워야 함을 주장하고 있는 것이다. 성종은 대신과 대간들의 반대에도 불구하고 감화만으로는 교화가 불가능하며, 진퇴와 출척을 통해서라도 인간 내면에 있는 악함을 치유함으로써 공의와 선함을 회복시키고자 하는 입장이었다. 비록 사람을 알기 어렵기 때문에 승출이 정밀하지 못하여 착오가 생길 수 있을지라도, 그것이 현부를 가려서 침체된 사풍을 교화하고자 하는 데 방해하는 것이 되어서는 안 된다는 것이다.

재변으로 중단된 승출의 법 ____ 승출의 법을 시행하면서 이조에서는 영해 부사 전자완, 봉산 군수 김계증과 안동 판관 박소정, 아산 현감 고언겸 등에 대해 고했고, 성종은 윤4월 5일에 그들을 모두 공직에서 내치도록 했다. 25일과 26일에도 이조와 병조의 당상, 그리고 대간과 함께 관원의 등용과 파출에 대해서 논의하면서 그 현부를 가린다. 7월 6일에는 홍문관에서도 상소하여 사람들의 허물을 논하였는데, 성종은 "나라를 다스리는 길은 어진 이를 등용하고 불초한 자를 물리치는 것보다 급한 것이 없는데, 만약 출척이 없다면 관리들을 어떻게 권장하고 징계하겠는가?"라고 하면서 이를 의논하도록 하였다. 당시 홍문관의 상소는 다음과 같다.

> 장례원 사의 최자축·유종수·정겸과 한성부 참군 송환종은 사리에 어둡고, 정언 안진생은 입을 다물고 말하지 않으며, 익위 이숭경·익찬 김제·위솔 정의·현준·정부, 시직 윤운손·세마 유집은 용렬하고 무능하며, 태안 군수 이종경·양지 현감 이중선·광주 판관 성준·유천·평양 판관 이식·양덕 현감 탁경지·하동 현감 정내언은 탐오하고, 강서 현령 정인손·강음 현감 윤소보·진천 현감 양전은 학문이 없고 책략도 없으며, 청안 현감 경수·안음 현감 이서손·합천 군수 허훈·신계 현령 허창은 연약 무능하고, 우후 전세정은 광망하고, 조익희는 용렬합니다.

이 가운데 무능하거나 탐오하기 때문에 내친다는 것은 어느 정도 수긍할 수 있다. 하지만 사리에 어두운 것과 말을 하지 않는 것, 학문과 책략이 없다는 것과 연약하고 용렬하다는 것은 징계 사유로 삼기에는 어려운 측면이 있다. 왜냐하면 그 평가 기준이 겉으로 드러나는 실적이나 부패 행위가 아니라 관리들의 학문 수준이나 인품 혹은 행실과 같은 다분히 주관적이고 내면적인 성질의 것이기 때문이다. 이러한 사유로 관리를 승출한다면 평가자의 주관에 따라서 누구라도 공직에서 내쳐질 위험이 있다. 그럼에도 이런 조치가 취해진 것은 "현부賢否를 가려서 침체된 사풍을 교화해야 한다"는 원칙 때문이었다.

그러나 승출의 법에 의거한 출척이 행해진 지 얼마 후에, 해주 지방에 큰 바람이 불고 천둥번개가 치며 우박과 얼음 덩어리가 섞여 내려서 곡식이 모두 손상되는 재변이 일어났다. 이에 성종은 놀라움과 두려움을 나타냈다. 그러면서 비록 홍문관의 상소로 인해 퇴출된 수령들이 원통함을 품었기 때문에 재변이 일어난 것은 아니라 하더라도, 마음이 편치 않으니 그들을 경직京職에 서용하여 원통함을 풀어주고 개과천선하는 길을 열어주고자 한다는 뜻을 피력한다. 이에 대해 승지들은 퇴출당한 수령들의 소행이 홍문관에서 고한 바와 그렇게 다르지 않으니 퇴출한 것은 마땅하며, "선한 자에게 복을 주고 악한 자에게 재앙을 내리는 것은 하늘의 도"이니 퇴출된 자를 갑자기 다시 쓰는 것은 적당하지 않다면서 반대하였다.

'승출의 법' 시행에 대해서 하늘이 재변을 통해서 견책을 보이는 것이라고 생각하는 성종에게, 승지들은 《서경》의 구절("天道福善禍淫")을 인용하면서 그 정당성을 옹호했다. 하늘의 뜻 역시 착한 자에게 복을 주고 악한 자를 벌하는 데 있다는 논리를 내세운 것이다. 하지만 7월 16일, 성종은 "이들이 만약 능히 허물을 고친다면 이는 선한 사람이 되는 것이니, 어찌 끝내 버릴 수 있겠는가?"라면서 듣지 않았다.

성종이 천견을 이유로 하여 퇴출된 자들을 복귀시킴으로써 지난 몇 달간 시행해 오던 승출의 법은 사실상 좌초되었다. '천견론'은 재이 현상의 배후에는 그것을 지배하는 하늘의 의지가 있음을 상정하고 있는 천인상관설天人相關說의 한 논리이다. 한나라 이후 절대적인 왕권을 제약하는 논리로 활용되었으며, 유교의 정치 문법에서 누구도 명시적으로는 부정할 수 없는 것이었다. 따라서 천견을 이유로 '승출의 법'이 좌초된 것은 이해 못할 것은 아니었다. 퇴출을 통해서 악덕을 치유하는 것도 중요하지만, 재변을 내리는 하늘의 뜻 역시 중요하기 때문이다.

그렇다고는 하더라도 교화를 향한 성종의 단호한 의지를 고려할 때 너무 허무하게 좌절된 것은 아닌가 하는 의문이 든다. 하지만 승출의 법 시행 과정에서 퇴출된 수령들뿐만 아니라 대간과 대신의 비판 역시 적지 않았다는 점에서, 성종은 '하늘의 견책'을 명분 삼아 문제점이 드러난 승출의 법을 폐기한 것이었다. 또한 승출의 법을 둘러싼 그동안의 논의 과정을 통해서 정책의 효과가 어느 정도 달성되었다는 판단도 작용하고 있었던 것으로 보인다.

치세의 분수령, 시대의 분기점 ___ 퇴출한 수령들을 다시 서용하여 원통함을 풀게 하라는 교지를 내린 다음 날에 승출에 찬동했던 이숭원과 이 법을 건의했던 김종직이 사직하기를 청하였다. 이때 이숭원은 사람을 잘 알아보지 못한 상태에서 관직 임용 예정자를 정해 임금에게 올림으로써 많은 착오를 가져왔고 이로 인해 대간의 논박을 당하였다는 점을 사죄했다. 김종직 역시 조정 신하들의 현부를 다 잘 알지 못해 임금에게 보고한 인사 대상자에 대한 평가(포폄)가 타당함을 잃었다는 점에 대해 미안함과 부끄러움을 표명하였다. 결국 성종은 7월 17일에 이숭원을 유임시키고 김종직은 그의 뜻에 따라 성균관으로 옮겨 근무하도록 하였다.

승출의 법이 폐기된 후인 7월 20일 성종은 이조와 병조에 전지하여 청렴한 관리와 퇴출한 관리에 대해 스스로를 돌아보고 경계하도록 하는 글을 내렸다.

염치는 사대부가 몸을 세우는 큰 절조이니, 사람이 염치가 없다면 그
나머지 무엇을 보겠는가? 근자에 홍문관에서 탐오로 지적한 자는 이
미 모두 공론에서 나온 것이니, 그 퇴출은 부득이한 것이었다. 그러나
인심의 변이가 일정하지 않아서 혹 먼저는 곧다가 뒤에 탐하기도 하
고, 혹 먼저는 탐하다가 뒤에 청렴하기도 한 것을 생각하면 일률적으
로 논해서는 안 된다. 허물이 있어도 능히 고치면 이것이 선한 사람이
니, 지금 퇴출을 당한 자라도 진실로 능히 마음을 움직이고 성품을 고
쳐서 개과천선한다면 내가 마땅히 그 새로워진 것을 어여삐 여겨 이들
을 쓰되 의심하지 않을 것이다. 어찌 지난날의 허물을 탓하여 끝내 폐
기하겠는가?

성종은 승출의 법의 필요성이나 정당성을 부정하지 않으며 그 법에
근거한 퇴출 역시 부득이하였다고 말한다. 다만 인심의 변화 가능성을
얘기하면서 허물이 있어도 개과천선한다면 다시 쓰도록 하는 것이 교
화에 있어서 더 바람직한 것이라는 입장을 밝히고 있다. 이것이 승출의
법을 둘러싼 논의 과정을 통해서 성종이 내린 결론이었다.

승출을 의논하는 '법정'에 참여한 사람들과 그 논의를 통해서 퇴출
된 사람들, 그리고 이러한 승출의 논의와 퇴출당한 인사를 지켜보는 중
앙과 지방의 관리들과 사림들은 탐오함과 권세에 물든 자신들의 내면
을 자각하고 치유할 수 있는 기회가 부여되었다. 그동안 세조 시대의
훈척정치에 익숙해져 드러나지 않았던, 혹은 이미 모두가 알고 있는 일

이지만 권세가의 위세에 눌려서 체념하고 방치했거나 그 상황에 편승하여 자신의 이익을 도모하고자 했던 문제들에 대해서, 그리고 성리학이 추구하는 정치의 윤리성과 도덕성이라는 본질적인 문제에 대해서 새롭게 성찰하며 내면을 돌아볼 수 있는 경험을 하게 되었다.

비록 승출의 법은 실패했지만, 이후에 전개되는 교화의 정치에서 대신들의 탐오한 풍속에 대한 대간의 탄핵과 격렬한 비판이 가능해지고, '공公'을 추구해야 한다는 정치의 대의가 분명하게 세워지게 되었다. 이 점에서 1485년(성종 16)의 '승출의 법'을 둘러싼 논쟁은 성종의 치세를 그 이전과 이후로 가르는 분수령이 되었을 뿐만 아니라, 조선 전기의 정치사를 성종 시대 이전과 이후로 구별 짓게 하는 분기점이 되었다고 평가할 수 있다.

고려와 조선의 차이 ___ 창업을 지나 수성기를 맞이한 왕조가 오래 지속될 수 있는 비결은 성헌成憲, 곧 조정에서 이루어 놓은 법도와 제도에 있다. 정도전은 고려 태조(왕건)에 대하여 "초창기이고 새로 시작하는 때라서 비록 예악을 갖출 틈은 없었지만, 그 큰 규모와 원대한 방략, 깊은 인정과 후한 은택은 이미 500년을 이어갈 나라의 명맥을 배양하였다"라고 말한 바 있다. 그의 지적처럼 고려는 '일대지제一代之制'를 만들지 못하였다. 정도전은 조선의 건국을 통해서 고려의 미진했던 부분을 채워서 정통왕조를 실현시키고자 하였다.

주자학을 체제이념으로 표방하였던 조선은 태조 이성계의 건국 이후 한 세기 동안 유학과 관련된 제도적 정비에 심혈을 기울였다. 그 결과 《경국대전》으로 대표되는 정비된 통치체제를 구축하였다. 그것은 체계적인 통치규범을 갖추지 못했던 고려왕조와 견주어 볼 때 조선왕조가 이룩한 큰 성과였다. 특히 세조에서 성종에 이르는 시대에 국가 운영의 기본 법전이라고 할 수 있는 《경국대전》과 《국조오례의》 등이

7 ___
법전을
완성하다

편찬되고 지속적으로 수정·보완되었다는 것은 창업과 수성을 통해 축적해 온 조종성헌祖宗成憲을 제도화[政]로 완성시킨 것이라는 점에서 주목할 만하다.

《경국대전》의 시행과 교정

조선 문명의 자부심 ___ 세조 대 시작된 《경국대전》의 편찬 작업은 세조의 노력으로 기본체계가 사실상 완성되었다. 《경국대전》에 실린 서거정의 서문에서는 세조 대에 〈형전〉과 〈호전〉은 이미 반포하여 시행하였고 나머지 네 개의 전典은 교정 중에 있었는데, 세조의 갑작스런 죽음으로 마치지 못하였고 "임금(예종)께서 선대왕(세조)의 뜻을 이어받아 마침내 하던 일을 끝내도록 하시어 나라 안에 반포하셨다"라고 언급되어 있다. 하지만 《예종실록》의 기사를 보면, 이 당시 아직 본격적으로 시행되지는 않았음을 확인할 수 있다.

최항과 김국광이 《경국대전》을 지어 바친 일을 다룬 1469년(예종 1년) 9월 27일 기사에서는 도승지 권감이 "《대전》은 세조께서 가장 유의하신 일이니 비록 종묘에 두루 고하지는 못할지라도 청컨대 영창전에는 고하소서"라고 아뢰었고, 예종은 그대로 따랐다고 기록하고 있다. 11월 16일 기사에서 예종은 예조에 "《경국대전》은 경인년(1470) 정월 초1일부터 준행하라"고 전지하였다. 그런데 그로부터 불과 10여 일 만에 예종은 승하했고, 성종이 즉위하였다. 이로 말미암아 《경국대전》의 반포와 시행은 성종 대의 과제로 넘어가게 되었다.

주목할 만한 것은 《경국대전》 서문에서 편찬자들이 표방하고 있는 조선 문명에 대한 자신감이다. 서거정은 《경국대전》의 6전이 《주관周官》의 6경에서 비롯된 것임을 언급하면서 "누가 우리의 《경국대전》의 만듦이 《주관周官》·《주례周禮》와 함께 서로 견줄 만하지 않다 하겠는 가"라고 주장한다. 그는 《경국대전》이 천지와 사시에 맞춰도 어그러짐이 없고 옛것에 고증해 봐도 틀리지 않는다는 점을 강조하며 성인이 다시 나타난다 해도 자신이 있음을 표명하였다. 뿐만 아니라 이후에 성자聖子와 신손神孫이 모두 이 법류를 따르고 잊지 않는다면, 조선의 문명한 다스림이 주나라의 융성함에 비교하더라도 손색이 없을 것이라고 단언한다.

《경국대전》은 성종 대에 크게 세 차례 교정을 거치는 과정에서 그 내용이 약간 변했다. 이미 《대전》 체계가 잡혀 있었으므로 성종 대의 작업은 그다지 힘들지 않았던 것으로 여겨지지만, 많은 시간을 소요하며 마무리 작업이 지체되고 있었다. 이는 세조가 가진 개성 넘치는 정치이념과 국정 운영 노선이 신료들과는 많이 달랐던 상황에서 세조 사후에 이를 조정하는 작업이 오래 걸렸기 때문이다. 이처럼 《경국대전》은 여러 차례 수정을 거치면서 성종 즉위 후 15년 만에 완성될 수 있었다.

《경국대전》(기축대전)이 비록 1469년(예종 1년, 성종 즉위년)에 완성되었다고는 하지만, 그것은 입법의 완성일 뿐이었다. 실생활에 적용할 때 어떤 문제점이나 미비점이 있는지는 알 수가 없었다. 이로 말미암아 성종 대에는 세조(예종) 대에 완성된 대전을 반포하여 시행하면서, 그때그때 나타나는 문제점들을 보완하며 교정 작업을 지속하였고, 그 작업의 결과물을 반영한 새로운《대전》의 반포와 시행이 이루어졌다.

교정을 시작하다 ___ 성종은 즉위 직후 교정청과 감교청을 설치했다. 1470년(성종 1년) 10월 27일에 최항 등이《경국대전》을 교정하여 올렸다. 다음 달 8일에 성종은 예조에 "새로 정한《경국대전》에서 아직 반포하지 못한 조항(조목이나 항목)을 신묘년(1471) 정월 초하루부터 준용하도록 하라"고 전지하였다. 이로써 1471년(성종 2) 1월부터《경국대전》은 본격적인 시행에 들어갔다.

《경국대전》을 처음 형벌 집행에 적용한 사례는 1471년 7월 25일로 보인다. 이날 의금부에서는 "백정 연수의 난언 죄는,《대전》에 따라 참부대시斬不待時에 가산을 적몰하는 데 해당합니다"라 아뢰었고, 성종은 그대로 따랐다.

이듬해 5월 27일에는 사형수의 사형 집행과 관련하여《경국대전》규정에 따라《대명률》을 살피고 고찰해서 시행하라고 명한다.《경국대전》은 형벌의 사용과 관련하여《대명률》을 준용하도록 규정하고 있었다. 당시 성종이 여러 도의 관찰사들에게 내린 글은 다음과 같다.

《율해변의》의 '사수복주대보死囚覆奏待報' 주註에 이르기를, '대제사, 치재, 삭망, 상현·하현, 24절기와 밤이 새지 아니한 때, 비가 개지 아니한 때, 십직일, 금도월禁屠月에는 사형을 집행하지 못한다' 하고,《경국대전》에 이르기를, '무릇 용형用刑은 모두《대명률》을 사용한다' 하였으니, 모든 사형수의 사형 집행은 마땅히《율해변의》에 의거하여 시행해야 되는데, 혹시 관리들이 율문을 살피지 아니하고《대전》가운데에 사형수에 대한 거론이 없어서, 문득 금형일에 사형을 집행함이 있을까 염려되니, 금후로는 율문을 살피고 고찰해서 시행하도록 하라.

위의 글에서 《율해변의》는 《대명률》을 해설해 놓은 주석서를 말하며, '십직일十直日'은 살인을 금하는 열흘, 즉 매월 1·8·14·15·18·23·24·28·29·30일을 말한다. 이날은 도가의 명진재일明眞齋日로서, 천상의 태일太一(도가에서 우주의 본체를 인격화한 신)이 하강하여 사람의 선악을 살핀다고 한다. 《경국대전》에는 사형수에 대한 거론이 없다. 하지만 성종은 《대명률》에 의거하여 금형일禁刑日을 지켜야 함에도 관리들이 《경국대전》에 해당 규정이 없다는 이유로 사형을 집행할까 염려하여 《대명률》을 살펴 금형일에는 사형을 집행하는 일이 없도록 당부하고 있다.

이처럼 《경국대전》이 시행되는 성종 초기에는 주로 형사 사건들이 많이 등장한다. 이때는 특히 세조 대의 영향으로 관리들의 비리와 부패가 심했고, 부패하고 탐오한 관리를 처벌하는 내용이 많이 보인다. 예를 들어 《대전》에서는 부정한 방법으로 획득한 재물이 40관 이상이면 참형에 처하도록 규정했다. 또한 《대전》에는 장리贓吏(뇌물을 받아먹거나 직권으로 재물을 탐한 관리)의 자손에게는 사헌부의 직을 제수하지 말게 하였다. 이에 따라 1472년(성종 3) 12월 18일에 사헌부 장령 허적은 뇌물을 받은 장리 황보신의 아들 황경형이 감찰에 제수되었음을 지적하면서 다른 직으로 옮길 것을 요청하였고, 성종은 그대로 따랐다.

성종 4년 1월 23일에는 서거정 등이 유자문·김맹규를 장안贓案(장리들의 이름을 적어 놓은 명부)에 기록하고 그 자손은 벼슬에 나아가지 못

하게 할 것을 청하는 기사가 등장한다. 대사헌 서거정이 올린 내용은
다음과 같다.

숙천 부사 유자문과 중산 현감 김맹규는 장오죄贓汚罪를 범하였으니,
율문에 의거하여 전형典刑을 명백히 바루어야 합니다. 신 등이 듣건대
전일 의금부에서 다만 고신을 수탈하고 영구히 서용하지 않을 것을 계
청했다 합니다. 신 등이 상고하건대 《대명률》에는 '감수監守하는 자가
훔친 장물이 40관 이상이 되는 자는 참하고, 나머지도 모두 자자刺字
한다' 하였고, 《대전》에는 '범장犯贓한 자는 녹안錄案하여 이조·병조·
대간에 이첩하고, 자손을 정부·6조·대간·수령에 제수하지 않는다'
하였습니다. 또 근일 여러 번 사유赦宥를 내렸으나 장리가 범한 죄는
다 용서하지 않는 것인데, 이제 유자문·김맹규는 정률正律로 처벌하지
않고 다만 고신을 수탈하고 서용하지 않는 것으로 처벌하였으니, 탐오
한 자에게 징계될 것이 없습니다. 청컨대 유자문·김맹규는 율문에 따
라 자자하고, 《대전》에 따라 장안에 기록하고 자손을 금고禁錮하여, 국
법을 바루어 주시면 매우 다행하겠습니다.

성종은 그들이 범한 죄가 '감림자도監臨自盜', 즉 전곡錢穀을 감시하
는 입장에 있는 사람이 스스로 도둑질을 한 죄에 해당하지는 않는다고
보았지만, "그러나 여러 번 청하니 마땅히 다시 생각해 보겠다"고 대답
한다.

1473년(성종 4년) 11월 14일에 성종은 "《경국대전》은 오는 갑오년(성
종 5, 1474) 2월 초1일부터 행용行用하라"고 예조에 지시하였다. 1474

년(성종 5) 1월 2일에 성종은 《경국대전》을 개찬하여 중외에 반포하였다. 이때 《대전》에 기록되지 않은 72조를 《속록》이라 하여 《대전》과 함께 반포하였다. 이를 이른바 '갑오대전'이라고 하는데, 예종 사망 이후에서 1474년(성종 5)까지 《경국대전》을 시행하면서 이루어진 교정 내용을 반영한 것이다.

풍속을 바로잡다 ___ 성종 재위 5년이 된 이 시점에서 즉위 초와 마찬가지로 여전히 풍속이 침체되어 있었다. 강도와 절도와 같은 도적 사건, 간통이나 강상의 윤리를 범하는 사건들이 《실록》에 많이 등장한다. 성종은 《대전》에 의거해서 그 사건들을 처리한다. 아래에서 몇 가지 대표적 사례를 언급하고자 한다.

사헌부에서 아뢰기를, "양녀(양인 신분의 여자) 충개는 중매에 의하지 않고 학생 정순 등 3인과 간통하였으니, 죄율이 장 80대에 해당하나, 일은 사유赦宥 이전에 있었습니다. 그러나 충개는 가계가 사족인 부녀이니, 《대전》에 따라 자녀안恣女案에 기록하게 하소서. 충개의 삼촌 사예司藝 유진은 제 누이를 돌보지 않아, 추위와 굶주림으로 딸을 데리고 다니며 빌어먹게 하여, 그 딸이 실행失行하게 만들었으니, 죄율은 장 80대를 속바치는 데 해당합니다. 《대전》에 따라 고신 3등을 수탈하게 하소서" 하니, 그대로 따르되 유진의 죄는 2등을 감하라고 명하였다.

사헌부에서 아뢰기를, "유학 정철동이 정처正妻를 소박하고 비첩을 지나치게 사랑하여 조모의 상복을 입고도 평일과 다름이 없으니, 청컨대 형률에 의거하여 장 100대를 집행하고 《대전》에 따라 패상안敗常案에 기록하게 하소서" 하니, 그대로 따랐다.

첫 번째 사건은 여러 명의 남성과 간통죄를 저지른 사족의 부인을 《경국대전》 규정에 따라 '자녀안'에 기록하였다는 기사이다. 자녀안은 양반 가문의 여자로서 품행이 나쁘거나 세 번 이상 시집가서 양반의 체면을 손상시킨 사람의 경력을 적는 문서를 말한다. 이 문서에 오르면 당사자는 고역을 시키고, 가문의 불명예는 물론 그 자손의 과거시험과 관리 임용에도 큰 영향을 끼쳤다. 기사에서는 실행한 충개뿐 아니라, 그녀의 삼촌 유진도 누이와 그 딸을 돌보지 않은 책임을 물어 관직을 삭탈하고 장 80대를 대속하도록 하고 있다.

두 번째 사건은 벼슬하지 않은 유생인 정철동이 본부인을 소박하고 할머니 상복을 입고도 첩과 애정 행각을 벌였다는 죄목으로 장 100대를 집행하고 《대전》에 따라 '패상안'에 기록하고 있다. '패상안'은 강상綱常의 윤리에 관한 죄를 범한 사람들의 명단을 적은 장부를 의미한다. 패상안에 오른 사람은 자녀안에 오른 여자의 자손과 마찬가지로 과거·임관에서 제한을 받게 되었다.

이처럼 풍속을 어지럽히는 죄를 범한 사람들에 대한 처벌과 함께, 품행과 효도가 뛰어난 사람들을 찾아내어 장려하는 조치들도 기사에 자주 등장한다. 대표적으로 1475년(성종 6) 4월에 예조에서 한성부로 하여금 효도하고 우애가 있으며 절의한 사람을 찾아낼 것을 아뢴 기사는 다음과 같다.

예조에서 아뢰기를, "……신들이 《경국대전》에 실린 효도하고 우애가 있으며 절의한 자의 포상에 관하여 상세히 살펴보았더니, 외방은 관찰사가 주군으로 하여금 남김없이 찾아내게 하기 때문에 정표旌表되는 자가 흔히 있지만 서울은 5부五部의 관리가 모두 찾아내지 못하기 때문에 비록 뛰어나게 의로운 일을 한 사람이 있다 해도 상을 받지 못하고 묻혀버립니다. 청컨대 한성부로 하여금 널리 찾아내어 계절마다 그 행실을 기록해서 보고하게 하고, 《경국대전》에 의거해 포상하도록 하소서" 하니, 임금이 그대로 따랐다.

이 기사에서 효도하고 우애가 있으며 절의한 자에 대한 포상이 일회적이고 임시적인 것이 아니라 《경국대전》 규정에 따라 전국적으로, 그리고 정기적으로 시행되고 있음을 알 수 있다. 세종 대까지만 해도 국왕의 지시가 지방에까지 관철되지 못하는 사례가 많았는데, 성종 대에 이르러 《경국대전》에 의거해 지방까지도 법적 통제가 이루어지고 있음을 볼 수 있다. 1478년(성종 9) 9월 27일 기사도 그 사례 가운데 하나다.

사헌부에서 아뢰기를, "《대전》의 〈원악향리조〉에는, '도형徒刑을 범한 자는 영구히 본도의 잔역리殘驛吏로 소속시키고, 유형流刑을 범한 자는 타 도의 잔역리로 영구히 소속시킨다'라고 하였을 뿐이고, 양가의 딸이나 관비를 첩으로 삼은 자는 죄를 규탄하는 법이 없기 때문에, 이를 범하는 자가 있으면 혹은 불응위사리율不應爲事理律이나 화간율和奸律로 논하니, 교활한 향리가 두려워하고 꺼리는 바가 없습니다. 청컨대 향리로서 양가의 딸이나 관비를 첩으로 삼은 자는 원악향리元惡鄕吏가

유형을 범한 예에 따라 영구히 타 도의 잔역리에 소속시켜 그 악함을 징계하소서" 하니, 그대로 따랐다.

위 기사에서 언급된 '불응위사리율'이란 사리나 관습에 맞지 않은 행위를 처벌하는 규정이 없는 경우에 처벌하기 위한 조문을 말한다. 《경국대전》에는 수령을 조종·농락하여 권력을 마음대로 부려 폐단을 일으키는 자, 뇌물을 받고 부역을 불공평하게 하는 자, 양민을 불법으로 끌어다 남몰래 부려먹는 자 등을 '원악향리'로 규정하고 그들에 대한 처벌 규정을 마련하고 있다. 그러나 양가의 딸이나 관비를 첩으로 삼은 자의 처벌에 관한 규정이 없었다. 사헌부에서는 양가의 딸이나 관비를 첩으로 삼은 자에 대해서 불응위사리율을 적용하지 말고, '양민을 불법으로 끌어다 남몰래 부려먹는 자'를 처벌하는 《경국대전》의 〈원악향리조〉를 준용하여 유배형에 처하고 타 도에 잔역리로 소속시켜 엄격하게 처벌할 것을 건의했던 것이다.

형벌은 엄격하게, 집행은 신중하게 ___ 성종은 《경국대전》을 반포하여 실행한 뒤에 죄를 범한 자들에 대해서 대체적으로 《대전》의 규정에 따라서 엄격하게 처벌하고 있다. 사형의 죄에 해당하면 원칙적으로 규정에 따르지만, 경우에 따라서는 정상을 참작하여 감형할 것을 지시하기도 한다. 반면 왕에 대해 범죄를 저지른 자에 대해서는 관대하게 처리하고 있다. 1479년(성종 10) 2월 4일에 의금부에서는 고성의 죄수 전 사정司正 강자연이 호종실과 노비를 쟁송하다가 승여乘輿(임금)를 범하는 말을 하였으니 《대전》에 따라 참형에 처하고 가산을 적몰할 것을 아뢰었는데, 성종은 사형을 감면하라고 명하였다.

이러한 일련의 사법행정을 보면, 성종의 형벌관은 세종의 그것과 유사하다. 성종은 세종과 마찬가지로 형벌에서 엄형주의를 원칙으로 하였지만, 형벌 집행의 착오를 막고 신중을 기하고자 노력하고 있으며 되도록 죄수를 살릴 수 있는 방법을 모색하였다. 1479년(성종 10) 11월 30일에 계절마다 삼성三省의 관원이 석방할 죄수를 조사하는 것을 의논하여 아뢰라고 명한 기사가 대표적이다. 여기서 '삼성'이란 강상의 죄를 범한 사람을 추국하는 세 개의 기관, 곧 의정부·사헌부·의금부를 통틀어 말한다.

사간 이세필이 아뢰기를, "형옥은 중대한 일인데도 감옥의 법이《경국대전》에 기재되지 않았으니 적당하지 못합니다" 하였다. 임금이 말하기를, "나는 이 법을 알지 못하고 있는데, 어떠한 것인가?" 하니, 영사 노사신이 아뢰기를, "절계마다 삼성의 관원이 전옥서에 모여 앉아 죄수를 조사하여 석방할 만한 사람을 석방하는 것이지만, 그러나 실제는 폐단이 있는 까닭으로 이를 정지시켰던 것입니다" 하였다. 동지사 이승소가 아뢰기를, "신이 일찍이 장령이 되었을 때에 또한 참여했지만, 한갓 실상이 없는 조문이었을 뿐입니다" 하니, 이세필이 아뢰기를, "사람을 위하여 살리기를 구하고 있는데, 어떻게 실상이 없는 조문이라고 말할 수가 있겠습니까?" 하였다. 임금이 말하기를, "절계마다 죄수의 범죄와 구금된 날짜를 기록하여 아뢰도록 한다면, 감옥은 필요가 없을 것이다" 하니, 좌승지 김계창이 아뢰기를, "절계뿐만 아니라 열흘마다 한 차례씩 아뢰도록 해야 할 것입니다" 하였다. 이세필이 아뢰기를, "외방에는 감옥이 있지만 서울은 그렇지 않으니, 서울과 외방에서 법을 다르게 하는 것이 옳겠습니까?" 하니, 임금이 말하기를, "마땅히 이를 의논해야 할 것이다" 하였다.

이처럼 성종은 1474년(성종 5)에 반포되어 시행된 《경국대전》에 대해 지속적으로 논의하면서 시행에 불편하거나 제대로 정비되지 않은 규정들을 보완해 나갔다. 그 과정에서 필요하면, 북경에 가는 사람으로 하여금 명나라의 율령을 구해오도록 하였다. 1482년(성종 13) 10월 8일에 영사 노사신은 "중국은 조정의 여러 관사官司의 직장職掌이 모두가 맡은 바를 기재하고 있는데, 조선은 《경국대전》에 다만 관사의 명칭만 쓰고서 맡은 바는 기재하지 않는 결점이 있음"을 건의하였다. 그는 《경국대전》에 여러 관사의 직장을 기재할 것과 명나라의 율령을 구해올 것을 청하였고, 성종은 그 건의에 따랐다.

법적 안정성 확보 ___ 1474년(성종 5)에 시행된 《갑오대전》을 수정하고 보완하는 작업이 10년에 걸쳐 이루어졌다. 1484년(성종 15) 4월 8일에 성종은 "《경국대전》을 감교한 뒤에는 《대명률》의 예에 따라 경솔하게 어지러이 고치지 못하게 하고 고치기를 청하는 자가 있으면 법을 세워서 논죄하는 것이 어떠한가?"라고 승정원에 전교하였고, 승지들은 "상교上敎가 윤당합니다"라고 답하였다. 성종 즉위 후 15년 동안 지속된 《대전》의 보완 작업을 어느 시점에서는 완료하여 더 이상 그 내용을 경솔하고 어지럽게 고치지 못하도록 해야 '법의 안정성'이 확보될 것이라고 판단한 것이다. 6월 29일에 성종은 다시 《경국대전》 교정 작업에 대해 아래와 같이 승정원에 전교한다.

전일 내가 감교청에서 《경국대전》의 교정을 마친 뒤에 의정부·6조와
재상들이 당부를 참고하게 하였으나, 이제 다시 생각건대, 그 첨가하
여 기록한 것은 다 《속전》에서 따온 것이므로 곧 선왕께서 이미 시행
하신 법인데, 재상들이 각각 소견을 고집하여 논의가 어지럽게 된다
면, 《경국대전》이 어느 때에 정해지겠는가? 참고하지 않게 하는 것이
어떠한가? 감교청에 묻도록 하라.

성종은 승정원 승지들이 주로 참여하고 있는 감교청이 주도하여 《대
전》의 내용을 확정하고자 했고, 그래야 자신의 의지가 《대전》에 반영
될 수 있다고 생각했던 것으로 보인다. 이듬해인 1485년(성종 16) 1월에
《경국대전》, 이른바 《을사대전》은 최종적인 교정이 이루어져 반포되었
다. 더 이상 교정을 허용하지 않고 만세토록 준용하도록 함으로써 《경
국대전》이 실제적으로 완성되었다. 태조의 조선 건국(1392) 이래로 거
의 100년 동안 지속되어 온 '일대지제一代之制'의 편찬 작업이 비로소
결실을 보았다.

앞서 1482년(성종 13) 10월 8일에 영사 노사신이 명나라 율령을 구해
올 것을 청했을 때에, "지금 《경국대전》을 감교하는 일은 승지로 하여
금 출납하도록 하니, 신은 전하여 아뢰는 사이에 혹시 유망遺亡됨이 있
을까 염려"한다고 말한 바 있다. 이를 통해 볼 때, 성종은 《대전》의 최
종 완성 시점에서 의정부와 6조 대신들의 폭넓은 참여와 논의보다는,
승정원과 감교청이 주도하는 집중적 심의 과정을 통해서 마무리하고자

182

했음을 알 수 있다.

법적 타당성 확보 ___ 《기축대전》에서 《갑오대전》을 거쳐 《을사대전》을 확정하는 과정은 조문들 사이의 불일치를 해소하고 조문과 현실의 관행 사이에 존재하는 간극을 줄여서 '법의 타당성'을 확보하는 것이었다. 《을사대전》이 성립한 이후 성종은 법의 집행력을 확보함으로써 《대전》이 단지 조문에 그치는 것이 아니라 일상생활에서 적용되고 실행되도록 하는 노력을 보여준다. 대표적 사례를 제시하면 아래와 같다.

사헌부에 전지하기를, "《경국대전》〈이전〉'천거조'에 이르기를, '천거한 자도 아울러 죄 준다' 하였는데, 근년 이래로 장오(뇌물 등 부정을 저지른 죄)를 범하거나 강상(사람이 지켜야 할 도리)을 무너뜨린 사람이 있을지라도 천거한 자 중에는 죄 받은 자가 없으니, 거듭 밝혀서 거행하도록 하라" 하였다.

각 도 관찰사에게 하서하기를, "홀아비와 과부를 돌보고 나이든 처녀에게 혼수를 마련해 주는 법은 《대전》에 실려 있을 뿐, 받들어 거행하는 실속이 있다는 말을 듣지 못하였으니, 이제부터 더욱 밝혀서 거행하라" 하였다.

첫 번째 인용문은 1486년(성종 17) 10월 28일자 기사이다. 〈이전〉'천거조'의 내용 가운데 "만약 천거된 사람이 공공의 재물을 횡령하거나 민간의 재물을 빼앗는 등의 탐장죄貪贓罪와 윤리를 문란하게 한 패상죄敗常罪를 범하면 천거한 사람도 함께 죄를 받는다"는 조항이 실제로는 시행되지 않고 있음을 지적하면서 거행을 촉구하고 있다.

두 번째 인용문은 1489년(성종 20) 7월 4일자 기사이다. 〈예전〉 '혜휼조'에 "관리 집안의 딸로서 서른 살이 가깝도록 생활이 곤란하여 시집가지 못하는 사람에게는 본조(예조)에서 임금에게 보고하여 적당히 혼인 비용을 보내준다"는 조항이 있다. 또한 "그 집안이 그다지 빈곤하지 않음에도 서른 살이 넘도록 시집보내지 않고 있을 경우에는 가장을 엄중히 처벌한다"는 조항이 있는데, 실제로 시행되지 않고 있음을 지적하면서 거행을 촉구하고 있다.

상세한 규정을 마련하다 ___ 《을사대전》 성립 이후 나타나는 기사들 가운데 흥미로운 점은, 태조 이래로 100년에 걸쳐 완성된 《경국대전》의 내용이 비록 완벽하다고는 할 수 없지만, 창업 직후의 법규정들과 달리 풍부하고 상세한 내용을 규율하고 있었다는 것이다. 세종 대에는 세종의 인정仁政에 대한 의지에도 불구하고 법을 집행하는 관리들이 관련 규정의 미비나 책임 회피를 이유로 엄격한 형을 가해서 문제가 되는 사례가 많았다. 그런데 성종 대는 《경국대전》과 《속전》의 내용이 방대하고 상세하여 관리들이 해당 법을 몰라 문제가 되는 사례가 종종 등장한다. 예를 들어 1490년(성종 21) 2월 2일의 '내금위 등의 휴가'에 대해 의논한 기사에는 다음과 같이 전한다.

병조에서 아뢰기를, "내금위 등이 어버이 병을 사칭하여 정사呈辭하고 출입을 제 마음대로 하여 시위侍衛가 허술하니, 이후로는 다른 군사에 게 휴가를 주는 예에 따라 살고있는 고을의 공첩을 상고해서 휴가를 주어 함부로 거짓된 짓을 하는 것을 막게 하고, 겸사복 또한 위와 같은 예를 따르게 하는 것이 어떻겠습니까?" 하니, 영돈녕 이상에게 의논하 라고 명하였다. 심회·윤필상·노사신·이극배·윤호가 의논하기를, "계 목에 따라 시행토록 하는 것이 어떻겠습니까?" 하고, 홍응은 의논하기 를, "《대전》의 법이 지극히 자세하니 다만 거행케 할 따름입니다" 하 니, 홍응의 의논을 따랐다.

'정사呈辭'는 사직이나 휴가 등의 문서를 관아에 제출하던 일을 말한 다. 위의 기사를 통해서 알 수 있는 것은, 병조의 관리나 영돈녕 이상의 대신들이《경국대전》에 '내금위의 휴가'에 대한 규정이 있다는 것을 모 르고 있었다는 사실이다. 그 결과 다른 군사들과 마찬가지로 휴가를 주 는 예에 따라서 내금위의 휴가를 시행할 것을 건의한 것이다. 홍응은 《경국대전》 편찬에 주도적으로 참여한 인물이어서 관련 규정이 있음을 알고 있었다. 성종 역시 그 규정을 몰랐는데, 홍응의 말을 듣고 그대로 따르고 있다.

앞서 살펴본 두 기사가《대전》의 규정을 알고 있음에도 실제로 지켜 지지 않아 문제가 된 것이라면, 이 기사는《대전》의 편찬에 참여해 온 대신들조차도《대전》의 내용이 지극히 상세하여 해당 규정이 있다는 것조차 모르고 있었다는 것을 말해주고 있다. 1493년(성종 24) 6월 2일 에 등장하는 아래의 기사 역시 비슷한 내용을 담고 있다.

집의 이균이 아뢰기를, "《대전》 외에 조례와 교령이 번잡하여 또 《속록》을 편찬하여 이미 반포하였는데 이제 다시 수교가 있으니, 법이 쇠털같이 많습니다. 만약 부득이 고쳐야 하고 세워야 할 법이 있다면 해당 조는 예조에 보고하고, 예조는 의정부에 보고하여, 상세하게 의논해서 법을 세우는 것이 어떻겠습니까?" 하니, 하성부원군 정현조가 아뢰기를, "조례와 교령이 번잡하여 아침저녁으로 바뀌므로 백성들이 법을 알지 못해서 따를 바가 적당하지 않으니, 이 말이 옳습니다" 하자, 임금이 말하기를, "지금 반포한 《속록》이 세밀한데 어찌 다시 법을 세울 일이 있겠는가? 만약 고칠 만한 일이 있으면 마땅히 집의가 아뢴 바대로 하라" 하였다.

성종은 《대전》과 함께 반포한 《속록》이 세밀하기 때문에 앞으로 다시 법을 세울 일이 없을 것이라고 말한다. 그것은 성종이 즉위한 이래로 세조와 예종 대에 완성된 《경국대전》을 시행하면서 문제점과 미비점을 검토하고 지속적인 교정 작업을 통해서 이루어 낸 성과였다. 뿐만 아니라 성종은 《경국대전》 규정이 단지 규정으로 그치지 않도록 하기 위해서 그 실행과 준수를 독려하였고, 규범과 현실의 차이를 줄여나갔다. 이를 통해 그가 지향하는 교화의 정치와 풍속의 규율을 사회 전반에 걸쳐 이루어 갈 수 있었다. 이것이 《경국대전》의 '실질적 완성'으로 특징되는 성종 대 법제 정비의 특징이라 할 수 있다.

유교적 법치

주자학에서 통치자란   《경국대전》에는 국왕의 권한 행사에 대한 규정이 없었다. 조선 시대 국왕의 행렬을 그린 그림 등에서도 왕의 모습은 빠져 있다. 국왕의 권한을 텅 빈 공백으로 처리함으로써 왕의 존재에 대한 신성화와 함께 신민과 차별화하려는 정치적 효과를 노린 것이었다. 왜 그렇게 처리한 것일까? 그것은 유교(성리학)에서 상정하는 통치자란 법을 통해서 권력 행사가 제한되어야 하는 존재가 아니기 때문이다. 그런 의미에서 유교는 지배자의 권력을 입법을 통해서 제한하는 근대적 입헌주의와는 근본적으로 다르다고 할 수 있다.

선행 연구에서 조선의 통치제도를 '유교적 입헌주의Confucian Constitutionalism'로 설명하는 논의가 있었다. 함재학(2004)은 《경국대전》이 아니라 《국조오례의》가 국왕의 권력 행사를 직접적으로 규율한다는 점에서 조선의 '헌법'이라고 주장한 바 있다.

근대 입헌주의는 인간의 본성이 악하다는 점을 전제로 권력을 남용하여 행사하지 않도록 제도적 견제를 하는 데 초점을 두었다. 그러나 주자학은 인간의 본성이 선하다는 점을 전제로 한다. 수양을 통해서 기질에 가려진 선한 본성(인의예지신 등)을 회복한다면 누구나 성인이 될 수 있다고 믿는다. 삼대의 성인은 먼저 그 본성을 회복한 사람이며, 이상적인 정치란 성인이 통치자가 되어서 사람들로 하여금 본성을 회복하도록 이끌어 주는 것이다.

인간의 본연지성은 하늘로부터 부여받은 것('성즉리性卽理')이기에,

모든 사람이 본성을 회복한다면 더 이상 다툼이나 갈등은 사라지게 될 것이다. 이것이 바로 교화의 정치이며 유교가 추구하는 이상적인 다스림의 모습이다. 여기에서 정치공동체의 지도자, 곧 통치자의 기본 역할은 백성을 선으로 이끌어 주는 것이다. 이러한 주자학의 이론에서는 통치자의 권력 행사를 제도와 법으로 규제하여 견제해야 한다는 '입헌주의적 사고'가 싹트기 어렵다.

그렇다면 왕은《경국대전》규정을 초월하거나 자의적으로 어길 수 있는가? 유교는 전제적 왕권을 합리화하고 있는 것일까? 그렇지는 않다. 왕은 입법자인 동시에 그 법의 유지와 운영을 책임지는 존재이기 때문에 법규정을 어길 경우 신하들은《경국대전》규정을 근거로 왕의 준법을 요구하게 된다. 초월적인 국왕의 위상을 부각시키는 것은 오히려 '공정한 최종 판결자'로서 국왕의 역할을 기대하고 있는 것이다. 또한 신하와 언론은 '공론'이라는 명분을 통해서 왕이라 하더라도 법과 여론을 따를 것을 요구한다. 공론을 무시하고 신하를 마음대로 죽이는 군주는 폭군으로 규정된다.

이처럼《경국대전》에서 국왕의 권한 행사 방식에 대한 규정이나 왕권을 견제하는 규정이 없다는 것은, '수기치인修己治人'이라는 유교의 기본적인 통치원리에 따라 군주가 덕으로써 신하와 백성을 교화해 나가는 것임을 의미한다. 물론 백성들이 법을 어길 때 통치자는 법에 따라 다스린다. 그러나 동시에 인정仁政을 보여서 감형하기도 하고 사안과 상황에 따라서 재량을 행사할 수 있다. 법에 따른 처벌이 목표가 아니라, 백성을 선으로 이끄는 것이 다스림의 목표이기 때문이다.

예치와 법치 ___ 《경국대전》은 학교를 세워 유교이념을 가르치고 유학적 식견으로 무장한 관료를 선발하여 국가를 운영하려던 조선왕조 건국자들의 이념을 잘 반영한다. 자의적인 절대군주의 출현을 방지하면서도 정치적 혼란을 막을 수 있는 국가체제를 건설하려던 정도전 등 신유학자들의 이상을 구현하고 있다. 그러나 결과적으로《경국대전》에 나타난 유교적 예치禮治 프로그램은 "위정자가 덕행으로 솔선수범" 하고 "차이가 날 경우 예로 뒷받침하라"는 공자의 생각과는 다소 동떨어진 방향으로 진행되었다. '예'보다는 '치'가 중심이 됨에 따라서《경국대전》에 기반한 조선의 통치체제는 '외유내법外儒內法'의 통치체제로 변질된 측면이 있다.

그래서 박현모(2003)는《경국대전》의 성격과 관련하여 공식적으로는 유가를 천명하면서도 실제로는 법가적 방식에 따라 작동된 것으로 언급한 바 있다. 위정자가 덕과 교화만으로는 정치를 할 수 없으며, 정치를 돕는 기구와 백성을 바른 길로 나아가게 하는 방법으로서 법망을 만들지 않으면 안 된다는 인식을 반영한 것이라고 설명한다. 덕과 예의 정치를 지향하면서도 제도와 형벌의 현실적 필요를 인정한 바탕에서 성립되었다는 것이다.

가령 유교의 예이념의 실행과 관련해서 구체적인 상벌조항을 세세하게 규정한다는 점에서 유가보다는 법가적 성격을 강하게 내포하고 있다. '덕행과 예'로써 백성을 다스리라는 공자의 덕치정신이 아닌, 인간의 이기심을 전제한 가운데 '제도와 형벌(상벌)'을 이용한 한비자 방식으로 국가의 질서를 세우려 했다는 점에서 예보다는 치가 강한 사회가 된 측면이 있다.

하지만 성종은 즉위한 이후 《경국대전》에 대한 수정과 보완 작업, 그리고 조문에 대해 끊임없이 재검토를 요구했다는 점에 주목할 필요가 있다. 이 사실은 조선이 법가적 왕권주의보다는 유가적 법치와 교화로 나아가기 위해 노력했음을 말해준다. 성종은 《경국대전》의 규정이 단지 규정으로 그치지 않도록 하기 위해서 그 실행과 준수를 독려하였고 규범과 현실의 차이를 줄여나갔다. 그가 지향하는 교화의 정치와 풍속의 규율을 이루고자 했던 것이다.

리더십 딜레마 ___ 성종은 정희왕후와 한명회의 정치적 타협을 통해서 왕위에 올랐다. 그런 이유로 성종의 치세 전반 동안 한명회의 영향력은 지대했다. 정희왕후는 성종의 친정이 시작되면서 정치 일선에서 물러났다. 반면에 한명회는 성종의 친정 이후에도 조정에서 막대한 영향력을 유지하고 있었다.

성종이 13세의 나이로 임금의 자리에 올랐을 때 한명회는 정치 인생의 절정기라고 할 수 있는 55세였다. 그는 성종의 장인(공혜왕후의 아버지)이었기에 가장 든든한 후원자이자 지지자였다. 그러나 동시에 그는 가장 왕권을 위협할 수 있는 인물이었고 성종이 자기 정치를 추구하고 정치 개혁을 이루어 가는 데 걸림돌이었다. 세조 대의 부패정치와 훈구대신들의 국정 전횡을 상징하는 인물이었기 때문이다.

이런 점에서 성종과 한명회는 일종의 '리더십 딜레마'에 빠져 있었다. 왕권 강화와 정치 개혁을 위해서는 어떤 식으로든 한명회의 영향력에서 벗어나야 했다. 하지만 그것은 자칫 성종의 권력 기반을 스스로

___8

권신을
제어하다

무너뜨리거나 약화시킬 수도 있었다. 친정 이후 성종의 정치는 한명회라는 막후 실력자로부터 벗어나 자기 정치를 이루어 가기 위한 과정이었다고 말할 수 있다.

성종은 때로는 한명회의 입장을 살피고 배려하여 든든한 우군으로 묶어두어야 했고, 때로는 그를 징계함으로써 국왕의 권위를 세우고자 했다. 그런 점에서 성종이 한명회와 어떤 관계를 맺고 상호작용하는가 하는 것은 성종의 리더십을 살펴볼 수 있는 바로미터라고 할 수 있다. 이한우(2006)는 성종이 한명회라는 큰 산맥을 넘어서지 못했고 그의 노련한 정치 기술에 휘둘렸다고 평가했다. 하지만 필자가 보기에 성종은 자기 나름의 방식으로 적절하게 그를 제어하였고 결국 한명회라는 큰 산맥을 넘어서서 자신만의 정치를 만들어 냈다. 그렇게 정립된 리더십이 성종이 추진한 개혁의 원동력이 되었다. 어떻게 그것이 가능했을까?

실세 한명회 극복하기

분경금지법의 무력화 ___ 예종의 경우, 성종과 마찬가지로 한명회의 사위였음에도 즉위 초부터 훈구대신의 권력을 약화시키고 왕권을 강화하기 위해 노력했다. 그 과정에서 장인이었던 한명회와 미묘한 갈등 관계가 형성되기도 했다. 하지만 그의 치세는 1년여 만에 종말을 고하였다.

성종의 왕권은 한명회에 대한 태생적 의존 관계에서 출발했다. 한명회의 입장에서는 성종의 즉위로 세조 대보다 더 자신에게 유리한 정치적 환경이 조성되었다고 판단했을 것이다. 세조나 예종의 치세 때와는 달리 그를 견제할 수 있는 사람은 사실상 존재하지 않았기 때문이다. 수렴청정을 하던 정희왕후조차 그의 존재를 의식할 수밖에 없는 상황이었다.

한명회는 수렴청정기에 막강한 영향력을 행사한다. 1470년(성종 1) 1월 11일에는 예종이 실시했던 분경금지법奔競禁止法을 완화했다. 이 법은 조선 시대에 위정자들의 엽관운동을 막기 위해 제정된 법제이다. '분경'이란 분추경리奔趨競利의 준말로, 벼슬을 얻기 위해 집정자의 집에 분주하게 드나드는 것을 가리킨다. 고려 시대에도 분경의 폐단이 없지 않았으나 법으로 금지한 일은 없었다. 그런데 조선 초기에 행정과 군정의 혼란을 수습하고 나아가 집권체제를 강화하기 위한 조치의 하나로 제정되었다.

성종 대에 완성된《경국대전》에 따르면, 이조와 병조의 제장諸將과 당상관, 이방과 병방의 승지, 사헌부와 사간원의 관원, 장예원掌隷院 판결사判決事의 집에 동성 8촌 이내, 이성異姓과 처친妻親 6촌 이내, 혼인한 가문, 이웃사람 등이 아니면서 출입하는 자는 분경자로 간주되어 100대의 곤장을 맞고 3천 리 밖으로 유배당하도록 규정되어 있다. 하지만 이 규정은 매우 폐쇄적인 법제여서 많은 한계가 있었다. 또한 후에는 관인들이 표면에 나서지 않고 뒤에서 몰래 청탁하고 행적을 감추기 때문에 효과를 기대하기 힘들었다.

분경금지법의 완화로 한명회는 다시 사람들을 불러모으고 자기 사람들을 조정에 배치할 수 있게 되었다. 1470년(성종 1)에 왕실 내에서 위험인물로 꼽히던 귀성군 이준을 몰아세워 죽이려는 공작을 주도한 것도 한명회였다. 겉으로는 신숙주가 나섰다. 하지만 세조 사후에 신숙주는 한명회의 사람이 되어 있었다. 한명회는 그 공작을 통해서 왕위를 튼튼히 한 공을 세웠다. 1471년(성종 2) 많은 논란 끝에 좌리공신이 된 것도 귀성군 이준을 몰아낸 것과 관련되어 있었다. 결국 이준은 경상도 오지로 유배를 가 거기서 죽었다.

한명회의 위세 ___ 1472년(성종 3) 6월 19일의 경연에서 처음으로 원상제를 혁파하는 문제가 거론되었다. 이 제도는 어린 임금이 즉위할 경우 재상들이 승정원에 근무하면서 임금을 보좌하여 정사를 보는 것을 의미한다. 세조가 죽고 19세의 예종이 즉위하자 한명회, 신숙주 등의 재상들이 임금을 도와 정사를 돌보게 하는 원상제가 채택되었고 성종 때에도 시행되었다. 이 제도의 시행은 임금의 권한을 재상들과 함께 공유하는 것이어서 왕권의 약화를 의미한다.

당시 사헌부 지평 박시형은 성종 즉위 초에는 마땅히 원상과 더불어 정사를 의논해야 했다는 점을 언급하면서도, "이제는 전하의 성학聖學이 고명하여 서무를 친히 결정하시니 조정에 일이 있으면 승정원에 의논하거나 혹은 주서(승정원에 속한 정7품 벼슬)로 하여금 대신의 집에 가서 묻게 할 것"이라고 건의하였다. 그는 만약 큰일이 있으면 원상들을 불러오게 하여 함께 의논하면 될 것이고, 늙은 신하로 하여금 아침저녁으로 승정원에 앉아서 일하게 하는 것은 불필요하다고 지적하였다. 원상들이 처리하던 일을 승정원에 넘기고, 원상을 하고 있던 대신들은 큰 일이 있을 때 자문하는 것이 좋다는 것이었다. 성종은 자신이 대신을 공경하지 않아 그들을 제조提調로 삼은 것은 아니라고 말하면서도 다시 생각해 보겠다고 대답했다. 여기서 '제조'란 중앙에서 각 사司 또는 청廳의 우두머리가 아니면서 각 관아의 일을 다스리던 직책이다. 예를 들어 원상이 이조판서가 아니면서도 이조의 업무를 처리하는 것을 말한다.

그 일이 있은 후, 한명회는 박시형이 비록 명백히 말하지는 않았지만, 그의 본뜻은 대신이 승정원에서 업무를 처리한다고 해도 정치에 이익이 없다는 것을 말한 것이라고 하면서 성종에게 피혐避嫌할 뜻을 밝혔다. '피혐'이란 사헌부에서 논핵하는 사건에 관련된 벼슬아치가 벼슬에 나가는 것을 피하던 일을 말하는데, 혐의가 풀릴 때까지 벼슬에 나가지 않는 것이 당시의 관례였다. 원상을 대표하는 한명회가 박시형의 말에 불만이 있음을 우회적으로 표현한 것이었다. 이에 정희왕후가 "주상께서 나이 어리시고 나도 아는 것이 없으므로 대신들이 좌우에서 보필하는 힘에 의뢰하기를 바랐는데, 사헌부의 말이 경 등으로 하여금 마음을 편안하게 못하게 하였으나, 그로써 혐의를 삼지 말라"고 전지하였다. 원상제의 폐지를 건의한 박시형을 비판한 것이다.

이렇게 되자 박시형은 성종에게 "오늘 아침에 신이 원상을 폐지하도록 청하였으나, 이 일은 신이 본부와 의논하여 아뢴 것이 아닙니다"라면서, "물러나서 생각해 보니 실로 전도顚倒되었습니다"라고 아뢰었다. 사헌부 동료들과 먼저 의논하고 임금에게 아뢰었어야 하는데, 의논하지 않고 아뢴 것에 대해 죄를 청했다. 하지만 성종은 "사람마다 각각 생각이 있으니 말을 하는 것이 가하다"라면서 "혐의하지 말라"고 지시하였다.

다음 날 박시형은 전날 경연에서 원상에 대해 논란하고 돌아와서 사헌부 동료들에게 말을 하였는데, 동료들이 자신에게 피혐하도록 하였다고 성종에게 말하면서, 다시금 대죄待罪할 것을 청하였다. 성종은 "어찌하여 곧 (임금에게) 계달하지 아니하였느냐?"라고 물었다. 박시형은 죄가 본부에 미칠까 두려웠기 때문이라고 답하였다. 성종은 언관이 사실대로 계달하지 않은 것은 옳지 않다고 지적하면서 박시형으로 하여금 피혐하도록 하였다.

그런데 21일에 사헌부 지평 김이정은 박시형이 사실대로 고하지 않은 것도 잘못이지만, 사헌부가 박시형에게 덮어씌우듯이 혼자 피혐하도록 한 것도 잘못된 것이라고 지적하면서 임금에게 분별할 것을 요청하였다. 이에 성종은 대사헌 김지경을 비롯한 사헌부 관원들을 불러모았다. 그 자리에서 박시형은 "신의 마음으로는 김지경 등이 대신을 두려워하여 이와 같이 비루한 말을 한다고 생각하고 곧 계달하려고 하였으나, 본부의 풍격風格을 더럽힐까 두려워하여 계달하지 못하였습니다"라고 해명하였다. 여기서 박시형이 언급하고 있는 '비루한 말'이란 "원상을 설치하는 것이 좋은 일"이라고 한 김지경의 말을 가리킨다. 박시형은 김지경 등이 원상제가 옳지 않은 것임에도 불구하고 대신을 두려워하여 이렇게 비루한 말을 한 것이라고 판단하고 있었다. 그래서 자신이 동료 관원들과 의논하지 못한 것은 대사헌을 비롯한 동료들이 대신, 특히 한명회를 두려워했기 때문이라고 밝힌 것이다.

하지만 김지경은 다른 말을 하였다. 그는 "신 등의 뜻으로는 원상을 두는 것이 심히 좋은 일인데, 박시형이 파하기를 청하였으니, 주상께서는 반드시 본부에서 동의하였다고 생각하실 것 같으며, 조정에서 들으면 또한 반드시 불가하다고 할 것이므로, 박시형으로 하여금 피혐하게 하였습니다"라고 주장했다. 김지경은 원상제를 혁파하는 것이 바람직하지 않다는 생각을 가지고 있었고 조정에서도 불가하다고 할 것이라고 예상했기 때문에, 동료 관원들과 의논 없이 단독으로 아뢴 박시형에게 피혐하도록 했다는 것이었다.

　원상제 혁파의 필요성에 대한 생각은 서로 다를 수 있다. 여기서 주목할 것은, 박시형의 말에 따르면, 대사헌 김지경이 겉으로는 원상을 그대로 두는 것이 심히 좋은 일이라고 말하고는 있지만, 속으로는 원상을 두려워하고 있었다는 점이다. 과연 누구의 말이 사실일까? 6월 26일에 사헌부 지평 남윤종과 정언 윤석은 경연에서 "김지경 등이 원상을 파하기를 청하였다는 박시형의 말을 듣고 얼굴빛이 변하고 대면에서 그를 꾸짖고 곧 그로 하여금 피혐하게 하였으며 대신에게 그 노여움을 받을까 두려워하였으니 그 마음이 비루합니다"라고 말하였다. 이 말을 통해 볼 때, 대사헌 김지경이 한명회를 두려워하여 박시형에게 모든 것을 책임지게 했다는 말은 어느 정도 신빙성이 있어 보인다.

　이러한 논의에서 볼 수 있듯이, 1472년(성종 3) 당시 한명회의 권세는 막강한 것이었다. 강직한 언론으로 관원들의 비위를 고발하는 권한을 가졌기에 문무백관에게는 두려움의 대상인 사헌부의 수장 대사헌조차도 한명회의 위세를 두려워하여 속과 겉이 다른 말을 하고 있었기 때문이다. 이 사건으로 결국 박시형은 좌천되었고, 김지경 등은 같은 품계의 다른 자리로 교체되었다.

내수사의 장리 ___ 성종 집권 초기 한명회의 권세를 보여주는 또 다른 사안이 내수사內需司 혁파에 관한 논의였다. 내수사는 조선 시대 궁중에서 쓰는 쌀이나 옷감, 잡물과 노비 등에 관한 사무를 맡아보던 관청이다. 1423년(세종 5)에 군주의 사적인 재산을 관리하기 위해 내수소內需所를 설치하였고, 1466년(세조 12)에 있었던 대대적인 관제 개혁 시기에 국가의 정식 기관이 된다. 그 후 내수소는 내수사로 이름을 바뀌었고, 모두 5명의 품관을 둔 정5품 기관이었다. 이러한 조치는 왕실의 사유재산 관리 기구를 정식 관원을 둔 국가 기구로 승격시켰다는 것을 의미한다. 그런데 성종 대에 이르러, 이러한 내수사에서 일반 백성들에게 쌀이나 옷을 빌려주고 많은 이자를 받는 것이 심각한 사회 문제로 대두되었다.

성종은 즉위 초부터 내수사의 장리長利, 곧 '곡식을 꾸어주고 일 년 후에 꾸어준 곡식의 절반을 받는 변리'가 야기하는 문제에 대해 인식하고 있었다. 내수사의 장리는 연 30~50퍼센트의 고리채로 당시 왕실의 재산을 증식하는 방법으로 널리 행해지고 있었다. 왕실에서 사용하는 미곡은 전국에 산재한 왕실 농장에서의 수확물과 고이율의 고리대를 통해 조달되었다. 이를 관장하는 장리소가 전국에 562개가 있었는데, 1472년(성종 3) 1월 성종은 이 가운데 325개를 혁파했다. 고리대 행위를 담당하는 기관을 반절 이상 혁파한 것이다. 이러한 조치로 성종은 당대에 유행하던 장리에 대해 사회적 경종을 울리고 그 피해를 바로잡고자 했다.

하지만 성종이 내수사의 장리소를 대폭 줄였음에도 당시 백성들의 생활을 근본적으로 개선하기에는 부족했다. 당대의 거실巨室, 곧 향촌마다 존재하는 재지 지배세력들이 일반 백성들의 논밭을 침탈하는 현실 속에서 내수사의 장리소를 절반 이상 혁파한 성종의 조치는 부분적인 개선책에 불과했다. 토지 소유 상한제나 사채 제한법과 같은 더 근본적인 대책이 없다면, 부유한 거족들의 횡포에 가난한 백성들의 생업은 안정될 수 없는 상황이었다.

이로 말미암아 1473년(성종 4) 7월 30일 예문관 부제학 이극기 등은 근본적으로 "내수사를 혁파하자"는 주장을 제기하였다. 그는 만약 그것이 불가하다면 차선책으로 내수사의 장리 행위라도 혁파할 것을 요청하고 있다. 이에 대해 성종은 대신들에게 논의할 것을 명하였다.

정인지·정창손·신숙주·최항·홍윤성·조석문·김질·윤자운·성봉조 등 대부분의 신하는 "내수사의 장리는 세조 조에 혁파하였으니 지금 또한 혁파하는 것이 좋겠습니다"라고 답하였고, 한명회는 "장리의 숫자는 지금 이미 적당히 헤아려 감하였으니 그대로 유지하는 것이 어떠하겠습니까?"라고 주장하였다. 이날의 기사는 이러한 대신들의 논의가 어떻게 귀결되었는지는 기록하지 않고 있으며, 내수사의 장리에 대한 기사는 이듬해 윤6월까지 등장하지 않고 있다. 이것으로 미루어 볼 때, 한명회의 주장대로 현상유지 안을 따랐던 것으로 추측된다. 부유한 거족들이 고리대를 통해 일반 백성들의 경제력을 침탈하는 상황은 계속되고 있었다.

1474년(성종 5) 윤6월 18일에 대사간 정괄이 상소했다. 근래 대신의 집에서 '식화의 이익'을 숭상하여 그 재물과 곡식이 창고에 가득할 뿐아니라 밖에 쌓아두고 자랑하며, 저택과 복식의 화려함이 궁궐에 견줄 정도라고 지적하면서, 임금이 먼저 내수사의 장리 행위를 모두 혁파하여 신하와 백성들에게 모범을 보일 것을 요청한 것이다. 그 '대신'이 누구인지는 지목하지 않았으나, 한명회를 우회적으로 비판한 것이다. 1473년(성종 4)에 모든 대신이 내수사의 장리를 폐지할 것을 건의했지만, 유독 한명회는 유지할 것을 주장한 바 있다. 뿐만 아니라 그의 졸기에서는 "성격이 번잡한 것을 좋아하고 과대하기를 기뻐하며 재물을 탐하고 색을 즐겨서 전민田民과 보화 등 뇌물이 잇달았고 집을 널리 점유하고 희첩을 많이 두어 그 호부함이 일시에 떨쳤다"고 기록되어 있다.

그가 내수사의 장리를 유지할 것을 건의한 것도 이러한 그의 행실과 무관하지는 않을 것이다. 하지만 수렴청정을 받고 있던 성종으로서는 장인이자 정희왕후와 함께 자신을 왕위에 올려준 그의 권세를 꺾기는 어려웠다. 그가 다른 대신들의 장리 폐지 의견에도 한명회의 손을 들어준 것은 그 때문이었다. 한명회의 영향력과 존재감을 확인해 주는 대목이다.

한명회의 실언 ___ 1474년(성종 5) 4월 15일 한명회의 넷째딸 공혜왕후가 세상을 떠났다. 막강한 권세를 누려왔던 한명회로서는 충격이었을 것이다. 물론 당장 그의 지위에 어떤 변화가 있었던 것은 아니었다. 하지만 그는 그의 셋째딸 장순왕후와 결혼했던 예종이 죽었을 때 못지않은 심적 충격을 느꼈을 것이다. 어쩌면 막후 실력자로서의 위상이 다시 흔들리는 것은 아닌가 하는 불안함을 느꼈을 수도 있다. 공혜왕후가 성종 사이에 아들을 낳았다면 한명회의 지위는 반석 위에 놓였을 것이다. 하지만 불행하게도 공혜왕후는 왕자를 생산하지 못한 채 일찍 세상을 떠났다.

공혜왕후가 죽고 아직 계비가 정해지지 않았던 1476년(성종 7) 1월 9일에 성종은 친부인 의경세자를 회간대왕으로 높이고 그 신주를 종묘에 안치하였다. 그다음 날에는 회간대왕의 신주를 받들어 춘향대제를 지냈다. 그리고 1월 13일, 정희왕후는 언문 편지 한 장을 원상에게 전하면서 수렴청정을 끝낼 것임을 공식화하였다. 이에 성종과 대신들은 반대하며 철렴撤簾의 뜻을 거둘 것을 청하였다. 13세 어린 나이에 즉위했던 성종뿐만 아니라 지난 7년간 정희왕후와 함께 국정을 운영해 온 원상으로서는 철렴을 쉽게 받아들일 수는 없었다. 또한 왕이 살아있는 동안에 그 아들(후계자)에게 임금의 자리를 물려주려는 뜻을 표명했을 때 순순히 따르기보다는 강력한 반대 의견을 표명하는 것이 왕에 대한 충성심을 보여주는 행위이자 당시의 관행이었다. 이런 상황에서는 반대하지 않는 것이 오히려 이상한 것이었다.

그런데 그 와중에 한명회가 했던 말이 문제가 되었다. 그는 1월 13일에 "태상(정희왕후)이 만약 그렇게 하신다면, 동방의 종묘사직과 억만 창생이 어찌되겠습니까?"라고 말했다. 성종이 철렴의 뜻을 되돌리기 위해 원상들로 하여금 정희왕후에게 건의해 달라고 요청하였기에 한 말이었다. 하지만 "주상께서 즉위한 이후로 아무 일도 하지 않아도 저절로 다스려진 정치에 이른 것은 모두가 태상께서 보호하고 인도하신 힘"이라는 말이나 "신 등이 상시로 대궐에 나와 안심하고 술을 마시는데, 만약 그렇다면 장차는 안심할 수가 없을 것"이라는 한명회의 말은 듣기에 따라서는 성종에 대한 불신과 불충으로 생각될 수도 있었다. 대비의 뜻이 완고하여 어쩔 수 없이 성종은 이날 의정부에 전지를 내려 친정을 선포하게 되었다. 그다음 날에 성종은 경연에서 다음과 같이 언급한다.

대왕대비께서 나에게 정사를 돌려주려고 하는데 내가 청해도 되지 않으므로, 원상으로 하여금 이를 청하게 하였더니, 좌의정(한명회)이 청하기를, '만약 지금 정사를 돌려준다면 이는 동방의 신민을 버리게 되는 것이니 신 등이 어느 곳에 의귀依歸하겠습니까? 비록 대궐에 나아가더라도 한잔 술을 어찌 능히 편안히 마시겠습니까?' 하면서, 이와 같이 간절히 청했으나 허가하지 않으므로, 나는 마지못해서 명령을 따랐던 것이다. 그런데 다만 이 말로써 살펴본다면 여러 정승이 나를 믿지 못하는 것이 아닌가? 비록 나날이 조심하여 힘쓰더라도 만기萬機의 일에 어찌 능히 그릇된 행동이 없겠는가? 경 등은 각기 그 마음을 다하여 나의 미치지 못한 점을 보좌하라.

이는 전날의 한명회 말에 성종이 우회적으로 유감 혹은 불만을 표시한 것이었다. 그냥 넘기고 지나갈 수는 없었을까? 그랬을 수도 있다. 의도하지 않은 실언이었기 때문이다. 더욱이 임금을 대신해서 대비에게 철렴을 거둘 것을 건의해 달라고 요청했기에 나온 말이었다. 하지만 성종은 친정을 선포한 상황에서 이제까지 수렴청정을 받으며 대비와 원상들에게 의존해 왔던 자신의 모습과는 다른 모습을 보여주고 싶었다. 특히 그동안 명실상부한 실력자로서, 대간조차 눈치를 보아야 했던 한명회의 위상을 생각할 때 견제의 필요성을 느끼고 있었다.

성종이 한명회의 말을 언급하자, 사헌부와 사간원에서는 그를 국문할 것을 청하였다. 원상 윤자운과 윤사흔도 그의 진심이 무엇인지를 묻기를 청하였다. 하지만 성종은 "내가 다만 어제 계청한 일을 말했을 뿐이고 정승의 허물을 말한 것은 아니다"라고 말하며 거절했다. 한명회가 찾아와서 사죄하자 "무슨 혐의가 있겠는가?"라는 말로 대답하며 음식을 대접하여 보냈다. 이후에도 대간은 한명회의 처벌을 주장하는 상소를 올렸지만 성종은 받아들이지 않았다.

곤경에 빠진 한명회 ___ 가벼운 해프닝으로 끝날 것 같았던 이 사건은 2월 19일에 있었던 유자광의 상소로 인해 다시 거론되었다. 그는 한명회의 말이 일시적 실언이 아니라 그 마음속에 임금에 대한 예의가 없어서 밖으로 드러난 것이며, 임금이 능히 옳고 그름에 따라 정무를 해결하지 못할 것이라 의심하고 있음을 지적하며 한명회의 처벌을 요구했다. 한명회의 속셈과 행실을 알고도 처벌하지 않는다면 법이 무너지고 인심이 흔들리고 조정이 흔들리게 될 것이라고 주장하였다.

성종이 "이미 지나간 일을 어찌 다시 논하겠는가?"라고 했음에도 한명회를 비판하는 그의 격렬한 상소는 계속되었다. 23일에도 유자광은 전한前漢의 곽광이 오랫동안 나라의 정사를 마음대로 처리하여 결국 그 자손이 화를 입었던 것을 상기시키며, 한명회 본인을 위해서라도 그 위세를 꺾어야 훗날 회한이 없을 것이라고 경계하였다.

모두가 한명회의 위세를 두려워하는 상황에서, 그에 대한 노골적인 비판을 감행했던 유자광은 권세를 초월한 인물로 보인다. 하지만 그는 예종 대에 남이와 강순이 모반을 꾀했다고 무고하여 그들을 죽음에 이르게 했고, 그 공로로 공신으로 책봉된 바 있다. 《실록》의 표현대로 그는 "젊어서부터 늘 출세하고자 온갖 방법을 꾀하여 기회를 엿보는" 인물이었다. 세조 대에 남이를 탄핵한 것이나 성종의 친정 초기에 현석규를 탄핵한 일, 그리고 연산군 대 김종직 일파를 탄핵하여 무오사화를 일으켰던 일 등이 대표적이다. 그가 한명회를 공격한 것도 당대 실권자를 비판함으로써 성종의 눈에 들어 출세를 꾀하고자 했던 것이었다.

이렇게 되자 28일에 한명회가 글을 올렸다. 유자광이 죄를 만들어 낸 말 가운데 자신의 심정에서 나오지 않은 것이 있음을 지적하면서 스스로 변명한 것이다. 유자광은 상소에서 한명회의 죄를 크게 두 가지로 적시하였다. 한명회가 임금을 노산군(단종)에 견주어 도리에 어긋나는 무례한 마음을 오랫동안 품고 있었다는 것, 그리고 그의 권세와 지위가 오래되어 그 권문에서 나온 사람이 많으며 그 위세에 겁을 내어 그의 죄악을 말하는 자가 없다는 것이었다. 이에 대해 한명회는 자신이 아니라 오히려 유자광이 임금을 노산군에 견주었고, 자신은 권력을 남용하거나 위세를 부린 적이 없음을 강변했다. 더 나아가 유자광이 자신을 진시황 때의 환관 조고에 빗대어 임금을 조고에 의해 놀아난 이세 황제에 빗댄다고 역공을 했다.

다음 날 한명회는 성종을 찾아와서 사죄를 청하였다. "신이 지금 유자광의 상소를 보건대, 신을 양기와 곽광에 견주고 있습니다. 신의 어리석고 고지식한 것은 전하께서 환하게 아시는 바인데, 신이 지금 비방을 들은 것이 이 지경에 이르게 되었으니 직위에 있기가 미안하므로, 대죄하겠습니다." 이에 성종이 "정승의 마음을 내가 어찌 알지 못하겠는가? 유자광의 말이 다만 너무 심한 것뿐이다. 그러나 말 실수를 가지고 어찌 죄를 줄 수가 있겠는가?" 하면서 "정승이 마음에 분개한 점이 있으므로 술과 안주를 내려주니, 분한 마음을 풀도록 하라"고 전교하였다.

한명회가 다시 "신의 죄는 진실로 큽니다. 신의 일로써 성상의 덕에 누를 끼치게 되었으니, 신은 죽더라도 남은 죄가 있을 것입니다"라고 하였다. 이에 성종은 "유자광이 비록 나를 진황(이세 황제)과 걸·주에 견주더라도 스스로 반성해 보아서 올바르다면 어찌하겠는가?" 하니, 한명회가 눈물을 흘리며 머리를 조아리면서 사례하였다.

한명회를 구해주다 ___ 정권의 창업 공신이자 '최대 주주'로서 불과 얼마 전까지만 해도 그 위세가 막강하여 대간조차 눈치를 봐야 했던 한명회가 사위에게 사죄하고 눈물을 흘린 것이다. 물론 이 장면은 성종이 애초부터 연출한 것은 아니었다. 그는 다만 친정을 선포할 즈음에 한명회를 견제해 둘 필요가 있다고 생각했고, 철렴 과정에서 나온 한명회의 말 실수를 대간에게 넌지시 흘렸을 뿐이다. 예상대로 대간이 한명회를 공격했고, 관용의 태도를 보이며 그의 체면을 세워주는 선에서 마무리하고자 했다. 그런데 유자광이 이 사건을 다시 들추면서 한명회가 궁지에 몰린 것이다.

성종이 유자광으로 하여금 한명회에 대한 우회 공격을 지시했다고 보기는 어렵다. 기발한 모략과 비방전술로 세조 때부터 출세를 거듭해 온 유자광의 행실을 볼 때, 그의 독자적인 판단에 의한 비방전이었다고 보는 것이 사실에 가까울 것이다. 그를 총애하던 세조가 죽고 성종이 즉위함으로써 그의 존재감은 점차 희미해졌다. 그때 그의 눈에 기회가 포착되었다. 성종이 친정 이후 한명회를 견제할 뜻을 은연중에 드러냈고, 태산과도 같았던 한명회의 위상이 잠시 흔들리고 있었다. 대간에서의 탄핵과 비판이 있었지만 미진했다. 이 상황에서 유자광은 자신의 장기를 십분 활용하여 존재감을 보여주고자 했던 것이다. 성종으로서는 예상치 못한 소득이었다. 처음으로 한명회의 위상이 크게 흔들렸다. 한명회가 성종에게 "성상의 덕에 누를 끼치게 되었으니 죽더라도 남은 죄가 있을 것"이라고 사죄하면서 울며 머리를 조아리는 장면은 불과 몇 년 전만 해도 상상할 수 없는 것이었다.

성종은 소기의 목적을 충분히 달성했다. 더 이상 한명회를 궁지로 몰아가지 않았다. 3월 1일에는 오히려 "유자광의 말이 너무 심했다"고 말하며 한명회를 위로하고, "유자광의 잘못은 비단 나 한 사람만 아는 것이 아니라 사람들이 함께 아는 바"라고 말하며 견제했다. 이로 인해 당황한 것은 오히려 유자광이었다. 그의 상소에 대한 임금의 반응이나 상소 이후 사태의 전개가 자신의 예상과는 달랐기 때문이다. 그는 임금에게 불려 나간 자리에서 "신 또한 제 말에 잘못이 있다는 것을 알고 있습니다"라고 고백하며 사죄해야 했다. 성종으로부터 "한 번 사책에 쓰이면 만세에 전해져서 고칠 수 없는 것"이니 앞으로는 '조고니 이세니'라고 말하지 말고, 마땅히 더 깊이 생각하고 말을 조심하도록 경고를 받았다. 성종이 비록 나이는 어리지만 세조나 예종과는 다른 임금이라는 것을 새삼 실감했을 것이다.

성종은 한명회에 대한 처벌이나 견책을 원하지 않았지만, 사헌부와 사간원은 그를 비판하고 탄핵하는 논의를 계속하였다. 특히 유자광의 상소 가운데 한명회가 성종을 노산군에 비유한 말에 대해서 비판이 이어졌다. 3월 7일에 사헌부에서는 한명회를 나라를 해치는 소인으로 규정하면서 그를 물리쳐야 한다는 말까지 나왔다. 이에 성종은 "지금 누가 군자이고 누가 소인이란 말인가?"라고 화를 냈다. 이러한 소란으로 인해 한명회는 여러 차례 좌의정에서 물러날 뜻을 표명했다. 29일에는 발에 병이 났음을 명분으로 해임을 청하였고, 결국 성종이 이를 받아들여 물러나게 되었다.

갈등의 표면화 ___ 5월 15일에 사헌부 대사헌 윤계겸이 상소하여 원상제의 폐지를 건의하였다. 원상제는 세조 때의 권도(임기응변)에서 나온 것이지 영구히 지속할 제도는 아니었으며, 임금이 모든 정무를 스스로 결단하게 된 상황에서 혁파하는 것이 마땅하다는 것이었다. 19일에 성종은 다음과 같이 의정부에 전지하면서 원상제를 폐지하였다.

> 원상을 설치한 것은 대개 좌우에 두고서 자문에 편리하게 하고자 함이었다. 그러나 기구耆舊의 신하를 이른 새벽과 저녁 늦게 출입하게 하는 것은 상대에게는 조양調養(몸조리)을 못하는 결과가 되고 나에게는 높이 예우하는 도리가 아니니, 도움을 받는 것은 비록 절실하지만 마음으로는 사실 미안했었다. 그런데 얼마 전 원상들이 스스로 쉬기를 요청해 왔고, 대간도 예로 대신을 대접하는 도리에 어긋난다고 했다. 지금부터는 승정원에 나오지 말게 하라.

비록 '대신을 예우하는 도리'를 거론하며 폐지의 당위성을 말하고는 있지만, 친정을 시작하는 즈음에 대신의 위세를 억누를 필요성을 느꼈던 것이 그 폐지의 더 큰 이유라고 할 수 있다. 성종과 한명회 사이의 미묘한 긴장과 갈등은 이때부터 서서히 표출되기 시작했다.

'가지치기'로 힘을 빼다

건재를 과시하다 ___ 원상제가 폐지되었다고는 하지만, 한명회의 영향력이 사라진 것은 결코 아니었다. 그는 영사領事로서 주요 국정 현안에 대해서 임금에게 자문하는 역할을 수행했다. 철렴 시기의 실언으로 인한 위기 이후에도 그는 여전히 막후 실력자였고, 임금조차 함부로 대할 수 없는 존재였다.

1476년(성종 7) 8월에 숙의 윤씨를 왕비로 책봉하였는데, 그녀의 가문은 한명회의 청주 한씨 가문과 비교하면 한미한 수준이었고, 아버지 윤기견은 이미 죽은 상태였다. 한명회는 비록 임금의 장인이라는 지위는 상실했지만, 전 장인이자 정희왕후의 정치적 파트너로서 조정에서 입지를 유지하고 있었다. 친정이 시작된 이후, 성종과 한명회의 관계는 다시 회복되어 갔다.

1479년(성종 10)을 전후해서 한명회는 자신의 활로를 명나라에서 찾았다. 그해 윤10월에 명나라에서 건주위 정벌을 위한 파병을 요청했을 때 그는 '파병 불가피론'을 적극적으로 펼쳐서 마침내 관철시켰다. 그러나 대장 어유소는 압록강을 건너지도 못하고 군대를 해체해 버렸다. 이때 한명회는 '재파병론'을 밀어붙였고 명나라의 노여움을 사지 않도록 적극적으로 나섰다. 그의 건의로 서정西征을 일으킨 것을 치하하기 위해서 이듬해인 1480년(성종 11) 1월 8일에 성종은 고급 옷감을 선물로 하사했다. 한명회는 폐비 윤씨의 일을 명나라 황제에게 해명하고 중궁(정현왕후)의 고명(책봉문서)을 청하기 위하여 사신으로 북경에 갔다

오기도 하였다. 1481년(성종 12) 4월 19일 성종은 그가 맡은 소임을 완수한 노고를 치하했다.

이 무렵 명나라에서는 조선 출신의 환관 정동을 사신으로 정기적으로 파견했다. 그런데 그는 수시로 뇌물을 요구하고 자신의 친인척이나 통역관들의 인사 청탁을 했다. 조선으로서는 큰 골칫거리였다. 게다가 1480년(성종 11) 전후로 폐비 문제와 세자 책봉 문제가 걸려있었는데, 이 문제는 명나라의 승인을 얻어야 하는 사안이었다. 한명회는 사신으로 북경에 갔다 온 경험을 바탕으로 명나라 사신 정동과도 개인적인 관계를 형성하고 있었다. 그러던 차에 1481년(성종 12) 6월 소위 '압구정 사건'이 일어났다. 이 사건으로 인해 성종과 한명회 사이에 다시 긴장이 형성되었다.

압구정 사건 ___ 압구정은 한명회가 자연풍광이 좋은 곳을 골라 1476년(성종 7) 지은 정자이다. 정자가 낙성된 날에는 왕을 위시하여 조정의 문신들을 초청했다. 성종 자신도 당시 '압구정 시'를 직접 지어 하사했고, 조정 문신들도 경쟁적으로 시를 지어 바쳐 그 시가 수백 편이나 되었다. 압구정은 명나라에까지 소문이 나서 사신들이 서울에 오면 강가에 배를 띄워놓고 여기서 놀고 싶어 했다.

그런데 이해 6월 24일에 한명회가 성종을 찾아와 "명나라 사신이 신의 압구정을 구경하려 하는데, 이 정자는 매우 좁으니 말리는 것이 어떠하겠습니까?"라고 말하였다. 그래서 성종도 우승지 노공필을 시켜 명나라 사신에게 "이 정자는 좁아서 유관遊觀할 수 없습니다"라고 전했으나, 명나라 사신은 "좁더라도 가보겠습니다"라고 말했다. 그런데 한명회가 압구정이 매우 좁다고 말하면서 명나라 사신을 말려 달라고 한 것은 계산이 있었기 때문이다. 다음 날 한명회는 다시 성종에게 아래와 같이 말했다.

내일 사신이 압구정에서 놀고자 하므로 신이 오늘 아침 사신에게 가 보았더니, 사신이 신을 만류하여 점심 식사를 같이하였습니다. 사신이 말하기를, '내가 얼굴에 종기가 나서 낫지 않았으므로, 가지 못할 듯합니다' 하기에, 신이 청하기를, '나가 놀며 구경하면 병도 나을 것인데, 답답하게 객관에 오래 있을 필요가 있겠습니까?' 하니, 사신이 말하기를, '제가 가는 것이 마땅하겠습니다'라고 하였습니다. 신의 정자는 본래 좁으므로 지금 더운 때를 당하여 잔치를 차리기 어려우니, 해당 관청을 시켜 정자 곁의 평평한 곳에 큰 장막을 치게 하소서.

여기서 언급된 한명회의 말을 통해서 볼 때, 전날에 그의 말은 명나라 사신을 모시지 않겠다는 것이 아니라, 압구정이 좁으니 자신의 정자를 임시로 확장하기 위해서 해당 관청을 시켜 공사를 하도록 해달라는 요청이었다. 그가 말한 '큰 장막'은 국왕이 사용하는 용봉차일龍鳳遮日을 의미하는 것이었다. 그의 요청이 무리한 것이었을까? 언뜻 보면 관청으로 하여금 자신의 정자를 확장해 달라는 주장이나 임금이 사용하는 차양을 신하가 쓰겠다고 하는 것이 무례하고 무엄한 월권으로 생각될 수도 있다.

하지만 한명회는 자신의 권세를 과시하기 위해서가 아니라 명나라 사신을 극진히 대접하기 위해서 요청한 것이었다. 더욱이 당시에 폐비 문제에 대한 해명이나 세자 책봉 문제를 해결해야 하는 상황이었고, 이를 위해서 명나라 사신에게 조선 국왕의 정성을 보여줄 필요가 있었다. 설사 그러한 현안이 걸려있지 않은 상황이라 하더라도, 세종과 세조 시대와 같이 명나라에 대한 지성사대를 보임으로써 양국 관계를 돈독하게 하고 이를 통해 조선의 입지와 위상을 공고히할 필요가 있었다. 그런 점에서 한명회의 요구가 무리한 것이라고 보기는 어렵다.

문제는 그의 요청 자체에 있는 것이 아니라 그와 성종과의 관계에 있었다. 비록 그가 성종의 친정 이후 '자숙'하고 있다고는 하지만, 그는 여전히 조정에서 막강한 영향력을 지니고 있었다. 그렇기에 성종은 친정 이후 그의 위세를 억제함으로써 그를 견제하고자 했다. 그런데 그가 명나라 사신에 대한 접대를 이유로 왕의 권세를 빌리고자 했다. 예전 같으면 몰라도 국왕으로서 권위를 세우겠다고 결심하고 있던 이때의 성종으로서는 받아들일 수 없는 것이었다. 압구정 사건의 본질은 여기에 있다.

성종은 "경이 이미 명나라 사신에게 정자가 좁다고 말하였는데, 이제 다시 무엇을 꺼리는가? 좁다고 여긴다면 제천정에서 잔치를 차려야 할 것이다"라고 전교하였다. 압구정이 좁다면 그곳에서 사신을 맞이하지 말고 더 넓은 제천정에서 맞이하라는 것이었다. 그러자 한명회가 다시 정자의 처마에 잇대는 장막을 청하였다. 하지만 이번에도 성종은 거절의 뜻을 표시하며 다음과 같이 전교하였다.

이미 압구정에서 잔치를 차리지 않기로 하였는데, 또 무엇 때문에 처마에 잇대는가? 지금 큰 가뭄을 당하였으므로 뜻대로 유관할 수 없거

니와, 내 생각으로는, 이 정자는 헐어 없애야 마땅하다. 명나라 사신이 명나라에 가서 이 정자의 풍경이 아름답다는 것을 말하면, 뒤에 우리나라에 사신으로 오는 사람이 다 유관하려 할 것이니, 이는 폐단을 여는 것이다. 또 강가에 정자를 꾸며서 유관하는 곳으로 삼은 자가 많다 하는데, 나는 아름다운 일로 여기지 않는다. 내일 제천정에 술을 차리고 압구정에는 장막을 치지 말도록 하라.

압구정이 단순히 잠시 머물며 휴식하는 장소가 아니라 한명회와 명나라(사신)를 연결하는 통로이자 한명회가 지닌 권세의 원천이 되어 있음을 간파하고 그 근원을 아예 끊어내고자 한 것이다. 이처럼 성종이 예상치 않게 강경한 태도로 나오자 한명회는 당황하고 동시에 분노했다. 그는 "신은 정자가 좁고 더위가 심하기 때문에 아뢴 것입니다. 그러나 신의 아내가 본래 오랜 질병이 있는데 이제 또 도졌으므로, 신이 그 병세를 보아서 심하면 제천정일지라도 신은 가지 못할 듯합니다"라고 말했다. 자신의 요구가 받아들여지기는커녕 오히려 압구정이 폐치될 위기에 처하자 아내의 병을 핑계로 사신 접대를 취소했다. 이 일을 무마하고자 하면서 동시에 우회적으로 불만을 표시한 것이었다.

한명회가 물러나자 승지들이 "한명회의 말은 지극히 무례합니다"라고 아뢰면서 그를 국문할 것을 청했다. 성종은 승지들의 말에 공감하면서도 "천천히 분부하겠다"고 답하였다. 26일의 경연에서 성종은 먼저 전날의 일을 끄집어 내면서 "이제 명나라 사신이 압구정에서 놀고자 하거니와, 뒤에 오는 명나라 사신도 다 가서 유관한다면 그 폐단이 적지 않을 것이므로, 내가 헐고자 하는데 어떠한가?"라고 좌우에 물었다. 이에 신하들 역시 공감하면서 전날에 있었던 한명회의 발언과 행동에 대해 죄를 주어야 한다고 주장했다. 그러자 성종은 다음과 같이 밝혔다.

정승(한명회)이 잘못하였다. 전일 북경에 갈 때에는 아내의 병이 바야흐로 심하여 거의 죽게 되었어도 부득이 갔는데, 이제 하루의 일 때문에 아내가 앓는다고 사양하는 것이 옳은가? 내가 어진 임금이 아니라고 해도 신하의 도리가 어찌 이러할 수 있겠는가? 승정원에서 말하기를, '한명회가 청한 대로 허락받지 못하였으므로 분한 마음을 품고 이 말을 한 것이다'라고 하였는데, 실정은 알 수 없으나, 그 말은 분한 마음을 품은 듯하다.

결국 성종은 압구정을 "올해 안에 헐어 없애도록 하라"고 말하면서 한명회를 국문하라고 명하였다. 그러자 한명회가 임금을 찾아와서 변명하였다. 자신은 명나라 사신이 압구정을 보고자 하는 것을 말렸을 뿐이고, 정자가 좁아서 보첨補簷을 청하였던 것이며, 자신이 가지 않으면 명나라 사신도 가서 구경하지 않을 것으로 생각했기 때문에 제천정에 가지 않으려 했다는 것이었다. 그의 해명에도 불구하고 성종은 사헌부에 다음과 같이 전지하였다.

한명회가 이미 아뢰기를, '명나라 사신이 압구정에서 유관하고자 하는데, 정자가 좁고 곁에 평평한 땅이 있으니 장막과 보첨을 청합니다' 하고는 윤허받지 못하자, 문득 분한 마음을 일으켜 거짓으로 아내의 병을 핑계하였고, 자제를 통해 아뢰기를, '아내의 병이 위독하여 제천 정일지라도 결코 가서 참여할 수 없습니다' 하였으니, 무례가 막심하다. 추국하여 아뢰라.

성종은 압구정과 관련한 한명회의 언행이 임금의 조치에 대한 분한 마음에서 비롯된 '무례'라고 비판했다. 이 사건에서 그가 한명회의 불경한 태도에 대해 분노하고 있었음을 말해준다. 7월 1일에 사헌부에서 한명회를 국문한 결과를 올렸다. 성종은 "죄는 크나, 여러 조정의 원훈이고 나에게도 구은舊恩이 있으니, 다만 직첩을 거두고 성 밖에서 살도록 하는 것이 어떠한가?"라고 말하며 신하들의 의견을 구하였다. 이때 신하들 가운데는 직첩만 거두자는 의견과 직첩을 거두고 성 밖에 나가 살게 하자는 의견으로 나뉘었다. 성종은 결국 직첩만 회수하는 것으로 사건을 마무리하였다.

정희왕후라는 '성역' ___ 당초 한명회의 불손한 언행으로 인해 분노했던 성종의 태도에 비추어 볼 때, 다소 약한 처벌에 그친 것이 아닌가 하는 생각이 든다. 그 이유는 무엇일까? 성종은 "한명회를 외방에 살도록 하였다가 명나라 사신이 알고서 용서해 주기를 청하게 되면 처치하기 어려울 것"이라는 점을 그 이유로 내세웠다. 한명회가 명나라 사신과 긴밀한 관계를 형성하고 있으며, 명나라와 여러 현안이 걸려 있는 상황에서 쉽게 그를 단죄하기 어려웠음을 말해준다.

그러나 성종의 말을 달리 생각해 보면, 한명회가 비록 세조 이래로 공이 큰 공신이라는 점과 자신을 옹립해 준 은혜가 있기는 하지만, 그것은 더 이상 성종에게 걸림돌이 되지 않음을 의미한다. 그는 한명회의 위세를 억누를 수 있을 만큼 성장했다는 자신감이 있었다. 한명회 역시 그 점을 어느 정도 인식하고 있었기에, 명나라(사신)와의 개인적 연줄을 통해서 자신의 위세를 유지하려고 한 것이다. 한명회에 대한 국문과 그에 따른 성종의 직첩 회수 명령이 있은 때로부터 4개월이 지난 11월 17일에 성종은 한명회의 직첩을 돌려주었다. 그가 국가의 원훈으로 그 공이 과오를 덮을 만하며 이미 징계가 되었다는 것을 이유로 내세웠다.

이 시점에서 성종이 그를 보다 강하게 질책하지 않은 것은 명나라와 연결된 한명회의 배후를 고려했을 뿐 아니라, 정희왕후의 입장도 배려한 것이었다. 비록 정치 일선에서는 물러나 있지만, 정희왕후는 그 존재만으로 성종에게는 일종의 '성역'이었다. 성종은 대비가 살아있는 동안은 그의 뜻을 거스를 수는 없었고 거스르려 하지도 않았다. 정희왕후는 압구정 사건이 있은 지 2년이 지난 1483년(성종 14) 3월에 승하한다. 그전까지는 대비의 정치적 동반자였던 한명회를 끝내 욕보이기는 어려웠을 것이다. 한명회를 심하게 욕보이는 것은 자칫 대비를 욕보이는 것일 수도 있기 때문이다.

사행의 길 ___ 1483년(성종 14) 1월 4일에 성종은 원자가 여덟 살이 되어 세자를 책봉할 때가 되었다는 것을 영돈녕 이상 및 의정부와 6조의 당상관에게 알렸다. 그리고 명나라에 세자 책봉을 주청하기 위해 한명회를 사신으로 보낼 뜻을 전교하였다. 그 이전에 명나라에서 보내온 황제의 조서에서 "만일 주청할 일이 있거든 모름지기 한명회를 보내라"고 하였기 때문이다. 한명회를 세자 책봉을 위한 주청사로 보내는 것에 대해 반대 의견이 있었지만, 대체적으로 일단 황제의 명에 따르는 것이 좋겠다는 의견이었다. 한명회는 "신의 나이 이제 곧 70세가 되므로 아침에 저녁을 염려할 수 없으니 임금의 명령을 욕되게 할까 두렵습니다"라면서 사양하였다. 하지만 성종은 "황제의 명령이 있고 정승도 병이 없으니 사양하지 말고 가도록 하라"고 전교하였다.

한명회가 명나라 사신 정동을 자기 편으로 만든 것은 성종의 친정 선포 이후에 흔들리기 시작했던 그의 입지를 굳히는 데 도움이 되었다. 하지만 그것이 그에게 반드시 유리한 결과만을 가져다 준 것은 아니었다. 그가 사신 정동의 위세를 이용하여 자신의 권세를 유지하고자 할수록 일종의 '역풍'에 직면하게 되었기 때문이다. 압구정 사건에서 보는 바와 같이 임금의 권위에 도전하는 것으로 비쳐 곤욕을 치러야 했던 것이다.

또한 한명회가 명나라 황제의 권위를 보호막으로 끌어들인 대가로 그는 원하지 않게 칠십 가까운 나이에 사신으로 가야 했다. 그래서인지 그는 사신으로 가는 것을 꺼렸고, 파견이 결정되었을 때는 자신의 앞날에 대한 불안감에 휩싸여 있었다. 사행을 앞두고 있던 1월 30일의 기사에는 우승지 강자평의 입을 통해서 한명회의 심정이 기록되어 있다.

우승지 강자평이 아뢰기를, "한명회가 신에게 이르기를, '후원에서 관사하던 날에 금성대군의 집을 지나가다 지난날의 일을 돌이켜 생각하니 눈앞에 환합니다. 신이 이번에 북경으로 가게 되었는데 나이도 이미 늙어 남은 생애가 얼마 되지 않으니 사신으로 잘 갔다가 돌아온다는 것도 알 수 없으므로, 성상의 앞에 이르러 계유년(1453, 단종 원년)

의 일과 병자년(1456, 세조 2)의 일을 낱낱이 진술하기를 원하였으나 계달할 길이 없었습니다. 신이 만약 죽으면 비록 국사國史가 있더라도 어찌 눈으로 본 것과 같겠습니까?'라고 하였으니, 한명회의 뜻은 신으로 하여금 계달하게 하려고 한 것입니다."

한명회는 사신으로 가기 전에, 지난날을 돌이키며 수양대군(세조)이 정권을 장악하기 위해 반대파를 제거했던 계유정난과 병자년의 단종 복위 사건, 즉 성삼문·박팽년 등이 단종의 복위를 꾀하다가 실패하여 사사된 사건을 성종에게 아뢰고자 하였다. 그것은 단지 그의 말대로 국사를 기억하여 기록으로 남기기 위한 것만은 아니었다. 그는 자신이 세조와 함께 이룩했던 역사적 공훈을 성종에게 상기시킴으로써 자신의 존재를 부각시키고자 했고, 사행으로 가는 것에 대한 반대 의사를 피력하고자 했던 것이다. 그러나 성종은 "정승이 아뢰고자 하면 후일에 아뢰는 것이 가하다"면서 한명회의 요청을 받아들이지 않았다.

2월 5일 한명회가 자신의 소회를 임금에게 말할 기회가 주어졌다. 그는 병자년에 박팽년 등이 변란을 도모한 일을 꺼냈다. 자신이 그 낌새를 눈치채고 운검雲劍(호위무사)을 세우는 일을 막아서 세조의 목숨을 살렸던 일을 어필하고 싶었을 것이다. 하지만《실록》에 의하면 "다른 신통한 계책이 없으므로 임금이 대답하지 아니하니, 한명회가 이에 물러나왔다." 성종으로서는 계유년과 병자년의 일에 대해서는 이미 잘 알고 있는 바이고, 한명회의 사행을 중단시킬 만한 이유나 명분도 없었기 때문에 아무 말도 하지 않은 것이다.

두루마리 사건 ___ 그것이 서운해서였을까? 한명회는 물러 나오면서 강자평에게 "성상께서 신료에게 명하여 송행시送行詩를 지어 두루마리를 만들게 하였으나, 그것을 책에다 쓰면 보기에 편리하겠습니다"라고 말했다. 이에 강자평이 "그렇게 하겠습니다"라고 대답했다. 강자평은 별다른 생각 없이 단지 편의를 위해서 한명회의 요청에 따랐다. 하지만 엄밀히 말해서 그것은 임금의 명령을 어긴 것이었다. 성종은 송행시를 두루마리로 만들도록 했지 책으로 만들라고 하지는 않았기 때문이다. 한명회의 요청은 그의 뜻을 받아들여 주지 않은 임금에 대한 불만에서 비롯된 것이었다. 이로 인해 조정에서 한명회의 처신에 대한 논란이 재연되었다.

2월 8일에 성종이 직접 문제를 제기했다. 승정원에서 주문사 한명회의 송행시책의 일을 보고하자, 성종은 "내가 두루마리로 만들라고 명하였는데 어째서 책으로 만들었느냐?"라고 전교하였다. 우승지 강자평은 한명회가 책으로 만들기를 청하였으므로 그렇게 하였는데, 다시 생각해 보니 임금의 교지를 받지 않고 그렇게 한 것은 죄가 있다고 고백하였다. 이에 성종은 "임금의 명은 따르지 아니하고 대신의 말을 듣는 것이 옳은 일이냐?"라고 하면서 사헌부에 명하여 강자평을 국문하게 하였다.

다음 날 근정전에서 왕세자 책봉을 기념하여 회례연이 열렸다. 이때 한명회가 임금을 찾아와서 강자평이 송행시를 두루마리로 하지 않고 책으로 만든 것은 자신의 말을 듣고 그렇게 한 것이니 자신에게 죄가 있다고 말하며 벌을 줄 것을 청하였다. 이에 성종은 "허물은 강자평에게 있지 정승에게 무슨 죄가 있겠는가?"라고 하였다. 한명회의 '불만'

을 잘 알고 있는 성종이 두루마리가 아닌 책으로 그 불만을 표출한 행위에 대해서 직접적으로 그를 문책하지 않고 강자평의 허물이라고 전가하고 있는 것이다.

성종은 자신의 권위에 도전하는 한명회를 '사행'의 길로 유도했다. 그렇게 간접적으로 처벌하는 것이 그를 직접 처벌하는 것보다 효과적일 뿐만 아니라 대비의 입장을 배려하는 것이라는 점을 성종은 잘 알고 있었기 때문이다.

이한우(2006)는 성종과 한명회 사이에서 일어나는 갈등이 일정한 패턴을 보인다는 점을 지적하면서 그 패턴을 비유적으로 표현한다. "앞에 올가미가 있다. 누가 시키지 않아도 한명회가 먼저 올가미 속에 머리를 들이민다. 성종은 그 올가미를 죄기 시작한다. 그러나 무작정 당기지 않는다. 아니 그렇게 할 수 없다. '한명회 없는 조정'을 성종으로서는 도저히 생각할 수 없기 때문이다. 결국 성종은 그 자신이 한명회의 행동을 '불경'이라고 하면서도 제대로 목을 졸라보지 못하고 자신이 직접 올가미를 풀어준다. 수렴청정이 끝난 직후에도 그랬고, 압구정 사건 때에도 마찬가지였다. 사실 한명회 식 정치라고 할 수 있는 이런 스타일의 행동은 수없이 사선을 넘어본 배짱이 없이는 쉽게 보여줄 수 없는 것이다."

하지만 이한우는 성종이 왜 그 올가미를 무작정 당기지 않는지에 대해서 오해하고 있다. 그것은 '한명회 없는 조정'을 도저히 생각할 수 없기 때문이 아니다. 그 올가미를 졸라 한명회를 일벌백계하는 방식으로 처벌하기보다는, 올가미를 죄었다 풀었다 하면서 그를 길들이는 것이 부작용이 적고 보다 효과적이라는 점을 성종이 간파하였기 때문이다.

그 결과 성종은 자신의 권력 기반이었던 '한명회와 정희왕후의 파트너십'을 해치지 않으면서 한명회의 권세를 서서히 약화시킬 수 있었다.

달이 이지러지듯이! ___ 일찍이 한비자는 군주가 세력 있는 신하를 제거하기 위해서는 '마치 달이 이지러지듯이' 천천히 그리고 신중하게 그 세력을 약화시켜야 함을 말한 바 있다. 그렇게 함으로써 권신이 붕당을 형성해 세력을 확대하는 것을 막고 군주를 속이지 못하게 할 수 있으며 군주의 권력을 드높일 수 있다는 것이다. 이것이 이른바 '가지치기(피목披木)'인데, 세력 있는 신하가 '호랑이'가 되어 군주를 해치기 전에 그 싹을 잘라버려야 한다는 것으로, 한비자가 제시하는 술치術治의 백미이다.

군주가 된 자는 (신하를 나무에 비유하자면) 그 나무를 자주 베어 가지가 뻗어 나가지 못하게 해야 한다. 나뭇가지가 무성하게 뻗으면 장차 공가公家의 문을 막게 될 것이다. 사가私家로 사람이 모여들면 조정 안은 텅 비어 군주는 장차 이목이 가려지고 갇히게 될 것이다. 그 나무를 자주 베어 가지가 밖으로 자라지 못하게 해야 한다. 나뭇가지가 밖으로 자라면 장차 군주의 자리를 위협하게 될 것이다(〈양권揚權〉).

한명회에 대한 쾌도난마 식의 공격은 성종 자신의 권력 기반을 스스로 무너뜨리는 것이며 정희왕후를 배려하는 데 있어서 득보다 실이 더 많은 것이었다. 그래서 성종은 그를 처벌할 듯하면서도 풀어준다. 그 과정에서 한명회의 입지는 점차 흔들렸고, 결국 명나라와의 연줄에 기대야만 했다. 하지만 두루마리 사건으로 그의 위신은 또다시 크게 위축되었다. 그것은 노회한 정객 한명회가 보여준 마지막 저항의 몸짓이었다.

11일에 사헌부에서는 임금의 명령에 따르지 않고 한명회의 송행시를 임의로 책으로 만든 강자평의 죄는 참형에 해당한다고 보고했지만, 성종은 그의 고신을 거두고 외방에 살도록 명하였다. 강자평이 무심코 한명회의 말을 따랐을 뿐이지 일부러 임금의 뜻을 어긴 것은 아니라는 강희맹의 의논을 참고한 것이었다. 강희맹은 당시 사대부 사이에서 두루마기로 만든 시집을 족자로 만들기도 하고 책으로 만들기도 하여, 때에 따라 적당히 시행하는 것이 예사라는 점을 지적하면서 강자평도 그런 점을 고려하여 한명회의 말을 무심코 따른 것이라고 변론했다. 그로부터 이틀 후인 13일에 한명회는 사행길에 올랐다. 그것은 "보기 좋게 올가미에서 머리를 끄집어 낸 것"이 아니라, 스스로 말한 바와 같이 사행死行의 길이 될 수도 있는 험지에 내몰린 것이었다.

한명회가 명나라에 가 있던 1483년(성종 14) 3월에 대왕대비 정희왕후가 병을 치유하고자 온양에 거동하였다가 4월 1일에 그곳에서 승하했다. 한명회는 정희왕후의 발인을 이틀 앞둔 6월 1일에 조선으로 귀환하였다. 주문사 한명회 등이 돌아와 복명하니 성종은 명나라에서의 일을 물었다. 한명회는 정동이 황제의 총애를 받아 그 기세가 성하다는 점과 명나라 환관들이 "정 태감(정동)이 본국(조선)에 사신으로 가면 마땅히 후한 증여를 할 것이고 연위宴慰할 필요는 없다"고 말하면서 그가 재물을 탐함을 지적하였다고 보고하였다. 형식적인 질문이었고 사무적인 보고였다.

그 후 성종과 한명회 사이에는 면대가 이루어지지 않았다. 오히려 그에 대한 비난의 목소리만 들려왔다. 8월 17일에 승문원 판교 이명숭은 한명회가 주문사로 간 배경에는 정동의 농간으로 인해 명나라에 바치는 공물이 늘어나자 황제에게 공물을 면제시켜 달라는 청을 해줄 것이라는 기대가 있었는데, 정작 입조하였을 때 그에 대해서 한마디 언급도 없고, 다만 세자의 관복의 일을 가지고 스스로 그 공을 자랑했을 뿐이라고 비판하였다. 이후에도 정동이 조선과 명나라 사이에서 사신으로서 지속적으로 중요한 역할을 수행했던 것과 달리, 한명회는 사실상 아무런 역할도 하지 못했다. 명나라(사신)를 끌어들여 조선 조정에서 자신의 존재감을 드러내고자 했던 그의 시도는 두루마리 사건으로 좌절되었다. 뿐만 아니라 여진족에 대한 처리를 논의하는 자리에서도 한명회의 목소리는 사라졌다.

한명회의 손아귀에서 놀아나다? ___ 한명회가 마지막으로 조정에 모습을 드러내는 것은 이듬해(성종 15) 5월 3일이었다. 그는 손자 한경기의 법첩法帖을 인쇄하기를 청하면서 문종의 어필과 조맹부의 진필을 바쳤다. 이에 성종은 "문종이 쓴 글씨를 외간에 놓아두는 것은 마땅하지 아니하니 내가 마땅히 내부內府에 두겠으며 법첩은 인쇄하여 주겠다"고 답하였다. 이 일과 관련해서 《실록》에서는 "한명회는 그 손자에게 서법을 가르치기 위하여 법첩 인쇄를 청하였으니 그 경솔하고 번거롭게 한 것만도 이미 부당한 처사인데, 또한 임금이 좋아하는 저명한 사람의 서찰에다가 법첩까지 바쳐서 임금의 비위를 맞추었으니, 이것이 어찌 대신의 도리라고 하겠는가? 한명회는 일찍이 어서御書를 사사로이 인쇄하여 집집마다 병풍과 족자를 만들게 해서 근시들이 다투어 거둬들였는데, 임금의 좋아함은 한명회가 유도한 것이다"라고 논평한다.

《실록》의 지적과 같이, 손자에게 서법을 가르치기 위해 국가에 법첩을 인쇄하도록 요청한 것은 부당한 처사이며, 한명회는 이를 위해 문종과 조맹부의 글씨를 바쳐 임금의 비위를 맞추었다. 성종이 좋아하는 것을 이용하여 개인적인 부탁을 했던 것이다. 호학과 호문의 군주였던 성종이었기에 문종의 어필과 조맹부의 진필을 내민 한명회의 부탁은 거절하기 어려운 것이었다. 주목할 점은 한명회가 임금의 글씨를 인쇄하여 집집마다 병풍과 족자로 만들게 하였는데, "임금의 좋아함은 한명회가 유도한 것"이라는 대목이다. 5월 11일에 성종이 조맹부의 진본글씨를 구하라고 명하자, 달성군 서거정이 병풍 한 벌을 바치고, 행사직 김유가 족자 한 축을 바쳤다.

이한우는 이를 두고 성종이 한명회의 손아귀에서 놀아나고 있음을 보여주는 장면이라고 설명한다. 하지만 성종은 그 이전부터 저명 문인들의 저작을 매년 말에 모아서 바치게 하였고 편집본을 직접 살펴본 후에 활자로 교서관에서 간행해 주는 정책을 실시하였다. 성종의 이러한 정책의 영향은 조선 후기까지 이어졌고, 저명한 문인이나 학자가 사망하면 죽은 자의 문인들이 성종 조의 고사를 들어서 저작을 왕에게 바치고 국가에서 간행해 주기를 청하는 것이 관례가 되었다. 민간에서도 영향을 받아 조상의 문집을 간행하는 풍조가 있어 조선 시대에 간행된 서적의 40퍼센트 이상을 문집이 차지하는 '문집의 나라'가 된 것도 성종의 이러한 정책이 적지 않은 영향을 끼친 결과라고 할 수 있다. 한명회가 부탁한 법첩의 편찬이나 조맹부의 진본 글씨를 구하라고 명한 것도 이러한 문화정책의 차원에서 이해해야 할 것이다.

'적막한 탄식'과 죽음 ___ 1487년(성종 18) 11월 14일 한명회가 세상을 떠났다. 그의 졸기에 따르면, 한명회는 젊어서 유학을 업으로 삼았으나 학문을 이루지 못하고 불우하게 지내다가 권람과 문경교刎頸交(서로 죽음을 함께할 수 있는 막역한 사이)를 맺었다. 권람을 통하여 세조가 잠저에 있을 때 만나 대책을 찬성하여 그 공이 일등을 차지하였다. 10년 사이에 벼슬이 정승에 이르렀고 마음속에 항상 나랏일을 잊지 아니하고 품은 바가 있으면 반드시 아뢰어 실현된 것이 또한 많았다. 그래서 권세가 매우 성하여 그를 따르는 자가 많았고 손님이 문에 가득하였으나 응접하기를 게을리하지 아니하였다. 한때의 재상들이 그의 문에서 많이 나왔으며 조정의 관리로서 채찍을 잡는 자까지 있기에 이르렀다. 성격이 번잡한 것을 좋아하고 과대하기를 기뻐하며 재물을 탐하고 색을 즐겨서 전민田民과 보화 등의 뇌물이 잇달았고 집을 널리 점유하고 희첩을 많이 두어 그 호부함이 일시에 떨쳤다. 여러 번 사신으로 명나라의 서울에 갔는데, 늙은 환관 정동에게 아부하여 많이 가지고 간 뇌물로써 사사로이 황제에게 바쳤으나 부사副使가 감히 말리지 못하였다. 만년에 권세가 이미 떠나자 찾아오는 자가 없으니 기운 없이 적막한 탄식을 하곤 하였다. 비록 여러 번 간관이 그를 논박하였으나, 그가 소박하고 솔직하여 다른 뜻이 없었기 때문에 그 훈명을 보전할 수 있었다.

한명회의 졸기는 세조 이래 조정의 실권자로서 그 권세가 얼마나 대단했는지 잘 말해주고 있다. 또한 그의 권세가 만년에 이르러 사라지고

'적막한 탄식'만 하다가 쓸쓸하게 죽었다는 사실도 언급하고 있다. 만약 성종이 한명회의 손아귀에서 놀아났다거나, 한명회라는 거대한 산맥을 넘지 못하고 그의 그늘에 가려 있었다고 한다면, 말년에 '적막한 탄식'을 하며 죽음을 맞이하는 그의 모습을 설명하기는 어려울 것이다. 성종은 수렴청정을 받을 때는 한명회의 눈치를 살펴야 했지만 친정 이후에는 지속적으로 그를 견제해 그의 영향력과 존재감을 약화시키는 데 성공했다. 노회한 정객 한명회는 그렇게 권세를 상실해 갔다.

성종은 개혁의 가장 큰 걸림돌이었던 대신을 자신의 손으로 거세해 나갔다. 그런 점에서 성종의 모습은 세종과 대비된다. 세종은 재위 기간 많은 업적과 개혁을 이루었지만, 그것이 가능했던 배경에는 태종이 세종의 치세에 걸림돌이 될 세력과 인물들을 미리 제거한 정치적 '설거지' 작업이 있었다. 태종은 스스로 악역을 자처하며 왕권을 위협할 수 있는 외척 민씨 형제 세력을 제거하였고 세종의 장인인 심온과 그에 빌붙는 세력을 제거하였다.

하지만 성종은 누구의 도움도 없이 자신의 치세에 걸림돌이 될 수 있는 세력을 스스로 치워나갔다. 비록 즉위 초에 정희왕후의 도움으로 귀성군을 제거했다고는 하지만, 성종의 왕권을 위협할 수 있는 외척이자 훈구대신인 한명회 세력은 귀성군에 비할 바가 아니었다. 성종은 친정을 선포한 후 10년 동안, 그 세력을 서서히 무력화시키고 자신의 리더십을 키워나갔다.

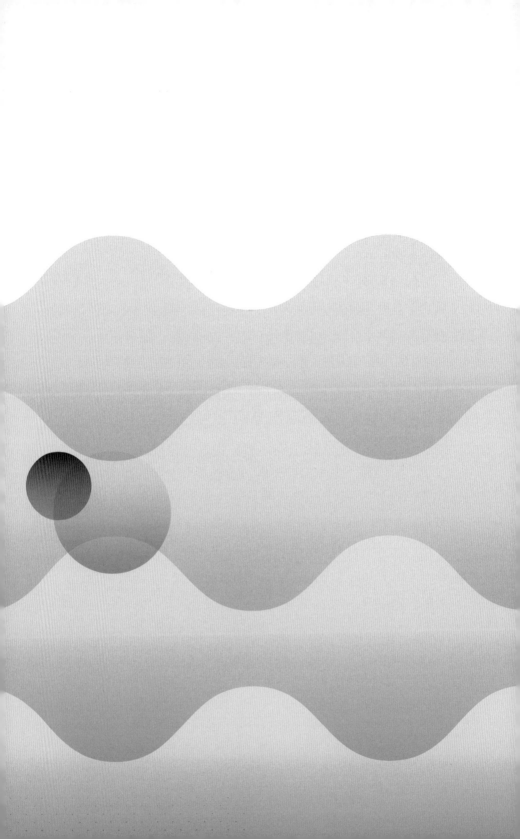

제2부
포용하고 통합하다

김종직과 사림 ___ 성종 대는 세종 시대에 버금가는 태평성대이자 조선 전기의 정치사를 그 이전과 그 이후로 나누게 하는 분기점이라고 일컬어진다. 성종 대가 그 분기점이 되는 요인으로는 이른바 훈구파를 비판하고 새롭게 정치무대에 등장한 사림파의 존재가 부각된다. 그 중심에는 당시 사림파의 영수였던 김종직이 있다. 그러나 성종 대에 사림이 집단적 정체성을 가진 하나의 정파로서 훈구파에 대항한 것이라는 시각에 대해서는 비판의 여지가 있다. 오히려 성종이 세조 대의 부패한 정치를 극복하고 훈구대신들을 견제하기 위해 새로운 인물들을 등용했다고 보는 것이 더 사실에 가까울 것이다.

역사학계에서는 성종의 시기를, 고려의 중흥을 내세웠지만 권력투쟁에서 패배한 온건파 사대부들이 성종 대를 통해 재등장하여 훈구파와 대립하던 시기로 설명한다. 이러한 신화 같은 이야기는 연산군과 중종 이후에 나타난 사화를 통해 부각된 훈구파와 사림파 사이 갈등의 기원을 성종 대 신세력의 등장에 따른 구세력과의 갈등의 관점에서 해석하

9 ___
왕의 남자, 김종직

고 있는 것이다. 그러나 필자는 김종직의 추천으로 정계에 진출하기 시작한 문인들이 정파를 형성하여 훈구파와 대립했다고 보기는 어렵다고 판단한다.

김종직의 행적은 성종 대의 '훈구파와 사림파의 대립'이라는 도식적 설명의 취약성을 보여주고 있다. 이 밖에도 그의 삶에 주목해야 하는 이유가 있다. 첫째로, 지방 수령과 중앙 관료생활을 했던 그의 삶을 통해서 시대의 내면과 백성들의 생활을 간접적으로 읽어낼 수 있다. 둘째로, 성종 대 정치 개혁의 핵심이었던 '승출의 법'이 그의 제안에 의해서 이루어졌다는 점이다. 그는 개혁을 논의할 때 빼놓을 수 없는 인물이었고, 그의 삶 역시 1485년(성종 16)의 개혁을 분기점으로 해서 부침을 경험하고 있었다.

김종직은 관리생활을 하면서도 도학을 추구하고 절의를 잃지 않았다. 그 정신이 제자들에게 전해지고 사림이 그에게 배우고자 몰려들었다. 새로운 인물을 등용하여 정치의 근본적인 개혁을 추구했던 성종에게 그의 존재는 한 줄기 빛과도 같았다.

훈구대신들과도 원만한 관계

사림파 신화의 탄생 배경 ___ 김종직은 6세에 부친 김숙자에게 《소학》 및 각종 경전, 역사서 등을 배우기 시작했다. 12세에는 시를 잘 짓는다는 명성이 나기 시작했고, 13세에는 고령 현감으로 있던 부친을 따라 둘째형 종유와 함께 《주역》을 배웠다. 16세(1446, 세종 28)에 과거에 응시하였다가 낙방하였으나, 이때 지은 〈백룡부〉가 임금의 눈에 들어 영산 훈도의 벼슬을 받았다. 22세에 개령 현감으로 있던 부친을 따라가서 큰형 종석과 함께 수학했고, 23세이던 1453년(단종 1) 봄에 진사시험에 합격하여 성균관에서 유학했다. 이듬해에는 성주 교수로 있던 부친을 모시고 글을 읽었다. 이때 성주의 공자묘를 찾았다가 소상塑像들이 몹시 낡은 것을 보고 한탄하며 부를 지었다고 한다. 25세에 문과 초시에 합격하였고, 26세이던 1456년(세조 2) 1월에 큰형 종석과 함께 문과 회시를 보았는데, 형만 합격하고 김종직은 낙방하였다. 이해 3월에 부친상을 당하여 여묘살이를 시작하였다.

부친의 삼년상을 마친 1458년(세조 4)에 '명발와'라는 작은 집을 지어 거처하며 《이준록》 편찬에 착수하였다. 이 책은 선친 김숙자의 업적과 덕행, 교우 관계, 관직 역임 시기와 세계世系의 근원 등을 기록한 것이다. 김종직의 표현대로, 성균관 사예에 그친 김숙자가 길재에서 김굉필 그리고 조광조로 이어지는 조선 유학의 도통에 오를 수 있었던 것은 그의 가학家學을 전수받은 아들 김종직의 노력 덕분이다. 김종직이 훗날 영남 사림을 대표하는 인물이 되어 세상에 이름을 떨치게 되자 그가 지은 《이준록》이 후학들에게 널리 읽히게 되었고, 당대에는 묻혔던 김숙자의 학문과 덕행이 비로소 세상에 알려졌기 때문이다. 이것이 여말선초의 권력투쟁에서 패배한 온건파 사대부가 지방에 은거하다가 성종대에 이르러 등장하기 시작했다는 '신화'가 탄생한 배경이다.

세조의 뜻에 거스르다 ___ 《이준록》을 편찬한 이듬해인 1459년(세조 5) 봄에, 김종직은 29세의 나이로 문과에 급제하여 승문원 권지부정자에 임명되었다. 그해 6월 29일에 한관독서 대상으로 뽑히고 《중용혹문》 1책을 하사받았다. 이듬해(세조 6)에 승문원 저작으로 승진하였고, 1462년(세조 8)에는 승문원 박사 겸 예문관 봉교에 임명되었다. 5월 25일과 26일, 경회루에서 베풀어진 연회 자리에서 《중용》과 《서경》을 강하기도 했다. 그리고 1463년(세조 9)에는 사헌부 감찰로 승진하였다. 이처럼 출사 이후 순탄하게 고속 승진의 길을 걷던 김종직에게 처음으로 위기가 찾아온 것은 1464년(세조 10)이었다. 그해 김종직은 세조가 문신들에게 7학七學을 나누어 배우게 한 것과 관련하여 7학에 능한 것이 문신의 일이 아니라고 간언하였고, 이로 인해 세조의 뜻에 거슬려 파직된 것이다.

그해 8월 6일 판종부시사 남윤·감찰 김종직 등이 세조의 질문에 답하고 시사時事(당시의 현안)를 아뢰었다. 그때 김종직이 "지금 문신에게 천문·지리·음양·율려·의약·복서·시사의 7학을 나누어 닦게 하는데, 시사詩史(시와 역사)는 본래 유자의 일이지만 그 나머지 잡학이야 어찌 유자들이 마땅히 힘써 배울 학문이겠습니까? 또 잡학은 각각 업으로 하는 자가 있으니, 만약 권징하는 법을 엄하게 세우고 다시 교양을 더한다면 자연히 모두 정통할 것인데, 그 능통하는 데에 반드시 문신이라야만 좋은 것이 아닙니다"라고 말했다. 이에 세조는 "제학諸學을 하는 자들이 모두 용렬한 무리인지라 마음을 오로지하여 뜻을 이루는 자가 드물기 때문에 너희들로 하여금 이것을 배우게 하고자 하는 것이다. 이것이 비록 비루한 일이라 하나 나도 또한 거칠게나마 일찍이 섭렵하면서 그 문호에 며칠 동안 있었다"라고 대답했다.

김종직의 건의가 세조의 귀에 거슬렸다. 세조는 이조에 전지하여 "김종직은 경박한 사람이다. 잡학은 나도 뜻을 두는 바인데, 김종직이 이렇게 말하는 것이 옳은가?"라고 말하며 그를 국문할 뜻을 보였다. 그러나 "이미 사람들로 하여금 의견을 다 말하게 하는데, 또 말한 자를 죄 준다면 언로가 막힐 것이니, 그것을 중지하고 파직시키라"고 지시하였다. 세조는 "김종직은 어떤 학문을 맡았는가?"라고 물었고 그가 사학史學을 맡았다는 대답을 듣고는 그것을 배우지 말도록 명하였다. 세조와 김종직의 학문적 성향을 잘 보여주는 대목이다. 아버지 김숙자를 이어서 도학에 뜻을 두었던 김종직과 잡학에도 두루 능통했던 세종에 이어 나라를 경영하고자 했던 세조의 모습이 대비되고 있다.

지방을 떠돌다 ___ 하지만 파직은 오래가지 않았다. 김종직은 이듬해에 다시 경상도 병마평사로 임명되었다. 이후에 경상도 각 고을을 순찰하면서 여러 편의 시문을 남겼다. 1467년(세조 13)에 이시애가 반란을 일으키자 군사를 모집하기 위해 영해부에 갔고, 반란이 진압된 후에는 홍문관 수찬에 임명되어 중앙에 복귀하였다. 1468년(세조 14) 여름에 충청도의 경차관으로 파견되었고, 이조좌랑에 임명되었다. 이처럼 그는 임금의 뜻에 거슬리는 발언을 하여 파면되었음에도 다시 관직에 임명되어 승진을 거듭했다. 그의 실력이 탁월했음을 보여주는 대목이다.

김종직의 문집인 《점필재집》에는 그가 1464년(세조 10)에 중앙 정계에서 좌천된 후 경상도 병마평사로 임명되어 활약하던 때에 저술한

〈관어대부觀魚臺賦〉라는 글이 실려 있다. 그 서문에는 1467년(세조 13) 7월에 이시애가 반란을 일으키자 절도사의 명으로 군사를 모집하기 위해 영해부에 갔다가 이곡 선생의 옛집을 방문하고 나서 관어대를 유람했다고 기록되어 있다. 바람이 고요하고 파도가 잠잠하여 절벽 아래에서 고기 떼가 헤엄쳐 노니는 것을 내려다보면서, 이색 선생이 지은 부에 화답해 지었다는 글에는 다음과 같은 대목이 있다.

영해의 성 안에서 휴식을 취하다가
선생의 옛집 앞에 우두커니 섰네
관어대는 그 옆에 우뚝 솟아 있으니
적성산의 새벽노을이 가까워 보이네
두 나그네를 따라 이곳을 향했는데
호연지기로 여기 이른 듯 황홀하네
장자는 어찌하여 물고기를 안다 자랑했으며
맹자는 또 어찌 감히 물을 관찰한다 말했는가
두 나그네가 소개해 준 덕분에 관망하던 중에
갑자기 터득한 것이 있었네
술잔을 가득 채워서 서로 권하며
도의 근본이 여기에 있음을 깨달았네
목은 선생께 술잔 올리고 고운 노래 읊으니
산해진미를 배불리 먹은 듯하네
나와 선생 마음이 영 동떨어진 건 아니니
선생처럼 명철한 군자 될 수 있길 바라네

고려 말의 문인 이곡의 옛집(경북 영덕군 영해면 괴시리)은 현재 '목은 이색 선생 유적지'로 조성되어 있다. 그 근처의 상대산 정상에는 관어대라는 누대가 있었다. 이곡의 아들 이색이 젊었을 때 관어대에 올라서 물고기를 바라보며 〈관어대를 읊은 짧은 부觀魚臺小賦〉를 지었다.

김종직은 관어대에 올라 도의 근본을 깨닫고 이색 선생에게 술 한잔을 올리면서 "나와 선생 마음이 영 동떨어진 건 아니니 선생처럼 명철한 군자가 될 수 있길 바라네"라고 읊었다. 아버지 김숙자를 스승으로 삼아 도학을 공부해 온 그가, 중앙 정계에서 물러나 외지를 떠도는 가운데, 고려 말의 도학자 이색을 재발견하고 자신의 모델로 삼고자 했다. 따지고 보면 김숙자의 학문적 연원이 길재와 정몽주에서 이어졌고, 그들의 스승이 이색이었다는 점을 생각하면 김종직이 이색을 흠모했다는 사실은 새삼스러울 것이 없다.

하지만 세조에게 7학에 능한 것이 문신의 일이 아니라고 간언한 이후 지방을 떠돌던 김종직이 이 시기에 그가 추구해 온 도학의 뿌리라고 할 수 있는 이색의 집을 방문하여 그 마음을 이어받아 "선생처럼 명철한 군자"가 되기를 서원했다는 것은 이후 그의 정치적 행보를 암시해 준다는 점에서 주목할 만하다. 그는 개인적으로 신숙주와 강희맹 같은 훈구대신들과도 친분이 두터웠지만, 정치적 판단이나 행보에 있어서는 도학자로서의 지조와 절개를 잃지 않았다. 그는 세조나 훈구대신들에게 직접적인 공격이나 탄핵을 하지는 않았다. 다만 교화를 둘러싼 논쟁이 진행되는 가운데 개혁의 구체적인 방안에 대해 건의하였다.

경상도 병마평사로서 지방을 순회하던 김종직의 눈에 비친 당시 조선의 민생은 어떠했을까? 1468년(세조 14)에 그는 〈가흥참〉이라는 글을

234

썼다. 그 가운데 "북쪽 사람들은 호화로운 생활을 탐하여 남쪽 사람들의 고혈을 빨아먹네"라는 구절이 있다. 지방의 아전들은 함부로 거두어들인 돈으로 기생을 부르고, 세곡을 맡은 관원들은 관에서 부과한 세곡에 2배, 3배를 뜯어내고 있음을 비판한 것이다. 가흥창은 지금의 충주 남한강에 있는 수운의 요지인데, 경상도 북부 고을의 백성에게 걷은 세곡이 이곳에 모였다가 남한강을 통해 한강으로 옮겨진다. 김종직은 "돛단배가 골짜기 입구를 가득 메우고 북쪽에서 내려와 다투어 세곡을 실어 가니, 남쪽 사람들이 얼굴 찡그리고 보는 것을 북쪽 사람들 가운데 그 누가 알겠는가"라고 말한다. 백성들을 수탈하는 아전과 관리를 비판하고, 고통받는 백성들의 모습을 고발한 것이다.

1469년(예종 1)에도 김종직은 〈낙동강 노래〉라는 시를 지었다. 강을 바라보면서 백성들의 참상을 시로 읊은 것이었다. 그는 상주에 있는 관수루에 머물고 있었다.

관수루 아래 천만금 실은 화물선들 있으니
남도 백성들이 그 가렴주구를 어떻게 견디리
쌀독은 이미 비고 도토리마저 떨어졌는데
강가에선 풍악 울리고 살진 소를 잡아먹네
임금님 사신들은 유성처럼 스쳐 지나니
누가 길가의 해골들 이름을 물어줄까

김종직은 경상도 각 지역을 순행하면서 "천 그루 만 그루 소나무가 앙상해졌으니 흉년이 들어 아낌없이 제 살을 내주었구나"라고 한탄하기도 했다. 흉년이 들어 백성들이 먹을 것이 없게 되자 소나무 껍질을 벗겨 먹었기에, 천 그루 만 그루의 소나무가 뼈만 앙상하게 남겨져 있음을 지적한 것이다. 이처럼 지방을 떠돌면서 그가 발견한 민생은 백성들의 고혈을 짜내는 수탈과 이로 인해 가난과 고통을 면치 못하고 죽어가는 참상 그것이었다.

수령을 자청하다 ___ 세조 사후에 김종직은 중앙 정계로 복귀하였다. 1469년(예종 1)에는 전교서 교리 겸 예문관 응교에 임명되었고, 예종이 승하하자 왕명을 받들어 시책문 1편과 만사挽詞 3수를 지었다. 성종이 즉위한 후 경연을 열어서 글 잘 짓는 선비 19인을 선발하였을 때 김종직도 선택되었고, 1470년(성종 1) 6월에는 예문관 수찬에 임명되었다. 그러나 그해 겨울에 늙은 어머니를 봉양하기 위해 사직을 청하였고, 임금의 특별한 배려로 함양 군수로 발령을 받았다. 성종 2년 1월에 함양에 부임하였고, 12월에는 《세조실록》 편찬에 참여한 공으로 품계가 봉정대부에 올랐다. 이 당시 그가 함양 학사루에 걸린 유자광의 시판詩板을 거두어 불살라 버린 일화가 전하고 있다. 이 일은 후에 유자광이 김종직 일파를 탄핵하며 무오사화를 일으키는 한 원인이 된다.

1472년(성종 3)에 김종직은 함양 군수로서 봄, 가을로 향음주례와 양노례를 실시하였다. 8월에는 두류산을 유람하고 기행록을 남기기도 하였다. 그리고 이때 정여창과 김굉필이 그를 찾아와서 배움을 청하였다. '영남 사림의 종장'으로 후대에 일컬어지는 사우師友 관계가 여기에서 비롯되었다. 그가 함양 군수로 있던 1472년 여름에, 오랫동안 비가 오지 않고 뜨거운 햇볕만 계속되어 들에 가득한 곡식이 말라가는 것을 걱정하면서 지은 시가 전하고 있다. 지방의 수령으로서 백성을 걱정하는 마음을 잘 보여주는 글이다.

때는 곧 칠월인데 뜨거운 햇볕이 계속되어
들에 가득한 수많은 곡식이 말라 죽어가네
누가 하늘에게 넘치는 은택 아끼게 했나
한 가닥 향불처럼 내 마음도 타들어 가네
수령이 못나서이지 백성이야 무슨 잘못 있으랴
두류산은 부질없이 푸르게 우뚝 솟아 있네

이 시를 지은 것이 6월이었는데, 7월에는 폭우 때문에 홍수가 나서 이번에는 장맛비를 걱정하는 시를 짓는다. "하늘이 마치 새는 것보다 더 심하니 요 임금의 탄식이 자주 나오게 하는구나"라고 말하면서, "한 해에 재해가 겹쳐 닥쳤으니 백성들이 삶을 어떻게 지탱한단 말인가"라고 안타까워하고 있다. 그는 백성들의 고통을 덜고 민생을 개선하기 위해 연구하고 대안을 제시하고 실행하는 수령이었다. 1463년(성종 4) 7월 18일에 성종은 이조에 글을 내려서 고을을 다스린 실적이 뛰어난 경상도의 일곱 수령에 대하여 논공하도록 지시하였는데, 이때 함양 군수 김종직의 이름도 포함되었다.

김종직과 신숙주 ___ 이해 조정의 원로대신인 고령부원군 신숙주가 〈함양 군수 김종직에게 부치다〉라는 시 한 수를 써 주었다. 나라를 다스릴 만한 뛰어난 인재가 노모를 봉양하기 위해 지방에서 작은

벼슬을 하는 것을 안타까워하는 내용이었다. 그 시에 대한 화답으로
김종직도 시를 써서 보냈다.

> 모친 봉양 위해 작은 고을 수령이 되었으니
> 닭 잡는 데 소 잡는 칼 쓰는 격이구나
> 외진 지역이라 공무가 바쁘진 않을 것이니
> 우뚝한 두류산이 눈에 들어올 것이네(신숙주)

> 자잘한 글재주 몹시도 부끄러울 뿐이니
> 옷 짓기 배우려고 무딘 칼 잡았습니다
> 밤낮으로 푸른 하늘을 바라보면서
> 오직 북두성이 높은 줄만 알 뿐입니다(김종직)

김종직은 젊은 시절에 승문원의 하급관원으로 신숙주 밑에서 일한
적이 있다. 그때 우연히 신숙주가 남들 앞에서 그의 재주를 칭찬해 주
는 말을 듣고 감개무량해한 바 있다. 또한 신숙주 사후에 그의 문집인
《보만재집》의 서문을 쓰기도 했다. 위의 글을 통해서 김종직이 당시 정
치원로들에게 그 재능을 인정받고 있었다는 점과 그가 대신들과도 좋
은 관계를 유지하고 있었음을 알 수 있다. 신숙주는 김종직 같은 인재
가 지방 수령을 하고 있는 것을 '닭 잡는 데 소 잡는 칼을 쓰는 격'이라
고 비유하였다. 이에 대해 김종직은 자신의 글재주를 부끄러워하면서
신숙주를 '북두성'과 같은 존재로 높이고 있다.

흔히 성종 대에 등장한 사림들이 세조 대의 훈구대신들과 대립한 것

으로 알려져 있다. 하지만 김종직의 사례를 보면 그가 훈구대신들과 갈등하기보다는 친밀한 교류 관계가 있었다는 것을 확인할 수 있다. 비록 1485년(성종 16)에 승출의 법을 시행할 것을 건의하여 정치 개혁의 선봉에 서기도 하였지만, 그가 관직생활을 하면서 훈구대신이나 선배 관료를 직접적으로 비판하거나 탄핵한 사례를 찾기는 어렵다. 이러한 점 때문에 후에 보다 급진적인 그의 제자들, 특히 김굉필 등과 사이가 벌어지는 계기가 되기도 하였다.

신진 사림의 구심점이 되다

동류의식 ___ 김종직의 문집에는 그가 함양 군수로 있으면서 신숙주와 시문을 주고받던 즈음에, 수제자인 김굉필과 나눈 시문이 실려 있다. 〈김굉필과 곽승화 두 수재에게 답하다〉라는 제목의 글에서, 김종직이 처음 제자들을 받아들일 때의 모습과 마음을 읽을 수 있다.

외진 곳에서 어떻게 이런 인재들을 만났던고
보배 같은 재주 품고 와 찬란히 펼쳐놓았네
잘 가서 다시 훌륭한 스승 찾아보게나
나는 쇠미해 곳간 못 털어주니 부끄럽네

그대들 시어 보니 옥에서 연기 피는 듯하여

이제부터 진번의 걸상을 걸어둘 필요 없겠네

어려운 책 난해한 어구 푸느라 끙끙거리지 말고

모름지기 마음속을 맑게 가질 줄 알아야 하네

김종직은 1474년(성종 5)에 김굉필과 곽승화를 만나서 위의 글을 지었다. 자신이 살고 있는 함양까지 찾아와서 가르침을 청하는 인재들이 반가웠다. 그들이 '보배 같은 재주'를 품고 있음에 감탄하고 있다. 처음에는 그들의 스승이 되기를 거절한 것으로 보인다. 그러나 그들의 글 솜씨를 보고, 결국 스승이 되어주기로 결심한다. 스승으로서 제자에게 어려운 책이나 난해한 어구를 해석하기 위해 애쓰기보다는 먼저 마음을 맑게 가질 것을 조언해 준다. 김굉필은 후대에 '소학동자'라는 별명을 얻을 정도로 《소학》에 정통했고 일상생활에서 그것을 실천했다.

김종직은 자기보다 스물세 살이나 어린 제자 김굉필을 '오당吾黨'이라 불렀는가 하면, 찾아드는 제자들을 보며 "오당에 기사奇士(기이한 재주를 가진 선비)가 많은 게 자랑스럽다"고 자부하기도 했다. 역시 스물세 살이나 어린 남효온을 "우리 추강[吾秋江]"이라 부른 것도 자주 회자되는 일화이다. 김종직은 김굉필에게 그들이 걷는 길을 "우리의 도"라 표현하기도 했다. 범상한 사제 관계를 넘어서서 도를 함께하는 동지임을 분명하게 표방했다.

스승과 제자 사이의 동류同類의식은 제자들에게서도 나타났다. 남효온은 자신과 절친했던 안응세·홍유손·우선언을 '오도吾徒'라 일컬었고, 우선언을 '심지心知'로 표현하고 안응세를 '지음知音'으로 자부했다. 정여창과의 우의를 '신교神交'라 부른 김일손도 마찬가지다. 그런

동류의식을 두고 당시 훈구대신들은 김종직과 젊은 제자 그룹을 '경상 (도)선배당'이라고 신랄하게 헐뜯을 정도였다. 이런 관계는 성종 대가 만들어 낸 공감의식이고, 김종직이라는 우뚝한 스승이 그 기반을 다져 놓은 것이라 말할 수 있다.

이러한 동류의식이 처음 세상에 드러나게 된 것은 1478년(성종 9) 4 월이다. 흙비가 내리는 재해를 구실로 내린 성종의 구언에 대해 남효온 과 그의 벗 이심원 등은 한목소리로 정치 개혁을 요구하는 상소를 올린 다. 그때, 남효온과 이심원은 모두 25세의 젊은 성균관 유생이었다. 성 종은 7년간의 수렴청정에서 벗어난 뒤, 원상제를 폐지하고 홍문관을 설치하는 등 흥학興學의 의지를 천명하여 신진 사류들은 새 시대의 희 망에 부풀었다. 반면 훈구대신들에게는 긴장감을 불러일으켜 직·간접 적으로 견제를 강화하게 만드는 계기가 되었다. "내가 저 사람에게서 도를 배우려 하나 저 사람은 도가 없으며, 내가 저 사람에게 학업을 배 우려 하나 저 사람은 학식이 없다"며 훈구대신의 비리와 성균관 교수 의 무능을 신랄하게 비판했던 젊은 남효온의 상소는 훈구대신들을 자 극하기에 충분했던 것이다. 남효온의 상소를 받아든 임사홍·서거정· 한명회 등은 남효온·이심원의 무리를 '붕당의 결교結交(결성)'로 지목 하며 혹독하게 국문할 것을 요청했다.

그로부터 4년 뒤인 1482년(성종 13) 봄, 성균관 직방直房의 벽에 나붙 은 한 편의 시는 조야를 발칵 뒤집어 놓았다. 거기에는 성균관 교수들 을 노골적으로 희롱하는 내용이 가득했고, 그로 말미암아 성균관 유생 들은 혹독한 시련을 겪게 된다. 성종은 주범을 색출하기 위해 과거를 중지시키고, 성균관 유생 수십 명을 잡아들여 한 달 넘게 의금부에서 국문을 가했다. 하지만 끝내 밝혀내지는 못했다. 이런 사태를 지켜본 성현은 "성균관이 비록 예법을 배우는 곳이라 하나 유생들이 모두 명가의 자제들이어서 제어를 받지 않았다"고 언급한다. 통제받기 싫어하는 명문가 출신의 젊은 유생들은 기성세대에 대한 반발심과 끈끈한 동류의식을 가지고 있었다. 하지만 그들이 정치적 결사체로 붕당을 형성하여 훈구대신에게 도전한 것은 아니었다.

유생들이 몰려들다 ___ 당시 성균관 유생들은 과격하다 싶을 정도로 학덕을 겸비한 선생을 갈망하고 있었다. 함양·선산에서 지방관을 마치고 밀양에서 모친상을 치르고 있던 김종직이 신진 사류의 스승으로 떠오르게 된 것도 바로 이 무렵이다. 양준·양개 형제, 우선언, 홍유손 등은 서울을 버리고 스승을 찾아 머나먼 영남으로 모여들었다. 이전부터 김굉필, 정여창, 조위, 표연말, 유호인, 김흔 등 지역의 쟁쟁한 인재를 길러내어 스승으로서의 명성을 얻고 있던 김종직은 좌절을 겪어 심각한 내상을 입은 서울의 신진 사류에게 기대를 걸어볼 만한 거의 유일한 스승으로 여겨졌다. 훗날 김종직의 그런 면모를 절친한 벗 홍귀달은 다음과 같이 기리고 있다.

평상시에는 사람을 접대하는 데 있어 온통 화기和氣뿐이었으나, 의리가 아닌 것이면 일개一介도 남에게서 취하지 않았다. 오직 경사經史를 탐독하여 늘그막에 이르러서도 게으를 줄 몰랐으므로, 얻은 것이 호박浩博하였다. 그리하여 사방의 학자들이 각각 그 그릇의 크고 작음에 따라 마음에 만족하게 얻어 돌아갔는데, 한번 공의 품제品題를 거치면 문득 훌륭한 선비가 되어서 문학으로 세상에 이름을 떨친 자가 태반이나 되었다.

김종직이 걸어갔던 스승으로서의 진면목이다. 물론 김종직은 도학만을 전일하게 추구하지 않았다. 홍귀달이 말하고 있는 것처럼, 그는 덕행·문장·정사政事 등 다방면에서 많은 제자를 길러낸 큰 스승이었다. 김굉필·정여창 같은 도학자, 남효온과 같은 방외인, 그리고 김일손·조위와 같은 문장가가 그의 문하에서 배출되었다.

이런 사실은 조선 전기 지성사에서 김종직이 차지하는 위상을 사림파의 종장宗匠으로만 단순하게 이해한다거나 '훈구-사림' 또는 '사장-도학'이라는 이분법적 관계로만 파악할 수 없다는 점을 일깨워 준다. 오히려 김종직은 훈구의 시대에서 사림의 시대로 전환되는 도정에 위치한, 그리하여 기성세대의 구태를 지양하며 새로운 분위기를 예비하게 하는 조선 전기의 변곡점을 상징하는 인물이었다. 젊은 제자들은 그런 스승 아래에서 끈끈한 공감대를 유지하면서도 다양한 길을 모색해 갔던 것이다.

김종직은 능력과 관심과 포부에 따라 젊은 제자들을 가르쳤다. 김굉필과 같은 제자에게는 《소학》을 가르치고, 홍유손과 같은 제자들에게는 두시杜詩를 가르치고, 김일손과 같은 제자에게는 한유韓愈를 가르쳤다. 사제 관계를 맺은 시기라든가 방식에 따라 가르침의 방향도 달랐다. 그런 만큼 많은 제자를 어떤 특정한 집단적 성향으로 묶어 재단할 수 없다. 그들은 낡은 시대가 저물어 가고 새로운 시대가 떠오르던 시기를 살아가면서 다양한 길을 모색해 가던 젊은 이상주의자들이라 부를 수 있을 것이다.

도학의 관점에서 볼 때, 김굉필의 존재는 여러 제자 가운데 우뚝 서 있다. 그는 '마지막 고려인'이라고 할 수 있는 정몽주 이후, 조선인으로서는 처음으로 문묘에 배향되기에 이르렀다. 소위 청출어람이라고 할 수 있을 것이다. 그에게 《소학》을 공부할 것을 권하고 학문하는 자세를 가르쳐 준 스승 김종직은 끝내 문묘에 배향되지 못했지만, 김굉필은 인륜과 명분을 밝히는 학문을 공부하고 실천하여 조선 유학의 도통을 계승하였다. 또한 그의 문하에서 사림파의 정신적 지주라고 할 수 있는 조광조와 같은 인물이 배출되었다. 연산군 대에 발생한 갑자사화로 죽음을 맞이하면서도 끝까지 지조와 절개를 지킬 수 있었던 것은 김종직으로부터 전수받은 학문, 곧 도학이 체득되어 있었기에 가능했을 것이다.

비록 함양 군수로서 백성들의 아픔을 함께하고 민생의 어려움을 해결하기 위해 불철주야 고민하면서 노력했던 시간이었지만, 성종 즉위 이후 김종직의 관직생활은 정치적 소용돌이에 휘말림 없이 비교적 순탄했다. 그런데 그의 삶에 위기가 찾아온 것은 1474년(성종 5)의 일이었다. 그 시련의 계기는 가족사의 불행이었다.

각자도생하는 제자들

시련과 공직생활 ___ 1474년(성종 5) 2월 김종직의 막내아들이 열병을 앓다 5세의 나이로 세상을 떠났다. 이해 여름에는 어린 딸이, 그리고 가을에는 큰아들까지 세상을 떠났다. 그는 큰 실의에 빠져 사직을 청했으나, 평소 친분이 두텁던 강희맹의 만류로 겨우 마음을 추스를 수 있었다. 두 아들과 딸을 한꺼번에 잃은 이때가 아마도 그의 일생에서 가장 불행한 한 해였을 것이다.

1475년(성종 6) 함양 군수의 임기를 마쳤을 때, 성종은 고을을 잘 다스렸다고 그를 칭찬하며 통훈대부로 승진시키고 승문원 참교에 임명하였다. 이로 인해 이듬해 1월에 중앙 정계로 잠시 복귀하였으나, 노모 봉양을 이유로 다시 외직을 청하여, 7월에 선산 부사로 발령을 받았다. 선산은 김종직의 본관이고 그의 아버지와 할아버지가 살았던 곳이기에 제2의 고향이나 마찬가지였다. 하지만 선산 부사로 지내며 어머니를 모시던 시간은 짧았고, 늘 바쁜 공무에 쫓기고 있었다.

김종직의 불행은 거기서 끝난 것이 아니었다. 첫째아들 억과 셋째아들 담이 죽은 후, 사실상 장남 역할을 해온 둘째아들 곤의 아들 희손이 생후 3개월도 안 되어서 죽었다. 그리고 이해 12월에 모친이 별세하였고, 다음 해에는 남은 아들 곤마저 17세의 나이로 세상을 떠났다. 후사를 이을 아들이 없어진 것이다. 그의 나이 50세, 지천명의 해에 내려진 가혹한 천형이었다.

김종직은 함양에서와 마찬가지로 선산에서도 향음주례와 양로례를 실시하였고, 1477년(성종 8)에는 선산의 지도를 편찬하기도 하였다. 1479년(성종 10) 12월에 그의 모친 박씨가 세상을 떠나고, 이듬해 3월에 모친의 장례를 마친 후 여묘살이를 시작했다. 삼년상을 마치자 성종의 특명으로 홍문관 응교에 임명되었다. 1482년(성종 13) 4월에는 부인 조씨가 세상을 떠나고 말았다. 중년의 황금기라고 할 수 있는 44세부터 52세까지 그에게 찾아온 시련은 인간적으로 감당하기 힘든 것이었다.

하지만 정치의 세계는 그를 홀로 남겨두지 않았다. 부인 조씨가 세상을 떠난 이듬해인 1483년(성종 14) 3월에 정희왕후가 승하하였고, 국상이 진행되는 사이에 김종직은 애책문을 지어 올렸다. 7월에는 홍문관 직제학에 임명되었고, 8월에는 홍문관 부제학으로, 10월에는 승정원 동부승지로, 11월에는 우부승지로 임명되었다. 1484년(성종 15) 6월에는 승정원 좌부승지로, 그리고 8월에는 도승지에 임명되었다.

정희왕후의 죽음을 계기로 정치를 쇄신하고 '유신의 교화'를 펴고자 했던 성종의 뜻에 따라서 정국은 숨가쁘게 돌아가고 있었고, 그 정국의 한가운데서 임금을 최측근에서 보좌하는 비서실장으로서 임무를 수행해야 했다. 1485년(성종 16) 1월에 이조참판으로 임명되었고, 당시 핵심적 정치 과제였던 인사 시스템의 개혁을 위해 '승출의 법'을 건의하고 그 시행을 주관하였다. 3월에는 왕명을 받들어 《동국여지승람》의 교정 작업에 착수하였다. 이듬해 2월에 교정을 마치고, 그 공으로 녹색 비단 1필을 하사받았다. 재변을 이유로 승출의 법이 좌초된 이후, 김종직은 그 책임을 지고 이조참판에서 물러났다.

이 시기에 김종직과 제자들의 삶은 새로운 전환기를 맞았다. 김종직의 경우 부인과 사별한 지 3년이 지난 1485년(성종 16)에 사복시첨정 문극정의 딸과 혼인을 하였고, 이듬해 7월에 아들 숭년이 태어났다. 그의 나이 56세였고 후처 문씨의 나이는 19세였다. 후사를 이어갈 수 있다는 희망이 생겼기에 그의 기쁨은 컸다. 이때(1486, 성종 17) 얻은 아들은 김종직 사후인 1498년(연산군 4)에 일어난 무오사화를 겪게 된다. 당시 그의 나이 13세였기 때문에 불행 중 다행으로 사형에 처해지지 않고 유배되어 목숨을 보존할 수 있었다.

뜨거운 이상과 차가운 벽 ___ 김종직의 제자들과 그를 추종했던 사림의 이상은 뜨거웠지만, 낡은 시대의 벽은 여전히 두꺼웠다. 그들은 한강에 압구정을 지어놓고 벼슬에 연연하지 않은 듯 보이려는 한명회를 향해 "강호江湖를 좋아한다는 것으로 말을 삼은 것이지만 벼슬과 봉록에 연연하여 떠나지 못하였다"는 직격탄을 날리기도 했다.

김굉필은 도학 공부와 제자 교육이라는 힘겨운 길을 걸어가고 있었다. 그는 1485년(성종 16)에 이조참판으로 있던 스승 김종직이 나랏일에 있어서 이렇다 할 비판이나 정책을 건의하는 일이 없다 여기고 거침없이 비판하는 시를 지어 보냈고, 결국 스승과 다른 길을 걷게 되었다.

사제 관계가 서먹해질 정도로 고절苦節을 지키겠다는 각오를 다져가던 김굉필과는 달리, 남효온은 스승의 진정을 믿고 그 입장을 이해하려 애썼다. 더러운 임금을 섬기는 것을 부끄러워하지 않고 작은 벼슬도 낮게 여기지 않았던 유하혜(노나라의 현자), 그리고 계씨季氏(노나라의 대부 계환자)의 가신 공산불요(비읍에서 반란을 일으켜 계환자를 죽이려다 실패함)가 부른다 하더라도 기꺼이 가서 동주東周로 만들겠다던 공자의 출처를 들어가며 스승을 변호했다.

젊은 신진 사류의 열정이 현실의 벽에 부딪혀 좌절되어 갈 때, 김굉필의 부류는 도학이라는 새로운 길을 만들어 걸어갔던 반면, 남효온의 부류는 쌓은 울분을 시주詩酒와 청담으로 풀어버리는 길을 선택했다. 김종직에게 배웠던 젊은 신진 사류들은 성종 집권 후반기에 이르러 끈끈한 공감대를 기반으로 하면서도 조금씩 갈라지기 시작했던 것이다. 시대의 변화는 마침내 결별의 지점에까지 이르게 만들었다. 남효온은 시정 개혁을 요구하는 상소를 올렸다가 훈구대신들의 미움을 받아 시와 술을 벗하며 전국을 떠돌다가 39세의 나이로 쓸쓸히 세상을 떠난다.

"세상이 만회될 수 없고 도가 행해질 수 없음을 익히 알아 빛을 감추고 자취를 숨겼다"는 김굉필과 달리, 김종직은 아무리 어렵더라도 세상에 나아가 바로잡는 길에 나서야 한다고 생각했던 것 같다. 1487년(성종 18) 5월에 김종직은 전라도 관찰사에 임명되어 전라도 일대를 순행하며 학문을 장려하고 향음주례를 실시하며 민간의 풍속도 살폈다.

그는 공직생활로 인해 끝내 편안히 쉬지 못했다. 중앙에서 지방으로, 다시 지방에서 중앙으로 옮겨 다니면서 공무를 담당해야 했다. 1488년(성종 19) 10월 한성부 좌윤에 임명되었고, 그해 12월에 공조참판에 임명되었다. 그 이듬해 3월에는 품계가 자헌대부로 오르고, 형조판서에 임명되었다. 형조판서 재직 중에 그가 둘째 형 김종유에게 보낸 편지에는 "판서의 자리를 요행히도 연이어 차지했지만 나의 분수로는 벼슬아치 노릇 부끄럽네"라고 말하면서 "형은 편안하게 대처"하고 있는 반면에 자신은 "은거하려던 계획이 참으로 낭패로 돌아갔네"라고 자조하기도 했다.

김종직은 1489년(성종 20) 7월에 병으로 인해 휴가를 얻어 고향인 밀양으로 내려가면서 비로소 쉴 수 있었다. 8월에 지중추부사에 임명되었지만 고향에 머물렀다. 그가 환갑을 맞이했던 1490년(성종 21)에 임금이 그가 청빈하게 지낸다는 말을 듣고 쌀 70섬을 내려주기도 했다. 1491년(성종 22) 10월에 병으로 사직을 청하였으나 성종은 윤허하지 않고 대신 의원을 보내주었다. 이듬해 2월에도 다시 병으로 사직을 청하였으나 윤허되지 않았다. 성종은 그를 놓아주지 않고 끝까지 자신의 곁에 두고자 했다.

그런데 그에게 녹봉을 주는 문제가 조정에서 논란이 되었다. 1492년(성종 23) 2월 20일에 사헌부에서는 "멀리 고향에 가 살고 있는데 어찌 가난하다고 하여 녹을 주십니까?"라고 비판하면서 추국할 것을 청하는 상소를 올렸다. 이 일로 인해 결국 벼슬에서 물러났다. 그로부터 몇 달 지나지 않은 8월 19일에 거처인 명발와에서 세상을 떠났다.

김종직과 〈조의제문〉

그의 졸기 가운데 흥미로운 대목이 있다. 그가 이조참판 겸 동지경연사로 승진했을 당시에, "임금이 특별히 김종직에게 명하여 진강하게 하고 이어 주강에 참여하게 하였다. 김종직이 동지경연사로 있은 지 오래였으나 건의하는 일이 없었으므로 명망이 조금 감소되었다"라는 대목이다. 여기서 성종이 김종직을 특별히 예우하여 정치에 관한 그의 견해를 듣고자 하였다는 사실, 그럼에도 그가 성종의 기대에 부응하여 이렇다 할 만한 건의를 한 적이 없다는 점을 지적하고 있다. 이때의 '건의하는 일'이 정확히 어떤 의미인지는 불분명하지만, 그의 제자 김굉필이나 사림들이 기대했던 훈구대신에 대한 과감한 비판과 탄핵으로 이해할 수 있다.

성종 대에 언관 직에 출사한 신진 사림들은 김종직이 도승지와 이조 참판, 그리고 동지경연사와 같은 요직에 있을 때 과감한 언론으로 자신들의 입장을 대변해 줄 것을 은연중에 기대했으나 그렇지 못해 실망했다는 것이다. 그러나 이 평가가 공정하다고 말하기는 어렵다. 김종직이 과감한 언설로 대신들을 비판하지 않은 것은 사실이다. 그러나 6장에서 본 바와 같이, 정치 개혁에서 가장 핵심적인 정책, 성종 대를 가르는 분수령이자 조선 전기의 구분점이 되었던 '승출의 법'을 건의하고 그 시행을 주관했기 때문이다.

김종직은 사후에도 끝내 편안히 쉬지 못했다. 1498년(연산군 4) 7월에 무오사화가 일어나서 부관참시되었고, 부인 문씨는 관노비가 되었다. 그의 제자 김일손이 스승이 지은 〈조의제문〉을 《실록》의 사초에 실은 것이 화근이 되었다. 유자광과 이극돈 등의 훈구파들은 이 글이 세조의 왕위 찬탈을 비난한 것이라고 모함하였다. 그러나 김종직은 세조뿐만 아니라 훈구대신 누구도 직접적으로 비판한 적이 없다. 비록 그가 1464년(세조 10) 세조에게 유학자가 잡학을 배우는 것이 옳지 못하다고 직언하여 좌천된 적은 있지만, 그의 문집 어디에도 세조를 직접 겨냥해 비난한 글은 없다. 만약 그런 글을 썼다면 유자광은 〈조의제문〉이 아니라 그 글을 직접 거론했을 것임에 틀림없다.

유자광은 〈조의제문〉에서 언급된 의제義帝(항우에게 죽임을 당한 초나라의 희왕)가 세조에 의해 폐위되어 죽임을 당한 단종을 빗대어 말한 것이며, 따라서 이 글이 세조의 왕위 찬탈을 비난한 것이라고 주장했다. 그러나 그것은 어디까지나 그의 '해석'일 뿐이다. 그는 김종직이 함양 군수 시절 학사루에 걸려 있던 자신의 시판을 거두어 불살라 버린 일로 반감을 품고 있었고, 김종직의 제자들이 대간으로서 자신을 탄핵했던 일로 인해 복수를 계획했다. 그것이 평소 대간들의 '윗사람을 능멸하는 폐단'을 못마땅하게 여겼던 연산군에게 빌미가 되어 '사화'로 번진 것이었다.

제자들의 행방 ___ 무오사화가 일어나기 직전 김종직의 제자이자 사초 사건의 연루자인 이목은 임사홍의 아들 임희재에게 서울로 올라갈까 한다며 사정이 어떤지 물었다. 이때 임희재가 답하는 편지가 이목의 집을 수색하는 과정에서 발견되었다. 연산군 4년 7월 14일의 기사에 언급된 그 편지에서는 제자들의 동향을 다음과 같이 적고 있다.

지금 세상 인심이 심히 극성스러워 착한 사람이 모두 가버리니, 누가 능히 그대를 구원하겠는가? 부디 시를 짓지 말고 또 사람을 방문하지 마오. 지금 세상에 성명을 보전하기가 어렵습니다. 근일에 정석견이 동지성균에서 파직되었고, 강혼은 사직장을 올려 하동의 원이 되었고, 강백진은 사직장을 올려 의령의 원이 되었고, 권오복도 장차 사직을 올려 수령이나 도사都事가 될 모양이며, 김굉필도 이미 사직장을 내고 시골로 떠났으니, 그 밖에도 많지만 다 들 수가 없습니다. 뿐만 아니라 이철견·윤탄이 의금부지사가 되었는데, 논간論諫을 해도 상이 듣지 않으니, 어찌 하겠소. 요사이 종루鐘樓에 이극돈의 탐취貪聚한 사실을 방을 써서 붙였으니, 복僕 또한 이로부터 수경數頃의 전토를 충주·여주의 지경이나 혹 금양衿陽의 강상江上에 얻어 수십 년 남은 생애를 보내고 다시 인간 세상에 뜻을 두지 않을까 하니, 그대도 다시 올라올 생각

을 하지 말고 공주의 한 백성이 되어 국가를 정세丁稅로써 돕는 것이
옳을 것입니다.

임희재가 전해온 소식은 암울하기 그지없었다. 이철견과 같은 젊은
관원들의 충간은 받아들여지지 않고, 이극돈과 같은 늙은 대신들의 비
리를 알리는 방문이 종로 한복판에 나붙는 등 정국은 폭풍전야와 같았
다. 들이닥칠 참화를 직감한 정석견·강혼·강백진·권오복·김굉필과
같은 벗들은 이러저러한 구실을 들어 지방으로 뿔뿔이 흩어져 몸을 숨
겼다.

무오사화가 일어나자 김종직의 재산은 몰수되고 문집은 소각되었
다. 김일손·권오복·권경유 등 그의 제자들은 대역죄로 몰려 처형되고
나머지는 유배되었다. 김굉필과 정여창 역시 유배를 갔다가 1504년(연
산군 10) 갑자사화가 발생하여 죽임을 당했다. 신진 사류들은 젊은 시절
그토록 갈망했던 개혁의 열정을 꽃피워 보지도 못한 채 그렇게 스러져
갔다. 1507년(중종 2) 무오사화 때 화를 당했던 김종직과 그의 제자들은
신원되었고 재산을 돌려받았다. 선조 대 이후로 사림파들이 정국의 주
도권을 장악하면서, 김종직은 성리학의 도통을 잇고 절의를 지킨 선비
로 추앙을 받게 되었다.

문묘에 배향되지 못한 이유 ___ 김굉필이 문묘에 배향된 것과
는 달리, 김종직은 끝내 문묘에 배향되지 못하였다. 왜일까? 1507년(중
종 2) 2월, 유자광은 김종직에 대해서 "세조의 원수 역적이요, 그 악이
시해와 반역보다도 더한 자로서 세조의 자자손손 대대로의 원수"라고

비난한 바 있다. 김종직에게 씌워진 불충의 멍에는 그 후에도 쉽게 벗겨지지 않았다. 그가 죽은 직후에 내려진 문충文忠이라는 시호가 너무 과도한 평가라는 논란이 있어서 1년 뒤인 1493년(성종 24) 4월 다시 시호가 문간文簡으로 고쳐진 바 있다.

　이러한 이유로 중종 대 조광조와 신진 사림은 문묘 종사의 대상자로 김종직을 직접 거론하지 않았다. 그들은 정치적으로 덜 부담스러우면서도 자신들과 직접 스승-제자 관계로 연결되어 있는 김굉필을 선택한 것이다. 김굉필은 김종직의 애제자라는 이유만으로 무오사화에 연루되었지만, 41세 때인 1494년(성종 25)에야 비로소 유일遺逸이라는 명목으로 천거되었다. 무오사화 발생 1년 전인 1497년(연산군 3) 형조좌랑(정6품)에 임명된 것을 끝으로 짧은 관직생활을 마쳤다. 그는 당시 정계에서 크게 두각을 드러내거나 주목받던 인물은 아니었다.

　연산군의 폭정을 종식시킨 반정세력이 그들의 시대정신을 대변할 지식인으로 정몽주를 최초의 문묘 배향자로 선정한 것과 마찬가지로, 김굉필의 문묘 배향 역시 왕실과 반정세력 간의 정치적 타협의 산물로 이루어진 것이었다. 김종직은 비록 문묘에 배향되지는 못했지만, 그의 삶은 성종 대의 '새 정치'를 대표하는 지식인의 지향점을 잘 보여주었다. 세조 대의 적폐를 청산하고 유신의 교화와 정치 개혁을 추구했던 성종에게 그는 지방에 있든 중앙에 있든 시대정신을 함께하는 동반자이자 정신적 멘토였다. 성종이 가장 총애했던 신하이면서도 도학의 정통을 잇고 절의를 지킨 사림의 사표로서 후대에 더 추앙을 받았다는 점 역시 높이 평가되어야 할 것이다.

문사 양성정책 ___ 조선 시대에 학술과 문화가 크게 발달한 시기로는 전기의 세종과 성종, 그리고 후기의 영조와 정조 대를 들 수 있다. 세종과 마찬가지로, 성종은 문학과 시문을 통하여 중국과 일본 등 사대교린의 외교 현장에서 나라를 빛낼 수 있는 인재의 양성이 특히 중요하다고 보았다. 그의 문화정치는 문학과 학술에 밝아 나라를 빛낼 수 있는 문사의 양성이 핵심을 이루었다. 세종 때 처음 시행되고 성종 때 제도화된 사가독서, 즉 젊은 문신들에게 휴가를 주어 학문에 전념하게 한 제도는 이러한 목적에서 이루어진 것이다.

중국의 새로운 도서를 구입하거나 국내에 산재하는 도서를 구하거나, 1484년(성종 15) 갑진년에 주조한 새로운 활자인 갑진자와 1493년(성종 24년) 계축자의 주조 역시 모두 인재를 양성하여 학술과 문화를 발전시키기 위한 시책이었다.

10___
문화정치를
추구하다

활기 띤 활자 주조와 문집 간행

경세 지향적 학문 ___ 성종 대는 명나라의 성화제와 홍치제의 치세에 해당한다. 이 시기에 명은 성리학적 모순이 지속되는 가운데 이상과 현실의 틈새를 메우기 위한 사상적 전환을 모색하고 있었다. 그 모순이란 반란을 통해서 황제를 밀어낸 연왕이 영락제로 즉위하여 유학을 후원하고 학교 교육을 장려하고 태학을 중시하며, 선현들을 존숭하고 유학자들에게 경전 강의를 하도록 하면서, 명나라 초기의 유학적 문화주의를 대표하는 군주의 모습을 보여주었다는 점에서 드러난다. 성리학적 도덕주의의 순결성을 가장 많이 더럽힌 것도, 명나라 초기 성리학적 문화주의를 가장 장려한 것도 영락제라는 사실은 성리학적 이상과 그 현실적 구현력 사이에서 갈등하고 있는 이 시기 명나라의 모습을 확인시켜 준다.

이 시기 조선 주자학자들의 사상은 경세 지향적인 성격을 지니고 있었다. 그들의 경학사상은 경세 지향적 《대학》의 해석을 보여주었다. 개국 이래 《대학연의》가 제왕학의 텍스트로서 수시로 진강되어 왔는데, 성종 대에 이석형은 《대학연의》의 축약본인 《대학연의집략大學衍義輯略》을 편찬하였다. 이 책은 다스리는 도에 큰 보탬이 될 수 있는 제왕의 경세서로, 전 왕조의 실정을 거울 삼아 경계가 될 만한 일을 골라 각 조목의 말미에 삽입했다. 《대학연의》의 조선화 과정을 보여준다.

조선의 군주와 정치가들 역시 유교 경전을 비롯한 역사, 시, 문학 계통의 서적을 전국적인 규모로 보급하려 했다. 이들은 주자소에서 찍어

낸 금속활자본, 또는 중국에서 수입한 책을 목판으로 번각 또는 판각하여 필요한 부수를 공급하였다. 예컨대 세종 시대에는 《성리대전》, 《사서대전》, 《오경대전》 등을 명나라에서 수입하여 전라·경상도 관찰사 등에게 번각하게 하고 그 책판을 중앙에서 관리하면서 찍어내 널리 공급하였다. 금속활자로 찍어낸 인쇄본은 목판의 정본이 되거나 조선 시대의 국왕과 고위관료들 혹은 성균관 유생들만이 볼 수 있는 고급서적이었다.

활자 주조와 서적 보급 ___ 1420년(세종 2)에 만들어진 동활자인 경자자의 글자체가 가늘고 빽빽한 탓에 보기가 어려워 좀 더 큰 활자가 필요하자, 세종은 추가로 1434년(세종 16) 갑인자甲寅字를 주조했다. 갑인자의 주조와 조판에 의한 인쇄술은 활자본의 백미라고 불린다. 이후 여러 가지 이유로 문종 시대에 경오자庚午字, 세조 시대에 을해자乙亥字·정축자丁丑字·무인자戊寅字 등이 계속해서 주조되었으나, 조선조 말기까지 갑인자가 여섯 차례에 걸쳐 고쳐 주조해서 사용되었다.

세종과 세조에 걸친 활자 주조와 서적 보급정책은 성종 대에도 계승되었다. 성종은 특히 저명 문인들의 글을 모아 바치게 하고, 사후에는 그들의 문장을 편집하고 을람乙覽(임금이 밤에 독서하는 일)을 거쳐 교서관에 지시하여 간행해 주는 명간命刊정책을 고안했다. 이전에는 왕명에 의하여, 그것도 건의에 따라 스승의 문집을 간행하는 제한적인 조치이자 특전이었는데, 성종은 모든 저명 문인들에게 확대하여 자신의 의지로 시행한 것이다.

성종 대에 편찬되고 을람을 거쳐 간행된 문집은, 을람만을 거치고 당대에 미처 간행되지 못한 3종을 포함하여 9종에 달한다. 문집별로 그 경위를 간략히 정리하면 다음과 같다.

문집명	저자(생몰년)	동기	간년	간행자	비고
사숙재집	강희맹(1424~1483)	왕명	1484(성종 15)	교서관	갑진자, 1483 명간
태허정집	최항(1409~1474)	〃	1486(성종 17)	후손	1484, 명간
보한재집	신숙주(1417~1475)	〃	1487(성종 18)	교서관	갑진자, 1484 명간
사가집	서거정(1420~1488)	〃	1489(성종 20)	〃	갑진자, 성종 명간
식우집	김수온(1409~1481)	〃	성종년간	〃	갑진자
저헌집	이석형(1415~1477)	〃	성종년간	후손	주자鑄字
뇌계집	유호인(1445~1477)	을람	1496(연산 2)	〃	성종 을람
삼탄집	이승소(1422~1484)	〃	1518(중종 13)	〃	성종 을람
점필재집	김종직(1431~1492)	〃	1498(연산 4)	교서관	성종 을람

전통 시대에 개인의 문집을 간행하는 것은 그 비용 마련이 지극히 어려운 일이었다. 조선 초에서 성종 이전까지 근 80년간에 간행된 문집은 15종에 불과하였다. 그중에서도 왕의 지시에 따라 간행된 문집은 2종에 지나지 않으며, 대상도 왕의 사부 등 특수한 경우에 국한되어 있었다. 이러한 상황에서 성종은 저명 문인들의 저작을 매년 말에 모아서 바치게 했고, 사망 후에는 편집하여 올리게 하여 을람을 거친 후에 활자로 교서관에서 간행해 주는 정책을 실시하였다.

성종은 세종에 비견되는 호학의 군주로서 문학적인 관심이 지대하였고 서적의 보급에 많은 노력을 기울였다. 1476년(성종 5) 11월 22일 기사에는 당시 서적 보급의 한 단면을 보여준다. 성종이 주강에 참여했는데, 동지사 이승소가 "일찍이 듣건대 세종께서 여러 역사서를 다 인쇄하고자 하였는데, 《사기》와 《전한서》는 인쇄하였고, 그 나머지 사서는 마치지 못하고 파하였기 때문에, 《사기》와 《전한서》는 요즈음 사대부들의 집에 더러 있으나, 그 나머지 여러 사서는 겨우 비각에서만 간직하고 민간에는 없기 때문에 배우는 자가 볼 수 없습니다. 청컨대 《후한서》 등 여러 사서를 간행하게 하소서"라고 건의했다. 성종은 우부승지 김영견에게 "요즈음 무슨 주자를 써서 책을 인쇄하는가?"라고 물었다. 김영견은 "갑인·을해 두 해에 주자한 것입니다. 그러나 인쇄는 경오자보다 좋은 것이 없었는데, 안평대군이 쓴 것이라 하여 이미 헐어 없애고, 강희안에게 명하여 쓰게 해서 주자를 하였으니, 을해자가 이것입니다"라고 대답하였다. 성종은 그에게 명하여 역사서를 인쇄해서 반포하게 하였다.

갑진자와 계축자 ___ 성종 대의 고위관료들은 역사서 보급의 필요성을 느끼고 있었다. 1482년(성종 13) 2월 13일, 남원군 양성지가 상소하여 편찬 사업을 일으킬 것과 중요한 책과 병서 등을 철저히 보관할 것을 청했다. 1484년(성종 15)에 이르러, 성종은 새로운 금속활자를 주조하도록 승정원에 명한다. 이 활자가 갑인자와 을해자 다음으로 임진왜란 시기까지 오래도록 사용된 갑진자이다. 그것의 주조 경위에 대해서는 김종직이 지은 〈신주자발新鑄字跋〉에 언급되어 있다. 즉 이해 8월에 임금이 "갑인자와 을해자는 모두 정밀하고 아름답다. 그러나 글자체가 크기 때문에 인쇄본의 부피가 커서 번거롭고, 또 시간이 오래되어 없어진 부분과 보완한 부분이 있어서 처음 만들어질 때와 다르며, 을유자는 글 자체가 단정하지 않아 사용할 수 없다. 내가 별도로 새로운 글자를 주조하여 그 크기와 간격을 적절하게 하여 많은 서적을 찍어 널리 보급하려 하는데 어떠한가?"라고 제안한 것이다.

당시 성종은 학문을 권장하기 위해서 많은 서적을 찍어 널리 보급하고자 하였는데, 갑인자나 을해자를 보완하여 쓰는 방식으로는 그 목적을 달성하기 어렵다고 판단했다. 따라서 갑인자나 을해자를 참고하여 글자 크기와 간격을 적절하게 조정하여 새로운 글자인 갑진자를 디자인하도록 하였다.

성종은 8월 21일 갑진자를 주조하는 일을 행호군 이유인과 좌승지 권건으로 하여금 감독을 맡아 주관하도록 하였다. 이때 새로운 글자의 모양(글자체)은 어떻게 할 것인가와 관련하여 "내가 당본《구양수집》을 보건대, 글자 모양의 크고 작은 것이 알맞으니, 이 글자 모양으로 글자를 주조하는 것이 어떠한가?"라고 제안했고, 승지들도 동의하였다. 이에 따라 《구양수집》에 나오는 글자체가 갑진자의 서체로 활용되었다. 그 밖에도 《열녀전》의 글자체를 자본字本으로 하고, 모자라는 글자는 행사맹 박경으로 하여금 보충하여 쓰도록 하였다. 1484년(성종 15) 8월 24일에 시작되어 1485년(성종 16) 3월에 주조를 마쳤다. 30여만 자에 달하는 동활자를 대자·소자별로 나눠서 8개월에 걸쳐 주조한 것이다. 갑진자는 경자자보다 글자가 약간 작으면서도 정교하고 우아하여 활자 주조의 새로운 면을 보여주었다. 성종은 3월 3일에 갑진자로 찍은 《왕형공시집》을 문신들에게 내려주었다.

성종 대에 주조한 구리활자는 갑진자 이외에 1493년(성종 24)에 주조한 계축자가 있다. 계축자는 명나라에서 새로 판각한 《자치통감강목》의 글자를 모델로 하여 새로 주조한 구리활자이다. 갑인자와 을해자의 단점을 보완하기 위해 갑진자가 만들어졌지만, 갑진자는 글자가 작고 획이 가늘어 쉽게 마멸되는 탓에 인쇄가 깨끗하지 못한 것이 단점이었다. 계축자는 갑진자의 단점을 보완하기 위해 글자를 크고 굵게 주조했다. 이후 1516년(중종 11)의 병자자와 1580년(선조 13)의 갑인자를 재주조한 경진자를 제외하고는 더 이상 금속활자를 주조하지 않았다. 현재까지 전하는 갑진자로 된 인쇄본으로 성종 대에 편찬된 것들로는 《왕형공시집》, 《신편고금사문류취》, 《동국통감》, 《백씨문집》이 있다. 《왕형공시집》은 송나라 왕안석의 문집으로, 갑진자 글자체의 모델이었다.

판각시험용 인쇄서 ___ 성종은 글자가 제대로 판각이 되었는지 시험하려는 목적이 있었던 것 같다. 1485년(성종 16) 1월 26일에 《왕형공집》을 갑진자로 인쇄할 것을 승정원에 전교하면서 "이제 갑진자로 장차 《당서》를 인쇄하고자 한다. 그러나 《왕형공집》을 먼저 인쇄하는 것이 좋겠다"고 말했다. 이에 승지들이 "《왕형공집》이 둘이 있는데, 하나는 주註가 있고 하나는 주가 없습니다. 만약 주가 있는 책을 인쇄하자면 갑진년에 주자鑄字할 때에 미처 다 주자하지 못하였으니, 인쇄하기가 어렵습니다"라고 대답하자, "비록 주가 없을지라도 인쇄하라"고 전교하였다.

《신편고금사문류취》는 송나라 축목이 편찬한 책으로 중국 고대로부터 송나라까지의 모든 사문事文을 모아 분류한 백과사전이다. 조선의 많은 관료가 보기를 원했던 이 책을 1493년(성종 24) 9월 29일에 교서관에서 인쇄해서 올렸고, 성종은 90건을 문신들에게 내려주었다. 《동국통감》은 1485년(성종 16)에 서거정 등이 왕명을 받아 완성한 한반도의 역사서다. 이 책의 편찬은 본래 세조 때부터 시작되었는데, 편년체 통사로서 중국의 《자치통감》에 비견되는 역사서를 표방하고 있다. 《백씨문집》은 중국 당나라 시대 백거이의 시문집이다.

언뜻 보면 성리학과 관련이 없는 듯이 보이는 《왕형공집》과 《백씨문집》은 왜 출판된 것일까? 1485년(성종 16) 3월 3일에 기록된 성종의 언급에서 그 단서를 찾을 수 있다.

경상도 관찰사 이극기에게 하서하기를, "내가 생각건대, 문장은 그다지 중요하지 않은 일이고 시문의 재주는 말단의 기예이므로, 그것도 다스리는 도에 관계가 없는 듯 여겨지기도 한다. 그러나 풍속과 세도가 고양되거나 쇠퇴하는 것을 이로 말미암아서 알 수 있으니, 어찌 폐기할 수 있겠는가? 우리나라는 먼 지방에 치우쳐 있어서 서적이 적으므로, 학문에 힘써서 문장으로 떨치는 사람을 많이 얻기가 쉽지 않은데, 사대·교린에 관계되는 바가 참으로 중대하다.

활자로 인쇄된 서적들은 일차적으로 국왕과 고위관료들의 필요를 충족하기 위한 것이었다. 당시 유학의 경전이 아닌 문장과 시문은 말단의 기예로 치부되었지만, 시문을 통해 풍속을 파악할 수 있고 세상을 올바르게 다스리는 도리가 고양되고 있는지 퇴락하고 있는지를 파악할 수 있었다. 나아가 외국과의 사대나 교린에 있어서 외교문서를 작성하는 데 필수적인 것이었다. 성종의 언급은 이러한 사실을 분명하게 지적하고 있다.

1493년(성종 24)에 주조된 계축자로 인쇄된 판본들은《조선부朝鮮賦》를 제외하고는 모두 성종 이후에 편찬된 것들이다.《조선부》는 1488년(성종 19) 3월에 사신으로 왔던 명나라의 동월이 당대 조선의 풍토를 부賦라는 문체로 서술한 책이다. 1492년(성종 23) 6월 23일에 원접사 노공필이 명나라 사신으로부터 받은《조선부》를 임금에게 올렸는데, 이때 성종은 "이 부는 우리나라의 일이 자세히 기록되었으니, 속히 인쇄하여 바치도록 하라"고 전교하였다. 이에 따라 계축자로 인쇄된 것이다.

서적의 보급과 사가독서

문화외교와 서적 ___ 1470년(성종 1) 10월 2일 원상 신숙주는 명의 사신으로 가는 서장관으로 하여금 명나라에서 새로운 서적을 구입해 올 것을 임금에게 주청하였다. 그는 "이전에는 명나라에 가는 서장관으로 하여금 우리나라에 없는 서적을 사 오도록 하였는데, 근년에는 정지되었으니 매우 불편합니다. 또 명나라에서 반드시 새로 찬술된 서적으로 세상에 발행된 것이 있을 것이니, 청컨대 정조사正朝使의 행차에 명령하여 서장관이 사 오게 하고 홍문관·예문관의 서적으로 권수가 갖추어지지 못한 것 또한 사 오도록 하는 것이 어떻겠습니까?"라고 건의했다. 성종은 그의 건의에 동감을 표시하였다. 신숙주의 건의는 성종이 즉위 초부터 서적 수입의 중요성을 인식하게 하는 계기가 되었다.

이후 성종은 지속적으로 서적의 확보와 보급에 관심을 가졌다.

　성종이 즉위한 1469년부터 명의 사신으로 학문이 높은 문관이 조선에 파견됨에 따라, 조선은 명의 사신을 대상으로 적극적인 문화외교를 펼쳤다. 조선을 방문한 명의 사신들은 공식적인 연회 이외에 사적인 모임에 자주 참여하였다. 학문이 높은 조선의 대신들이 서로 다투어 자리를 마련하여 명의 사신들과 시문을 논했다. 조선이 이처럼 적극적인 문화외교를 펼쳤던 것은 단순히 서적을 수입하는 것만으로는 조선이 문화대국이 될 수 없었기 때문이다. 조선은 명의 학자들과 직접 교류함으로써 조선의 학문적 수준을 점검했고, 또 명나라 사신들에게 조선이 명 이상의 문화국가임을 인식시키려 노력했다. 이를 위해서 조선 내에서의 서적의 발행과 보급이 더욱 중요해졌다.

목판 인쇄와 활자 인쇄 ＿＿ 1478년(성종 9) 1월 23일 《실록》 기사는 당시 명나라와 조선에서의 서적 유통의 실상을 잘 보여주고 있다. 성종이 "우리나라에 서책이 너무 적지 않은가?"라고 묻자, 서거정은 "서울에 사는 유생은 얻기가 쉽지만 외방 사람은 얻어 읽기가 실로 어렵습니다. 그 전에는 여러 고을에서 서적을 간행하는 것이 꽤 많았는데, 지금은 판본이 이미 끊어졌으니 거듭 밝히어 간행하는 것이 편합니다"라고 대답하였다. 성종이 다시 "명나라에서는 어떻게 하는가?"라고 묻자, 서거정은 "집집에서 간판刊板을 하여 판매하는 자료로 삼습니다"라고 답하였다. 시강관 최숙정은 "우리나라에서는 비록 조관朝官의 집이라도 사서오경을 가지고 있는 사람이 대개 적습니다. 경서가 저러하니 여러 사책史冊은 더욱 적습니다. 지금 보조금을 이미 전교서典

校署에 주었으나, 신은 보조금을 더 주어서 책값을 줄이기를 청합니다. 그러면 사람마다 사기가 쉬울 것입니다"라고 건의하였다. 국가에서 보조금을 전교서에 더 많이 주면 전교서는 책을 출판하는 데 필요한 원가 비용이 줄어들기 때문에 그만큼 책값을 더 싸게 낮추어서 시중에 내놓을 수 있고, 사람들이 더 쉽게 구입할 수 있다는 뜻이다. 성종은 "서적을 많이 찍어서 널리 펴고자 한다. (국가에서 감당해야 하는) 비용은 많이 들지만 인재가 배출되면 어찌 작은 도움이겠는가?"라고 말하면서, 승지에게 명하여 찍어낼 만한 서책을 적어서 아뢰게 하였다.

중국의 경우에는 조선에서와는 달리 금속활자보다는 목판 인쇄술이 발달하였다. 목판의 활성화는 상업적으로 민간에서 서적이 대량 유통되는 것을 가능케 하여 집집마다 판본을 간행하여 서적을 판매하고 있었다. 하지만 조선에서는 출판시장이 중국에 비해 협소해서 서적의 상업적 유통이 이루어지지 않았다. 그 결과 대량 생산을 특징으로 하는 목판 인쇄보다는 다품종·소량 생산에 유리한 활자가 발달했던 것이다. 하지만 문제는 10만 자에서 30만 자에 이르는 활자를 주조하는 데는 비용이 많이 들어서 민간에서는 불가능했다는 점이다. 그로 인해 활자는 국가의 소유물일 수밖에 없었고, 정부가 전교서에 비용을 대서 활자를 주조하고 출판물을 만들지 않으면 민간에서는 서적을 값싸게 구입할 수 없었던 것이다.

성종은 승지에게 명하여 출판할 만한 서적을 알아보게 한다. 이틀 뒤인 1월 25일에는 예조에 "근래에 책값이 너무 비싸서 사는 사람이 괴로워하니, 내가 여러 서적을 널리 찍어서 유생에게 혜택을 주고자 하는 뜻에 어그러진다. 호조로 하여금 어전魚箭·세포稅布를 매년 넉넉히 전교서에 주어 팔아서 종이를 사서 서적을 많이 인쇄하고 값을 줄여서 사람마다 쉽게 사서 읽을 수 있게 하라"고 명을 내렸다.

인재 양성과 교화 ___ 1492년(성종 13) 6월 23일에 국가 운영을 위한 인재 양성과 등용에 지대한 관심을 표명했다.

> 옛날 훌륭한 군주와 제후들은 어질고 능력 있는 사람을 가려서 빠지고 막혀있는 이들을 거두어 채용하여 서적庶績(모든 공적)을 함께 누리지 않은 것이 없었다. 우리나라가 과거를 베풀어 재주와 덕망이 있는 선비들을 모두 등용시키고자 하니, 구현求賢의 길이 넓지 않다 할 수가 없다. 그러나 초야에 묻혀있는 훌륭한 인물은 예로부터 탄식하는 바이다. 초택草澤과 암혈의 사이에라도 어찌 재주와 뛰어남을 간직하고 있으면서 쓰이지 못하는 자가 없겠느냐? 무릇 높은 자리에 있는 이들이 나의 지극한 생각을 본받아 초야에 묻힌 훌륭한 인재를 찾아서 아뢰라.

성종은 의정부에 어질고 능력 있는 인재를 찾아서 아뢰도록 명령하고 있다. 성종 대에는 《경국대전》의 반포와 같이, 국가 시스템의 정비가 일단락된 시대였다. 이러한 상황에서 정비된 제도를 운용할 수 있는 인재의 필요성은 더욱 증가되었으며, 성종은 관직을 담당할 수 있는 인재를 찾는 데 많은 노력을 기울였다. 인쇄술을 통한 서적의 보급은 이러한 당대의 중점적 사업과 맥을 함께하고 있다.

서적을 많이 찍어 싼 가격에 널리 보급하고자 했던 성종의 뜻은 1484

년(성종 15)에 새로운 활자인 갑진자의 주조로까지 이어졌다. 그럼에도 여전히 서적의 보급은 기대했던 것만큼 성과를 내지 못했던 것으로 보인다. 1485년(성종 16) 윤4월 22일에 성종이 경연에 나아갔는데, 당시 시독관 조지서가 "우리나라는 서적이 적어서, 외방의 유생으로 비록 학문에 뜻을 둔 자가 있어도 이를 얻기가 매우 어렵고, 서책의 반사頒賜(임금이 백성에게 나누어줌)도 홍문관과 성균관에만 하고 사학四學(조선시대 서울의 동·서·중·남에 세운 학당)에는 미치지 못하므로, 학문을 가르치는 자가 자세히 살펴 읽을 수가 없어서 학문을 강론하는 데 지장이 있습니다"라고 언급했다.

이런 문제를 타파하기 위한 방안으로 조지서는 여러 도에서 간행한 서책을 관찰사에게 인출하도록 하여 여러 고을에 나누어 보내게 하고, 서책을 나눠줄 때에도 아울러 사학과 외방의 계수관界首官에게도 내려주어서 사람마다 모두 얻어 볼 수 있게 할 것을 건의하였다. 그의 요청에 대해서 성종은 "매우 옳다"고 동감을 표시하면서 "외방의 여러 고을에 근래에 나눠준 서책이 없으니, 비록 뛰어난 자질을 갖춘 선비가 있어도 어디서 고열考閱(자세히 살펴보거나 점검하면서 읽는 일)할 것이겠는가?"라고 대답하였다. 이날 성종은 각 도 관찰사들에게 책임을 지고 도내의 여러 마을에 서적을 보급하는 일을 맡아달라는 명령을 내린다. 그들의 보고를 점검해서 서적을 전국에 널리 보급하는 일이 이루어지도록 할 것임을 선포한 것이다.

이와 같이 성종 대에는 전국적으로 선비들에게 유학 경전들을 보급함으로써 인재를 양성하고자 노력했다. 《성종실록》에 따르면, 1485년(성종 16) 윤4월의 명령을 내리기 이전에도 서적을 지방에까지 보급하기 위한 꾸준한 노력이 있었다. 예를 들어 1475년(성종 6) 12월에는 평안도의 유생들에게 사서삼경을 인출해서 보내도록 하였고, 1481년(성종 12) 2월에는 함길도의 변방 지역에 사서 및 《소학》, 《효경》을 보내서 가르치도록 하였다. 1483년(성종 14) 10월에는 함길도에 《시경》, 《서경》, 《중용》, 《대학》 등을 보내서 여러 고을에서 간행하도록 하였고, 1484년(성종 15) 6월에는 강원도의 각 고을에 서적을 보내게 하였다. 1493년(성종 24) 9월에는 제주도에 사서삼경을 보내도록 하고 있다.

성종이 각 도의 관찰사로 하여금 도내의 서적 인쇄와 보급의 책임을 맡도록 지시하기 1년 전인 1484년(성종 15) 6월에 강원도에 서적을 보내도록 한 적이 있다. 당시 강원도 관찰사 성현은 강릉과 원주 같은 곳은 풍속이 학문을 숭상하므로 인재가 많고, 그 밖의 여러 고을의 생도 중에도 총명하여 가르칠 만한 자가 많이 있음에도, 땅이 메마르고 백성이 가난하므로 서적을 스스로 장만하기 어렵고 이 때문에 학문을 포기하게 된다고 보고했다. 그는 임금에게 사서오경을 찍어서 도호부 이상에 각각 2건, 군현에 각각 1건을 내려 학문을 일으키는 방도를 열어줄 것을 건의하였다. 이에 따라 예조에서는 원주와 강릉에 사서와 《서경》, 《시경》 각각 2건을, 나머지 여러 고을에는 사서 각각 1건을 찍어서 보낼 것을 아뢰었고, 성종은 그에 따랐다. 중앙에서 보낸 서적들을 저본으로 해서, 지방에서는 다시 인쇄하여 보급했다. 이러한 서적들의 국가적 보급은 인재 양성에 목적을 두었다.

서적의 보급이 이루어지면서 점차 유학에 대한 이해가 높아졌다. 조선의 정치가들은 송나라 시대 성리학자들의 저작을 강조했다. 성종 대 후반부터 정치의 원리로 '교화'를 내세우며 사림이 등장할 수 있었던 것은 바로 이러한 국가적인 노력에 의해 이루어진 것이었다. 성종은 '화국문장가華國文章家'의 양성이라는 큰 목표를 세우고, 저명한 문인 학자들의 문집을 부단하게 간행하고, 활자를 만들어서 서적을 널리 지방에까지 보급, 유통시켰다. 세종 대와 비견되는 성종 대의 인재 등용과 언론의 활성화는 이러한 성종의 문치주의에 토대를 두고 있는 것이다.

사가독서의 사목 ___ 사가독서는 조선 시대에 국가의 유능한 인재를 양성하고 문운文運을 진작시키기 위해서 젊은 문신들에게 휴가를 주어 독서에 전념할 수 있도록 한 제도이다. 세종은 1420년(세종 2) 3월에 집현전을 설치한 뒤 집현전 학사들 가운데 재주와 행실이 뛰어난 자를 선발, 휴가를 주어 독서 및 연구에만 전념할 수 있게 하고 그 경비 일체를 나라에서 부담하도록 하였다.

사가독서제가 최초로 실시된 것은 1426년(세종 8) 12월이다. 세종은 권채·신석견·남수문 3인을 선발하여 관청 공무에 관계없이 연구에만 몰두하게 하였는데, 그 규범은 대제학 변계량의 지시를 받게 하였다. 이때 독서를 한 장소는 자택이었다. 1442년(세종 24)에는 신숙주 등 6인에게 휴가를 주어 진관사에서 글을 읽게 하였는데, 이를 상사독서上寺讀書라고 한다. 그 뒤 1451년(문종 1)에는 11인이, 1453년(단종 1)에는 4인이, 세조 초기에는 14인이 상사독서의 방법으로 학문과 인격을 연마하였다.

1456년(세조 2)에는 집현전과 함께 사가독서제가 중단되었으나, 성종이 예문관을 설립하며 사가독서를 부활시켰다. 1474년(성종 5) 4월 8일의 경연에서 대사헌 이예가 "문사를 선발하여 예문관 직을 제수한 것은 문학을 전공시키려 함인데, 요즈음 예문관 직을 받은 자는 제수된 지 얼마 되지 않아 다른 부서로 옮겨가기 바쁘니, 그래 가지고서야 어느 겨를에 학업을 연마하겠습니까? 바라건대 다시 연소한 자를 선발해서, 세종 때 집현전의 예에 따라 예문관에만 오래 있게 해서, 다른 관직은 제수하지 못하게 하고 차례로 승진시키는 한편, 때로는 사가독서하게 하여 10여 년을 여유 있게 학문을 연마하게 한다면 박학능문의 학자가 배출될 것입니다"라고 건의했다. 신숙주와 같은 대신들이 이에 동의하였고, 성종은 "마땅히 대비께 아뢰겠다"는 입장을 밝혔다. 결국 친정을 시작했던 1476년(성종 7) 6월 4일에 이조에서 사가독서의 절목, 택정, 근만 규찰 등의 시행을 청하였고 성종은 그에 따랐다. 6월 14일에 사가독서 문신으로 채수·권건·허침·유호인·조위·양희지 등이 발탁되었다.

6월 27일에는 사가독서 문신에게 권장할 사목 세 가지가 정해졌다. 첫째는 각각 읽은 경사經史의 권수를 계절(3·6·9·12월)마다 개사開寫하여 아뢰도록 하는 것이고, 둘째는 매달 세 번 제술製述하게 하되 예문관 관원의 월과月課와 함께 동시에 제술하게 하여 순위(석차)를 매겨서 권장하고 예문관의 예에 의거하여 시행하는 것이며, 셋째는 정월·동지 및 큰 경사·큰 하례 외에는 종친과 관료가 한곳에 모이는 모든 모임에 참여하지 말도록 하는 것이었다. 정치적 행사에 휩쓸리지 않고 오직 학문에 종사함으로써 실력을 배양하도록 배려하고 독서 성과에 대해 관리함으로써 나태와 해이를 방지하고자 했음을 알 수 있다.

독서당 설치 ___ 하지만 사목의 제정에도 불구하고, 사가독서 문인이 학문에 집중하기 어려운 요인이 있었다. 그들이 도성 안의 여염에 있기 때문에 찾아오는 친구가 많아서 독서에 전념하지 못한다는 것이다. 6월 28일에 서거정은 성종에게 이 점을 지적하면서 그 자신이 세종 대에 신숙주 등과 함께 산사에서 독서하도록 명을 받았다는 사실을 상기시켰다. 비록 유생들이 절에 올라가는 것을 금하는 법령이 있지만, 사가독서 문신은 예외로 하여 산사에서 독서하도록 함으로써 공부에 전념하도록 명할 것을 아뢰었다. 성종은 그 건의에 따랐다.

이후에 서거정은 다시 건의했다. 상사독서는 불교의 여러 폐습에 오염될 가능성이 크기 때문에 상설 국가 기구인 독서당을 두도록 하는 것이 바람직하다는 것이었다. 성종은 그의 건의를 받아들여서 1492년(성종 23)에 독서당을 개설하였다. 그 장소는 지금의 마포 한강 변에 있던 귀후서歸厚署 뒤쪽 언덕의 사찰로, 그 절을 20칸 정도로 확장하였다고 한다. 이 독서당에서는 1495년(연산군 1)부터 무오사화가 있던 1498년(연산군 4)까지 매년 5, 6명이 독서하였으나, 1504년(연산군 10)의 갑자사화 여파로 폐쇄되었다.

사가독서는 성종 대에 꾸준히 지속되었지만, 국가적인 흉년이 들 경우에 재정상의 이유로 일시 정지되기도 했다. 1483년(성종 14) 10월 16일에 참찬관 성건이 "홍문관 관원의 사가독서는 근래에 흉년으로 인해 정지하였는데, 나이 젊은 문신이 강습을 게을리하니, 청컨대 회복하소서"라고 청하자 성종은 그에 따랐다. 사가독서는 처음에 예문관(후에 홍문관) 관원을 대상으로 시행되었지만, 성종 말년인 1492년(성종 23) 4월 16일에는 다른 관사의 관원들 가운데 문학의 재능이 있는 자를 선별해 보임하는 것으로 확대되었다.

　사가독서제에 대한 비판이 없었던 것은 아니다. 성리학에 대한 이해가 심화될수록 사장詞章보다는 경학을 중시해야 한다는 목소리가 커졌던 것이다. 당시 사가독서 하는 문인들이 공부 결과로 제출하는 글은 시와 문장, 즉 사장이 대부분이었다. 이로 인해 독서당 관원들이 지은 글들이 풍월을 노래한 것에 지나지 않아 임금이 숭상할 바가 아니며, 세종 대 이후로 권장하던 일이기는 하지만 모두 실속이 없어서 숭상할 것이 못 된다는 비판이 제기되었다. 이에 대해 중종은 1517년(중종 12) 1월 19일에 경학이 근본이고 사장은 말단이라는 점을 인정한다. 그러나 "우리나라는 사대하는 나라로서 중국 사신을 접대하고 이웃 나라와 사귀어야 하니, 사화詞華를 갑자기 폐할 수는 없다"고 대답하였다. 문학을 통하여 중국과 일본 등 사대교린의 외교 현장에서 나라를 빛낼 수 있는 시문에 능한 사람, 즉 화국문장가의 양성이 중요하다고 생각한 성종의 정책을 계승하고 있음을 알 수 있다.

여진을 조선의 울타리로! ___ 조선의 여진에 대한 정책은 '오면 어루만져 주고 가면 추격하지 않는다'는 것이 원칙이었다. 조선은 정벌보다는 회유를 통해 그들의 내침을 방지하고자 했다. 때로 여진에 대한 정벌이 단행되기도 했으나, 조선은 기본적으로 여진족을 기미권 내에 두어 그들이 변방의 환란이 되지 않도록 하고자 하였다.

이러한 교린의 도가 적용되었던 종족은 크게 알타리, 올량합 그리고 올적합이었다. 이 중 알타리와 올량합은 태조 이래로 조선과 우호적인 관계를 맺었고, 세종 대 두만강 유역에 6진이 설치된 이후로는 성 아래에 거주하면서 조선 변방의 울타리 역할을 담당하였다. 그러나 올적합은 지리적으로도 알타리나 올량합보다는 조선과 거리가 있었으며, 농경을 전업으로 한 것도 아니기 때문에 조선과 밀접한 관계를 유지해야 할 필요성이 적었다. 그런 이유로, 비록 예외적인 경우도 있었지만, 올적합은 세종 대까지도 변경을 침입하여 사람과 가축을 노략질하였다. 그러다가 세조 대에 들어 비로소 조선에 복종하였고 보다 빈번한 왕래

11 ___
조선의
무위를 보이다

가 이루어졌다.

명은 압록강 유역의 건주위와 조선의 왕래에 대해서 강력하게 압박했던 반면, 두만강 유역의 여진인이 조선에 내조하는 것에 대해서는 큰 관심을 두지 않았다. 조선은 여진인의 납관納款(성심으로 복종함 혹은 귀순해 옴)을 받아들이고 그들을 조선 변방의 울타리로 세우고자 하였다. 이처럼 여진이 조선에 빈번하게 내조했을 뿐만 아니라 조선과 사대의 관계를 맺고 동북면 여진에 대한 관할권을 명으로부터 사실상 인정받았다는 것은 전통적인 사대 관계에 비추어 볼 때 매우 이례적이다.

변방의 여진족 문제는 조선의 창업 이래 태조부터 세조까지 지속되어 온 군사안보의 주요 이슈였다. 세종 대에는 4군과 6진을 개척했고, 세조 대에는 여진족 내의 여러 종족 간의 갈등에 적극 개입하여 올적합과 올량합·알타리 사이의 화해를 중재하고자 노력했다. 또한 조선과 명 사이를 이간질하며 변방에서 문제를 야기시켜 온 건주위 추장 이만주를 살해하기도 했다. 성종 시대에는 그러한 세종–세조 시대의 여진 정벌의 성과와 여파가 초래하는 문제에 대처해야 했다.

성종은 친정을 시작한 1476년(성종 7) 1월 10일에 교서를 선포하여 효치를 선언했다. 그의 정치적 아버지인 세조의 정책을 계승하겠다는 의미였다. 그는 비록 국내 정치에 있어서는 세조 대의 패권정치와 부정부패를 시정하고 개혁을 시도하였지만, 대외정책에 있어서는 세조 대의 국가전략을 충실하게 계승하였다. 그런 점에서 성종 대 여진정책은 세조 대의 국가전략의 연장선에 있었다고 할 수 있다.

성종 22년의 북정

여진 내부의 반목 ___ 올적합이 조선과 관계된 것은 1433년(세종 15)에 올적합의 양목답올이 알타리의 추장 동맹가첩목아를 살해했을 때였다. 당시 양목답올은 개양성의 중국인들을 포획해 갔는데, 명에서 동맹가첩목아로 하여금 그를 압송하고 피랍된 인구를 쇄환하라고 압박했다. 그러나 양목답올은 속평강 구주에 있던 혐진을 끌어들여 동맹가첩목아를 습격하고 살해했다. 2년 후인 1435년(세종 17)에 혐진은 동맹가첩목아 사후 위축된 알타리를 다시 공격했다. 이때를 계기로 올적합과 알타리의 관계는 대단히 악화되었고, 양자는 대를 이어 원수 관계가 되었다.

이후 단종과 세조 대에 이르러 여러 여진 부족은 거의 이동하지 않고 내부적 변화도 거의 없는 안정기로 들어서게 되었다. 성종 대 이전까지 이러한 관계를 유지했던 올적합은 성종 대 들어 골간뿐 아니라 그 외의 여러 족류들이 모두 조선과 관계했다.

1491년(성종 22) 4월 25일의 기사에 의하면, 올적합은 대체로 성질이 굳세고 사나워 싸움하기를 즐겼다. 평상시 300~400명 미만이 한 곳에 모여 살았는데, 그 용맹함을 따진다면 조선 군사 1만을 대적할 수 있다는 평가를 받았다. 올적합은 무리가 번성했기 때문에 조선으로서는 대적하기에 부담스러웠다. 그 족류 중 특히 강성했던 것은 니마거로, 올적합이 난을 일으킬 때면 니마거가 앞장서서 나머지 올적합 부족을 통솔했다. 올적합이 알타리나 올량합, 혹은 조선에 협력하는 여타 부락을 침략하여 타격을 가했을 때, 조선에서는 경차관을 파견하여 그 피해를 구제해 주고 소금·베 등을 보내 생활할 수 있게 해주었다.

　1473년(성종 4) 11월 24일에 올적합이 수주의 올량합을 침략했을 때, 조선에서는 경차관을 파견하여 올적합의 노략질로 빼앗긴 피해 상황을 파악하고, 그들에게 먹을 것을 제공하고 위로와 격려를 해주는 일을 사목에 따라 처리하도록 하였다. 1475년(성종 6) 2월 5일에도 올적합에 침략당한 경원 지역의 여진인 올량합 등 17가구를 위로했다. 1477년(성종 8) 윤2월 9일에 올적합이 올량합을 포위했을 때, 조선의 연대군煙臺軍이 먼저 저들에게 활을 쏨으로써 싸움이 시작되었고, 조선의 장군이 올적합 6인과 말 4필을 쏘아 맞혀 살상한 일이 발생했다. 이때 조정에서는 변방에서 또 다른 문제가 생길 것을 염려하여 사건을 상세히 조사하도록 하였다. 이 사건에서와 같이, 성종 대에 올적합의 침입은 대체로 조선의 변경에 사는 야인들의 거주지를 침략하여 그 여파가 조선에 미치는 경우가 일반적이었다.

조산보 사건　＿＿　그런데 성종 대 후반에 들어 올적합이 조선 변방의 여진 부락을 치는 데 그치지 않고 조선으로 침범해 들어와서 변장邊將에게 상해를 입히고 백성들에게 위해를 가하는 사건이 발생하였다. 1491년(성종 22) 1월 19일에 영안북도 절도사 윤말손의 보고에 따르면, 1월 12일 야밤에 두만강 유역의 올적합이 1천여 명을 이끌고 조산보造山堡에 침입해 조선군 3명을 사살하고, 만호 및 군사 26명에게 부상을 입히고, 성안의 남녀 7명과 말 5필·소 11마리를 노략해 갔으며, 경흥 부사 나사종이 군사를 거느리고 강을 넘어 저들의 땅으로 10

여 리쯤 들어가서 적과 싸우다가 화살에 맞아 죽었다고 한다.

다음 날 주요 대신들이 참석한 어전회의에서 성종은 "야인이 전년에 영안도(함경도)에 들어와 살기를 청했으나 허락하지 않았고, 또 평안도에 왕래하는 것도 허락하지 않았으니, 그들이 분을 품은 것이 하루 이틀이 아니다"라고 언급한다. 올적합의 침입은 조선과 왕래하고 거주하는 것을 조선이 허용하지 않은 것에 대한 분풀이였던 것이다. 이날 이극배는 영안도에서 성이 함락되고 장수가 죽은 일은 예전에 없던 변란으로서, 조선이 당당한 대국으로 보잘것없는 도적에게 욕을 당하였으니 그 죄를 물어 군사를 일으킬 것을 건의하였다. 성종은 동감을 표하면서도 "다만 큰일을 가볍게 말할 수는 없다"고 답하였다.

이 사건 이후 2월 3일에는 도골·사거 등의 올적합 800여 명이 틈을 타서 난을 일으키려 한다는 보고와 니마거 올적합의 시을보개가 동족 300여 명을 거느리고 반란을 일으키려 한다는 보고가 올라왔다. 4일에는 경흥 지역에 귀순해 살면서 여러 종족의 사변을 듣는 대로 보고했던 골간 올적합 삼파 등 9가구와 골간 중추 도롱오 등 4가구가 작년 11월부터는 조선과의 왕래를 단절했고, 조산보에 적이 침입한 뒤에는 집을 비워두고 떠나버렸다는 보고가 올라왔다. 그들은 조산보에 침입했던 올적합과 서로 내응하여 난을 일으켰고 스스로 그 죄를 알고 공벌攻伐 당할까 두려워 집을 비워두고 도망간 것이었다.

군대를 일으킬 뜻을 내보이다 ___ 조선은 변경을 침범해서 수령을 살해한 행위를 그대로 묵과할 수 없었다. 그럴 경우 변방의 여진족들에 대한 조선의 통제력이 약화될 수밖에 없었다. 뿐만 아니라 골간 올적합이 조산보에 침입한 올적합 세력과 내통하였다면, 온성 이하 여러 진의 군사와 말이 허약한 것과 나사종이 죽고 사졸이 죽거나 다친 것도 알아 조선을 가볍게 여기는 마음을 가지고 다시 침입할 것이 예상 되기 때문이었다.

성종은 변방의 일을 아는 재상을 불러 대처 방안을 의논하였다. 2월 6일에 성종은 "당당한 우리나라가 조그마한 무리에게 욕을 당하였으 니 아무리 부끄럽고 분해도 봄에는 군대를 일으킬 수 없다"고 말하였 다. 일단 대신을 파견하여 조선에서 그들을 불러와 유시하고자 하는 뜻 을 알리고 또 쇄환하도록 명령을 내려 은혜와 위엄을 보인 후에, 사신 을 보내어 골간에게 유시하여도 듣지 않는다면 죄를 신문하는 군대를 일으킬 뜻을 내보였다. 이러한 뜻을 갖게 된 배경에는, 올적합의 침입 으로 국가적 치욕을 당했다는 것과, 두만강 지역에 대한 변경 방어가 미약해서 다시 이를 정비할 필요성을 느꼈기 때문이다. 성종은 2월 9 일에 영안도 관찰사 허종에게 어찰로 다음과 같이 지시하였다.

경진년(1460, 세조 6)에 두만강 밖의 모련위를 정벌한 뒤로부터 인민들 이 넉넉한 것과 사마가 날랜 것이 점차 옛날과 같지 않으며, 변방의 장 수들도 용렬하고 탐욕스러움이 많아 국가에서 사랑하며 어루만지는 은혜를 본받지 아니하고 태평한 데 익숙하여 오로지 재물 모으는 것만 일삼는다. 또한 백성의 고통을 구휼하지 않아 인민이 정처 없이 떠돌 아다니며, 사마가 야위고 쇠약하는 데까지 이르렀다. 지금 만약 큰 적 이 업신여기고 침범하기를 해마다 하고 해산하지 않는다면, 형세가 앞 으로 방어하기가 어려울 것이니, 북방의 방비가 한심하다고 하였다.

모련위 정벌 이후 30여 년이 지나도록 전쟁이 없었고 평화가 지속되었다. 이로 인해 장수들이 군사를 훈련시키기보다는 재물을 모으는 것만을 일삼고, 백성의 고통을 구휼하지 않아 정처 없이 떠돌아다니며, 군사가 쇠약해지고 말이 야위는 데 이르렀다. 성종은 이러한 영안도의 상황을 바로잡기 위해서는 문무의 덕을 갖춘 사람을 세워 오랑캐들을 위엄으로 복종시킬 수 있어야 함을 강조하면서 그 과업을 허종에게 맡기고 있다.

모련위는 1405년(태종 5)에 명나라에서 여진족의 올량합이 거주하는 함경도 경원의 북쪽인 두만강가의 두문과 종성의 북쪽인 벌시온에 설치하였던 군사조직이다. 세조는 이 지역에 대한 지배권을 강화하기 위해서 1460년(세조 6)에 신숙주를 총사령관으로 하여 1만 2천여 명의 병력을 동원하여 토벌을 단행하였다. 성종은 세조 대의 북정을 되새기며 허종을 총사령관으로 하여 다시 동북면에서의 평화와 태평을 이루고자 했다.

2월 12일 어찰에서 성종은 자신이 추진하는 올적합 정벌이 침략에 대한 죄를 묻는 것임과 동시에, 이번 기회에 두만강 지역의 변경 방어를 정비하고 군부 인사를 쇄신하여 백성들의 고통을 구휼하여 편안하고 부유해지도록 해주기 위한 목적을 지니고 있음을 밝힌다.

정벌 계획을 논의하다 ___ 이후 성종은 신하들과 구체적인 계획과 대책을 논의하였고, 병조의 의견을 받아들여 충의위·충순위·충찬위·족친위와 첩의 자식으로 시위하는 부대를 만들도록 명하였다. 14일에는 경군 100명을 영안도에 보내어 한 해 동안 머물면서 방어하도록 지시했다. 15일에는 조산보 사건 이후 그 지역 백성들의 피폐함이 심하니 영안남도의 백성을 영안북도로 옮겨서 채울 것을 건의한 영안 북도 절도사 성준의 의견을 받아들여 하삼도의 백성을 뽑아 영안남도 로 옮겨 살도록 하는 조치를 시행했다.

2월 18일에 영안도 관찰사 허종은, 그동안 야인들의 조그마한 노략 질은 내버려두었는데 이번에 성에 침입하여 사람과 가축을 사로잡고 장수와 군사를 죽였다는 점을 언급하면서, 만약 이전과 같이 쇄환하기 만 하고 징계하지 않는다면 국가의 무위武威가 드날리지 않을 것이며 올적합뿐만 아니고 가까이 사는 야인들이 장차 조선을 업신여기고 거 만한 마음을 낼 것이라고 보고했다. 그는 봄은 농사철이 임박하여 군 사를 동원할 수 없으니 초겨울이나 이듬해 초봄에 습격할 것을 건의했 다. 이어 영안도의 병마를 징발하여 한편은 온성에서 들어가고 다른 한편은 경원으로 들어가고 대군은 뒤에서 그 진을 두터이 집합하게 하 고 날쌘 군사로 하여금 질러가서 습격한다면 크게 이길 수 있을 것이라 고 했다.

허종은 또 다른 계책도 내놓았다. 즉 경원 건너편인 야춘 등지는 야 인들이 지나다니는 길이니, 경원 근처에다 날랜 군사들을 많이 모아두 고 성 밑의 믿을 만한 야인들로 하여금 적을 탐지하게 하여 더러는 길 에서 공격하고 더러는 밤을 이용해서 습격하자는 것이었다. 마지막으 로 그는 "한번 위령을 떨쳐서 적으로 하여금 두려운 마음을 품게 하여 방자한 행동이 거리낌이 없는 데 이르지 않도록 해야 합니다"라고 주 장했다.

성종은 2월 21일 허종에게 글을 내려서 "경의 아뢴 바를 관찰하니 변방의 일이 사리에 적합하다"고 언급한다. 허종이 올린 두어 가지 계책에 대해서는 "그때 가서 변화를 보고 적당하게 처리하기를 어떻게 하느냐에 달려있고, 미리 방법과 계략을 지휘해 주어 일의 기틀을 누설하지 않도록 하라"고 당부했다. 이로써 성종은 정벌을 단행할 것임을 공식화하였다.

성종은 허종을 한양으로 불렀다. 4월 11일에 허종은 성 아래 야인들의 정황을 알리면서 조산보를 침입한 야인들이 골간 올적합과 공모한 것 같다는 의견을 피력하였다. 그는 속평강 근처에 사는 올적합 중에서 니마거가 가장 강하고 난을 일으킬 때 먼저 앞장서서 통솔하였기 때문에 조산보를 침입했던 야인들의 정체를 니마거 올적합으로 추정했다. 만약 조선에서 침투로를 확인하기 위해 사전 답사를 하면 적들이 먼저 알고 미리 대비할 것이기 때문에, 군대를 일으킬 때에 성 밑의 알타리를 향도로 삼는 것이 좋겠다고 건의했다.

이날 허종은 조산보 사건으로 국가에서 욕을 당한 것이 매우 크다는 점과 "알타리 등이 국가에서 어찌 군사를 일으켜 죄를 신문하지 않느냐고 한탄한다"라고 성종에게 전했다. 이에 성종은 "정말 그러하다면 징계하지 않을 수 없다"고 답하였다. 조선의 국가적 위신뿐만 아니라 조선의 변경에 살고 있는 알타리 등의 야인들을 조선의 세력권 안에 확실히 묶어두기 위해서는 변경을 침범한 올적합에 대한 정벌이 필요함을 말해주고 있는 것이다. 성종은 허종에게 출병 시기를 물었고, 허종은 다음 해 1월은 야인들의 군사가 모이는 시기이므로 10월에 당장 공격을 감행하자고 건의하였다. 성종은 그 의견을 받아들여 출병 시기를 10월 15일로 정하였다.

성종은 17일에 병조판서 이숭원과 영안도 관찰사 허종 등을 불러 북정北征에 관한 일을 의논하면서 올적합을 응징하기 위해서 1만 5천 명 규모의 군사가 필요하고 이를 위해 2만 명의 군사를 징발하기로 하였다. 다음 날 모화관에서 여러 재상을 만나 북쪽 오랑캐에게 당한 치욕을 씻기 위해 10월에 군대를 일으키려 한다는 뜻을 알리면서 허종을 도원수에 임명하여 출정을 준비시켰다.

북정 반대론이 제기되다 ___ 하지만 북정을 반대하는 목소리도 적지 않았다. 21일 홍문관에서는 '조그마한 분노'를 해결하고자 적진 깊이 군사를 보내는 것은 부적절하다는 점을 지적하였다. 또한 비록 정벌이 성공하더라도 원한이 더욱 깊어져 야인들의 침입이 계속될 것이며, 실패한다면 국위가 더 손상될 것이라는 점 등을 반대 근거로 제시했다. 부제학 김극검은 한나라 경우를 언급하면서 "성인이 이적의 침략 보기를 마치 모기로 여겨, 침입해 오면 몰아다 먼 곳으로 쫓아버리고, 떠나면 대비하여 지키면서 멀리 가서 토벌하지 않았습니다"라고 언급했다.

다음 날 성종은 홍문관의 반대론에 대해서 대신들로 하여금 의논하도록 하였다. 심회·윤호·이극돈·윤필상·성건 등은 제왕이 오랑캐를 대우하는 방법은 타당하지만 오늘날의 형세는 한나라의 경우와 다르며, 적들이 은혜를 저버리고 변방의 장수를 죽이고 백성과 가축을 사로잡아 갔으니 죄를 신문하고 치욕을 씻어야 한다는 의견을 제시했다. 반면에 홍응·노사신·어세겸 등은 이번 정벌이 형세상 적당하지 못한 점이 있으며 비록 크게 이긴다 하더라도 끝없는 환란의 단서를 열게 될 것이라는 의견을 제시했다. 성종은 "금년에 조금이라도 풍년이 들 것 같으면 거사하지 않을 수 없습니다"라고 말한 윤필상의 의논을 따랐다.

정벌을 준비하고 있던 영안도(함경도) 지역보다 평안도 지역의 변경이 더 불안하여 북정의 부적절함을 지적하는 목소리가 높았다. 25일에도 정벌 시행에 반대했던 신하들은 평안도 변경의 불안감을 강조하며 성종에게 북정 중지를 요구했다. 이에 성종은 이번 정벌이 단순히 조산보를 침입했기 때문이 아니며, 비록 추장을 잡지는 못하더라도 가옥을 불태우고 그들의 아내와 자식이라도 잡아온다면 충분한 경계가 될 것이라고 대답하였다. 아울러 다른 변경 지역에서는 아직 문제가 발생하지 않았는데 성급하게 거사를 중지할 수 없다고 말하였다.

이후에도 홍문관 부제학 김극검 등이 북정을 반대하는 상소를 올렸다. 26일에 홍문관은 조산보 사건을 통해 조선이 입었던 피해가 정벌을 시행해야 할 정도로 큰 것이 아니었으며, 전대부터 계속된 정벌로 인해 야인들과의 관계가 악화되었다는 점을 지적하였다. 여기에 더해서 2만 명의 군사를 출병시킨다는 것은 보급부대까지 함께 계산하면 총인원 6만여 명에 달한다는 점과, 10만 석에 달하는 곡식이 사용된다는 점, 그리고 허종이 도원수로서의 자격이 부족하다는 점을 지적하였다. 이에 성종은 어서御書를 통해 다음과 같이 답변하였다.

군대가 패배하고 장수가 살해되어 심히 나라의 치욕이 되는데도 나라에서 편안히 여겨 스스로 움직이지 않으며, 마음에 두지 않고서 무력의 위엄을 억센 오랑캐에게 드날리지 않을 것 같으면, 저 추악한 오랑캐들이 우리가 그들을 금수처럼 기르며 사람으로 여기지 않고 도외시한다는 것을 어떻게 알겠는가? 비단 국가의 체모를 손상시킬 뿐만 아니라 노략질하려는 마음을 더 보태기에 꼭 충분하다. 또 지금 만약 원한을 맺고 원수가 되는 것을 두려워하여 정독程督(계책을 정하고 책망하여 바로잡음)을 더하지 않는 것을 우·하·은·주처럼 한다면, 변방의 백성들이 적에게 항복한 데 절망할 것이니, 어떻게 편안히 잠자리에 들수 있겠는가? 이적이 의리가 없는 것은 그 유래가 비록 오래되었으나시기와 형세에는 다름이 있으니, 오늘날에 어찌 그만두겠는가?

여기서 성종은 북방의 야인에 대한 인식과 기본전략을 드러내고 있다. 그는 오랑캐들을 '금수처럼 기르는畜之禽獸' 관계로 언급하고 있다. 이 관계에서 만약 그들이 조선이 베푸는 은혜에 감복하여 내조하고 순종하면 은혜를 더해주지만, 만약 그 은혜를 배반하고 변방의 흔단을 야기하면 무력의 위엄으로 다스려야 한다는 것이다. 성종은 조선이 주변의 다른 이적과 다를 뿐만 아니라 조선이 (명나라와 마찬가지로) 이적을 가르치고 기르는 입장에 서서 동북면 지역에서 평화를 이룩해야 한다는 국가전략, 즉 태종 이후 세조까지 이어져 온 '중화공동체 전략'을 계승하고 있음을 밝히고 있다.

세조는 북방의 야인과 남방의 왜인을 '특수하게 기르는毓秀' 관계로 설명하면서, 마치 귤나무와 탱자나무처럼 물도 주고 때로는 가지를 쳐주면서 기른다고 언급한 바 있다. 성종 역시 야인에 대해 은혜를 베풀면서도 때로는 가지를 치듯이 정벌을 통해서 무력의 위엄을 보여야 함을 말하고 있다. 27일에는 "정벌의 거사가 결정되었으니 만약 니마거 올적합이 찾아오더라도 예전처럼 대접하여 조선의 출병 기미를 파악하지 못하게 하라"고 지시했다.

성종의 해명과 설득에도 불구하고, 북정 반대 상소는 계속 올라왔다. 29일에는 유자광을 비롯하여 정벌의 필요성에 동의하는 신하조차도 평안도 변경의 불안감을 근거로 북정을 연기할 것을 요청하는 경우도 있었다. 대간에서는 조정의 모든 신하가 정벌에 반대하고 있다는 상소를 올리면서 정벌에 찬성하던 윤필상이 의견을 바꿨다는 점과 이극배·허종·이계동도 정벌 추진에 회의적인 태도를 보였다는 점을 지적하면서 재고를 요청했다. 5월 7일 당시 대사헌 신종호의 말에 의하면, 북정은 모두가 반대하는데 국왕 혼자서 그 시행을 추진하는 상황이었다.

정벌을 강행한 이유 ___ 이런 정황을 고려하면, 성종이 평안도의 건주위 야인보다 영안도의 올적합 야인을 먼저 정벌 대상으로 선정했던 사실이 쉽게 이해가지 않는다. 더욱이 올적합 야인들은 성종의 집권 이후에도 조선과 우호적 관계를 유지해 왔고, 조선에 대한 침략 행위는 거의 없었다고 할 정도로 제한적이었다. 이러한 의문과 관련하여, 성종이 제시한 두 가지 이유를 통해서 니마거 올적합을 정벌 대상으로 결정했다고 이해할 수도 있다. 즉 성종은 침략의 횟수보다는 야인들이 경흥성을 함락시키고 장수를 죽였던 일에 대한 책임을 정벌을 통해 묻고자 하는 의도가 있었다. 또한 그는 건주위를 정벌할 경우 명과의 관계가 악화될 수 있다는 점을 우려했다. 그러나 이 두 가지 이유만으로 그동안 조선과 관계가 나쁘지 않았던 올적합에 대해 대규모 정벌을 시행했다는 것은 여전히 의문으로 남는다. 더구나 조산보를 침입했던 야인들의 정체를 정확하게 파악하지 못한 상태에서 대규모 군사를 동원해 정벌에 나섰다는 것은 지나친 대응이 아니었을까 하는 생각도 든다.

명나라와의 사대 관계 속에서 조선이 만약 스스로를 주변의 다른 이적의 하나로 생각했다면, 위와 같은 인식과 전략은 생각하기 어려웠을 것이다. 만약 그랬다면, 변장 1명과 군사 3명이 살해되고 백성과 가축이 사로잡혀 갔다는 것을 그렇게 큰 국가적 치욕으로 간주하지는 않았을 것이다. 더욱이 '조그마한 분노'에 사로잡혀 수만 명의 병력과 대량의 물자를 소비하면서까지 이적과 원수를 맺는 것을 기꺼이 감내하지는 않았을 것이다. 성종은 위의 전교에 이어서 "내가 하고 싶은 말이 많은데, 이것은 그 대략을 표시했을 뿐이다"라고 하였다. 국왕의 입장에서 대대로 이어온 이 전략에 대해 신하에게 자세하게 언급하면서 설명할 필요는 없다고 생각했기 때문이다.

성종이 이 시점에서 정벌을 시행했던 이유와 관련하여 이규철(2014)은 정벌을 통해 야인들에게 압도적인 군사력을 과시함으로써 이 지역에 대한 영향력을 계속 확대하고자 했던 것이라고 지적한다. 성종은 조선 건국 이래 무력을 바탕으로 한 위력으로 야인을 제압하고 그들에 대한 영향력을 유지하고 확대하려던 조선 국왕들의 대외정책을 고스란히 이어받았다. 이러한 목적이 있었기 때문에 올적합의 침입 횟수나 피해 규모 등을 정확하게 파악하고 침략이라는 명분이 생기자마자 신속하게 정벌에 대한 논의를 진행시키고 결정했다는 것이다.

이러한 이유 외에도 성종이 자신의 권위 확대와 정치적 주도권 확보를 위해 북정을 결정했다는 점도 지적한다. 태조-태종-세종-세조로 이어지는 조선 초기의 국왕들은 조선 시대를 통틀어 누구보다 강한 지도력과 권한을 갖고 국정을 운영했다. 세종과 세조의 통치에 대한 경험과 기억이 남아있던 시기에 왕위에 올랐던 성종은 자신이 가지고 있는 정치 주도권에 한계를 느꼈을 가능성이 매우 컸다. 따라서 성종 역시 국왕권의 강화와 정치 주도권의 확보를 위해 전대의 왕들처럼 대외정벌을 활용하려는 의도를 가졌으며, 그렇기 때문에 적극적으로 출병을 추진했다는 것이다.

세종과 세조가 대외정벌을 적극적으로 활용하면서 영토의 개척, 여진에 대한 영향력 확대, 국내 정치의 주도권 확대라는 성과를 얻었다는 점을 생각해 볼 때, 성종 역시 정벌을 정치적으로 활용하려는 의도가 있었다. 올적합에 대한 정벌이 출병 시점으로부터 약 8개월 전에 결정되었으며, 정벌군의 동원 방식·군량 문제·장수의 임명 등은 대략 정벌 시점보다 6개월 전부터 논의되었다는 점에서 1491년(성종 22)의 북정이 야인의 침입에 대한 즉각적인 대응조치가 아니라 장기적 계획과 목적을 가지고 준비된 정책이었다는 점을 보여준다.

출병을 결정하고 준비한 시점에도 조산보를 침입했던 야인들의 정체를 파악하지 못하고 있었다는 것은 한편으로는 조선의 정보 수집 능력이 이전에 비해 감소했음을 말해주는 것이다. 그러나 다른 한편으로는 조산보를 침입했던 야인들의 정체를 밝히는 일이 출병에 있어서 중요한 과제가 아니었음을 의미한다. 5월 15일에 도원수 허종은 성종과 북정에 대한 최종 계획을 논의한 후에 영안도로 복귀하였고, 7월에 성종은 개성부 유수와 각 도의 관찰사 및 절도사에게 10월에 군사 2만을 동원해 북정을 시행할 것임을 알렸다. 이후에 성종은 북정의 필요성을 거듭 밝히고 반대자를 설득하고자 노력하였다. 북정을 통해서 국가의 위엄을 보이되, 정벌의 방향은 그들을 철저히 도륙하기보다는 어린아이와 여자들을 사로잡아 옴으로써 자발적으로 굴복시키는 것이었고, 이를 통해 조선군의 피해를 최소화하고자 하였다.

북정의 성과 ___ 드디어 10월 14일에, 선발된 정병 4천 명을 포함하여 도합 2만 4천 명의 군사가 9개의 부대로 나뉘어 온성에 집결하였고, 두만강에 3개소의 부교를 가설하여 15일에 도강하였다. 북정군은 회유한 올적합의 군사 61명과 조선군 50명으로 선발대를 꾸려, 17일에 올적합의 본거지인 울지동에 이르렀으며 8명과 조우하여 1명을 생포하고 3명을 사살하는 전과를 올렸다. 23일에는 본대가 도착했으나 남녀 1명을 사살하는 전과밖에 올리지 못했다. 조선군이 도착했을 때, 올적합은 이미 도주하였기 때문이다. 24일에 군사를 돌이켜 적의 소굴에서 20여 리 떨어진 곳에 진을 쳤고, 11월 2일에 강을 건너 돌아올 것을 결정하였다.

당시 도원수 종사관이었던 이수언이 올린 보고에 의하면, 북정군이 참획한 적은 9명에 불과했다. 10일에 성종은 도원수 허종에게 글을 내려서 "이번 거사에 참획은 비록 적다 할지라도 공을 논하지 않을 수 없다"고 말하면서 정벌에 종사하여 길잡이를 한 야인(알타리)의 공도 함께 논하여 등급을 매겨서 보고할 것을 명하였다.

16일 북정 부원수 이계동을 인견한 자리에서 성종은 "마침 적이 다 달아나 숨어버려 크게 이기지는 못하였으나, 군사를 한 사람도 잃지 않고 돌아왔으니, 매우 기쁘다"고 치하했다. 이계동은 먼저 올량합이 전해준 올적합의 말을 인용했다. 즉 올적합들이 "올량합 다섯 사람이 우리 한 사람을 당하지 못하고, 조선의 열 사람이 우리 한 사람을 당하지 못하니 만약 조선이 들어와 침범한다면 곧 거세한 말과 사람을 스스로 몰아다가 우리의 농사일을 도와주는 것이 될 것이다"라고 말했다는 것이다. 이계동은 그 말을 듣고 이를 갈고 속을 썩였는데, "저 적들이 한 번 패한 뒤로는 다시 나타나지 않으니, 어찌 위세를 두려워하지 않겠습니까?"라고 보고했다.

1491년(성종 22) 북정의 특징에 대해서 강성문(1989)은 세 가지를 지적했다. 첫째로 북정을 결정하는 논의에만 6개월을 소요하는 비효율적 국방정책으로 북정 준비를 오히려 소홀히하였고, 적에게 정보가 누출될 가능성을 제공했다는 점이다. 둘째로 올적합의 공격에서 동족인 올량합 세력을 이용하여 역효과를 가져왔으며, 셋째로 성과 중심의 북정론에 대한 회의론 내지 반대론을 강화시켰다는 점이다. 성종 이후 연산군과 중종의 정벌론이 계획에만 그치고 현실적으로 추진되지 못한 데 결정적인 영향을 주었다는 것이다.

그러나 성종이 조산보 사건 이후 북정을 결정하고 실행에 옮기기까지의 과정은 6개월이라는 비효율적 국방정책이라기보다는 그만큼 신중한 논의 과정과 준비를 통해 단행된 것이라고 해석할 수 있다. 또한 올적합을 공격할 때 동족세력을 이용하는 것은 그전에도 조선이 야인을 토벌할 때 사용했던 방식이라는 점에서 비난받을 수는 없다.

비록 북정의 성과가 혁혁한 것은 아니었지만, 이를 계기로 조선의 군사가 약체이기 때문에 자신들의 원수인 올적합에 대항하지 못한다고 여겼던 알타리의 인식을 바꿀 수 있게 되었으며, 알타리로 하여금 조선에 더욱 깊이 복종하도록 만든 계기가 되었다. 이후 올적합은 조선에 대한 직접적인 공격을 감행하고자 했지만, 현실적으로 조선에 대적할 수 없음을 느낀 니마거는 귀순하고자 했다.

이런 상황으로 볼 때 당초 성종이 북정에서 의도했던 목표, 즉 야인들에게 압도적인 무력을 과시함으로써 이 지역에 대한 영향력을 계속 확보하고자 했던 것은 어느 정도 성과를 거두었다고 평가할 수 있다. 또한 명과의 사대 관계의 측면에서 볼 때에도, 조선에서 올적합 정벌에 대한 내용을 명에 보고하지 않고 단독으로 군사작전을 수행한 것은 두만강 일대의 여진세력에 대한 조선의 주도권을 보다 확고히 만들고자 하는 의도였고, 그 목표는 성공했다.

조선의 군사적 자주권

왕의 권위와 정국 주도권 약화 ___ 북정의 또 다른 목표, 즉 성종 자신의 권위 확대와 정치 주도권 확보라는 측면에서 볼 때 성공적이었는가? 이와 관련하여 대외정벌을 통해 군주권의 강화를 시도했던 성종의 의도와는 달리 오히려 국왕의 주도권이 더욱 제한되는 계기가 되었다고 평가된다. 그 논거로 국왕이 주도적으로 시행한 북정이 사실상 실패한 이후에 대간들은 국왕의 결정에 보다 직접적으로 반발하기 시작했고, 국왕의 잘못된 언사나 행동을 직접 지적하는 상황에까지 이르게 되었다는 것이다. 이후 조선에서는 태조-태종-세종-세조로 대표되는 강한 군주권을 확보한 국왕이 등장하기 어려운 정국이 조성되었다는 점이 거론된다. 또한 북정군에 대한 포상 시행과 관련하여 대간들의 반발이 극심했다. 군공에 대한 포상 자체를 취소시키기는 어렵다는 점에서 반대 상소를 멈추기는 하였지만, 이후 대간이 왕의 결정과 지시에 강하게 반발하고 대신들을 강력하게 탄핵하는 상황은 성종의 집권 후반기로 갈수록 더욱 심해졌다고 지적하는 견해도 있다.

'실패'라는 표현을 직접적으로 사용하지는 않았지만, 사실상 정벌이 실패했다는 평가는 국왕뿐 아니라 당시 지배층이 공유하고 있었다. 그 결과 북정은 성종의 권위와 정치 주도권에 상처를 남겼다. 북정이 단행된 1491년(성종 22) 이후 형성된 '국왕-대신-대간의 정립 구도'는 기본적으로 북정의 실패로 인해 대간이 대신을 공격하고 국왕의 권위와 정국 주도권이 약화되는 가운데 형성된 것이라고 할 수 있다.

1491년 5월 8일에 북정을 논의하는 과정에서 성종이 대간들과 대립하면서 대간이 "임금을 업신여긴다凌上"는 말이 나오기 시작했다. 북정이 끝난 1493년(성종 24) 9월에도 대간의 비판과 반발에 부딪혀 종종 수세에 몰리게 되면서 성종이 "내가 하는 일을 경들이 계속 말하니, 만약 이와 같다면 권력이 대간에 있는 것이다"라는 말을 하기도 하였다.

당시 성종과 대간의 관계를 보여주는 기록이기도 하고, 연산군 대에 자주 등장하는 '능상의 폐단'과 '권력이 대간에 있다'는 말이 성종 말년에 종종 등장하였다는 점에서 주목할 만하다. 그러나 '임금을 업신여긴다'와 '권력이 대간에 있다'는 말을 성종과 연산군이 공통적으로 사용하기는 했지만, 두 임금 사이에는 본질적인 차이가 있다. 즉 성종의 경우 대간의 존재 의의나 언론제도 자체에 대한 신뢰나 믿음을 가지고 있었지만, 연산군은 그에 대한 신뢰나 믿음이 없었다는 점이다. 이 차이가 공론정치를 유지할 것인가, 아니면 대간제도 자체를 폐지하고 폭정으로 질주할 것인가를 결정했다.

성종 이전의 국왕들은 정벌의 실패가 가져올 높은 위험성에도 불구하고 치밀한 준비를 통해 정벌을 시행하고 결국 성공해서 정치적으로 유용하게 활용하였다. 그러나 성종 대의 정벌은 많은 준비와 병력, 충분한 군량 등을 확보하고도 원하는 만큼의 성과를 얻지 못할 수도 있다는 교훈을 남겼다. 그 결과 성종 이후 조선에서는 정벌과 같은 위험성이 큰 대외정책이 시행되기 어려운 상황이 조성되었다. 그럼에도 성종의 북정을 조선의 국가전략이라는 틀에서 평가해야 할 필요성은 여전히 존재한다.

국가전략의 관점 ___ 명과의 사대 관계의 측면에서 볼 때 중요한 점은 조선이 올적합 정벌에 대한 내용을 사전에 명에 보고하지 않고 독자적으로 군사 행동을 감행했다는 점이다. 그것은 두만강 일대의 여진세력의 경우 압록강 지역의 건주위와 달리 조선의 지배권 아래 있다는 인식에 기반한 것이었다. 또한 조선이 명에 보고하지 않고 독자적으로 군사를 동원하여 정벌을 시행할 수 있었다는 것은 그만큼 명과 조선 사이에 깊은 신뢰 관계가 형성되어 있음을 의미한다.

조선은 태종 대 이래 명과 중화공동체를 형성한다는 전략을 고수해왔다. 그 결과 세조 대의 서정과 북정에서 보는 바와 같이 동북면 지역에서 조선이 주도하는 평화질서 구축에 대해 명의 암묵적인 동의를 얻고 있었다. 1479년(성종 10) 건주위 정벌에 참여해 명에 대한 사대와 신뢰 관계를 확고히 한 전략과 역사적 경험의 축적이 1491년(성종 22)의 독자적인 군사 행동을 통한 북정을 가능케 한 요인이 되었다.

전통 시대 동아시아는 중화인 명나라를 중심으로 구축된 질서 아래에서 조공·책봉 체제에 의해 운영되었다. 이러한 상황에서 원칙적으로 명의 질서 아래에 있는 조선이 주변국 혹은 세력과 외교를 맺는 것은 불가능했다. 그럼에도 조선은 주변의 여진·일본·유구 등과 계속 외교를 맺었고, 조선을 중심으로 하는 외교질서에 편입하고자 하였다. 조선의 주변 국가 혹은 세력은 조선의 질서를 인정하며, 조선에 토산물을 바쳤다. 이에 조선은 회사품과 함께 관직을 제수하였다. 중국의 천자가 주변의 제국에 행하는 조공·책봉과 같은 원리이다.

박정민(2013)은 조선이 명에 사대하는 원칙을 지키면서도, 다시 여진 등 주변 세력의 내조를 수용하여 명 중심의 세계에서 다시 조선을 중심으로 하는 외교체제를 구현하려 했다는 점에 주목한다. 조선이 실제로 여진인의 내조를 어떻게 수용하고 어떤 대응양상을 보여주었는지를 제시한다. 특히 성종 대 여진의 세력별·월별 내조 상황을 분석하면서, 조선이 명을 중심으로 하는 국제질서에서 명이 주변 국가와 세력에 시행한 조공·책봉을 준용하였음을 설명한다. 조선이 조공·책봉을 주변의 국가 혹은 세력에게 적용하여 명 중심의 질서에서 다시 조선을 중심으로 하는 질서를 구축하고자 했다는 것이다.

그러나 성종의 여진정책과 그에 의거한 서정 및 북정은 '조선 중심주의'의 관점보다는 명과 함께 주변의 이적을 제어하고 관리하려는 국가전략, 즉 명과 함께 '중화공동체'를 형성하여 평화를 구축하려는 관점에서 설명하는 것이 보다 적실성이 있다. 성종은 세조가 실현한 평화전략을 물려받았고 세조 대에 이루어진 태평과 안정을 유지하고자 했다. 1479년(성종 10)에 명의 청병에 따라 건주위 정벌에 참여하고 1491년(성종 22)에 올적합에 대한 정벌을 단행한 것은 그러한 세조의 뜻을 이어가고자 했기 때문이다.

만약 조선이 중화공동체 전략을 가지고 있지 않았다면, 명의 청병에 신속하게 파병을 결정하거나 강이 얼지 않아서 군대를 해산한 상황에서 지휘관을 교체하면서까지 다시 강을 건너 적의 근거지에 진격하는 작전을 감행하지는 않았을 것이다. 만약 그 전략이 없었다면, 변방의 장수 1명과 군사 3명이 살해되고 백성과 가축이 사로잡혀 갔다는 것을 그렇게 큰 국가적 치욕으로 간주하거나 '조그마한 분노'에 사로잡혀 수만 명의 병력과 대량의 물자를 소비하면서까지 이적과 원수를 맺는 것을 기꺼이 감내하지는 않았을 것이다. 성종 대의 여진정책은 조선이 동아시아 국제 관계에서 명과의 협조를 바탕으로 독자적인 군사 행동을 통해서 주도적으로 평화를 실현해 갔던 '마지막 순간'이었다.

심성의 선악을 둘러싼 논쟁 ___ 조선 시대 대간에 대한 연구는 주로 임명된 사람들의 사회적 출신 배경을 규명하는 데 중점을 두었다. 반면 정두희(1994)는 통치 기구 중 하나로 상급자나 상부 기관에 복종해야 하는 의무를 지닌 대간이 어떻게 독립적인 역할을 수행할 수 있는가에 초점을 맞췄다. 그는 성종 대의 대간이 유교이념을 대변하고 옹호하는 역할을 담당했고 정치 지도자의 덕치를 명분으로 대신들에 대한 탄핵과 비판의 역할을 충실히 수행했음을 보여주었다. 하지만 그들이 고민했던 문제가 교화였다는 점에 대한 인식은 미흡했다.

정치가의 심성에 초점을 맞춘 교화 논쟁이 활발하게 이루어졌다는 것은 정치의 발전이다. 하지만 동시에 위험성을 내포하고 있다. 왜냐하면 인간의 내면은 알기가 어려운 것인데, 심술(마음 씀)이 바르지 못하다는 이유로 교화를 명분으로 내세우면서 퇴출한다면 누구도 그 심판으로부터 자유로울 수 없기 때문이다. 교화의 정치는 끊임없는 정치적 분쟁을 야기할 수 있다. 따라서 교화가 추구하는 '내면성의 정치'는 회

12___
대신과 대간을
중재하다

피할 수 없지만, 어떻게 이를 잘 관리하고 정치적 파국을 막을 수 있는 가가 중요한 정치적 과제가 되었다. 내면성의 정치는 대체로 '군자—소인 논쟁'의 형태로 전개된다.

성종의 치세는 수렴청정을 받던 초기 7년간을 제외하면 1485년(성종 16)을 기점으로 전반기와 후반기로 나눌 수 있다. 치세의 전반기에 해당하는 1477년(성종 8)에 전 도승지 현석규에 대한 임사홍 일파의 탄핵으로 촉발된 군자—소인 논쟁(2장)은 1485년(성종 16)을 전후로 한 인사 시스템의 개혁(6장)으로 이어졌다. 그 후에도 교화에 관한 논의는 지속되었다. 1490년(성종 21)에 북방 야인의 침략과 이에 따른 정벌로 인해 한동안 중단되었다가 1493년(성종 24)부터 다시 전개된다. 이 장에서는 성종이 논쟁의 소용돌이 한가운데에서 어떠한 입장에 서서 대신과 대간의 갈등을 중재하고 정치적 안정을 유지하는가를 살펴보고자 한다.

개전인가, 경계인가

성종의 입장 변화 ___ 1486년(성종 17) 3월 5일에 성종은 형조에 전지하여 국가와 강상을 범하거나 강도한 자를 제외하고는 모두 용서하라고 지시한다. "사람의 일이 아래에서 잘못되어 하늘의 꾸중이 위에서 응하매, 근년 이래로 가뭄의 재해가 잇달아 백성이 편히 살지 못하더니, 또 이달 초나흗날에 벼락이 공릉의 정자각 서영西楹을 쳤다"는 것이 그 이유였다. 다음 날에는 의정부로 하여금 백성들의 억울함을 고하게 하여 하늘을 공경하는 뜻에 부응하라고 하면서, 이조로 하여금 임사홍·박효원·김언신 등 112명의 직첩을 돌려주도록 하였다. 사간원에서는 이들의 죄가 무겁다며 반대하였으나 들어주지 않았다. 이를 계기로 지난 1478년(성종 9) '소인'이라는 죄목으로 심판을 받은 임사홍의 무리가 앞으로도 조정을 어지럽힐 수 있다는 위험성에 대한 논의가 이루어진다.

직첩을 돌려주는 것과 관련하여 지속되는 대간의 반대에 대해 3월 11일 성종이 내세운 논리는 "죄 받은 지 이미 오래되었거니와, 천도가 10년이면 변하는데, 임사홍인들 어찌 스스로 새로워지는 마음이 없겠는가?"라는 것이었다. 이른바 개전론改悛論을 내세운 것이다.

하지만 대간은 임사홍 등이 자기 편을 만들어 서로 두둔하면서 조정을 어지럽혔으니, 요 임금 때의 4흉四凶(네 악인. 공공·환두·삼묘·곤)이요, 송나라 때의 5귀五鬼(다섯 간신. 왕흠약·정위·임특·진팽년·유승규)와 다름없다고 했다. 직첩을 돌려준다면 간사한 무리를 징계하는 의미가 없어질 것이며, 소인은 끝내 허물을 뉘우치고 개전할 리가 없으니 간당奸黨을 징계함으로써 미래의 경계로 삼아야 한다는 것이었다.

입장 차이는 분명했다. 성종은 비록 소인이라고 하더라도 죄를 받아서 허물을 뉘우치는 교화가 가능하다는 것이었고, 대간은 소인은 끝내 교화되지 않을 것이라는 주장이다.

성종의 입장 표명에도 임사홍 등에 대한 대간의 경계심은 해소되지 않았다. 비록 성종이 개전론을 내세우고는 있지만, 거기에는 임사홍과 왕실의 관계에 대한 배려가 깔려 있었다. 15일에 대간은 임사홍의 아버지가 공신이고 아들이 부마이며 그 자신도 왕실과 혼인을 맺어 여러 가지로 인연이 있다는 점을 언급했다. 16일에도 순 임금이 4흉을 제거한 일을 본받고 송나라에서 소인을 쓴 일을 경계하여 간사한 자를 징계할 것을 건의하였다. 그러나 성종은 "그 아비가 공신이고 그 아들도 공주에게 장가들었으므로 직첩만을 돌려줄 뿐"이라고 답하였다.

18일에 대간은 '열 군자를 추천하여 임용하는 것이 한 소인을 물리치는 것만 못하다'는 논리를 내세웠다. 밖으로 내침을 받았다가 다시 등용된 소인들이 마음을 고치지 않고 국가에 환란을 만드는 경우가 많다고 지적했다. 그러나 성종은 임사홍의 일은 소인을 나아가게 하고 군자를 물러가게 하는 것이 아니며, 비록 소인을 써서 나라를 그르치게 될 것이라는 우려가 있지만, 충분히 짐작하고 헤아려서 처리한 것이므로 염려할 것이 없다고 강조했다. 22일에 대간은 임사홍의 직첩을 돌려주는 것이 대비의 입장을 배려했기 때문이 아닌가라는 의혹도 제기하였다. 성종은 자신이 대신과 의논하여 돌려준 것이라는 점을 분명히 하였다.

주자가 단언한 바와 같이, 군자를 나아오게 하고 소인을 물리치는 것이 교화를 이루어 가는 요체이다. 그러나 현실적으로는 소인이나 공신을 물리치는 것이 쉽지 않다. 그래서 성종은 비록 소인이라 하더라도 일벌백계하여 완전히 폐하기보다는 개전의 기회를 줌으로써 스스로 변화될 수 있는 교화의 가능성을 열어두었다. 그렇다면 성종이 임사홍의 직첩을 돌려주면서 내세운 개전의 논리대로, 그동안 임사홍은 과연 교화되었을까?

뉘우치지 않은 임사홍 ___ 1488년(성종 19) 9월 23일 대사헌 성준이 이런 문제를 제기했다. 임사홍의 아들 임희재가 충청도 향시에 합격한 것을 문제 삼은 것이었다. 성준은 약관의 나이에다 학문에 통달하지 못한 임희재의 합격에 대해 나라 사람이 떠들며 매우 분하게 여기고 있으며, "그 도에 사는 자나 현재 벼슬에 있는 조사朝士가 아니면 향시에 나아가는 것을 허가하지 않는다"는 《육전》의 규정에 따르지 않았다는 점을 지적했다. 임희재 등 3인은 재상의 아들로서 서울에 살고 있기 때문에 충청도 향시에 응시할 수 없다는 것, 그럼에도 그의 아버지와 형이 시험관과 내통하여 법을 어기고 응시하도록 한 것이었다. 대간에서는 그들의 부형과 시험관을 국문할 것을 청하였다. 대간의 논계가 지속되자 성종은 결국 진사시와 생원시, 문과의 향시와 한성시를 이듬해 봄에 다시 시행하라고 지시했다.

사태가 심각해지자 임사홍이 10월 2일에 상소하였다. 아들과 관련하여 자신에게 부과된 혐의에 대해 해명하면서 대간에 대한 원망을 드러낸다.

무술년(1478)에서 지금까지 10년이니 천도 또한 이미 변하였을 것인데, 신이 감히 스스로 근신하지 않고 무슨 악을 행하겠습니까? 신과 동시에 죄를 받은 박효원·김언신은 이미 죽고 신만이 아직도 살아있으나, 성조에 있어 털끝만 한 보탬도 없이 도리어 애매한 비방을 불러일으켜서 문을 닫고 홀로 앉아 원통한 마음을 품어 탄식하는 것을 누가 다시 알겠습니까?……신은 이미 세상 사람의 버림을 받아 곤궁한 처지이고, 신의 아비는 늙고 병들었으며, 친척이나 벗의 후원으로 상부相扶할 만한 것도 없으니, 그 사람이 함부로 입을 놀려 욕하는 것이 종만도 못한 것도 또한 마땅합니다. '간교하다'는 말에 이르러서는, 인자로서 차마 들을 수 없는 것이니, 어찌 약한 자의 고기는 먹을 만하고, 축축한 땅은 말뚝 박기 쉽다는 것이 아니겠습니까?

10월 19일에는 임사홍의 아들 임광재가 다시 상소하였다. 1478년(성종 9)에 그의 아비가 붕당을 결성하여 조정을 어지럽게 하였다는 것에 대해서 문제를 제기하면서, 다시 공경公卿을 불러서 그 죄에 대해서 조율할 것을 건의한 것이다. 1478년의 사건에 대한 근본적인 부정이었다.

다음 날 성종은 "임사홍이 죄를 얻었을 때에 임광재의 나이 겨우 10여 세인데 어찌 그 일의 시말을 알아서 능히 그 시비를 분변하겠는가?"라고 하자 임광재 역시 스스로 잘못을 인정했다. 임광재의 상소가 사실은 임사홍이 시켜서 올린 것으로, 이는 그에게 부과된 혐의를 인정하거나 과거의 잘못을 뉘우치고 있지 않다는 것을 말해준다.

최초의 촛불시위 ___ 임사홍에 관한 논의는 11월 15일에 다시 재연된다. 오랫동안 궁궐 밖 임원준의 집에서 병 치료해 온 인수대비가 몸이 회복되자 성종이 대비를 시약侍藥해 온 임원준에게 한 자급을 더해주고 그의 적장자를 서용하도록 지시했다. 이로 인해 임원준의 장자인 임사홍이 절충장군부호군이라는 군직을 제수받고 서용되면서 또다시 격렬한 논란이 야기된 것이다.

대간의 비판 논리는 명확했다. 임사홍은 이미 붕당으로 조정의 정사를 어지럽게 한 소인이고 지난번에 임사홍의 직첩을 돌려줄 때 다시 기용하지 아니하겠다고 했던 전교를 상기시켰다. 임금의 신의를 거론한 것이다. 성종의 입장도 분명했다. 대비를 위한 효와 대비를 모시고 간병을 해온 임원준의 공로, 그리고 그 공로에 기인해 적장자를 서용했던 관례를 내세웠다.

임사홍의 서용을 두고 소인을 쓰면 나라를 그르치게 될 것이라는 대간의 비판이 이어졌다. 성종은 26일에 "임사홍이 비록 소인이라고 하더라도 그대들과 같은 올바르고 당당한 사람들이 그것을 바로잡으면 어찌 나라를 그르치겠는가?"라면서 임사홍과 대간 사이를 중재하고자 했다. 29일에 성종은 임사홍을 임용하였다. 다만 권한이 없는 행직行職에 앉혀 그가 권력을 얻어 나라를 그르칠 것이라는 비판을 무마시키고자 하였다.

그러나 대간의 의심과 반대는 쉽게 가라앉지 않았다. 오히려 보다 극단적인 말로 임사홍 서용을 비판했다. 30일에 대사헌 이칙과 대사간 안호 등은 촛불을 밝히고 무리를 지어 임금 앞으로 나아가서 "종묘사직과 백성이 위태로워지고 망하는 것은 임사홍을 기용하느냐 않느냐에 달려있다"면서 임금을 윽박질렀다. 이에 성종은 "오늘 만약 임사홍을 기용하면 내일 나라가 망하겠는가?"라고 반문했다. 이 자리에서 이칙은 "전하께서는 방지旁支(적손이 아닌 지손)로서 대통을 이어받으셨으니, 이는 사람의 힘으로 된 것이 아닙니다"라면서 마땅히 종사와 백성을 위해서 큰 계책을 삼아야 할 것이라고 말하였다. 본래 왕위를 계승할 만한 적장자가 아니었던 성종의 입장에서 볼 때 그의 발언은 자칫하면 왕권의 정통성을 부정하는 것으로 받아들여질 수도 있는 위험한 수준이었다.

'방지'와 '지록위마' ___ 다음 날 대간의 칼날은 다시 대신들을 향해 겨누어졌다. 대간이 합사해서 "국사를 의논하는 대신이 모두 임사홍의 간사함을 알면서도 '신은 자세히 알지 못합니다'라고 하였으니, '사슴을 가리켜 말이라고 하는 것'과 다르지 않다"고 주장하면서 국문할 것을 청하였다. 지록위마指鹿爲馬는 진나라 조고가 이세 황제 호해에게 사슴을 바치며 말이라고 하자 황제가 좌우에게 물으니 모두 조고의 권력을 두려워하여 말이라고 한 고사에서 유래한 것으로, 윗사람을 농락하며 권세를 마음대로 부리는 것을 말한다.

이에 성종은 전날 '적손嫡孫이 아닌 지손支孫이 들어와 대통을 이었다'는 대간의 말에 대해 유감을 표명하고, '사슴을 가리켜 말이라고 하는 것'과 관련하여 "현재의 3정승과 찬성은 모두 조고인가?"라고 반문하였다. 이어서, 임사홍을 씀으로써 군자가 물러나고 소인이 나오며 나랏일이 그릇된다면 그 말이 가하지만, "다만 대비를 시약한 임원준의 공을 생각해서 군직을 서용한 것인데 어떻게 나라를 그르치겠는가?"라고 반박했다. 성종의 비판으로 수세에 몰린 대사헌 이칙은 다음과 같이 변론하였다.

세종께서 대업을 이어받은 것은 전하와 서로 같습니다. 세종께서는 우리나라의 요순이십니다. 신은 전하께서 반드시 세종을 앞지르고 요순과 가지런하게 되기를 기대하였는데, 뜻밖에 전하께서 소인을 써서 나라를 그르치는 계제가 되게 하시니, 신이 참으로 마음이 아파서 감히 아뢴 것입니다. 또 군자와 소인의 사이는 저울로 달 수도 없고 거울로 비추어 볼 수도 없으며 단지 공사公私에 있을 뿐입니다.

방지(적손이 아닌 지손)와 대통을 언급한 것은 임금이 적임자가 아니라는 뜻이 아니라, '방지'로서 대통을 이어서 대업을 이루어 '동방의 요순'으로 칭송받는 세종과 같이 성종도 그렇게 되기를 바랐기 때문이라는 해명이다. 대간이 대신들에 대해서 '지록위마'라고 표현한 것에 대해서도 이칙은 대신들이 조고가 된다고 말한 것이 아니라, 다만 임금의 마음을 격동시키기 위해서 말했던 것이라고 변론하였다.

여기서 이칙이 세종과 같은 요순의 치세를 이루려면 군자와 소인을 구별해야 한다는 점과 이를 위해서는 그 내면에서 공公을 추구하는가, 사私를 추구하는가를 잘 살펴야 함을 언급하고 있다는 점을 주목할 필요가 있다. 성종 대와 마찬가지로 세종 대에도 백성과 선비들의 풍속의 교화에 대한 문제가 제기되었고, 세종도 성종과 마찬가지로 교화를 위한 방안을 고민했다. 그러나 세종 대 사풍의 교화는 아직 관료들 내면의 선악 문제를 심도 있게 논하는 단계로까지 나아가지는 못했다.

관교의 법과 고신의 법 ___ 조선의 창업 초기에는 나라가 안정되지 않아 재주만으로 뽑던 관교官敎제도를 사용했다. 태조 대에는 4품 이상의 당상관을 임명할 때에 대간의 서경署經(관리의 임명이나 인사이동에 대한 서명)을 거치지 않고 바로 벼슬을 주었다. 1392년(태조 1) 10월에 관교와 교첩 등 임명장에 대한 규정을 정하였다. 1품에서 4품까지는 왕의 교지를 내리는데 이를 '관교'라 하고, 5품에서 9품까지는 문하부에서 교지를 받아 직첩을 주는데 이를 '교첩'이라 하였다. 관교의 법은, 1품에서 4품까지의 고위관원을 임명할 때 대간의 서경을 거쳐서 임명하는 고신告身의 법과는 달리 서경을 거치지 않고 임금이 직접 임명할 수 있도록 한 법이다.

정종 대에는 1400년(정종 2) 1월 24일에 그 폐단을 고치고 고신의 법을 회복하여 재주와 행실을 겸비토록 하여 선비의 기풍을 권면하도록 하였다. 그러나 태종 대인 1413년(태종 13) 10월 22일 고신의 법은 폐지되고 관교의 법이 회복되었다. 태종이 인사권을 자신의 뜻대로 행사하여 권한이 신하들에게 가는 것을 차단하고자 했기 때문이다. 그해 11월 4일에 사간원에서는 고신의 법을 변경하지 말도록 상소하였으나, 태종은 고신의 법은 옛 역사에 없는 것이며 관교의 법은 태조 때의 아름다운 법이니 고칠 수 없다고 하면서 들어주지 않았다.

가장 좋은 정치는? ___ 세종 대 1432년(세종 14) 8월 2일에 대사헌 신개 등을 비롯한 대신들은 태종 대에 폐지된 고신의 법을 회복할 것을 주장하였다. 그들은 "가장 좋은 정치는 교화를 세우는 것이고, 그 다음은 정치를 밝히는 것"이라고 말하면서 '정政'의 차원을 넘어서는 '교敎'의 정치를 주장하였다. 사대부의 선행과 악행에 대한 권선징악과 함께 심술(마음 씀)의 은미함과 태도와 행실의 비밀까지 살피는 '심성의 정치'로 나아갈 것을 건의했던 것이다. 그러나 세종은 관교의 법이 '조종성헌'이라는 이유로 그들의 건의를 받아들이지 않았고, 고신의 법은 회복되지 않았다.

세종 대의 교화 논쟁은 군자와 소인을 구별하여 그 내면의 선악을 문제 삼는 데까지 나아가지는 않았다. 세종 이후 성종 대에 반포된 《경국대전》〈이전〉에서는 고신과 관련하여 "관직을 받은 사람의 임명장은 5품 이하이면 사헌부와 사간원의 승인수표를 확인한 다음에야 내준다"

고 규정되었다. 고려조에는 1품부터 9품까지의 모든 관리에 대해 대간에서 서경하였으나 조선조에 와서는 5품 이하의 관리만 서경하였다.

대사헌 이칙의 변론이 있은 후인 12월 2일에 성종은 대간이 의정부 대신을 조고에게 비유하였으니 자신은 이세二世가 된다고 말하면서, 이세의 때는 나라가 위망할 때인데 어떻게 받아들여야 하는지에 대해서 대신들의 의견을 묻는다. 대신들은 대간의 말이 지나쳤지만, 말이 격렬하고 절실하지 않으면 임금의 마음을 움직일 수 없었기 때문에 한 말이라고 하면서 모두 너그럽게 용서할 것을 건의하였다. 성종은 자신을 걸·주와 같은 폭군에 비유하는 것은 상관없지만, 대신을 모두 조고라고 하면 후세에 이들을 모두 그른 사람이라고 할 것을 염려한 것이라며 특별히 너그럽게 용서하였다.

대간에서는 임사홍이 소인이라는 것은 임금도 아는 바인데, 자신들이 용렬하여 임금의 마음을 돌이키지 못하였다는 점, 이로 인해 어진 이를 쓰는 길을 방해하고 뭇사람의 비방을 불러일으켰다며 사직을 청하였다. 영의정 윤필상 등도 대간이 대신들에 대해서 '지록위마'라는 말로써 꾸짖은 일로 인해 사직을 청하였다. 한동안 계속된 대간과 대신의 사직 요청은 성종이 그들을 모두 용서하고 직무에 나가도록 하면서 마무리되었다.

임사홍의 서용을 둘러싼 논쟁에서 성종과 대간은 치열하게 서로를 설득하고자 노력했다. 이 과정에서 대신들이 성종의 주장에 동조하면서 대신들에 대한 대간의 공격으로 논의가 번져가기도 했다. 임사홍의 서용에 대한 대간의 비판과 공격에 대해 성종은 대신의 입장을 변호하면서 대신과 대간 사이에서 중재자 역할을 했다.

유자광은 공신이라는 이유로 일찍부터 직첩을 돌려받고 공직에 복귀했다. 임사홍과 마찬가지로 유자광이 소인임을 내세우며 서용해서는 안 된다는 대간의 반대에도 불구하고, 성종은 그의 "공은 죄를 덮는다"는 논리와 선왕 대의 공신 맹약을 내세우면서 반대를 물리쳤다. 1490년(성종 21) 1월 12일에 유자광이 나라의 음악을 총괄하는 장악원 제조로 임명되자 대간은 반대했다. 그러나 성종은 "사람이 한 번 죄를 범하였다고 해서 다시 서용하지 아니하면 이는 허물을 고쳐서 마음을 새롭게 하는 길을 막는 것이다"라고 하며 들어주지 않았다.

마음의 선악을 문제 삼는 정치

약점을 고발하는 풍속 ___ 1493년(성종 24) 3월 28일에 임광재·이철견 등 도총부 당상관들이 자신들이 사후伺候에게 가포價布를 받았다는 승지 정성근의 고발에 대해 혐의를 부인하면서, 오히려 정성근이 선상選上에게 역가役價를 거두어들였다며 옳고 그름을 따져서 바로잡을 것을 요구하였다. 여기서 '사후'란 병조와 도총부의 당상·낭청 등이 거느리던 수종인을 말한다. '가포'란 역役에 나가지 않는 사람이 그 대신 군포에 기준하여 바치는 베를 말한다. '선상'이란 각 지방 관아가 중앙 관아에서 필요로 하는 노비·악공·의녀·무녀·무동 등을 뽑아 서울로 보내던 일 또는 그때 선상된 노비를 말한다. '역가'란 일한 품삯을 말한다.

이 사건의 핵심은 처음에 도총부에서 퇴립退立(군사가 번을 서지 아니하고 물러나옴)하는 정병正兵에게서 역가를 거두어들인 일이 있는지, 정성근이 선상에게 역가를 거두어들인 일이 있는지, 또 수령에게 요전상澆奠床(잔을 드리고 제향祭享을 올리는 데 차려놓는 제물상)을 청한 일과 뇌물을 받고 술을 받은 일이 있는지 하는 것이었다. 성종은 승정원과 사헌부로 하여금 이 일을 조사하여 올리도록 지시한다. 이후 이 사건은 대신들 사이에서 서로 남의 약점을 들추어내서 고발하는 풍속에 관한 문제로 비화된다.

4월 7일에 사헌부 장령 이승건은 임광재를 비롯한 총관들이 정성근의 고발에 대해 옳고 그름을 따질 것을 요구한 것은 자신들의 죄를 변명하기 위한 것이지만, 고발한 자의 일을 공박할 수 없는데도 총관들이 정성근의 음사陰私(은밀한 비밀)를 배척하며 다투는 것은 아름다운 일이 아니며, 서로 미루면서 정직하게 고하지 않았다는 점에서 대신의 체통을 잃은 것이라고 비판하였다.

성종은 만약 정성근이 요전상을 청했다가 얻지 못하고 도리어 도총부 당상을 청렴하지 못하다고 고발했다면 정성근은 중상을 한 소인이며, 임광재의 말이 옳다는 것은 아니지만, 정성근의 말을 믿을 수 없으니 추궁하여 허실을 밝히지 않을 수 없다고 답하였다. 또한 정성근의 말(고발)을 문제 삼는다면 언로가 막히게 될 것이라고 우려하는 것은 그를 도와주고 두둔하는 것이라고 질책하면서, 사헌부로 하여금 정성근을 심문하도록 명하였다. 결국 이 사건은 4월 25일 정성근의 직첩을 거두고 외방에 부처하는 것으로 마무리된다.

성종이 대간의 비판에도 불구하고 정성근만을 처벌하고 도총관들에 대한 추국(중죄인에 대한 심문)을 허락하지 않은 것은 대사헌 이세좌가 도총관을 추국해야 하는 논거로 들었던 이유, 즉 "조정에 변색辨色(잘잘 못을 가리는 일)한 말이 있으면 아래로 쟁투하는 근심이 있게 되고 서로 고알하여 보복을 도모하게 될 것"이기 때문이었다. 이세좌는 고알하고 보복하는 일이 "소인에게 있어서도 오히려 매우 옳지 못한데 하물며 대신으로서 차마 할 바이겠습니까?"라면서 총관들에 대한 추국을 촉구 했다. 하지만 성종은 바로 그 때문에, 만약 이들을 추국한다면 이들 사이에서 서로 고알하고 반목하는 일이 재연될 것을 우려하였기 때문에 허락하지 않은 것이다.

사헌부와 사간원에서는 총관들이 이利를 앞세우고 의義를 뒤로하며 사사로움을 도모하여 공도公道를 폐한다고 비판하면서, 이들을 다스려 서 조정의 기강을 바로잡아야 한다고 주장했다. 대간의 요구에 대해서 성종은 도총관들이 스스로 혐의를 변명하고자 한 것뿐이고 정성근을 미워하여 그의 드러나지 않은 일을 들춘 것은 아니라고 보았다.

'마음을 문책'하는 일 ___ 그런데 대사간 이덕숭은 이 사건의 본질이 군자와 소인을 구별하는 요체인 '본심을 지키는 것'임을 지적 하면서, 서로 무함하고 보복하면서 마음 쓰는 것이 어그러져 있는 소인 을 대의에 따라 처벌해야 한다는 논의로 전환시키고 있다.

5월 4일, 대간에서는 총관들의 일이 풍속에 관계가 있으며, 그들이 정성근의 일을 들춰낸 것은 오로지 보복을 위한 것이기에 용서할 수 없 다고 주장했다. 그러나 성종은 "어찌 이 때문에 재상의 뜻을 알아내어 죄다 죄를 다스리게 할 수 있겠는가?"라고 반문한다. 만약 신하로서 임금을 업신여겼으면 그 '마음을 문책'[주심誅心]하는 것이 옳겠지만, 총관들이 정성근의 일을 말했다고 해서 마음을 문책하여 죄 줄 수는 없다는 것이다.

대간은 총관들이 겉으로는 임금에게 변명하는 체 하면서 고알하고 속으로는 보복하려 하고 있으며, 사람들로 하여금 그들의 간사함을 헤아리지 못하게 하는 것은 교화를 이루어 가는 데 방해가 됨을 지적하였다. 비록 사람의 마음을 분별하고 마음을 문책하는 일이 어렵다고는 하더라도, 성명聖明한 군자가 그 마음의 저울추와 먹줄을 정확히 하여 다룬다면 능히 분별할 수 있음을 주장했다.

여기서 '마음을 문책'한다는 것이 군주와 대간의 입장에 따라 그 의미가 조금 다르다는 점을 알 수 있다. 성종에게는 임금을 향한 신하의 마음이 충성스러운지가 고려 대상인 반면, 대간의 관심은 신하들의 마음 상태가 선한지를 분별하는 것이었다.

5월 4일에 성종은 총관들을 모두 부른 후에, 정성근의 일에 대해서 고알하려고 한 총관도 있고 고알을 말린 총관도 있었다고 하는데 그것이 누구인지, 또한 대간에서 "총관들이 상의하여 아뢰었다"고 하는데 누가 먼저 의논을 냈는지 각각 글로 써서 알리도록 하였다. 사헌부에서 올린 조사보고서를 본 성종은 이 안案이 사헌부에서 정성근을 감싸고 대신을 죄 주려 하는 것이라고 규정하였다.

5월 28일에 성종은 "아무리 법사法司라도 어찌 묵은 혐의가 있다는 따위의 말을 대신에게 씌울 수 있겠는가?"라면서 불만을 표시하였다. 이에 영의정 윤필상은 사헌부가 "묵은 혐의가 있다"는 말을 한 것은 지나친 말이지만, 너그러이 용서해야 한다고 말하였다. 우의정 허종은 총관들이 모두 임금의 외척에 관계되어 있기에 사헌부를 국문한다면 외척을 감싼다는 논의가 있을 것이라고 하였다. 성종은 대신들의 말에 따라 더 이상 이 일에 대해서 묻지 않겠다고 하였다.

이 사건은 본래 대신들 사이에서의 고알과 보복의 문제였는데, 대간이 정성근을 감싸고 대신을 죄 주려 한다는 것으로 논의가 전개되어 결국 사헌부 관원이 모두 다른 직으로 임명되는 것으로 마무리되었다. 그러나 사헌부의 관원이 교체된 윤5월 1일에 대사간 이덕숭이 임금에게 고한 말 가운데 이 사건의 본질이 드러나 있다. 그는 "임광재·이철견 등은 마음 쓰는 것이 간사하여 남을 무함하려고 꾀하고 임금의 총명함을 기망하였으니, 이는 참으로 참소하는 간사한 무리"라고 하면서 "묘당(조정)의 귀척貴戚인 대신으로서 심술(마음 씀)이 바르지 않은 것이 한결같이 이에 이르렀으니, 이를 징계하지 않으면 하늘의 견책에 답하는 것이 아닙니다"라 하였다.

당시 이덕숭이 화기和氣를 손상하여 재앙을 부른 이들의 파면을 요구하고 사헌부의 관원을 모두 교체한 이유에 대한 설명을 요구하자 성종은 다음과 같이 말하였다.

하늘과 사람 사이의 일은 진실로 말하기 쉽지 않다. 이제 사간원에서 논한 것을 보건대 득실의 조짐을 다 일에 붙여서 보려는 것인가? 그대들이 대신의 형적도 없는 일을 가지고 후세에서 의심을 둘 만한 죄를 만드니, 이것 또한 하늘이 그르게 여기지 않겠는가? 간원諫院이 말한 것은 고집스럽고 융통성이 없어 더불어 조화의 미묘함을 말할 만하지 못하다 하겠다.

내면의 심술(마음 씀)을 논하고 사욕을 추구하는 '마음을 문책'하는 것이 교화의 요체이지만, 이는 형적이 쉽게 드러나지 않는 일이다. 의심을 두어 죄를 만들기보다는 조화의 미묘함, 곧 융통성과 사려를 발휘해야 한다는 성종의 뜻을 읽을 수 있다. 성종은 이덕숭이 주장한 바와 같이 "대신의 마음 씀의 사정邪正은 다스리는 도에 관계"된다는 것을 부인하는 것은 아니지만, 그 마음 씀의 '사정'과 '본심을 지키는 일'의 득실에 대해서 모두 죄를 묻기는 어렵다는 점을 고백하고 있다.

윤5월 13일과 16일에도 대간은 조정 대신들이 반목하여 고알하는 풍습을 비판하고 총관들을 마음이 바르지 못한 간사한 소인이라고 규정했다. 붕당을 만들어 나쁜 짓을 같이하고 서로 감싸며 실정을 숨겨 임금을 속이는 불충하고 불경한 죄를 지은 이들을 형적이 없다는 이유로 용서할 수 없음을 주장했다. 국문하고 처벌하여 사풍을 바르게 하고 나라의 기강을 세울 것을 상소했다. 성종은 자신의 조치가 중도를 잡아서 결단한 것이며 정상이 밝혀지지 않았고 이미 여러 의논을 수합하여 처리하였으니 죄 줄 수 없다고 하면서 논의를 종결시켰다.

'방납'과 '양핵음사' ____ 그로부터 한 달여 후인 6월 28일에 사헌부 지평 남율이 상소했다. 전 이조참판 윤은로가 방납防納한 일이 발각되어 파직되었는데, 다시 한성부 좌윤에 제수되었음을 비판하면서 바꾸어 임명해야 한다고 주장한 것이다. '방납'이란 백성을 대신하여 공물을 나라에 납부하고 높은 이자를 붙여 대가를 받는 일을 말한다. 성종은 "사람에게 한 가지 실수한 바가 있다고 해서 종신토록 쓰지 않음이 옳겠는가?"라면서, 윤은로는 이조에서 요청하여 제수한 것이니 외척이라고 하여 서용하지 않는 것은 옳지 않다고 답하였다.

윤은로는 성종의 장인 윤호의 아들로 성종에게는 처남이었다. 대간이 10년 전의 일을 끄집어 내 한성부 좌윤 임명에 반대한 것에 대해 성종은 "사람이 요순이 아닌 바에야 누가 허물이 없을 수 있겠는가?"라고 비호했다. 7월 3일 대간에서는 윤은로가 본래 이익을 도모하는 사람이므로 허물을 고칠 수 없다고 주장하였다. 성종은 비록 그가 한때의 실수로 후추를 수령에게 주고 편지를 보낸 일로 방납의 오명을 받고 있지만 당시 뇌물로 받은 물건은 없었고, 허물이 있었더라도 고치면 착한 사람이 될 수 있으니 지난날의 일로 그를 추론할 수 없다고 했다.

7월 4일에 대간에서는 이창신을 종부시정宗簿寺正에 임명한 것에 대해서도 반대하였다. '종부시'는 종친을 규찰하는 자리이고, 《경국대전》에서도 사헌부와 사간원 혹은 이조와 병조와 같이 논하는 자리였다. 대간은 이창신이 이윤의 집 재물을 다툰 일로 인하여 죄를 얻어 지난날 그가 지제교知製教에 임명되었을 때 논박당하여 변경된 적이 있다고 지적했다. 대간에서는 지제교도 불가한데 하물며 종부시는 더욱 불가하다고 주장하였다. 그러나 성종은 이창신이 본래 강개한 자인데 부인의 잘못으로 그르친 것이라고 하면서 들어주지 않았다.

그런데 이 사건은 이창신의 아들 이과의 상소로 새로운 국면을 맞는다. 7월 8일 이과는 임금이 자신의 아비를 종부시정으로 삼자 근거 없는 말로써 임금의 뜻을 움직이려고 하는 이가 있다고 고발했다. 대간에서 "이창신이 일찍이 홍문관에 있으면서 가뭄으로 인하여 수상 윤필상을 논박하였는데, 바로 그날 저녁에 그 집에 가서 아첨하여 책망을 면했다고 하였으니 참혹합니다"라고 비판했다는 것이다. 임금 앞에서는 대신을 논박하고, 뒤에서는 그 대신을 찾아가 아첨하는 것은 간사한 소인의 행위라는 점에서 성종은 심각한 문제로 받아들였다. 《실록》에서는 이를 '양핵음사陽劾陰謝'라고 표현한다. 낮[陽]에는 탄핵하고 밤[陰]에는 탄핵한 사람을 사적으로 찾아가서 사죄하고 아첨함을 의미한다.

다음 날 성종은 영의정 윤필상에게 그 일에 대해 물었다. 윤필상은 이 일이 오래되어 월일은 기억할 수 없지만, 이창신이 자신에 대해 논계한 후 바로 자신의 집에 찾아온 것이 아니고 그의 삼촌 조지주가 찾아왔다고 술회했다. 그때 조지주가 말한 내용도 자신에 대해서 해롭게 한 말은 아니었으며, 이창신이 임금 앞에서 윤필상을 책망한 후에 그를 찾아갔다는 대사간 이덕숭의 말은 조지주의 말을 오해한 것이라고 해명하였다.

다음 날 성종은 이덕숭을 불러서 그가 들은 말에 대해 물었다. 그는 을사년(1485, 성종 16)에 윤필상이 자신에게 '이창신의 말'을 들려주었는데, 다만 그때 윤필상이 다른 사람이 한 말을 가지고 말한 것인지 아니면 이창신이 직접 찾아와서 말한 것을 가지고 말한 것인지는 세월이 오래되어서 기억하지 못한다고 대답하였다.

윤필상과 이덕숭의 증언을 통해서 볼 때, 이창신이 윤필상을 논박하고 바로 그날 그에게 찾아가서 말했다는 것은 분명치 않았다. 이창신은 당시 자신이 '윤필상을 논박하고서 그에게 누설하였다'는 말이 떠들썩하게 퍼져 있었는데, 자신도 이 말을 듣고서 몹시 미워하였으나 어떤 사람이 한 말인지는 확실히 알지 못한다고 대답하였다.

이창신은 혐의를 부인하면서 그 근거로 세 가지를 제시하였다. 첫째, 당시 홍문관 관원들이 같이 의논하여 상소하였는데 자신만이 홀로 원망과 노여움을 면하기를 꾀하여 조지주로 하여금 영의정에게 원망과 노여움을 풀기를 빌도록 할 이치는 없다. 둘째, 설사 자신이 비록 조지주로 하여금 곧 가서 말하게 하여 꾸지람을 면하기를 구하였다 하더라도 영의정이 그것을 믿고 들어줄 리가 없다. 셋째, 만일 자신이 벼슬이 높고 권세가 강한 사람에게 아첨하는 마음이 있었으면 어찌하여 거리낌 없이 모두 말하면서 그 노여움을 얻겠는가 하는 것이다. 그는 조지주가 자신 때문에 영의정에게 미움받을 것을 두려워하여 사사로이 가서 위로한 것인지도 모른다고 말했다. 또한 조지주의 말은 그가 이미 죽어서 분별할 수 없으니 자신의 진실과 거짓을 아무도 알아줄 수 없음을 괴롭게 여기며 번민함을 호소하였다.

대신들의 의견 역시 조지주의 사람됨이 때와 형편에 따라 둘러대어 일을 처리하는 수완이 많고 말을 잘하는 자라서 이창신을 옹호하려고 그가 말하지 아니한 것을 가지고 윤필상에게 말하여 이해하기를 요구했을 수 있다고 하였다. 이창신이 그 말을 했다고 결정적으로 단언할 수는 없으며, 이 말이 나온 것을 대간도 확실히 지적하지 못하여 의심스러움이 많다는 점을 들면서, 이처럼 분간하기 어려운 일은 폐기하는 것이 좋겠다는 것이었다. 7월 10일 성종은 이창신이 윤필상에게 가서 말하였다는 것은 그럴 이치가 만무하며, 조지주의 마음 씀을 보건대 조카를 옹호하려고 스스로 가서 이해하기를 애걸한 이치도 있으니, 이창신을 그대로 종부시정에 임명하도록 하였다.

그러나 이창신에 대한 대간의 탄핵은 그치지 않았다. 방납의 죄를 범한 윤은로의 탐욕스럽고 비루함은 이창신의 아첨하는 것과 함께 사풍을 더럽히는 일로 지목되었다. 7월 23일 대간에서는 이창신이 대신에게 아첨하는 소인임에도 불구하고 임금이 그를 강개한 신하로 여기고 있는 것을 비판하면서 그의 간사함을 밝히고 분별할 것을 요구했다. 더 나아가 이창신이 성품이 간사하고 아첨하는 소인이며 세상을 속이고 이름을 도둑질하는 자라고 주장하였다.

대사헌 허침과 대사간 허계 등은 윤은로를 한성부 좌윤으로 임명하는 것은 '친족을 대우하는 도'에 어긋나며 '대신을 우대하는 뜻'을 잃은 것이라고 하였다. 또한 이창신은 말이 넉넉한 자질이 있는데 학문으로써 말을 꾸미는 자라고 지적했다. 나라를 위태롭게 하는 영인佞人, 곧 재주 있고 간사한 사람을 멀리해야 한다는 공자의 말을 생각하여 공의에 따라 명철하게 결단할 것을 청하였다. 그러나 대신들은 윤은로와 이창신의 일이 세월이 오래되어 뉘우치는 마음이 생겼을 것인데 평생의 굴레로 삼을 수 없으며, 그 죄를 범한 것이 매우 명백하지 못하고 애매한 것이라고 논하였다. 8월 22일 성종은 대신의 뜻에 따라 대간의 요구를 물리쳤다.

석 달여에 걸쳐서 계속된 윤은로의 '방납' 사건과 이창신의 '양핵음사' 사건을 둘러싼 논쟁에서 성종과 대신들은 누구에게나 허물이 있지만 이를 고치면 선행이 될 수 있다는 점에서 한 가지 잘못으로 소인이라고 지목할 수는 없다는 입장이었다. 특히 성종은 군자는 비록 중국에서 구하여도 많이 얻지 못할 것이라는 점을 언급하면서, 윤은로 등을 소인이라고 해서 폐기하는 것은 불가하다고 주장하였다. 반면에 대간은 마음 씀의 미묘함은 반드시 동료들이 자세히 아는 것이므로 그 상태를 바른대로 말하고 대간의 공론을 살핀다면 알 수 있다는 입장이었다.

대간의 논리가 마음 씀의 미묘함을 살피면서 마음을 문책하는 주심론誅心論에 입각한 것이라면, 성종은 개전론에 입각하여 "사람이 죄를 입은 뒤에 허물을 고치는 이치가 있는데 만약 끝내 서용할 수 없다면 온전한 사람이 없을 것"이라는 것이었다. 10월 5일 대사헌 허침은 만약 대간의 말을 들으면 사풍이 바로잡힐 것이라고 하여 교화의 당위성을 주장하기도 하였다. 그러나 성종은 비록 사풍은 바로잡힌다고 하더라도 억울함은 펼 수 없다는 이유로 반대하였다. 사풍의 교화가 필요하지만, 억울한 희생을 낳지 않고 개전의 기회를 부여하면서 이루어 가야 한다는 신중한 입장을 보인 것이다.

격렬한 탄핵 ___ 1493년(성종 24) 10월 19일 비가 쏟아지고 천둥과 번개가 치는 재변이 일어나자 성종은 하늘의 견책에 보답하고자 하는 뜻을 보이면서 당시의 폐단을 진술하여 아뢰도록 하는 구언求言의 교지를 의정부에 내렸다. 이 교지에 응하여 23일 대사헌 허침 등이 상소를 올렸다.

임광재·이철견의 일과 윤은로·이창신의 일에서 임금이 공론을 따르지 않고 사사로이 은혜를 베풀어 기용한 것이 재변의 원인이라고 주장했다. 또한 영의정 윤필상은 간교하고 아첨하여 그를 비방하는 의논이 쌓이는데도 오랫동안 어진 이를 등용하는 길을 방해하고 있으며, 좌찬성 이철견은 배우지 않고 하는 일도 없으면서 봉록만 먹고 자리만 차지하고 있다고 비판하였다. 공조참판 한건은 부랑하고 야비하며, 좌부승지 윤숙은 부박하고 경조하며, 우부승지 노공유는 재주가 용렬하고 지식이 어두운데 외람되게 승지에 있으며, 관찰사 윤탄은 교만하고 망령된 자질로써 승지의 임명을 받았고, 절도사 원중거는 용렬한 자질로써 변방의 일을 전제하게 하였음을 비판한 것이다. 재변을 계기로 사풍의 교화를 목표로 하는 대간의 탄핵이 다른 대신들로까지 확대된 것이었다.

상소의 말미에는 "안팎이 서로 가다듬으며 거룩한 교화(성화聖化)를 힘써 도와서 만물이 잘 자라나는 공을 이루게 하면, 춥고 더운 것이 때를 맞추고 시기에 순응하며, 재앙이 변하여 상서로움이 되고 화를 돌이켜서 복이 되게 할 것이니, 태평한 정치의 계기가 되는 것이 장차 오늘날에 있지 아니하겠습니까?"라고 건의했다. 천변을 전화위복의 계기로 삼아 교화에 더욱 매진하여 태평의 정치로 나아갈 것을 강조한 것이다.

그러나 이는 교화를 명분으로 하여 대신과 대간 사이의 '전쟁'이 확대됨을 의미하며, 정치적 안정을 해칠 위험성이 있었다. 10월 23일 성종은 임광재와 이철견 등은 비록 죄가 있다고 하더라도 용서할 수 없는 것은 아니며, 윤은로와 이창신의 일은 다시 밝힐 것이 없으며, 정승들의 일은 여러 의논을 채택하여 처리하겠다고 답하였다.

이후에도 사헌부와 사간원에서는 재변의 원인은 소인이 권세를 마음대로 부림에서 말미암은 것이라고 지적하면서 대신들에 대한 탄핵을 멈추지 않았다. 국가의 안위와 민생의 편안함과 근심, 풍속이 더러워지는 것이 모두 재상에 달려있다는 점과 "어질지 못함을 보고서 능히 버리지 못하는 것은 옳지 못하다"는 옛사람의 말을 인용해 사사로운 뜻을 버리고 공의에 따라서 물리칠 것을 요구하였다.

28일에는 영의정 윤필상에 대해서 간사하고 아첨하며 탐욕스럽고 용렬한 자질로써 적합하지 않은 곳에 있으니, "짐을 질 사람이 수레를 탄다"는 꾸짖음과 "짝을 찾는 여우가 돌다리에 있다"는 등의 과격한 표현을 동원한 비판이 이어졌다. '짐을 질 사람이 수레를 탔다'는 표현은《역경》〈해괘〉에 나오는 말로, 소인이면서 군자가 있어야 할 높은 지위를 훔쳐서 차지하면 화를 불러들인다는 뜻이다. '짝을 찾는 여우가 돌다리에 있다'는 표현은《시경》〈위풍〉에 나오는 말로, 요사스런 여우가 돌다리에 있는 것처럼 소인이 높은 지위를 차지하고 있음을 꼬집은 것이다.

윤필상을 "간사한 귀신"이며 "뜻에 영합하여 비위를 맞춘다"고 극언하고 이철견·윤숙·윤은로·윤탄·원중거 등과 같은 무리를 물리쳐서 음양을 조화시키고 교화를 널리 펼 것을 주장하는 대사간 허계 등의 상소에 대해서 성종은 "그대들의 말이 과연 모두 하늘의 뜻에 합하겠는가?"라고 반문하였다. 그러나 결국 29일에 윤필상이 "어찌 한 소인을 아껴서 임금의 큰 덕에 누를 끼치려 하십니까?"라며 사직서를 올리자 이를 허락하였다. 대간에서 윤필상을 소인으로 지목하여 탄핵한 배경에는 그동안 임광재·이철견 사건이나 윤은로·이창신 사건에서 그가 영의정으로서 대신들을 비호하면서 보여준 소극적인 태도로 대간의 탄핵이 성공하지 못한 데에 따른 보복적인 측면이 깔려 있었다.

윤필상이 사직한 날 이철견도 사직의 글을 올렸다. 성종은 "대신이 굳게 사양하는데 들어주지 아니하면 이는 그 허물을 더하게 할 뿐이다"라 하며 받아들였다. 대간에게는 이들을 교체하는 것은 대간의 말을 따른 것이 아니라 사직 요구를 들어주지 않으면 스스로 편안하게 여기지 않을 것이기 때문에 따랐을 뿐이라고 전교하였다. 사의를 표명한 대신을 존중하고 우대하면서, 대간의 탄핵에 따른 사임이 다른 대신들로 확대되는 것을 미리 차단하기 위해 자신의 뜻을 분명히 한 것이다.

이후에도 대간은 윤은로·윤숙·윤탄·원중거 등에 대한 교체를 강력하게 요구하였다. 좌의정 노사신·우의정 허종·좌참찬 유지 등의 대신들은 "재주와 덕이 윤필상 등에게 미치지 못하면서 재직하는 것이 미안합니다"라며 사직을 청하였는데, 성종은 받아들이지 않았다.

세종 대에는 없었던 논쟁 ___ 이러한 와중에 경연에서 영사 허종은 11월 3일에 다음과 같이 아뢰었다.

재상과 대간은 마땅히 서로 더불어 옳고 그름을 도와야 할 것입니다. 그러므로 대신에게 죄가 있다면 반드시 지적하여 어떤 죄가 있다고 말하고 죄 주니, 근자의 홍귀달·박숭질·정숭조의 일과 같은 것이 바로 그러한 것입니다. 그러나 만약 평소에 이름 붙일 만한 죄가 없는데도 모여서 예사스럽지 않은 글자로 이름 붙이기를, '누구는 간사스럽고 아첨하며, 누구는 음험하고 교활하다'고 하여 후세에 전한다면, 어찌 폐단이 없겠습니까? 개국 이래로 이런 일은 있지 않았으니, 우리 세종 재위 30년 동안 군자니 소인이니 하고 지목하는 말을 듣지 못하였습니다.

재상과 대간이 서로 더불어 옳고 그름을 도와야 한다는 허종의 말은 대신과 대간이 함께 공론을 통해서 시비를 분명하게 가리는 것이 정치의 기본적인 원칙임을 의미한다. 그 시비는 두루뭉술해서는 안 되며 분명해야 한다. 만약 누구에게 죄가 있다면 어떤 죄가 있다고 분명하게 논하고 죄를 주어야 한다. 단지 시기심으로 간교한 책략을 써서 모함해서는 안 된다. 그런 점에서 "간사스럽고 아첨하고 음험하고 교활하다"는 이유로 대신을 탄핵하는 것은 바람직하지 못하며, 군자니 소인이니 지목하는 것은 조선왕조의 창업 이후 이제까지 없었던 일이며 세종 시대에도 없었던 일이라고 허종은 주장한 것이다.

　성종은 허종의 말에 깊은 공감을 표시하면서, "만약 재상의 한때 일을 가지고 간사하고 음험하여 교활하다는 이름을 더한다면 이것이 어찌 옳은 일이겠는가?"라고 지적하였다. 성종과 허종이 교화를 추구하는 정치가 불가피하게 마음 씀의 선악을 문제 삼으면서 그 내면의 정사正邪를 논할 수밖에 없음을 모르는 것은 아니다. 또한 교화의 정치가 종종 군자와 소인을 구별하는 논쟁으로 비화되어 새로운 정치 현상으로 나타나고 있다는 사실을 모르는 것은 아니다. 그러나 이러한 정치가 대신과 대간 사이의 반목을 조장하고 있으며 자신들의 주장을 관철하기 위해서 간교한 책략을 써서 모함하는 풍속을 이루고 있다는 것을 경계한 것이다.

'사화'를 예견하다　＿＿　허종은 성종의 말을 이어받아서 '재상과 대간은 화동和同해야' 한다는 견해를 밝힌다.

　지금 세상에서 어찌 모두 다 성현만을 얻어 쓸 수 있겠습니까? 사람에게는 각자 장점도 있고 단점도 있으니 인군은 마땅히 그 단점을 버리고 장점을 취하여 각기 그 기량에 맞게 할 뿐입니다.……지금 윤필상과 이철견을 지목하여 무상한 소인이라고 하니, 후세에서 반드시 이와 같은 사람을 어찌 썼을까 하고 생각할 것입니다. 그러니 어찌 아름다운 일이 되겠습니까? 대간과 재상은 마땅히 마음과 덕을 같이하여 대체를 보존하는 데 힘써야 옳을 것입니다.

허종의 '화동론和同論'은 성종의 '개전론'과 상통한다. 정치에서 시시비비를 분명하게 가리는 것도 중요하지만, 개전론의 토대 위에서 대신과 대간이 마음과 덕을 같이해야 한다는 것이다. 이것은 맹목적으로 부화뇌동하는 것이 아니라, 서로 다른 의견과 논의를 조화시키는 것이라고 할 수 있다. 공자가 "군자는 화하고 동하지 않으며, 소인은 동하고 화하지 않는다"라고 했을 때 '화'란 거슬리고 비틀어진 마음이 없는 것이며 '동'은 부화뇌동하는 것이다. 군자는 의리를 숭상하기 때문에 '동'하지 않음이 있고 소인은 이익을 숭상하기 때문에 '화'할 수 없는 것이다.

그러나 대간들의 견해는 달랐다. 당시 경연에 함께 참석했던 정언 유승조는 "소인이 없다면 말할 필요가 없겠지만, 만약 있다면 어찌 뒷날의 폐단을 헤아려 말하지 않을 수 있겠습니까?"라고 주장하였다. 지평 강형은 "대간은 여러 의견을 수렴하여 아뢰는 것"인데 "어찌 그사이에 사사로운 뜻이 있겠습니까?"라면서 허종을 비판했다. 대간은 임금의 눈과 귀이니, 간사하고 교묘한 말로 아첨하거나 배우지 못하여 학술이 없는 자가 조정에 있다면 임금이 알 수 있도록 건의해야 한다는 것이었다. 임금이 그르다고 하면 대간은 옳다고 하고, 인주人主가 옳다고 하면 대간은 그르다고 하여, 인주와 더불어 시비를 다투는 것이 대간의 직임이다. 만약 옳지 못한 일에 대해서 비판하지 않고 대신들의 비위非

違를 덮어두고 '화동'한다면 뒷날의 폐단이 있을 것이라고 주장하면서 대간으로서의 직분에 충실하겠다는 입장이었다.

대간의 주장에 대해서 허종은 "마음과 덕을 같이하자"는 자신의 주장이 옳지 못한 일을 하자는 것은 아니며, 다만 한 가지 일을 가지고 "간사하고 아첨하며 음험하고 교활하다"고 하는 것은 바람직하지 않다는 의견을 개진했다. 대간이 매번 재상과 화동하지 못한 것을 볼 때 뒷날의 폐단이 있을까 두렵고 걱정스럽다고도 언급했다. 그의 우려는 이듬해에 성종이 죽고 연산군이 즉위하면서 대간이 대신과 화동하지 못한 상태에서 최초의 사화(무오사화)가 발생함으로써 현실화되었다. 그런 점에서 선견지명이 있는 것이었다.

성종은 허종의 뜻이 대간으로 하여금 대신의 일을 말하지 못하도록 한 것이 아니라 정치의 대체大體, 즉 기본적인 원칙을 말한 것이며, 대신들이 대간의 공박으로 인해서 말하지 못하게 되는 폐단이 있다는 점을 지적하였다. 인물의 진퇴는 인군人君의 짐작에 달려있음을 강조하면서 앞으로는 대간의 말이라고 해서 모두 들어줄 수는 없다는 뜻을 밝혔다.

대신과 대간의 불화

우의정 임명 ___ 한동안 휴전 상태를 보였던 사풍을 둘러싼 논쟁은 1494년(성종 25) 4월 19일에 임금의 장인 윤호를 우의정에 임명하면서부터 다시 시작된다. 당시 《실록》에서는 윤호에 대하여 "사람됨이 중심에 주장하는 바가 없이 이리저리 왔다 갔다 하고 우스갯소리를 잘 하니 본래 청의淸議(공정한 언론)에 용납되지 못하였다"고 논하였다. 사 관은 윤호가 조정에서 크게 의논하는 일이 있을 때마다 항상 "아뢴 바 에 의하여 시행하소서"라고 말하였기 때문에 당시 사람들이 그를 '아 뢴 바에 의하는 재상'이라고 말했다고 기록했다.

4월 22일, 대간에서는 윤호가 어질지 못하며 여러 사람의 의논도 모 두 합당치 않다고 여기고 있으니 개정할 것을 청하였다. 솥의 세 다리 에 비유되는 3공三公은 나라의 정간楨幹이므로 조정에서 모범이 될 만 한 사람을 가려서 임용해야 하며, 단지 왕비의 아버지라는 이유로 재주 도 없고 착한 점도 없는 자에게 우의정 직임을 맡길 수는 없다는 이유 를 제시했다. 성종은 그가 우스갯소리를 잘한다지만, 전일에 영의정을 선발하는 데 참여했고 다른 불초한 허물은 없다고 강조했다.

고위직 사람을 쓸 때, 어떻게 인물의 현부와 선악을 분별하여 서용할 것인가 하는 문제가 윤호의 우의정 임명과 관련하여 다시 쟁점이 되었 다. 23일 성종은 인물의 진퇴는 대간의 말에 따라 가볍게 바꿀 수는 없 다고 했다. 만약 큰 허물이 있다면 바꾸어야 하겠지만, 그렇지 않다면 인물을 쓸 초기에 현부나 선악을 논하기보다는 맡겨본 후에 허물이 있 을 때 바꾸어도 문제가 없다는 것이다. 반면에 대간은 처음에 사람을 고르지 않았다가 잘못한 일이 있은 후에 바꾼다면 제때 구제할 수가 없 기에 "과실이 있은 다음에야 고친다"는 성종의 논리는 문제가 있다고 비판하였다.

29일에 성종은 "지금 사헌부의 관원들도 반드시 다 문장과 재능을 가진 것도 아니다"라는 말로 대간을 우회적으로 비판했다. 그리고 "만약 불초한 정상이 없는 데다가 허물이 없다면 좋은 것이다"라고 하여 자신의 인사 원칙을 대간에게 재차 확인시킨다.

임금의 지적에 대해서 대간은 문장을 꾸미는 조그마한 재주를 가지고 재주라고 생각하는 것은 아니며, 밝게 살피고 굳게 결단하며 고금의 사리에 통달하여 능히 건의하는 것을 재주라고 할 수 있는데, 윤호는 그렇지 못하다고 지적하였다. 비록 자신들도 재주가 없다는 것을 알지만, "만약 재주가 있어야지만 남의 재주가 없는 것을 말해야 한다면 조정에서 능히 몇 사람이나 있겠습니까?"라고 반박하였다. 남을 비난하기에 앞서 자신을 먼저 돌아볼 것을 요구했던 임금의 견제에 대해서 대간은 자신들의 입장을 방어하면서도 조정 대신 모두 재주가 없다는 점을 제기했다. 성종은 대간이 재주가 없으면서도 자리만을 채우고 있다는 것은 아니며 다만 일반적으로 말한 것이라고 답하였다. 이렇게 공방은 계속되었다.

5월 1일에 성종은 윤호가 비록 문장과 재능이 없다고는 하지만, 그것보다는 마음 씀이 선한지 그렇지 않은지가 더 중요하다는 논리를 폈다. 또한 비록 말을 더듬거리지만, 정승이라고 해서 반드시 말을 잘해야 하는 것은 아니라고 변호했다. 다음 날 대간은 윤호가 말을 잘할 수 없는 까닭은 바로 그가 재능과 덕행이 없어서 마음속에 주장하는 바가 없기 때문이라고 주장했다. 변론의 문제는 단지 말을 잘하는가 못하는가 하는 것뿐만 아니라 재능과 덕행 그리고 사람 됨됨이와 밀접하게 연결된 문제라는 것이다.

5월 4일에 대간은 조종 조의 대신들이 모두 명망과 절개로써 자신의 인격을 소중히 여겨 행동을 신중하게 하였으며, 한번 거동하는 데에도 구차스럽지 않았으므로 사대부가 교화되었고, 지조와 절개를 서로 높여 풍속이 아름다워졌다는 점을 지적했다. 윤호를 우의정에 임명하여 명망과 절개의 근원을 없어지게 하고, 대간의 과감하게 말하는 기개를 꺾어서 구차스러운 풍습을 싹트게 한 것이 임금의 과실이라고 성토했다. 하지만 성종은 윤호가 특별한 결점이 없음에도 대간에서 매번 "이 사람도 불가하고 저 사람도 불가하다"고 말한다고 비판했다. 대간의 말을 듣고 진퇴를 결정한다면 권력이 대간에게 있는 것이라고 단언했다. 도를 넘어서고 있는 대간의 탄핵에 대해서 견제하면서 대신을 변호한 것이다.

대간 역시 조금도 물러서지 않았다. 5월 5일 세 가지 주장을 내세우면서 임금을 더욱 압박했다. 첫째, 부랑하고 절개가 없고 교만하고 근신하지 않는 것이 윤호의 문제점이며, 둘째, "권력이 대간에게 있다"는 임금의 비판에 대해서 인군이 대간에게 위임하고 그의 말을 듣고서 채택하여 쓰는 것이므로 이것은 바로 임금의 권력이며 대간의 권력은 아니라는 것이다. "맡겼으면 의심하지 말고 의심스럽거든 맡기지 말라"는 옛말을 인용하면서 대간을 의심하는 것은 옳지 않다고 반박하였다. 셋째, 착한 것을 속여서 악하다고 하며 충성스러운 것을 속여서 간사하다고 하며 공정한 것을 배반하고 사사로움을 행하는 자가 있으면 그를 벌하고 쫓아내야 한다는 것이다. 사풍의 교화를 위해서는 선과 악, 충성과 간사함, 공의와 사사로움을 분별해서 반드시 심판해야 한다고 주장했다.

두 마리 호랑이가 서로 싸우다 ___ 만약 대간이 옳다고 여기면 윤호를 해임시키고 대간이 그르다고 하면 실언한 죄를 받아야 할 것이며 "양편이 둘 다 온전할 수는 없는 것입니다"라는 협박에 가까운 주장을 내미는 대간에게 성종은 다음과 같이 대답한다.

> 내가 즉위한 처음에는 이런 일이 없었으니, 이는 실로 내가 훌륭하지 못해서 이루어진 것이다. 모르긴 하지만 옛날에도 이러한 풍습이 있었는가? 이러한 풍습은 자라나게 할 수 없다.……대간의 말이라도 들어줄 만하면 들어주고, 들어줄 수 없는 것이면 들어주지 않는 것이니, 말하는 사람도 스스로 그만두는 것이 마땅하다. 지금은 두 마리 호랑이가 서로 싸우는 것과 같으니, 참으로 아름다운 풍습이 아니다.

즉위 이래로 성종은 사풍의 교화를 핵심적 정치 과제로 표명하고 대신 및 대간과 더불어 교화를 위한 수많은 토론과 설득의 과정을 거치면서 정치를 이끌어 왔다. 그 결과 치세 전반부에 대신과 결탁하여 이익을 도모하던 대간의 비루한 풍습이 바뀌었다. 권세 있는 대신들의 비리에 대해서도 단호하게 사정의 칼날을 뽑아들었고, 임금의 면전에서도 당당하게 시비를 논할 수 있는 모습으로 성장해 갔다. 그러나 성종 치세 말년에는 대신과 대간이 서로 사사건건 첨예하게 대립하고 싸우는 모습으로 변질되어 있었다. 그것은 인간 내면의 선악을 문제로 삼는 교화의 정치가 현실에서 어떠한 위험성을 가지고 있는가를 보여주는 것이다.

성종 후반부에 지속된 대신과 대간 사이의 불화와 다툼이 오직 '교화의 정치' 때문에 비롯된 것이라고 단정하기는 어렵다. 북방 야인을 정벌하는 문제로 인해 당시 조정과 민심이 혼란했던 상황이고, 북정에 필요한 군액軍額을 채우기 위해서 '도승度僧의 법'을 중단하는 문제를 둘러싸고 임금·대비·대신·대간 사이에 첨예한 논쟁이 있었다. 그 결과 도첩제가 중단되었다가 다시 회복되기도 했다. 이러한 요인들이 사풍의 교화 문제와 결합되면서 갈등이 증폭되고 마침내 활화산처럼 폭발하게 된 것이다.

흥미로운 점은 성종이 여기서 대신과 대간을 '두 마리 호랑이'라고 표현하고 있다는 사실이다. 이는 대신과 대간이 출신 배경이 다른 별개의 세력이 아니라는 것을 말해주는 것이 아닐까? 만약 대신과 대간이 훈구파와 사림파와 같은 전혀 다른 배경을 가진 세력이었다면, 다른 표현을 사용할 수도 있지 않았을까? 물론 용어 사용에 대한 큰 고민 없이 내뱉은 말일 수도 있다. 하지만 오랫동안 대신과 대간의 대립을 지켜보고 그 불화를 중재하기 위해서 고민했던 성종의 뇌리에 존재하는 두 진영의 실상이 오늘날 우리가 생각하는 훈구파와 사림파라는 허상과는 다를 수도 있음을 암시하는 표현이라 생각된다.

1494년(성종 25) 10월 20일에 천변이 일어났다. 성종은 그 원인이 자신의 부덕함으로 말미암은 것이라고 주장하였지만, 대간의 끈질긴 공격으로 결국 사임 의사를 수리하는 형태로 윤호를 우의정 자리에서 물리친다.

교화의 요체 ___ 주자는 군자를 천리의 공公을 추구하는 자로, 소인을 인욕人欲의 사私를 추구하는 자로 규정하면서 군자와 소인의 분변分辨을 강조하였다. 옛날부터 국가의 흥망성쇠는 오직 군자를 나아가게 하고 소인을 물리치며 사람을 아끼는 것이라고 단언했다. 그러나 동시에 백성을 다스리는 도는 반드시 거친 것을 감싸주는 아량이 있어야 한다고 말한다. 그래야 정치가 관대하고도 자세해지며 이치에 어긋나는 것은 곧 고치게 되어 사람들은 안정하게 된다고 했다. 만약에 널리 감싸주는 도량은 없고 사납게 성내는 마음만을 가지고 있다면, 깊고 먼 생각은 없이 사납게 어지럽히기만 할 걱정이 있게 되고, 깊은 폐단이 없어지기도 전에 가까운 환란이 생겨날 것이라고 보았다.

세상에는 심성이 어그러진 소인배가 많은데, 만약 다 버리고 사귀지 않는다면 천하가 모두 군자를 적으로 보게 될 것이다. 이렇게 되면 큰 의리를 잃고 재난을 야기할 것이다. 따라서 너그럽게 이해하며 악인을 접해야 재앙이 없을 것이다. 주자는 옛날의 성왕聖王이 간사하고 흉악

___13
언론을
활성화하다

한 사람을 선량한 사람으로 변화시키고 원수를 신하와 백성으로 전환시킬 수 있는 까닭은 악인을 버리지 않았기 때문이라고 하였다.

이러한 언술들 속에는 일견 모순이 존재한다. 군자를 나아오게 하고 소인을 물리치는 것이 교화의 요체이지만, 동시에 소인을 너그럽게 받아들여야 한다고 주장하기 때문이다. 앞서의 논쟁에서 본 것처럼, 성종은 대신을 포용하고자 했고 대간은 소인을 조정에서 물리치고자 했다. 이러한 대립과 갈등은 논리적 설득만으로는 해결되기 어려운 딜레마를 야기한다. 따라서 현실정치에서 그 딜레마를 풀기 위한 군주의 역할과 신하의 노력이 중요하게 된다.

그렇다면 성종은 왜 대신들을 물리치기보다는 너그럽게 포용하고자 한 것일까?

태평과 폭정의 갈림길

은밀한 비밀을 다루는 일 ___ 우선 고려할 것은 사안의 성격이 고알이나 보복과 같은 '은밀한 비밀'을 다룬다는 점이며, 그 형적이 쉽게 드러나지 않는 상황에서 마음을 문책하는 일이었다는 점이다. 대간이 비판하고 있는 대신들은 누구나 인정할 수 있는 죄나 허물 때문이라기보다는, 심술이 음험하고 간사하다는 혐의가 있거나, 특별한 재주나 덕행이 없지만 이렇다 할 과실도 없는 인물들이 많았다. 누구라도 이처럼 그 내면을 문제 삼는다면 책잡힐 수 있다. 그 점에서 탄핵보다는 포용이 핵심적 사안이었다. 모든 인물의 선악과 현부를 다 알고서 등용할 수 없는 이상, 한 점의 허물도 없이 재주와 덕행을 겸비한 인물을 얻기도 지극히 어려운 이상, 먼저 자신이 잘 알고 있는 현명한 자를 등용하고 작은 허물을 용서해 주는 것이 필요하다는 것이 성종의 입장이었다.

재위 마지막 해인 1494년(성종 25) 8월 26일 성종은 심술이 바르지 못하며 용렬하다고 지목된 인물들에 대해서 "요순이 아니면 누가 허물이 없겠는가?"라면서 가능한 한 그들을 포용하고자 하였다. 임금의 허물과 현명하지 못함을 비판하는 대간에 대해서는 자신의 과실을 인정하면서 "비방하는 자가 있는 것은 곧 나의 어질지 못함"이라고 말하였다.

대간은 공의公義를 실현하는 직무에 충실했다. 하지만 성종은 임금과 대신의 과실에 대해서 "털을 헤쳐가며 그 속에 있는 흠집을 찾는 것"에 대해서 반감을 가지고 있었다. 군주의 없는 과실까지 드러내며 허물로 삼는 대간의 지나친 풍속에 대해서 거부감을 보였다. 죽기 얼마 전인 12월 15일에도 대간이 재상을 일일이 비방하는 것은 아름다운 일이 아니라고 언급했다. 특히 "지금 대간의 풍습을 보건대 대신에게 없는 허물을 주워 모아 일체 모두 품평하는 데 힘쓰니, 나 또한 유감스럽게 여기고, 이 풍습을 없애려고 하였으나 아직 하지 못하였다"고 솔직한 심정을 토로했다.

대신을 존경하고 대간을 예우하다 ___ 대간이 내세운 교화의 명분에 비하면 포용의 논리는 설득력이 떨어지는 것처럼 보였다. 성종은 "누가 허물이 없겠는가?"라는 논리를 내세우며 조정의 모든 신하가 배척당할 것을 우려했다. 대신의 허물을 자신의 어질지 못한 탓으로 돌리며 물러서는 태도를 보였다. 그는 사풍을 바로잡아야 한다는 교화의 원칙을 인정하면서도 대신을 어렵게 만들지 않았고, 대간과 다투기보다는 자신의 허물을 인정하면서 물러서는 덕을 보임으로써 대신과 대간 사이의 격렬한 대립을 완화하고자 노력했다. 임금으로서 지닌 인사권과 형벌권이라는 '무기'를 사용하여 대립을 강제로 종결시킬 수도 있었지만, 그 무기를 사용하는 데 신중했다. '사화'의 발생을 우려했기 때문이었다. 이것이 교화를 향한 치열한 논쟁과 탄핵이 이루어지던 성종 시대에 정치적 안정을 가능케 하는 요인이 되었다.

성종이 승하한 1494년 12월 24일 《실록》에서는 그의 치세를 다음과 같이 기록하였다.

> 임금은 총명·영단하시고 관인寬仁·공검恭儉하셨으며 천성이 효우孝友하시었다.……대신을 존경하고 대간을 예우하셨고 벼슬자리를 중하게 여겨 아끼셨으며 형벌을 명확하고 신중하게 하시었다.……성덕盛德과 지치至治는 비록 삼대三代의 성왕聖王이라도 더할 수 없었다.

이제까지 많은 사람의 인식 속에서 성종 대는 《경국대전》의 반포로 국정 운영의 틀이 제도화되어 안정되고 평온한 시기였다. 너무나 태평한 시대여서 종종 "아무 일도 일어나지 않았다"고 얘기되기도 한다. 태조와 태종, 세종과 세조의 경우 좋거나 나쁜 업적으로 우리들에게 기억되고 있는 것과 달리, 성종의 경우 일반인들의 기억에 남을 만한 업적이나 인상적인 사건이 떠오르지 않는다. 오히려 그의 주변 인물들, 수렴청정을 행했던 정희왕후나《내훈》을 저술하여 조선의 유교화에 앞장 섰던 어머니 인수대비, 폭군 연산군과 그의 어머니 폐비 윤씨, 당대의 권세가 한명회 등에 관한 사건과 일화가 우리의 기억 속에 남아있다.

기존 연구에서 성종 대는 왕조 초기의 창업 과정에서 배제된 온건파 사대부들이 새롭게 정치무대에 등장하면서 잠재적으로 갈등 요인을 내 재한 시기라고 논의되어 왔다. 역성혁명의 과정에서 패배했던 신진 사 대부가 지방을 근거로 세력을 형성하다가 성종 대에 소위 사림파로 등 장하여 훈구파를 비판하며 새로운 정치를 추구했다는 '신화'들로 채워 져 있다. 이 스토리에서도 성종은 소외되어 있다. 오히려 그 주변 인물 인 김종직 등의 사림이 정몽주 이래로 이어진 도통을 계승하여 중종 대 조광조로 이어졌다는 설명이 대부분이다. 이처럼 성종 대의 정치를 훈 구파와 사림파 사이의 대립으로 보거나, 국왕–대신–대간 사이의 정립 구도의 측면에서 설명하는 연구들은 그 구도 속에서 활동하는 행위자 들이 지녔던 '이념'이 무엇인지를 보여주지 못했다.

이 글에서는 당시의 정치가들이 어떤 생각을 하고 있었으며 무엇을 지향하고 있었는가를 제시하기 위해서 국왕과 대간, 그리고 대신 사이 에 전개된 정치 담론을 살펴보았다. 이를 통해서 제도화의 문제가 일단 락된 후 유교이념의 내면화가 핵심적인 정치 과제로 등장하였고, 교화 를 둘러싼 논쟁이 정치가들의 내면을 대상으로 이루어지고 있었음을 확인할 수 있다. 성종의 졸기에서《실록》편찬자가 규정한 성종 대는 한마디로 '지극한 덕과 거룩한 교화'의 시대였다는 사실이 그 점을 말 해준다.

임금이 지켜야 할 도 ___ 임금과 신하에게는 각각 지켜야 할
도가 있다. 임금의 도는 인자함[仁]을 위주로 한다. 성종은 임금의 도를
지키면서 청탁淸濁을 모두 받아들이고 너그러이 감싸주는 아량을 실천
하였다. 성종 대와 그 이후 연산군·중종에 걸친 사화 시대의 차이점은
선악을 분별하는 예리한 비판자의 역할이 존재하는가에 있지는 않았
다. 성종 대의 대간이 연산군이나 중종 대의 대간과 본질적으로 달랐다
고 보기는 어렵기 때문이다.

　본질적 차이는 대신들을 탄핵하며 군자와 소인을 분별하고자 하는
대간에 대해서 양자의 갈등을 중재하면서 대신의 허물과 대간의 비판
을 포용할 수 있는 군주의 자질과 역량이 있는가 하는 점일 것이다. 성
종은 그 역할을 훌륭히 해냈지만, 연산군과 중종은 전혀 하지 못했거나
서툴렀다. 성종은 대간들의 비판과 공격에도 불구하고 교화의 원칙을
견지하면서 대신과 대간을 포용하고 화和를 추구하였다. 그것은 현실
정치에서 실현 가능한 이상정치란 무엇인가에 대한 고민과 성찰의 결
과라고 할 수 있다.

　성종은 소인이 있을지라도 공명정대한 대간들이 그를 견제한다면 정
치를 그르치지는 못할 것이라고 하면서 대신과 대간을 중재했다. 줏대
없는 말을 하거나 몰래 중상하는 소인과 같은 대신들의 잘못을 지적함
으로써 스스로 허물을 뉘우치도록 요구하였던 것도, 대간의 비판과 탄
핵을 피하도록 하기 위한 것이었다. 대간의 공격과 대신의 방어가 논쟁
의 구도를 이루는 가운데, 성종은 중재자의 역할을 하면서 정치적 안정
을 추구하는 모습을 보여주었다.

　군주가 경합 관계에 있는 여러 세력 사이에서 조정자 혹은 중재자로

서 '지배연합' 결성을 주도하는 대표적 사례로 훈척세력의 견제를 위한 성종의 사림 등용책이 거론되기도 한다. 그러나 이 글에서는 중재자로서 성종의 역할이 대립 관계에 있는 세력들 간의 조정이라는 측면보다는 사풍의 교화와 정치적 안정을 어떻게 양립시킬 것인가에 초점을 맞추었다.

능상의 폐단 ___ 긴 역사적 안목으로 볼 때, 성종이 임사홍이나 유자광 같은 소인들을 비호함으로써 결과적으로는 정치적 안정을 해쳤다고 평가할 수도 있다. 연산군 시대에 일어난 두 차례의 사화는 바로 이들이 주도해서 일어났기 때문이다. 1498년(연산군 4)의 무오사화는 유자광이 성종 대부터 개인적인 원한을 가지고 있었던 김종직 일파에게 보복하기 위해서 김종직의 글을 그의 제자 김일손이 사초에 삽입한 것을 문제 삼아 고발함으로써 일어났다. 1504년(연산군 10)의 갑자사화는 임사홍이 폐비 윤씨의 원한을 풀어주고자 했던 연산군을 부추김으로써 일어났다.

만약 성종 당시에 대간의 비판을 따라서 그들을 다시 서용하지 않고 영구히 폐함으로써 후대에 경계를 삼도록 했다면, 연산군 시대의 사화는 일어나지 않았을 수도 있었고 조선의 태평은 보다 오래 지속되고 사풍의 교화는 더 큰 성과를 보였을지도 모른다.

율곡 이이는 임사홍이 불측한 마음을 품고 사림들을 해치기 시작했고 기묘년(1519, 중종 14)에 잔인하게 짓밟았으나 아직 남았던 자를 을사년(1545, 명종 1)에 베고 끊어버렸다고 비판했다. 그 뒤로부터는 선을 행하는 사람은 서로 두려워하고 악을 행하는 사람은 서로 권하여, 만약에 선비가 두각頭角(뛰어난 학식이나 재능)이 조금 다르고 논의가 약간 다르면 부모와 형제의 책망을 받게 되고 이웃과 마을에서 배척당하게 됨을 한탄했다.

그러나 사화의 원인을 임사홍과 유자광이라는 두 인물에 의해서만 설명하기는 어렵다. 연산군이라는 군주의 개인적 성향과 복수 심리, 당시의 군주·대신·대간 사이의 정치적인 역학 관계 등이 고려되어야 하기 때문이다. 무오사화는 대간이 대신을 격렬하게 탄핵하고 임금까지도 비판했던 성종 말년 정국의 연장선에서 발생했다. 연산군이 인사권과 형벌권이라는 '무기'를 남용하여 대간을 강력하게 처벌한 것이었다. 갑자사화는 황음과 전제로 치닫는 임금에 대해 대신과 대간이 모두 비판하고 국왕이 고립되는 구도로 정국이 재편되면서 발생했다. 연산군은 대간뿐 아니라 대신도 '능상凌上'의 풍조에 젖어있다는 판단을 내리고 폐모 윤씨 사건에 대한 소급 처벌의 명분을 내세워 사화를 일으켰다.

연산군 시대 사화의 주모자인 임사홍과 유자광이 이미 성종 대부터 크고 작은 문제를 일으켰음에도 불구하고, 성종 대의 태평과 안정은 지속되고 있었음에 주목할 필요가 있다. 성종은 "이상적으로 다스려진 세대라 하더라도 극히 악하여 온 세상이 미워하는 사람과 재물을 탐하여 사람을 죽이는 자가 일찍이 아주 없지 아니하였다"라고 했다. 비록 정치적 안정을 해치는 소인이 있어도 그들을 질책하며 징계하고 개전의 기회를 줌으로써 대신과 대간을 중재할 수 있다면 정치적 평화는 유지될 수 있다는 것이다.

사랑과 정의 ___ 유교는 인의仁義를 추구한다. 인과 의는 모두 공公에 해당된다. 그런데 '인'은 마음의 덕이자 사랑의 원리라고 할 수 있고, '의'는 마음의 제재요 일의 마땅함이라는 점에서 정의의 원리라고 할 수 있다. 따라서 '인의'라는 말 속에는 그 출발부터 '사랑'과 '정의'라는 서로 상충하는 원리들 사이의 긴장 관계를 내포하고 있다. 그렇다면 '인'에 입각해서 허물을 덮어주고 개전의 기회를 주는 것과 '의'에 입각해서 심판하여 경계로 삼는 것, 어느 것이 보다 바람직한 것이라고 할 수 있을까?

1485년(성종 16)에 감화에 의한 교화보다는 승출을 통한 교화가 추진되었다. 그러나 승출의 법이 좌초된 이후에는 출척보다는 감화에 초점을 맞추어 교화를 이루어 갔다. 그것은 승출 과정에서 억울하게 피해를 입는 자가 발생할 수 있으며 사람의 내면과 은밀한 비밀을 분별한다는 것이 그만큼 어렵다는 것에 대한 반성 때문이었다. 공자가 말한 바와 같이, 형벌보다는 예와 덕을 통한 감화가 보다 우선적으로 고려되어야 하기 때문이었다. 성종 대 교화를 둘러싼 논쟁은 개전과 경계, 감화와 형정, 인과 의라는 서로 대립하는 원리들 사이에서 어떤 가치를 선택해야 하는지를 고민하게 해주었다. 국왕이 대신과 대간의 갈등을 조정하고 정치적 안정을 이루기 위해서는 중재자의 역할이 필요함을 보여주었다. 이러한 논쟁과 고민은 비단 교화의 문제뿐만 아니라, 사회 전체의 공공선을 이루기 위해서 '인'을 따라야 하는지 아니면 '의'를 실현하는 것이 바람직한 것인지의 문제와도 연결되어 있다.

비판적 지지의 확보

언론 활성화의 배경 _____ 성종 대에 언론이 활성화된 요인과 관련해서는, 집권 중반 이후 김종직이 경직京職에 복귀하고 그의 문인들 또한 중앙 정계 진출이 활발해져 사림세력이 대간 직에 두루 포진하게 되면서부터라는 견해가 있다. 이와 달리 성종의 지원에 힘입어 역량을 강화해 온 홍문관이 1488년(성종 19)을 계기로 언관화됨으로써 언론 삼사체제를 갖추며 이전과는 질적으로 다른 언론 행사가 가능하게 되었다고 보는 견해, 그리고 1476년(성종 7) 성종의 친정이 시작되면서 훈구대신들을 견제하고 왕권을 강화하고자 국왕이 언론을 우용優容하는 것을 계기로 점차 활성화되었다고 보는 견해도 있다. 이러한 주장들은 성종 대의 언론 발달을 대간 및 홍문관에 대한 국왕의 지원과 그 연장선상에서 사림파와 같은 새로운 정치세력의 등장을 근본적인 요인으로 파악하고 있다. 이 관점에서는 수렴청정과 원상제가 시행되던 친정 이전에는 언관이 활성화되지 않은 것으로 간주하고 있다.

하지만 최근의 연구에 따르면, 친정 이전의 언론 역시 그동안 생각했던 것보다는 훨씬 더 활발하게 진행되고 있었을 뿐만 아니라, 활성화된 시기의 언론 형태와도 아주 유사한 측면이 있다고 한다. 오히려 이 시기에 나타나고 있던 언론의 양상들이 점점 더 관행으로 굳어지면서 더 활성화된 것처럼 느껴질 만큼, 성종 즉위 이후의 언론은 세조 대와는 매우 다른 양상을 보인다는 것이다. 기존의 논의와는 달리, 성종 전반기의 언론 활동은 비록 수렴청정과 원상제가 시행되고 있었음에도 위축되어 있기는커녕 이전의 어느 시대와 비교해서도 확연하게 달라진 양상을 보이고 있었으며, 성종 중·후기와도 그다지 확연한 차이가 없다는 것이다.

그렇다면 이처럼 성종 즉위 초부터 활발한 언론 활동이 가능할 수 있었던 배경은 무엇일까? 그 배경 가운데 하나는 성종 시대에 언론 환경 또는 정치 환경이 마련되었다는 점이다. 이것은 대간이 추구하는 이념과 가치에 입각한 언론을 현실정치의 무대에서까지 그대로 드러낼 수 있느냐와 관련되어 있으며, 언론(언관)의 역할과 중요성에 대한 국왕의 인식 여부 또는 언론 환경에 대한 지배층의 태도와 연결된 문제이다. 성종의 경우, 수렴청정 시기에 경연을 통해서 유학이념을 학습하고 있었고 이를 통해서 자연스럽게 유교적 공론정치의 중요성을 깨닫고 있었다. 그 시기에 성종이 역대 어느 임금보다 더 경연에 적극적으로 참여하고 신하들과 강론과 토론을 하면서 군주에게 필요한 정치적 소양을 쌓아가고 있었다는 것이 그 사실을 말해준다.

친위세력의 확보? ___ 성종의 호학과 언론 우용優容은 결과적으로 국왕 스스로가 조정에서 '도의 권위가 군주보다 높다道高于君'는 분위기를 조성하며 도덕과 도학의 권위에 호소하는 언론이 공론으로 제기될 수 있는 여건을 마련해 주었다. 그것은 성종 대가 당면하고 있던 다양한 문제들을 공론화시키고 있었다는 점에서 중요한 의미가 있는 것이었다. 하지만 군주의 국정 장악력이라는 측면에서 볼 때 국왕에게는 새로운 부담을 안겨주는 것이기도 했다. 즉 성종의 호학과 언론 우용은 결과적으로 국정이 도덕적 권위에 입각한 시비 분정에 따라 운영되도록 하는 계기를 만들었다. 이는 국왕이 공론을 주재하는 청요직들과 시비 문제를 놓고 끊임없이 경쟁해야 하는 구도를 형성하는 것이자, 궁극적으로는 정치적 위계와 도덕적 위계 사이의 지속적인 긴장을 조성하는 것이었다.

언론 환경에 대한 지배층의 태도와 관련하여, 국왕을 정점으로 하는 수직적 위계질서가 이완되면서 국왕과 측근 인사들의 관료 일반에 대한 통제력이 약화되었다는 점이 지적된다. 성종은 세자를 거치지 않았고 정희왕후의 선택으로 즉위한 어린 군주였기 때문에, 세조와 같은 정도의 자의적인 권력 행사는 고사하고, 수렴청정과 원상제의 보호 아래서 국왕으로서 자질을 키워나가야 했다. 이러한 국왕의 위상 변화는 군주 측근세력으로 활동하던 원상들과 재상 그룹의 위상 역시 저하시키는 결과를 초래하였다. 게다가 신숙주·최항 등과 같은 핵심 공신들의 사망으로 공신 권력의 구심점이 상실되고 공신 그룹 전체의 응집력 역시 약화되는 실정이었다. 이같이 변화된 정치 환경은 성종으로 하여금 새로운 '친위세력'을 확보해야 하는 과제를 안겨주었다는 것이다.

송웅섭(2010)은 성종이 홍문관원들에 대한 지원을 통해 친위세력을 확보하고자 하였으나 결과적으로 성공하지 못했다고 지적한다. 그 이유는 홍문관이 국왕의 지원 아래 조정의 대소사에 시비분별을 전담하는 위상을 갖게 되었지만, 홍문관원들은 국왕의 가신으로서 정체성을 갖기보다는 도학과 공론에 더 우월한 가치를 부여하는 입장을 중시함으로써, 결과적으로 왕권을 약화시키는 방향으로 나가고 있었기 때문이라고 한다. 이로 말미암아 국왕과 측근 재상들 간의 공고한 연합 속에서 일반 신료들과 언론을 통제하던 조선 초 이래의 권력 관계가 더이상 유지되기 어려웠고, 그 과정에서 언론은 그동안의 압박으로부터 벗어나 활발한 활동을 위한 여건을 마련할 수 있었다는 것이다.

성종 대 언론이 활성화된 배경과 관련하여 주목할 또 다른 것은, 세조 대에 폐지되거나 축소되었던 여러 가지 제도, 특히 청요직임淸要職任들의 활동과 관련한 직제들이 성종의 즉위와 함께 복구되거나 신설되어 언론 활성화의 기초가 되었다는 점이다. 이때 복구된 제도들은 경연의 재개, 야대夜對의 신설과 같은 경연 관련 제도의 부활, 예문관 직제의 변경, 예문록의 작성, 예문관원의 구임久任(오래 임명함), 사가독서제의 부활 등과 같은 집현전 관련 직제의 복구, 사간원 인원의 증원, 서경법의 복구, 언관들의 차자箚子 사용 등이다.

특히 경연제의 복구를 통해서 간관들의 경연 참여가 제도적으로 보장되어 국정 현안에 대한 논의에 접하게 되고 하정下情을 상달할 수 있는 루트가 확보되었다. 예문관 직제의 변화를 통해 부활한 옛 집현전 제도는 인재 양성이라는 목적 이외에도 집현전이 언관화되고 정치 현안에 깊숙이 개입했던 세종 대 후반의 양상이 재개될 가능성을 내포하고 있었다. 게다가 성종 6년 10월에 성종은 이제까지 재상을 중심으로 예문록(예문관의 관원을 뽑기 위해 그 후보자의 성명을 적은 기록)을 선발한 것을 변경하여 예문관원들이 협의하여 후보자를 선발할 것을 명했다. 예문관원(후에 홍문관원)이 언관의 성격을 띠고 있다는 점을 고려하면, '언관의 자천제'를 처음으로 지시한 것이다. 이처럼 예문록(후에 홍문록)이라는 본관本館의 입장이 반영된 독자적인 인선 방식을 확보하게 되었다는 점에서 폐지 이전의 집현전보다도 한 단계 진일보한 것이었고, 예문관원들의 정치적 영향력이 더 확대될 것을 예고하는 것이었다.

여기서 다시 의문이 제기된다. 성종과 그 측근세력은 청요직의 복구와 신설이 왕권을 확장시키기보다는 오히려 약화시킬 수도 있다는 점을 몰랐을까? 필자는 성종이 그 점을 인지하고 있었다고 판단한다. 성종은 세종을 자신의 모델로 삼고 있었다. 세종 대는 집현전과 경연을 중심으로 언관이 활성화되고 공론정치가 이루어졌다. 특히 집현전의 위상과 기능이 커졌고 정책 지원 기능을 넘어서고 있었다. 세종 말년에는 정치적 견제 기능도 담당했고 왕(권)에 대한 당돌한 비판도 망설이지 않았다. 세조(수양대군)의 쿠데타에 대한 비판과 단종 복위 사건을 주도한 것도 그들이었다. 세조가 집현전을 폐지한 것은 그것이 왕권 유지나 강화에 도움이 되지 않는다고 판단한 때문이었을 것이다. 성종이 이러한 사실을 모를 리 없었다. 그럼에도 그가 언론 활성화와 집현전 부활을 선택한 이유는 무엇일까?

이념의 힘과 지지의 동원 ___ 두 가지 이유를 생각해 볼 수 있다. 첫째는 '이념의 힘'이다. 즉위 이후 7년 동안 성종은 성리학의 이념적 세례를 받았다. 긴 시간이라고 할 수는 없지만, 결코 짧다고도 할 수 없는 수련의 시간이었다. 성종은 이 시기에 역대 어느 왕보다 더 열심히 경연에 참여하였고 열정적으로 성리학적 지식을 빨아들이고 흡수했다. 그 결과 자신이 처한 시대의 실상을 바라볼 수 있는 안목을 형성할 수 있었다. 배우면 배울수록 현실과의 간극이 크다는 것을 느꼈다.

성종은 친정 초기에 언관들조차 대신들과 결탁하고 탐오함에 물들어 본연의 기능을 상실했음을 비판하고 변화를 촉구했다. 언관이 크게 일신하여 본연의 기능을 회복하는 것이 종국에는 자신에 대한 비판의 칼로 돌아올 수 있음을 인식하고도 내린 결정이었다. 이러한 그의 판단을 설명하기 위해서는 즉위 이후 경연을 통해서 지속적으로 학습했던 성리학 이념의 힘을 고려하지 않을 수 없을 것이다.

둘째는 '지지의 동원'이다. 성종은 친정을 선포하면서 "민풍을 후하게" 만들기 위해서 교화의 정치를 이루어 갈 것을 선언했다. 그런데 교화는 국왕 혼자서 이룰 수 있는 과제가 아니었다. 임금이 먼저 스스로 모범을 보이는 것만으로는 충분하지 않았다. 더구나 세조 대 이후로 사풍의 쇠락과 관리들의 탐오함은 극심했다. 교화의 비전과 과제를 함께 공유하고 수행할 동지나 우군도 없었다. 이로 말미암아 성종은 새로운 인물의 등용을 추진했고 언관의 기능을 활성화하고자 했다. 그러나 그것은 단지 친위세력의 확보를 목표로 하는 것은 아니었다. 활발한 언론 활동으로 이루어지는 공론정치를 통해서 교화정책을 널리 알리고 강력하게 추진하며 폭넓은 지지와 참여를 이끌어 내기 위한 것이었다.

여기서 말하는 '지지의 동원'은 무비판적으로 지지하고 추종하는 측근세력의 양성이 아니라, 임금의 정책이나 조치에 대해 공개적 반대를 표명할 수 있고 때로는 임금에 대해서조차 비판할 수 있는 것을 의미한다. 이런 점에서 볼 때, 언관이 공론정치의 틀 속에서 국왕과 대신을 공격하는 것과 교화를 위한 지지의 동원은 서로 모순되지 않는다.

세종의 경우에서 보는 바와 같이, 공론정치 안에서 임금과 신하가 정책 토론을 하고 비판하는 것이 왕권을 약화시킨다기보다는 오히려 왕권의 정당성을 높여준다. 언관이 국왕과 대신을 비판하는 것 자체가 성종이 표방하는 교화에 대한 적극적인 지지의 표출이라고 볼 수 있다. 앞서 살펴본 바와 같이, 홍문관을 포함하는 언관이 국왕과 대신을 비판한 것은 교화정책 자체에 대한 반대가 아니었다. 교화의 이념에 부응하거나 따라가지 못하는 대신들에 대한 비판이고 그러한 대신들을 포용하고자 하는 성종의 조치에 대한 반대였다. 대신들 역시 성종이 내세우는 교화의 명분에 반대하는 것은 아니었다. 다만 교화의 정치가 초래할 수 있는 위험성을 우려했던 것이다.

성종은 홍문관의 언관화를 통해서 활발한 언론 활동을 기대했고, 공론정치를 통해서 자신의 국정 목표인 풍속의 교화를 널리 알리고 폭넓은 지지와 참여를 이끌어 내고자 했다. 홍문관의 언관화는 친위세력 확보라는 차원을 넘어서 교화정책의 전파와 지지층 확산을 위한 의도적인 선택이었다. 그 결과 언관은 공론정치의 틀 속에서 국왕과 대신을 비판할 수 있었고 동시에 교화를 위한 든든한 지지세력의 역할을 수행하게 되었다.

시대의 증인 ___ 여기서는 성종 대 대표적 사가독서 문인이었던 양정공 채수蔡壽의 삶을 조명한다. 앞서(9장) 살펴본 김종직의 삶이 세조의 패권정치에서 성종의 교화정치로 이행하는 시대의 내면을 보여준 것이라면, 채수의 삶은 성종의 교화정치에서 연산군의 폭정으로 이행하는 시대의 내면을 보여준다. 그런 점에서 '교화의 빛과 그림자'를 모두 체험한 삶이었다고 말할 수 있다.

그는 임사홍 사건과 폐비 윤씨 사건과 같은 성종 대의 중요한 정치적 소용돌이의 한복판에 서 있었다. 사림파 인물은 아니었지만 김종직과도 친분이 있어서 교류하였다. 연산군 시대에는 조정에서 벼슬하는 것을 부끄럽게 여겨 관직을 버리고 지방에 은거하였고, 중종반정의 공신으로 참여하기도 하였다. 그의 삶은 성종에서 연산군, 그리고 중종으로 이어지는 사화와 반정의 시대를 대변하는 것이라 할 수 있다. 성종 대의 정치가 그 시대를 살아가는 정치가에게 어떤 의미가 있는지를 말해주는 증인이라고도 할 수 있을 것이다.

___14

간쟁하는 신하 채수와 '열린' 성종

사가독서에서 파직까지

신진기예 ___ 채수의 집안은 훈구파이지만 드러나지 않는 가문
이었다. 그는 1449년(세종 31) 한양 명례방에서 부친 남양 부사 채신보
와 모친 문화 류씨 사이에서 맏아들로 태어났다. 10세에 부친을 따라
음성 음애동 별서에 들어가 글을 공부하기 시작하여 11세에 처음으로
글을 지었는데 김종직이 그 글을 보고 후일에 이름을 떨칠 것이라며 학
문의 뛰어남을 크게 칭찬하였다고 전한다.

19세 되던 1466년(세조 12) 가을에 성균관의 생원과 진사의 두 시험
에 합격하였다. 20세에는 회시·생원·진사의 사마시에 장원하여 관직
에 나아가기 시작하였다. 1469년(예종 1, 성종 즉위년) 8월에는 증광 관
시에 장원하고, 9월에는 회시에, 11월에는 다시 전시 갑과에서 각각 장
원하여 사헌부 감찰에 제수되었다.

1470년(성종 1) 4월 5일에는 예문관 겸관이 되었다. 이후 홍문관 교
리·지평·이조정랑 등을 역임하면서 《세조실록》, 《예종실록》 편찬에 참
여하였다. 1471년(성종 2) 윤9월 28일에는 경연에서 검토관으로서 《국
조보감》의 음과 해석을 각각 한 번씩 강하였다. 같은 해 10월 27일에는
세조가 소중히 여겼던 승려 신미와 학열이 강원도에 있으면서 백성의
고혈을 짜내고 민력을 소모시키고 있는 폐단을 임금에게 보고하여 감
사와 수령으로 하여금 그 병폐를 없애도록 하였다.

1472년(성종 3) 1월 5일의 야대에서는 성종에게 직언의 중요성을 말
하였다. 당시 경연 자리에서 검토관 채수가 《정관정요》를 강하던 중에

"붙잡힌 9인 중에서 4인은 도적이 아니라는 것을 아는 관원이 있었으나 수 양제가 이미 그들을 참하도록 결정하였으므로 드디어 중간에서 임금에게 아뢰지 못하고 아울러 죽었다"고 하는 대목에 이르렀다. 이때 성종이 "양제는 진실로 무도하였다. 그러나 당시의 신하가 그 아닌 것을 알면서도 말하지 않았으니, 어찌 죄가 없다고 할 수 있느냐?"라 하였다. 이에 채수는 다음과 같이 대답하였다.

임금이 비록 직언 듣기를 싫어하더라도 신하로서는 마땅히 끓는 기름 가마라도 피하지 않고 감히 말하는 것이 옳습니다. 하증何曾처럼 물러나 집에서 말하는 것이 어찌 신하의 도리겠습니까? 그러나 임금이 그의 잘못을 듣기 좋아하지 않으면 사람마다 다투어 아첨하게 되어 절함折檻을 하거나 견거牽裾를 하는 자는 드물 것입니다.

하증은 진晉나라 사람으로 위나라에서 벼슬하였다. 조상曹爽이 전권을 행할 때는 병을 핑계로 물러났다가 조상이 사마의司馬懿와의 권력 투쟁에서 패하여 죽임을 당하자 다시 벼슬자리에 나간 인물이다. '절함'은 강력하게 간언하는 것을 비유한 말이다. 《한서》〈주운전〉에 한 성제가 주운의 간언에 분노하여 조정에서 끌어내게 하자 주운이 전각의 난함(난간)을 붙들고 매달려서 그 난함이 부러졌다는 고사에서 유래한다. '견거'는 옷깃에 매달려 끝까지 간한다는 말이다. 《위지》〈신비전〉에 문제文帝가 신비의 간언을 듣지 않고 노하여 일어나자 신비가 옷깃에 매달리며 강력히 간했다는 고사에서 유래한다.

채수는 성종에게 신하의 도리는 비록 임금이 직언을 싫어해도 마땅히 감히 말하는 것이며, 물러나서 집에서 말하는 것은 도리가 아니라고 간언한다. 하지만 임금에 따라서는 그의 잘못을 듣기 좋아하지 않는 군주도 있기 때문에 '절함'하거나 '견거'를 하는 신하가 드물다고 말하고 있다. 성종 3년(1472) 당시 채수의 나이는 24세였다. 20대 젊은 관리의 의기와 호기가 느껴지는 발언이었다.

흥미로운 점은 이후 그의 삶이 이때의 말처럼 이루어졌다는 사실이다. 그는 성종 대에 "끓는 기름 가마도 피하지 않고" 임금에게 직언을 했다. 그 결과 파직과 복직을 반복한다. 그러나 연산군 대에는 하증처럼 병을 핑계로 물러나 임금의 부름에도 응하지 않다가, 중종반정에 참여하였다. 그는 연산군이 자신의 잘못을 듣기 좋아하지 않음을 잘 알고 있었고, 연산군 대에는 '절함'하거나 '견거'를 하지 않았던 것이다.

성종의 대화 파트너 ___ 1474년(성종 5) 3월 22일 경연 자리에서 사헌부 지평이었던 채수는 "고려 말에 사풍이 크게 무너졌는데 우리 태조 때부터 세종 때까지 사풍이 다시 떨치었습니다. 그러다가 세조 조 이후로 탕연하게 기강이 없어져서 대신으로서 탐오하고 절제가 없는 자가 많이 있습니다"라고 지적한다. 이어서 송익손이 양민을 숨기고 방자하게 행동하여 꺼림이 없으니 그 직을 파할 것을 건의하였다.

송익손은 수양대군(세조)이 계유정난을 일으킬 때 그를 도와 김종서와 황보인 등을 제거하는 일에 가담했다. 그 공으로 전농시 직장, 한성부 판관을 비롯 여러 요직을 지낸 인물이다. 비록 채수의 건의는 성종에게 받아들여지지 않았지만, 세종 대의 사풍이 세조 대에 꺾이고 퇴락하여 조정 대신임에도 불구하고 탐오하고 절제가 없는 자가 많다는 현실을 정확하게 지적하고 간언한 것이다. 1474년(성종 5) 4월 5일 경연을 마친 후 사간원에서 "조효례는 어미의 초상임을 숨기고 과거에 응시하여 강상을 어지럽혔으니 교체하시기 바랍니다"라고 건의하였다. 채수 역시 "조효례는 본래 재능도 없고 행실이 좋지 못하여 이르는 곳마다 죄를 범하여 파직이 되었으니, 다시 등용할 수가 없습니다"라고 했다. 이에 성종은 채수에게 "네가 틀림없이 조효례가 재능이 없고 행실이 좋지 못함을 아느냐?"라고 질문한다. 채수는 "조효례가 재능도 없고 행실이 좋지 못함은 신만이 아는 것도 아니고 사람마다 다 아는 사실입니다. 조효례는 이미 노쇠하였으며 또 죄를 범한 자이오니, 절대로 등용할 수가 없습니다"라고 대답하였다. 하지만 성종은 "변방의 장수를 노련한 사람으로 쓰는데도 안 된다는 말인가?"라고 다시 질문했다. 이때 채수는 다음과 같이 답하였다.

어질면서 늙었으면 경험한 일이 많아 지혜와 생각이 숙달되었겠지만 어질지 못하면서 늙으면 혈기가 쇠약해져서 모든 일에 게으르게 됩니다. 만포는 요해지여서 형편에 따라 변동해야 할 일이 많은 곳인데, 적임자를 임명하지 않을 수가 없습니다. 만약 일을 그르치게 된다면 후회해도 때는 이미 늦게 될 것입니다.

당시 채수는 26세였고, 성종은 그보다 8세 어린 18세였다. 10대 후반의 젊은 군주와 20대 중반의 젊은 신하가 변방을 책임질 장수의 자질과 행실에 관하여 논쟁하고 있다. 군주는 비록 행실이 좋지 못하다 할지라도 경험이 많은 노련한 장수를 써야 함을 내세웠고, 신하는 비록 늙고 경험이 많은 자라 할지라도 성품이 어질지 못하면 지혜와 생각이 숙달되기보다 모든 일에 게으르게 된다는 점을 예리하게 지적했다. 10대의 군주와 20대의 신하가 인물의 성품과 노년의 노련함 및 지혜에 대해서 의논하고 있다는 점이 흥미롭다. 이처럼 채수는 젊은 군주 성종에게 있어서, 너무 나이가 많지도 않고 적지도 않은, 동년배의 대화 파트너이자 국정을 함께 의논하는 존재였다.

1475년(성종 6) 5월 11일에 이조정랑 채수는 명나라로 가는 사신의 행차에 평안도에서 짐을 싣는 폐해와 사대부가 집을 사치하게 짓는 일을 아뢰었다. 성종은 "제도보다 지나치게 사치하지 못하게 하였는데도 그러하니, 사헌부의 잘못"이라며 공감했다. 7월에 채수는 일본통신사로 낙점되었다. 이해 10월 26일 성종은 "음악이 나라에 소용됨은 크다"면서 음악을 장려하는 조목을 예조에 전지하였다. 그는 "사람은 예악의 흥함이 풍속의 교화에 관계됨을 알지 못하고 영인伶人(악공이나 광대)의 일이라 하여 이를 천하게 여기고 시험을 통해 선발하는 자가 없으니 조종의 아름다운 뜻에 부응하지 못하는 바가 있어 성악聲樂의 유법遺法이 마침내는 결여되고 폐하게 될까 두렵다"고 그 취지를 설명한다. 조정의 관리 중에서 음률을 깨우친 자를 택하여 장악원 겸관으로 임명하여 매월 음악을 익히게 할 것을 지시하였는데, 이때 채수도 선발되었다.

1476년(성종 7) 6월 14일 이조에서 사가독서의 절목, 택정, 근만(부지런함과 게으름) 규찰 등의 시행을 청하였다. 이때 사가독서 할 문신으로 채수와 함께 권건·허침·유호인·조위·양희지 등이 발탁되었다. 채수는 성종이 친정을 시작하면서 부활시킨 사가독서에 뽑힌 첫 문인이 된 것이다.

이처럼 채수는 예종 1년의 출사 이후 성종에게 과감하게 직언하고 조언하였을 뿐만 아니라 다방면에 걸쳐 재능을 발휘하였고 그 재주를 인정받았다. 전도유망하고 촉망받는 젊은 관인이었던 채수가 처음으로 위기에 직면한 것은 1478년(성종 9)이었다.

직언과 강개함 ___ 그해 4월 28일에 채수는 홍문관 응교가 되어 도승지 임사홍의 비행을 탄핵한 일로 말미암아 파직을 당했다. 그는 임사홍 문제로 인하여 성난 목소리로 신하들을 꾸짖는 임금의 면전에서, 다음과 같이 당당하게 말하며 '끓는 기름 가마 속으로' 들어갔다.

임사홍의 말한 바는 일체 아첨하는 것이며 소인의 태도를 모두 겸해 가졌으니, 청컨대 빨리 버리소서. 착한 이를 좋아하되 능히 쓰지 못하고 악한 이를 미워하되 능히 버리지 못하면 이는 나라를 망하게 하는 것인데, 만약 알고 버리지 아니하면 알지 못하는 것만 같지 못합니다. 알지 못해도 오히려 소인이 자기 분수 이외의 욕망을 품는 것인데, 알고 버리지 아니하면 간사한 무리가 더욱 꺼리는 바가 없을 것입니다. 전하께서 이미 임사홍이 소인인 것을 아셨다면, 이는 마땅히 먼 지방으로 물리쳐야 할 것입니다.

소인을 내칠 것을 직언한 탓으로 5월 6일에 채수는 의금부에 갇히고 국문을 당하기도 했다. 하지만 결국 임사홍이 언관을 사주하여 평소에 사적인 감정이 있던 도승지 현석규를 탄핵한 소인이라는 점이 드러나고, 채수는 공론에 의거하여 말한 것이라는 점이 밝혀졌다. 직임에 복귀한 채수는 6월 3일 경연에 시강관으로 참석하였다.《강목》을 읽다가 당나라 예부상서 소순이 "양왕은 업적과 공이 현저히 크고 역수曆數도 돌아갔다"고 말한 대목에 이르러 성종이 채수에게 "이 말이 어떠한가?"라고 물었다. 여기서 '역수'란 자연히 돌아오는 운수를 말한다. 채수는 소순이 양왕을 "대의로 꾸짖지 아니하고 권신에게 아부하는 것은 진실로 가증스러운 일입니다"라고 아뢰었다. 신하는 마땅히 임금에게 대의를 말하고 직언을 해야 하며 권신에게 아부해서는 안 된다는 지론을 재차 표명한 것이다. 11월 14일에 채수는 통정대부 동부승지로 승진되었다.

1479년(성종 10)에도 그는 우부승지·좌부승지·우승지 등을 역임하며 성종을 지근거리에서 보좌하며 간언하는 역할을 수행했다. 이해 3월 5일에 성종이 월산대군의 집에 거둥하여 활쏘기를 구경하고자 했는데, 채수는 도승지 홍귀달 등과 함께 관사觀射하지 말 것을 청하였다. 또한 4월 26일에는 종친과 문신이 모여 활쏘기를 하기보다는 책을 강론할 것을 건의하였는데, 성종은 흔쾌하게 그의 의견에 따랐다. 그 이듬해에는 우승지에서 좌승지로 승진하여 왕명의 출납을 담당하고 국가의 대소사에 대해 성종과 의논하고 건의하였다.

채수가 좌승지이던 1480년(성종 11) 12월 15일에 성종은 채수와 내관 조진에게 명하여 장례원에 가서 소송 처리의 부지런함과 게으름을 규찰하도록 하였다. 이때 채수가 술을 마셨다는 이유로 국문을 당하는 사건이 있었다. 이 사건에 대해서 채수는 "신이 먼저 장례원에 이르렀는데, 조진이 몹시 취하여 뒤따라 와서 말하기를, '오늘 후원에서 내려준 술을 마셨다' 하고 곧 내시부에서 술병을 가지고 와서 마시자고 하였으며, 날씨가 또 몹시 추워서 신과 판결사 최한정이 함께 앉아서 잠깐 마시고는 파하였습니다"라고 해명하였다. 이 사건으로 채수는 좌부승지로 좌천되었고, 최한정은 파직되었다.

사헌부와 사간원에서는 채수 역시 최한정과 마찬가지로 파직할 것을 요구하였고 채수 자신도 사직을 청하였지만, 성종은 들어주지 않았다. 오히려 이듬해 2월 14일에 성종은 채수를 도승지로 승진시켰다. 이에 채수는 "근자에 신이 죄를 범하였다가 특명으로 좌부승지에 제수되었으며 수개월이 되지 않아 도승지에 발탁되었으니 황공하고 두려움을 견디지 못하겠습니다"라며 사직을 청하였다. 하지만 성종은 다음과 같이 대답하였다.

제왕이 사람을 임명하는 것은 모름지기 그 직임을 감당할 수 있는 사람을 골라서 그를 등용하는 것이다. 내가 여러 승지를 보건대, 비록 모두 임용할 만한 자질은 있으나, 그중에서도 경은 국가를 위하여 사사로움을 잊는 의지가 있고, 아랫사람에게 붙좇고 윗사람을 속이는 태도가 없으므로, 발탁하여 도승지로 삼았으니, 경은 권문에 아부하지 말고, 심지를 방자하게 하지 말라. 일신의 영욕과 화복은 모두 '흠欽'(공경함)한 자에 있으니, 힘쓰라.

성종은 채수에게 "국가를 위하여 사사로움을 잊는 의지가 있고 아랫사람에게 붙좇고 윗사람을 속이는 태도가 없음"을 강조한다. 성종이 채수를 얼마나 신뢰하고 있는지, 관리로서의 그의 자질과 태도를 얼마나 높이 평가하고 있는지를 보여주는 대목이다. 임사홍 사건 등에서 보여준 채수의 직언, 특히 권세가에 아부하지 않고 당당하게 비판하는 모습은 성종의 뇌리에 깊이 각인되었다. 비록 잠시 실수로 공무 수행 중에 술에 취한 적이 있지만, 성종 즉위 이후부터 쌓아온 두 사람 사이의 신뢰 관계는 그만큼 두터웠다.

폐비 발언으로 위기에 몰리다 ___ 채수는 1482년(성종 13) 1월에 장례원 판결사로, 3월에는 대사헌으로 임명되었다. 이때 4년 전 임사홍 사건에 연루되어 파직되었던 유자광의 직첩을 돌려주는 것과 관련해서 대간이 반대하면서 다시 문제가 제기된다. 당시 가뭄으로 인해 재난과 피해가 심했는데, 대신들은 유자광의 죄는 비록 중하지만 그의 공이 크니 다시 쓸 만하다고 건의하였다. 대간에서는 유자광이 소인과 교제를 맺어 나라를 저버렸는데 국가에서 녹권을 주어서 공신(유자광)을 우대한 것이 이미 지나쳤다고 주장했다. 상벌이 이치에 합당한 뒤에야 하늘의 마음을 화하게 할 수 있다는 점에서 직첩을 돌려줄 수 없다고 반대하였다. 그러나 성종은 그가 예종 조에 큰 공이 있다는 이유로 직첩을 주면서 김맹성·김괴·표연말도 모두 직첩을 주라고 지시하였다. 7월 22일에 대사헌 채수 등이 직첩을 돌려주는 것이 마땅치 못하다고 논하였으나, 성종은 유자광이 공신을 대우하는 자신의 마음을 다시 저버리지는 않을 것이라고 하며 들어주지 않았다.

이해 8월 11일 채수는 폐비 윤씨에 관한 발언으로 문제를 일으켰다. 그는 근자에 세종의 첫째 서자인 화의군과 종친인 귀성군 준의 죄가 종묘사직에 관계되어 외방으로 추방당했지만 국가에서 그들에게 옷과 음식을 공급해 주었다는 것을 언급하면서, "이제 윤씨도 유폐시키되 옷과 음식은 공급함이 좋겠습니다"라고 건의하였다. 이에 성종은 윤씨가 가난하다는 사실을 어떻게 알았으며 누가 말해주었는지를 질문했다. 윤씨가 목숨을 보존한 것만도 다행인데 음식을 주어 공양하고자 한다면 그의 녹봉으로 공급하라며 비판하였다. 채수의 말은 윤씨의 오라비와 불초한 무리가 퍼뜨린 것이라고 단정한 성종은 채수는 물론 그 오라비들을 의금부에 가두도록 지시했다.

8월 17일에 채수는 옥중에 있으면서 옷자락에 다음과 같은 글을 써서 올리면서 그의 발언의 진의와 배경에 대해서 진술하였다.

신의 마음이 미혹한 탓으로 대체를 통달하지 못하고 한갓 사책만 알아서, 망령된 생각에 폐비에 대한 대우는 가후처럼 하는 것이 옳다고 여겼습니다. 그래서 권경우가 계달할 때에 신이 또한 망령되게 화의군·귀성군이 유폐되었던 예를 들어 아뢰었던 것입니다. 이는 신이 망령된 생각으로 헤아린 소치일 뿐이며, 신은 조금도 다른 마음이 없었던 것입니다. 전일에 하문하셨을 적에 신이 품었던 생각을 다 진술하였으니, 다시 무슨 말을 더 할 것이 있겠습니까?

채수는 자신이 "옛 역사만 보았으므로 일의 대체를 알지 못하고 함부로 아뢰었던 것"이라고 해명하며 자신의 죄를 뉘우치는 상소를 올렸다. 사실 그의 말대로 폐비 윤씨 사건은 조선왕조에서 처음 있는 사건이었다. 역사적 사례를 살펴보면 유폐시키되 처소와 먹을 식량을 공급해 주는 것이 일반적이었다. 더욱이 왕비를 죽이는 것은 역사적으로도 유례를 찾기 힘든 사건이었다. 채수는 성종이 윤씨를 죽일 것이라는 생각은 꿈에도 하지 못했다.

이후 조선왕조의 역사에서도 왕비를 폐위시킨 것은 몇 차례 더 있었지만, 폐위된 왕비를 죽이는 일은 없었다. 중종반정 이후 연산군과 중종의 비가 폐위되었고, 인조반정 이후 광해군의 비가 폐위되었으며, 그 외에도 숙종의 비 인현왕후가 장희빈의 무고로 폐위되어 서인이 되었으나 장희빈의 몰락과 함께 복위된 바 있다. 하지만 그 누구도 사사되지는 않았다. 그만큼 성종 대 폐비 윤씨 사건은 특별하고 예외적인 사례라고 할 수 있다.

성종이 폐비 윤씨를 죽이기까지 한 것은 그녀가 자신의 신변에 위해를 가하고자 했을 뿐 아니라 사후에 어린 세자를 끼고 후일을 도모하고 있음을 공공연하게 밝혔기 때문이다. 이를 고려해서 성종은 결단을 내린 것이다. 그가 말한 "후일의 근심"을 없애기 위해서였다. 채수는 거기까지는 생각하지 못했다. 다만 이전까지의 역사적 사례와 여론에 따라서 임금에게 건의했던 것이다. 그가 의도하지 않았지만 임금의 '역린'을 건드린 것이었다.

성종은 채수에게 "나는 그대를 강개한 자로 여겼기에, 전일 후원에서 관사하였을 때 그대를 불러 금대를 주고 대사헌에 발탁하여 임명하면서 그대에게 말하기를, '너무 가볍게 하지도 말고 너무 무겁게 하지도 말라'고 하였다. 그런데 지금 이러한 짓을 하였으니, 그대의 강개함이 과연 어디에 있느냐?"라고 전교했다. 채수에 대한 성종의 두터운 신뢰는 폐비 윤씨 사건을 계기로 무너졌고, 채수는 일생일대의 위기에 직면하였다.

본인들이 의도하지 않았지만, 폐비 윤씨를 사사하는 데 역할을 했던 권경우와 채수에 대해서 성종은 "그대들은 이미 잘못인 줄 알고 있으며 또한 모두 시종하던 신하이다"라면서 "그대들의 죄를 논한다면 마땅히 중한 법으로 처치해야 하겠지만, 이제 특별히 사면한다"고 명령하였다. "이제부터 나라에 보답하도록 하는 것이 좋겠다"는 임금의 말을 듣고 채수는 감격하여 눈물을 흘리면서 물러갔다.

채수는 1479년(성종 10)의 '폐비' 당시에도 한 차례 위기를 경험한 적이 있었다. 그해 6월 2일에 성종이 폐비의 일을 여러 정승과 더불어 의논해 결정하였다. 그런데 도승지 홍귀달 등이 "대의를 헤아리지 않고 왕을 가볍게 보고 왕후를 무겁게 여기어 왕비를 구하고자 오히려 대왕대비께 아뢰기를 청하면서 종사에 누가 되게 하였다"는 이유로 추국을 당했던 것이다. 이 일은 결국 우부승지 채수 등이 "대왕대비에게 아뢰기를 청한 것은 곧 폐하는 절목이었지, 폐하지 말게 하고자 한 것은 아닙니다"라고 해명함으로써 무마되었다. 폐비 자체를 반대한 것이 아니라, 폐비를 단행하기 위한 절차상 정희왕후에게 아뢸 것을 청했다는 것이다.

결과적으로 폐비 윤씨의 죽음은 연산군 대에 참혹했던 갑자사화의 원인이 되었고, 조선 초기 정치사를 요동치게 한 사건이었다. 채수의 삶에도 시련을 초래하였고, 성종의 치세에서 가장 큰 오점을 남기게 되었다.

복직, 광망, 칩거

채수를 잊지 않은 성종　＿＿　채수가 폐비 윤씨 사건으로 관직에서 물러나 낙향했던 시기인 1482년(성종 13)에서 1485년(성종 16) 사이에, 그는 성현 등 동료들과 평소에 나누었던 문헌설화적인 이야기에다 다른 데서 들었던 이야기들을 보태어 《촌중비어》를 저술하였다. 1485년(성종 16)에 김종직은 '승출의 법'을 건의하였고, 성종은 그에 따라 법을 시행하였다. 그러나 승출의 법을 시행함에 있어서는 많은 논란이 야기되었다. 반대 논리는 비록 무능한 사람을 물리치고 유능한 사람을 서용한다 하더라도 정밀하기가 어렵다는 것이었다. 만약 정밀하지 못하다면 물의를 불러일으킬 뿐이므로, 인사 담당 부서인 이조에 맡기는 것만 같지 못하다는 것이다. 당시 영의정 윤필상은 그 대표적 사례로 '서감원 사건'을 언급하기도 했다. 이 사건에 대해서는 앞서(6장에서) 서술한 바 있다.

성종은 서감원 사건에 대한 논의가 진행되던 1484년(성종 15) 9월 28일에 채수에 대해 언급하면서 "일찍이 승지로 있었는데 내가 정직하다고 여겼기에 발탁하여 대사헌을 삼았다가, 마침 일을 말한 것이 합당하지 못하여 잇달아 파직했지만 내가 감히 잊었겠는가?"라고 말하였다. 잠시 그를 파직시켜 경상도 함창(지금의 상주)에 머물게 하고는 있지만 언젠가 다시 서용할 뜻이 있음을 내비친 것이다. 11월 21일에 채수는 서감원의 상소가 자신과는 무관함을 상소하였고 성종은 그를 불러 심문하고 대신들과 진위를 논의하였다. 12월 7일에 언로가 막힐 수 있다는 우려로 서감원의 죄를 용서한 후, 성종은 이조에 전지하여 채수의 고신을 돌려주었다.

채수는 1485년(성종 16)에 다시 서용되어 동지중추·동지사를 역임하고, 이듬해 5월에 충청도 관찰사에 임명되었다. 성종은 비록 폐비의 일로 인해 채수를 파직시켰지만, 직언을 너그럽게 용납하는 아량을 지니고 있었다. 또한 채수와 쌓아온 신뢰 관계도 있었기 때문에 끝내 그를 내치지 않고 다시 서용한 것이다. 5월 20일의《실록》기사에서 사관은 채수가 "경박하고 중용의 덕이 없어서 일어나고 앉는 데 절제가 없이 어린아이와 같은 데가 있다"고 평가했다.

채수는 1488년(성종 19) 1월에 한성부 좌윤으로 임명되었고, 동년 4월 10일에는 공조참판에 임명되어 명나라 효종의 즉위를 축하하기 위해 북경에 가서 성절을 하례하였다. 5월에는 동지중추부사에 임명되었고, 8월에 북경에서 돌아온 채수는 11월에 성균관 대사성에 임명되었다. 1489년(성종 20) 4월에는 김종직 등과 함께 특진관에 선발되었다. 채수에 대한 성종의 신뢰가 다시 회복되었음을 알 수 있다.

의기와 강개함을 잃어가다 ___ 그런데 채수는 파직되기 이전에 보여주었던 의기나 강개함을 점차 잃어가고 있었다. 성종은 그를 복직시키면서 "너무 가볍게 하지도 말고 너무 무겁게 하지도 말라"고 충고하였는데, 이후 채수의 태도는 입이 너무 무거운 쪽으로 바뀌었다. 자신의 직무와 관련된 일에 대해서는 임금에게 건의하고 의견을 제시했지만, 민감한 현안이나 정치적 논쟁의 소용돌이로 빠져들 수 있는 사안에 대해서는 침묵했다. 대간이 대신을 탄핵하고 성종이 대신을 비호하며 갈등을 중재하고 있던 1493년(성종 24) 윤5월 7일에 성종은 의정부에 다음과 같이 전지하였다.

대신이란 임금이 함께 가부를 상의하고 정사를 의논하기 위한 사람인데, 오늘 경연에서 대간들이 총관의 일을 논하므로 좌우에게 고문하였으나 응대하는 자가 한 사람도 없었다. 내 뜻을 거스를까 염려하여 그런 것인지, 또는 대간을 두려워하여 그런 것인지 모르겠으나, 가부를 말하여 도와서 성취하는 뜻이 아주 없다. 광릉부원군 이극배는 대사헌 이세좌와 상피가 되므로 본디 의논에 참여하지 못하고, 박안성은 총관으로서 논박을 받았으므로, 모두 응대하기 어렵다 하겠다. 그러나 정괄·채수는 말해야 할 처지인데도 끝내 말 한마디가 없었으니, 진실로 추론해야 마땅할 것이다. 하지만 대신이기 때문에 우선 버려두고 논하지 않는다. 뒤에도 이렇게 하면, 용서 없이 추론하겠다.

성종은 말년에 '경계론'을 내세우며 대신을 탄핵하는 대간의 논리에 맞서서 개전론을 내세우며 대신을 보호하고자 했다. 교화 논쟁이 심화될 때 나타나는 '내면의 선악을 문제 삼는 정치'가 자칫 정국을 파국으로 이끌 수 있다고 우려했기 때문이다. 그런데 성종은 자신이 대신과 대간의 갈등을 중재하기 위해서 노력하고 있는 상황에서, 정작 당사자인 대신들은 이렇다 할 변명이나 공론을 제시하지 못하고 있음을 발견했다. 성종은 그 이유와 관련하여, 대신들이 임금의 뜻을 거스를까 염려하는 것인지, 아니면 대간을 두려워하여 그런 것인지 모르겠다고 지적한다. 아마도 두 가지 모두 대신이 침묵했던 이유일 것이다.

성종은 이전에 강개함을 가지고 직언을 서슴지 않았던 채수가 무엇인가 말을 해주기를 기대했다. 그러나 "끝내 말 한마디가 없었다"고 지적하면서 실망감을 표출하고 있다. 11일에 채수는 "임금의 가르침이 진실로 마땅하였으므로 아뢰지 않았습니다"라고 변명하였다. 그는 다시 임금의 뜻을 거스르지는 않을까 하고 염려했던 것으로 보인다.

그렇다고 채수가 대신과 대간의 불화에 대해서 끝까지 침묵한 것은 아니었다. 1493년(성종 24) 11월 3일에 영사 허종이 재상과 대간이 화동해야 함을 주장한 적이 있다. 이때 성종은 채수에게 그의 화동론에 대한 의견을 물었고, 채수는 다음과 같이 대답하였다.

허종이 아뢴 바, '재상과 대간은 화동해야 한다'는 말은 잘못된 것입니다. 인주가 그르다고 하면 대간은 옳다고 하고, 인주가 옳다고 하면 대간은 그르다고 하니, 인주와 더불어 시비를 다투는 것이 대간의 직임입니다. 그런데 만약 서로 화동한다면 또한 뒷날의 폐단이 있을 듯합니다. 옛날 왕안석이 참지정사가 되자 한때의 사람들이 모두 그를 성인이라고 하였지만, 소순과 여회는 선견지명이 있어 소인이라고 지목하였습니다. 그러나 또한 어떤 일이 소인이 되는 것이라고 이름을 붙여 말하고 배척하지는 않았습니다.

이때 그는 1478년(성종 9)에 임사홍을 소인이라고 지목하며 탄핵했던 자신의 모습을 떠올렸을 것이다. 폐비의 일로 비록 의기가 많이 꺾이긴 했지만, 대간은 "끓는 기름 가마에 들어가더라도" 직언을 해야 한다는 평소의 소신은 간직하고 있었다.

신중함과 노련함 ___ 다만 나이가 들면서 그가 깨달은 것은 "어떤 일이 소인이 되는 것이라고 이름을 붙여 말하고 배척하지는 않아야 한다"는 점이었다. 그는 군자와 소인을 구별하고 소인을 소인으로 지목하는 것은 옳지만, 어떤 일이 소인이 되는 것인지 판단하는 데는 신중할 필요가 있으며, 소인이라고 해서 반드시 모두 배척해야 하는 것은 아니라는 입장을 보이고 있다. 성종의 주장처럼, 소인이라도 개전할 수 있는 기회를 주어야 한다는 점을 염두에 두고 한 말일 것이다. 이처럼 그는 원칙과 소신을 지키면서도 소인을 지목하고 비판하는 일에 있어서는 보다 신중함을 기하고 임금의 뜻을 살필 정도로 노련한 정객이 되어 있었다.

1494년(성종 25) 6월에 채수는 호조참판이 되었다. 그러나 이해에 성종이 승하하고 연산군이 왕위에 오르자 나랏일에 뜻을 잃고 종남산 별서에 칩거하였다. 그는 연산군 즉위 이후 줄곧 외직을 구하여 무오사화를 피하였다.

유자광 등의 무고로 김일손·권오복 등이 처형되고 김종직이 부관참시되었던 1498년(연산군 4) 7월 6일에 사헌부에서는 채수를 한성부 좌윤에 임명한 것을 비판하면서 "채수는 술을 마시면 심신이 착란하여 아비가 죽은 이후에 처가 동네에 살면서 한 번도 친히 제사를 지내지 않았고, 또 재목 문제로 다투다가 김지서를 타살하는 등 소행이 좋지 않은데, 지금 한성부 좌윤이 되었으니 어찌 능히 재판을 하기 위해서 송사訟事를 들을 수 있으리까?"라고 탄핵하였다.

채수는 초옥을 지어 청허정사淸虛亭舍라 편액하고 작은 못을 파고 석가산(정원 등을 꾸미기 위해 만든 산의 모형물)을 쌓아 송죽과 화훼를 심어

놓고 거문고와 시조를 즐기며 세상만사를 잊은 듯 생활하여 참화를 모면했다. 몸을 숨기고 마치 미친 사람처럼 일부러 술과 병을 칭탁해 종일 취해서 폐인처럼 지냈다.

연산군은 무오사화(1498) 당시 김일손의 사초에 실린 김종직의 〈조의제문〉에 대해서 동·서반 3품 이상과 대간·홍문관들로 하여금 형을 의논하여 아뢰라고 지시하였다. 이에 따라 7월 17일에 변종인·박숭질·권경우·채수·오순·안처량·홍응은 "김종직이 두 마음을 품었으니 율에 의하여 처단하는 것이 편하옵니다"라는 의견을 올렸다. 하지만 여기서 김종직이 "두 마음을 품었다"는 의견은 임금의 지시에 따라 어쩔 수 없이 아뢴 것일 뿐, 채수의 본심은 아니었다.

채수는 1499년(연산군 5) 8월 19일에 특진관으로 임명되어 경연의 자리에서 《강목》〈후한기後漢紀〉를 강론한 적이 있다. 강론이 "양부가 관棺을 두드려 보고 목욕沐浴했다"는 말에 이르자, 연산군이 "임금은 말의 시비를 가리지 않고 모두 받아들여야 하는가?"라고 질문했다. 이때 동지사 성현은 "이는 마땅히 간해야 할 일이므로 그 말의 격절함이 이와 같았던 것이지만, 신하는 인군에게 본디 부드러운 소리로 간해야 합니다"라고 대답했다. 반면에 채수는 "옛날 임금이 간언하는 신하를 죽인 자가 많았으나, 지금 예叡(위나라 임금의 이름)가 양부의 말을 너그러이 용납하였으니, 이는 취할 만합니다. 인군이 간언을 받아들이는 것이 중합니다"라고 아뢰었다.

무오사화로 인해 김종직과 그의 제자들이 희생된 상황에서, 김일손에 의해 김종직의 제자 명단에 거론되었던 채수가 연산군의 면전에서 대간의 간언을 너그럽게 받아들여야 하며 죽여서는 안 된다고 말하기

는 쉽지 않은 일이었을 것이다. 그럼에도 그는 임금은 마땅히 간언을
받아들여야 한다고 직언을 한 것이다.

　채수는 이후에도 경상도 관찰사·예조참판·형조참판·평안도 관찰사
등에 임명되었으나 병을 핑계로 나아가지 않았다. 1503년(연산군 9)에
평안도 관찰사로 나갔다가 병으로 사직하였으며, 관직에서 완전히 은
퇴한 58세부터 67세에 죽을 때까지 처가인 경상도 함창 이안촌에 은거
해 쾌재정이라는 정자를 짓고 유유자적하면서 말년을 보냈다. 그는 천
성이 쾌활하고 의논을 결정하는 데 있어서 누구보다도 빨랐다고 한다.
반면에 겉만 꾸미고 성실하지 못하다는 비난도 받았다. 그는 상중에 있
으면서도 검소한 행실이 없었고 웃고 말하는 것이 평일과 다름이 없었
다고 한다.

사화를 지켜보며 은거하다　＿　1504년(연산군 10)의 갑자사
화 때는 앞서 정희왕후가 언문으로 적은 폐비 윤씨의 죄상을 사관에게
넘겨준 것이 죄가 되어 장형杖刑을 받고 경상도 단성(지금의 경상남도 산
청)에 유배되었다가 얼마 후 풀려났다. 1506년(연산군 12)에 중종반정
이 일어나자 가담하여, 분의정국공신 3등에 녹훈되고 인천군에 봉군
되었다. 그가 반정에 참여하여 공신에 책봉되었다고는 하지만, 사실
그는 본래 반정 자체에 반대하였다고 한다. 일설에 따르면, 그의 사위
김안로가 반정에 반대하는 장인과 술을 먹은 후에 그가 취한 틈에 그
를 업고 반정의 현장에 갔다고 전해진다.

　채수가 말년에 은거하면서 1511년(중종 6) 무렵에 지은 소설《설공찬
전》을 통해서도 그가 반정을 비판하고 있음을 알 수 있다. 작품 내용의

대부분을 차지하는 것은 주인공 설공찬의 혼령이 전하는 저승 소식인데, 그중 가장 눈에 띄는 것은 반역으로 정권을 잡은 사람은 지옥에 떨어진다고 한 대목이다. 이는 연산군을 축출하고 집권한 중종 정권에 대한 비판이라 할 수 있다. 비록 폭군이라 할지라도 끝까지 보필하여 올바른 정치를 하도록 하는 것이 신하의 바른 도리라는 평소의 생각을 드러내고 있는 부분이다. 이 작품은 조선 최초의 금서로 규정되어 탄압받았을 만큼, 각지 각층의 독자에게 광범위하게 영향을 미치고 인기를 끌어 조정에서까지 논란의 대상이 되었다. 결국 이해 9월에 그 내용이 불교의 윤회 화복설을 담고 있어 백성을 미혹한다 하여 왕명으로 모조리 불태워진다.

채수는 1515년(중종 10)에 죽었다. 11월 8일의 기사에 실린 그의 졸기는 다음과 같다.

채수는 사람됨이 영리하며 글을 널리 보고 기억을 잘하여 젊어서부터 문예로 이름을 드러냈고, 성종 조에서는 폐비의 과실을 극진히 간하여 간쟁하는 신하의 기풍이 있었다. 그러나 성품이 경박하고 조급하며 허망하여 하는 일이 거칠고 경솔하였으며, 늘 시와 술과 음악을 가지고 스스로 즐겼다. 일찍이 《설공찬전》을 지었는데, 떳떳하지 않은 말이 많기 때문에 사림이 부족하게 여겼다. 반정 뒤에는 직사를 맡지 않고, 늙었다 하여 고향에 물러가기를 청해서, 5년 동안 한가하게 휴양하다가 졸하였는데, 뒤에 양정襄靖이라는 시호를 내렸다.

졸기에서 지적하고 있는 바와 같이, 채수에게는 '간쟁하는 신하의 기풍'이 있었다. 성종 대에 직언[直]에 있어서는 그 누구보다 으뜸[宗]이었다. 김종직의 경우 졸기에서 "동지경연사로 있는 것이 오래였으나 건의하는 일이 없었으므로 명망이 조금 감소되었다"는 평가를 받은 것과 비교하면, 채수는 김종직보다 더 '종직'했다고 말할 수 있을 것이다. 또한 졸기에서는 그의 "성품이 경박하고 조급하며 허망하여 일이 거칠고 경솔하였다"고 지적한다. 폐비 윤씨 사건에서는 그런 평가를 받을 수 있을 것이다. 하지만 폐비에 관한 일로 파직되었다가 3년 후에 복직된 이후로, 그는 과묵하고 신중하며 노련한 정객으로 변모했다. 자신의 직사에 대해서는 충실하면서도, 정치적 논쟁과 소용돌이에는 빠져들지 않고자 노력했다.

채수는 대간의 직임이 "임금이 그르다고 하면 대간은 옳다고 하고, 임금이 옳다고 하면 대간은 그르다고 하니, 인주와 더불어 시비를 다투는 것"이라는 원론을 견지했다. 그러나 대신을 '소인'으로 지목하거나 논적에게 어떤 '딱지'를 붙이거나 정적에게 '프레임'을 씌우는 데에는 신중을 기하였다. 자신의 지론을 유지하면서도, 임금의 뜻을 살필 줄도 아는 정치적 원숙미를 보여주었다. 그런 점에서 채수가 경박하고 경솔했다는 평가는 1487년(성종 16)의 복직 이후의 삶에 대한 평가로는 적절하지 않다. 채수는 김종직에게 종유從遊하고 성현과도 교제가 깊었으나, 당시 새로이 등장하던 사림세력과는 잘 화합하지 못하였다. 그런 점에서 그에 대한 후대의 평가가 박할 수밖에 없었다는 점이 고려되어야 할 것이다.

연산군 즉위 이래 채수는 지방으로 물러나 관직에 나오지 않았다. 그는 연산군이 성종과는 다른 임금이라는 사실을 본능적으로 알고 있었다. 성종은 그의 직언을 기꺼이 받아들이고 실수를 너그럽게 용서해 주었지만, 연산군은 그런 인물이 아님을 직감적으로 간파하고 은거하여 처사處士처럼 살아간 것이다. 연산군의 지속적인 부름과 관직 제수에도 불구하고 관직을 사양하며 일부러 미친 사람처럼 광망한 모습으로 술에 취한 듯 지낸 것도 사람과 시대를 알아보는 안목이 있었음을 말해 준다. 그 덕분에 그는 훈구와 사림을 막론하고 당대의 이름난 정치가와 유학자가 사화로 희생되고 부관참시를 당하기까지 하는 참극 속에서도 명철보신할 수 있었다.

폐비 사건의 그림자 ___ 1476년(성종 7) 11월 7일에 원자가 태어났다. 후에 폭군 연산군으로 기억되는 이 아들은 조선왕조의 역사에서 최초로 아버지가 임금의 자리에 있을 때 태어난 원자였다. 태조의 개국 이후 정종·태종·세종의 경우는 아버지가 임금의 자리에 오르기 전에 태어났으며 그로 인해 경복궁에서 태어나지 않았다. 문종·세조·예종도 모두 잠저에서 탄생하였으며, 단종의 경우 문종이 세자 시절에 낳았다. 연산군이 태어난 지 몇 년이 못 되어 생모 윤씨가 폐비되고 사사됨으로써 '폐비의 아들'이라는 소리를 들었지만, 그 점을 제외하고는 조선 왕실에서 예외적이라고 할 수 있을 만큼 왕권의 정통성을 가지고 있었던 것이다.

원자가 태어난 다음 해인 1477년(성종 8) 3월에 어머니 윤씨는 폐비 논란에 휩싸인다. 비록 실제로 폐비되지는 않았지만, 원자 앞에는 불안한 미래가 드리워졌다. 1482년(성종 13)에 윤씨가 사사되기까지 원자의 거취에 관하여 조정에서 여러 번 논의가 제기되었다. 원자의 나이가 8

15 ___
실패한
후계자 교육

세가 되었던 1483년(성종 14)에 세자로 책봉되어서야 비로소 안정된 지위를 확보할 수 있었다. 그랬던 만큼 그의 어린 시절은 불안하고 불우했을 것으로 추측된다.

폐비에 관한 논의가 처음 시작되었던 1477년(성종 8)부터 성종은 원자의 거취 문제를 고민하기 시작했다. 그해 11월에 윤씨와 원자를 떼어놓기로 결정했다. 원자를 강희맹의 집에서 키우라고 명한 것이다. 성종은 아버지 의경세자가 일찍 세상을 떠났기 때문에 어머니 인수대비(소혜왕후) 밑에서 할아버지 세조의 사랑을 받으며 성장했다. 그런 탓인지 아들에 대한 책임의식이 결여되어 있을 수 있다. 자신의 행위가 장차 어떤 결과를 초래하게 될지를 예감해야 했지만, 폐비 당시 그의 나이가 아직 스무 살에 불과했기 때문에 그런 미숙함이 어느 정도 변명이 될 수도 있을 것이다.

1480년(성종 11) 1월 3일에 도승지 김승경이 한명회의 말을 인용하여 "원자의 나이가 이제 5세가 되었으니 여염에 섞여 살게 할 수는 없다"고 전하였다. 그러나 성종은 한나라 선제宣帝의 사례를 말하면서 "선제도 민간에 오랫동안 있었는데 여염집에 거처하는 것이 무엇이 해롭겠는가?"라고 대답하였다. 같은 해 11월 9일에 한명회는 성종을 독대하여 자신이 주문사로 명나라로 가서 원자를 세자로 책봉할 것을 주청하고 싶다는 뜻을 밝혔다. 이에 성종은 "어미가 비록 부덕하다고 해서 어찌 아들에게 영향을 주겠는가? 단지 나이가 어리니 여러 해를 기다렸다가 세자로 책봉해도 늦지는 않을 것이다"라고 대답하였다. 당시 폐비 윤씨는 아직 사저에 머무르고 있었고, 정현왕후의 아들(중종)은 태어나지 않았다. 성종으로서는 원자를 세자로 책봉하기는 아직 이르다고 생각했고, 다른 대안도 없었다.

1482년(성종 13) 8월에 폐비 윤씨에게 사약이 내려졌다. 또다시 원자의 거취에 관한 논의가 있었다. 결국 성종은 더 이상 세자의 자리를 비워두는 것이 어렵다고 판단했고, 1483년(성종 14) 2월 6일 폐비의 아들이었던 원자를 세자로 책봉하였다. 그때도 정현왕후에게는 아들이 없었다. 원자 외에 다른 대안이 없는 상황에서 세자를 바꿀 경우 명으로부터 책봉을 받는 과정에서 폐비의 문제가 부각될 수도 있었기 때문에, 원자를 그대로 세자로 책봉하여 왕실의 안정을 기하고자 했던 것이다. 성종이 경복궁 사정전에 나아가 원자를 세자로 책봉했던 글에는 다음과 같이 기록되어 있다.

아! 너 이융은……나면서부터 영리하여 일찍부터 인효의 성품이 현저하고, 총명이 날로 더해 장차 학문의 공이 융성할 것이니, 마땅히 동궁에서 덕을 기르고 대업을 계승할 몸임을 보여야 할 것이다. 그래서 너를 세워 왕세자로 삼는다. 아! 이에 총명을 받았으니, 더욱 영구한 계책을 생각하라. 간사함을 멀리하고 어진 이를 친근히 하여 힘써 스승의 아름다운 가르침을 지키고 항상 깊은 못에 임하듯 얇은 얼음을 밟는 듯 조심하여 조종의 빛나는 발자취를 뒤따르면, 이 어찌 아름답지 아니하랴?

하지만 세자의 서연書筵이 시작되면서 성종은 자신의 기대가 잘못된 것임을 깨닫기 시작했다.

세자의 학습 부진

서연 방식에 관한 논쟁 ___ 세자 책봉 열흘 후인 1483년 2월 17일 세자의 스승 정창손이 "서연에는 매일 빈객 한 사람, 낭청 두 사람, 대간 각각 한 사람이 진강하되, 아침에는 빈객이 진강하고 낮에는 낭청이 입시하여 아침에 읽은 것과 전에 사흘 동안 배운 것을 복습하고, 매달 15일에는 사부와 빈객이 모여서 강할 것"을 청하였다. 정창손의 의견에 따른 일정대로 2월 20일에 처음으로 왕세자가 서연에 참석하였다. 그런데 서연이 시작된 지 한 달 정도가 되었을 무렵 세자의 공부 방식에 관한 논의가 있었다. 임금이 참석한 경연의 자리에서 세자의 서연 방식에 대해 서로 다른 견해가 제시되어 논쟁이 벌어진 것이다.

집의 김수광은 세자가 아직 어려 혈기가 왕성하지 않은데 날마다 서연에 나와 공부하느라 무리하게 몸을 혹사시키고 있다고 지적했다. 그는 당우唐虞와 삼대三代에서는 천자부터 경대부까지의 맏아들을 가르치되, 반드시 한가롭고 조용하게 깊이 학문의 진리를 음미하여 기운을 양육하게 했고, 또 여가가 있으면 청소하고 응대하는 예절을 가르쳤음을 언급했다. 지금의 세자 교육도 옛날의 예절을 상고하고 종학宗學의 의절儀節에 의거하여 매달 여가를 두어서 몸과 마음을 휴양하도록 할 것을 요청하였다. 이에 대해 성종은 신하들에게 의견을 물었다.

3월 18일에 시강관 김종직은 학문하는 방법은 조금이라도 폐지해서는 안 되며, 잠시라도 그치게 되면 태만함에 익숙해져 습관적으로 보통 있는 일이라고 여길 것이라고 주장하며 김수광의 말을 비판했다. 이에 대해 김수광은 김종직의 말이 다만 학문하는 방법을 가지고 말한 것뿐이고, 국가의 장원長遠한 계책은 알지 못한 것이며, 세자를 소중히 여기는 바가 아니라고 반박했다. 하지만 김종직은 김수광의 말이 한갓 구차하게 당장의 편안한 것만을 취한 것이라고 비판했다. 그는 덕성을 함양하는 것이 세자의 혈맥을 튼튼하게 만드는 것이며, 학문의 공은 반드시 어릴 때부터 습관을 이루어야만 자립할 수가 있다고 주장하였다.

성종은 김종직의 손을 들어주었다. 이 논쟁을 통해 볼 때, 서연 초기의 학업이 세자에게 결코 쉽지 않았을 것임을 짐작할 수 있다. 아마도 성종은 아무런 준비 없이 13세에 갑자기 왕위를 물려받아 7년간의 수렴청정 기간 동안 밤낮없이 학문에 정진했던 자신의 모습을 떠올리며 김종직의 주장을 지지했을 것이다.

성균관 입학 ___ 서연이 시작된 지 1년 반이 되어가는 1484년(성종 15) 8월 1일에 세자는 비로소 《소학》 강독을 마칠 수 있었다. 1485년 12월 9일까지는 《소학》뿐 아니라 《대학》, 《중용》, 《논어》 등의 글을 읽었다. 1486년(성종 17) 1월 2일에 상당부원군 한명회는 조종 조에서 세자는 10세에 성균관에 입학하고 11세에 빈嬪을 맞이했다고 하면서, 세자의 나이가 이미 10세가 넘었으니 성균관에 입학시킬 것을 건의하였다. 성종은 "예전에는 8세에 입학하였으나 사람의 기질이 같지 않아 아마도 입학할 때에 예의범절에 어긋남이 있을 듯하니, 13~14세가 되기를 기다려 입학시키고자 한다"고 대답하였다. 세자의 '기질'이 아직 성균관에 입학할 만하지 못하여 예의범절을 잃을 수 있으니 몇 년 더 기다리겠다는 말이다.

성종이 세자의 입학을 늦춘 이유와 관련하여, 세자의 지능이 떨어지거나 아니면 어머니 폐비 윤씨의 비밀을 알게 될 것을 두려워했기 때문이라는 해석도 있다. 성종 말년에 있었던 서연의 기록에서 세자가 학습 지체 현상을 보여주고 있었다는 점을 고려하면, 후자의 이유보다는 전자의 이유가 더 사실에 가까워 보인다.

세자가 성균관에 입학하여 외부 사람을 만날 경우 어머니의 비극적 죽음에 대해 알게 될 것이기 때문에 입학을 꺼렸다는 것은 설득력이 그다지 높지 않다. 궁궐에서도 세자는 많은 사람을 만날 수 있으며, 아무리 폐비의 일에 대해 입단속을 엄하게 하더라도 비밀은 쉽게 새어나가기 마련이다. 뿐만 아니라, 세자가 원자 시절에 그 외할아버지 윤기견의 묘비명을 확인하는 과정에서 어머니의 일에 대해 처음으로 알게 되었다는 주장도 있다.

사유가 무엇이었든, 성종은 일단 세자를 성균관에 입학시키지 않고 서연을 통한 공부를 지속시켰다. 1486년(성종 17) 11월 2일에 《논어》를 다 읽고 《맹자》를 읽기 시작했다. 그로부터 1년 10개월 후인 1488년(성종 19) 8월 28일에야 세자는 《맹자》를 다 읽었다. 그동안 다른 책을 읽었는지 여부는 기록에 없어서 알 수는 없지만, 《맹자》 한 권만을 2년 정도에 걸쳐 읽었다면 비교적 더디게 읽은 편이라고 할 수 있다.

세자의 마음고생 ___ 세자는 1487년(성종 18) 2월 29일에 성균관에 입학했다. 이를 축하하기 위해 성종은 전국적인 사면령을 내리는 은혜를 베풀었다. 이때 반포했던 교서에서 세자의 학습능력에 관한 언급이 있다. 즉 "세자는 일찍부터 원량元良의 자품資品을 가졌고 일찍이 세자의 자리에 올라 학문이 점점 이루어지고 나이가 이미 장성하여, 아침저녁으로 임금의 수라상을 몸소 살피는 일과 문안하는 예를 폐하지 아니하고 스승을 받들어서 도를 강론하니, 일물一物의 행실을 따르는데 합당하다"는 것이다. 여기서 '일물'이란 《예기》〈문왕세자〉편에 있는 "한 가지 일을 행하여 세 가지 선한 것을 다 얻을 수 있는 이는 오직 세자뿐이다"라는 말에서 유래한 것이다. 성종은 세자가 입학한 것을 계기로 하여, 아버지와 아들, 군주와 신하, 연장자와 어린이 사이의 도리를 다할 것을 기대한 것이다.

세자가 뛰어난 자질과 인품을 가졌고 학문이 이루어지고 있다는 말은 실제를 표현한 것이라기보다는 성균관 입학을 축하하기 위해 사용된 의례적인 표현으로 보인다. 그 이유는 입학 이후 세자의 학습능력에 문제가 있는 것으로 나타났기 때문이다. 세자는 입학한 다음 해인 1488년(성종 19) 2월 6일에 혼례를 올렸고 그로부터 2주 후인 21일에 왕세자가 명나라 사신을 접대하는 문제와 관련하여 논의가 있었다. 이때 성종은 21일에 "세자가 연소하여 상접相接하는 즈음에 혹 실례할까 염려된다"는 이유를 내세우며 접대하는 예를 맡아서는 안 된다고 주장했다. 만약 명나라 사신이 세자의 영접 여부를 물으면 병이 있다고 말할 것을 지시했다. 세자가 사신을 접대할 정도로 충분히 예를 몸에 익혔다고 보지 않았던 것이다.

이 무렵부터 세자는 얼굴에 나는 종기 때문에 두고두고 고생한다. 현대 의학에 따르면 종기의 주요 원인 중 하나가 스트레스, 즉 마음고생이다. 원인이 정확히 무엇인지 알 수는 없지만, 세자는 심한 마음고생을 하고 있었다. 자신의 어머니와 관련된 것일 수도 있고, 여염(민간)에서 성장했기에 따뜻한 사랑을 제대로 받지 못한 데서 오는 청소년기 스트레스였을 수도 있다. 종기는 완치되지 않고 수시로 세자를 괴롭히는 고질병이 된다.

성종은 아버지 입장에서 세자의 학습능력을 우려했다. 처음에는 서연관이 세자를 올바로 가르치지 못했기 때문은 아닌지 의심했다. 1490년(성종 21) 1월 24일에 승정원에 전교하여 서연관에 적합한 자의 이름을 써서 아뢸 것을 지시하고, 만일 적합하지 못한 자가 있으면 이조로 하여금 바꾸어 임명하도록 명하였다. 8월 13일에는 시강원 관원으로 하여금 2, 3일 간격으로 세자와 함께 강학을 하라고 지시하였다. 하지만 시간이 지날수록 세자의 학습 지체 현상은 두드러지게 나타났고, 성종은 점점 초조해졌다. 8월 20일에는 세자에게 명하여 5일마다 서연한 뒤에 배운 것을 강독하라고 지시했다.

서연의 문제점 ___ 신하들 가운데에서도 세자의 학문 방식에 대해서 비판하는 목소리가 나왔다. 10월 7일에 홍응은 세자가 책을 진강하면서 모두 구결口訣을 쓰는데, 단지 한문 구절에 토를 달아 읽는 방식으로 학습한다면 학문은 끝내 통하지 못할 것이라고 말했다. 또한 세자가 진강할 때 책의 뜻을 묻지 않고, 서연관 역시 그 뜻을 풀어서 해설하지 않으며 단지 소리 내어 읽는 것만을 일삼으니, 매우 옳지 못하다고 비판했다. 책을 읽을 때 반드시 책에 담긴 뜻과 이치를 논의하고 고금의 사건과 사례를 곁들여 살펴보아야 유익할 것이라고 건의했다. 성종은 "이 말이 매우 옳다"고 동의하면서, 서연관으로서 마땅한 사람을 가려서 임명해야 한다고 대답하였다.

1491년(성종 22) 5월 15일에 세자시강원 보덕 송질 등이 세자의 교육과 관련된 글을 올리면서 세자가 학문을 게을리하고 있음을 비판한다.

삼가 고례를 살펴보니, 태자를 교육할 적엔 태부는 앞에 있고 소부는 뒤에 있으며, 들어오면 보保가 있고 밖에 나가면 사師가 있으니, 보는 그 신체를 보호하고 부는 덕의로써 보좌하고 사는 교훈으로써 인도하여 그 덕을 보양했는데, 지금의 사·부師傅와 이사貳師는 곧 태사·태부·소부의 직책입니다. 그들이 세자와 더불어 서로 접견하여 보양하는 때는 다만 달마다 한 차례씩 회강하는 것뿐이니, 그렇다면 그것을 옛날에 드나들면서 보도하는 것에 비교한다면 이미 소원한 것이 되었습니다. 또 한 달에 한 차례의 모임도 여러 번 정지하고 강하지 않습니다. 만약 회강하는 날을 당하여 어떤 일로 인하여 정지한다면 그만이겠지마는, 그날의 조강과 주강은 더러 폐지하지 않으면서도 유독 회강만 폐지하게 되니, 신 등은 그 이유를 알지 못하겠습니다. 만약 빈객은 날마다 윤번으로 서연에 입시하게 되니, 오히려 보양할 때가 있게 됩니다. 사·부와 이사와 같은 직책은 다만 한 달에 한 번씩 모이는데도 혹시 이를 정지한다면, 어떻게 교훈으로써 인도하고 덕의로써 보좌할 길이 있겠습니까? 그것이 왕세자를 보양함에 있어서 어찌 빠진 데가 있지 않겠습니까? 삼가 원하건대, 매달 보름날에는 또 회강하는 예절을 거행하시고, 만약 그날에 어떤 일로 인하여 폐강하게 되면 또한 그 다음 날에는 반드시 행하여 세자의 덕성을 훈도시킨다면 매우 다행하겠습니다.

예전에 태자를 교육할 때에 사師·부傅·보保가 있었다. 사는 교훈으로 인도하여 그 덕을 보양하고, 부는 덕의로써 보좌하고, 보는 신체를 보호하는 역할을 담당했다. 성종 대에 이러한 직임을 맡고 있는 관직으로 사·부와 이사가 있었다. 그런데 송질은 당시 세자 교육에서 인성·덕성을 보양하는 교육이라고 할 수 있는 회강이 한 달에 한 번 정도뿐이어서 미흡한 실정이며, 그 회강조차도 여러 번 정지되거나 폐지되었다고 지적한다. 세자가 인성교육은 제대로 받지 못하고 서연을 통한 글 공부만 하고 있다는 비판이다. 서연에서의 공부도 내용에 대한 깊이 있는 이해나 사례를 통한 의리의 논란에까지 이르지 못하여, 단지 책을 구결로 소리 내어 읽는 수준에 그치고 있는 실정이었다. 그래서인지 세자는 학문에 흥미를 느끼지 못하고 있었고 학업이 발전하지 못하고 성과가 나지 않았다.

끝내 풀지 못한 숙제

"아직 문리를 이해하지 못하다" ___ 1492년(성종 23) 1월 19일에 성종은 세자의 학문 상태를 진단했다. 세자는 동년배의 생도들과 더불어 글을 강론하며 갈고 닦은 것과 같지 않고, 단지 서연관으로부터 구두의 가르침만을 받을 따름이라고 밝히면서, "세자의 나이가 17세인데 아직 문리를 이해하지 못하고 있음을 근심하고 있다"고 술회한다. 또한 세자는 장차 임금의 자리를 이을 것이기 때문에 고금의 사변과 흥망·치란의 자취를 알아야 한다는 점을 지적하면서, 앞으로는 "서연관이 3일에 한 차례씩 강론토록 할 것이므로 은미한 말이나 오묘한 뜻도 정밀하고 세밀하게 풀지 않음이 없도록 하는 것이 옳을 것"이라고 승정원에 전교했다.

그 절목을 깊이 생각하고 논의하여 아뢰도록 지시하자, 승정원에서는 세자를 3일에 한 차례씩 서연관과 빈객이 들어가 모시고, 은밀한 말과 오묘한 뜻 몇 글자를 쓰고 일을 행하는 법들을 조용히 강론하게 하여 쉽게 글의 뜻에 통하도록 할 것을 아뢰었다. 성종은 또래의 유생들에 비해 한참 떨어지는 세자의 학문 수준을 끌어올리기 위해 고심하면서 보다 집중적으로 심화시키기 위한 교육 프로그램을 마련하고자 했다.

세자의 학습에 대한 논의는 1월 23일의 경연에서도 이어졌다. 동부승지 조위가 전날에 임금이 "서연관 및 빈객으로 하여금 3일에 한 차례씩 강론하도록 하라"고 하였는데, 세자가 빈객을 대할 때에는 예절에 맞는 몸가짐이 있어야 한다는 점을 들어 논란하기 어려울 것이라고 아뢰었다. 여기서 말하는 '논란'이란 일종의 토론식 수업을 의미한다. 세자가 사·부 및 빈객들과 토론식 수업을 할 경우, 사부를 대우하는 데 문제가 있음을 지적한 것이다. 그 대안으로 조위는 "서연관이 주강할 때마다 빈객이 조용히 모시고 앉아 있으면, 거의 자연히 젖어들어서 학문이 날로 진보할 것"이라고 건의하였다. 성종도 이에 공감하였다. 유생들의 경우 사부의 강의를 듣고 나서 친구들과 더불어 논란한 뒤에 견문이 해박해지는 법인데, 세자는 그럴 수 없는 상황이었다. 결국 서연관으로 하여금 주강할 때에 조용히 강론하게 하는 것으로 논의가 귀결되었다.

세자가 읽어야 할 책에 대한 논의도 이어졌다. 조위는 세자가 문리를 쉽게 터득할 수 있도록 《사기》를 읽고 《소미통감》과 《십구사략》을 강독할 것을 건의하였고, 영사 윤필상은 세자가 사서四書에 집중하여 정독한 후에 《춘추》를 강독할 것을 건의하였다. 성종은 세자의 문리가 아직 통하지 않았음을 이유로 《춘추》를 다 읽은 후에 《사기》를 읽는 것이 옳다고 답하였다. 서연을 맡은 관원이 단지 5명에 불과하므로 경연 담당 관원 가운데 일부를 서연관을 겸하도록 하는 방안도 논의되었다.

앞서 세자가 서연관 및 빈객과 토론식 수업을 할 경우 예모禮貌를 잃을 수 있다는 이유로 서연관으로 하여금 주강할 때에 조용히 강론하게 하는 것으로 논의가 귀결된 듯했다. 그런데 1월 29일 우승지 권경희의 건의로 이 문제가 다시 논의되었다. 그는 서연에서 세자가 단지 구두로 읽기만 하고 그에 관한 강론이나 변석을 하지 않고 있기에 학문이 뒤처지고 있음을 지적하면서, 세자가 빈객 및 서연관과 함께 묻고 대답하고 어려워서 잘 이해하지 못하는 곳은 다시 논하여 강론할 것을 건의했다. 성종은 그의 말에 동의하면서 "그 아뢴 바를 서연관에게 전하도록 하라"고 말하였다. 전날에는 예모를 이유로 '논란'을 피하고자 했지만, 세자의 학문 지체를 우려하여 석강에서만이라도 토론식 수업을 수용한 것이다.

학업을 위한 노력 ___ 이러한 조치들에도 불구하고 세자의 학업은 진전되지 못했다. 6월 13일에 사헌부 지평 민이가 최근에 서연에 참석했는데 세자가 전날에 읽었던 책을 익숙하게 읽지 못할 뿐만 아니라 잘못 읽은 곳이 많았다고 보고했다. 그 이유로 근일에 주강과 석강을 중지하여, 이해하지 못하는 곳을 강구講究하지 못했기 때문이라고 지적했다. 당시 성종은 더위가 심하여 세자가 혹시 병이 날까 우려하여 주강과 석강을 중지시켰던 것이다. 성종은 더위로 인해 세자가 예복을 갖추어 입을 수 없다면 편복을 입고서라도 빈객과 사부를 만나면 된다는 민이의 건의를 받아들이지 않았다. 임금이 소신小臣을 만나볼 때에도 예복을 갖추는데 하물며 세자가 편복 차림으로 서연관을 대할 수는 없다는 것이었다.

성종이 더위를 이유로 서연을 잠시 중지시켰지만, 그것은 세자의 병을 우려하여 배려한 것이지 세자의 학업을 포기한 것은 아니었다. 1493년(성종 24) 2월 8일에 임금이 몸이 편안치 못하여 의정부와 6조가 문안하였는데, 세자는 서연 강독으로 인해 시약侍藥하지 못했다. 이에 송영 등이 문제를 제기했지만, 성종은 "서연은 하루도 폐할 수 없는 것"이라고 말하면서 강독을 계속하도록 명하였다. 그 정도로 세자 교육은 성종에게 중요했고 다른 어떤 일보다 우선순위였다.

10월 14일에 동지사 유순은 세자를 가르치는 서연관은 젊고 총명한 인재들 중에서 뽑아야 한다고 건의했다. 성종은 "세자를 보양하는 것은 나라의 큰일인데, 한갓 그 나이가 젊고 총명한 것만 취하고 그 마음 씀이 어떠한 것은 묻지 아니하면 어찌 옳겠는가?"라고 대답한다. 세자를 보양하는 서연관의 중요성과 세자 교육에서 올바른 심성과 덕성을 함양하는 데 초점을 두어야 한다고 인식했음을 알 수 있다.

하지만 성종의 배려와 관심에도 불구하고, 세자의 학업은 진전되지 못했다. 성종 말년이라고 할 수 있는 1493년(성종 24) 5월 21일에 이덕숭은 서연에서 《상서》, 《춘추》, 《통감》을 강독함으로 인해 세자가 한 책에 전념하지 못할 것이라고 우려했다. 하지만 성종은 "이것은 세자가 널리 보아서 문리를 통하게 하려는 것이다"라고 대답하였다. 바꾸어 말하면 세자는 18세가 된 이때까지도 아직 문리가 통하지 못했다는 것이다.

11월 12일에 장령 양희지의 보고에 의하면, 당시 세자는 강학을 하다 말다 하고 강講이 끝나면 곧바로 동궁으로 돌아가 환관이나 궁첩들과 어울려 놀면서 친하게 지내고 있었다. 그 보고를 들은 성종은 세자가 여전히 문리가 통하지 못하는 상황을 우려했고, 아침·저녁으로 시강관과 더불어 오랫동안 강론하고 토론하는 것이 마땅하다고 말했다.

이즈음에 서연관이나 시강원의 관원 수를 놓고 당시의 10명에서 세종조 집현전 관원이었던 20명으로 늘려야 한다는 논의가 나오고, 경연관으로 하여금 세자의 서연을 겸직하도록 해야 한다는 의논이 자주 제기되고 있었다. 이것은 18세가 되도록 문리에 통하지 못한 세자의 상황을 타개하여 학문의 진전을 이루기 위한 고육지책이었다. 비록 실제로 시강원의 인원을 늘리지는 않았지만, 성종은 세자가 강습을 게을리하고 있다는 점을 지적하면서, "지금부터는 조강 후에 내전으로 들어가 강한 글을 익히도록 하고, 식후에는 문안하지 말도록 하라"고 시강원에 지시했다. 식후 문안을 생략하는 대신에 직접 세자의 공부 내용을 체크하겠다는 것이었다. 그만큼 세자의 학업 지체는 심각했고, 성종의 고민과 대책은 간절했다.

1494년(성종 25) 7월 17일에 세자의 학문 상태를 말해주는 기록이 있다. 사헌부 장령 유빈이 "신이 서연에서 엎드려 세자께서 전강前講한 글을 읽으시는 것을 보니, 말하기를 부끄러워하고 주저주저함이 많아서 다 통달하지 못하신 것 같고, 또 들으실 때에도 모르는 것을 물어서 옳고 그른 것을 따지거나 바로잡지 않으셨습니다. 세자의 춘추가 이미 장성하시니, 평범한 사람인 경우도 글을 통하고 이치를 통달할 때인데, 이제 바로 이와 같으시니, 향학하는 마음이 아마도 지극하지 않은 듯합니다. 신의 뜻으로는 1일 강한 것은 반드시 이튿날에 모든 빈객·시강관 등과 서로 난해한 것을 분변하여 다 통하고 막힘이 없는 뒤에야 다시 다른 글을 강하게 하고, 이로써 항식을 삼도록 해야 한다고 여깁니다"라고 했다. 이에 성종은 "장령의 말이 진실로 옳다. 지금부터 이후로는 시강관 등이 세자가 난해함을 묻기를 기다리지 말고 먼저 스스로 사물의 이치를 밝혀 쉽게 깨우치도록 하면 거의 옳을 것이다"라고 답하였다.

배우려는 마음 ___ 세자는 성종이 죽기 직전까지도 문리에 통달하지 못했다. 당시 세자 나이 19세였다. 유빈이 지적한 바와 같이, 평범한 사람이라도 문리를 통달할 나이였다. 그러나 세자는 배우고자 하는 마음이 없었고 환관이나 궁첩들과 놀기를 좋아했다. 성종 역시 그 사실을 알고 있었다. 그래서 마지막에 그가 내놓은 대책은 시강관으로 하여금 세자가 묻기를 기다리지 말고 먼저 사물의 이치를 밝혀 쉽게 깨우치도록 해달라는 것이었다. 아버지로서 그가 할 수 있는 최선은 거기까지였다.

성종의 조치에 대해서 유빈은 매우 지당하다고 밝히면서도, 당시의 시강관이 모두 학문에 뛰어나고 문의文義에 능통한 자는 아니라는 점을 지적했다. 그 이유는 시강관의 직에 있는 자가 몇 달이 지나면 다른 관직으로 수시로 옮겨가기 때문이었다. 그래서 앞으로는 시강관이 자주 관직을 옮겨가는 것을 허락하지 말고 오직 그 임무를 자기의 임무로 삼게 할 것을 요청했다. 성종은 그 건의에 동의하여 "금후로는 시강관을 자주 바꾸지 말라"고 승정원과 이조에 전교했다. 하지만 그 지시는 지켜지지 못했다. 5개월 후인 12월에 성종이 서거했고 세자는 임금으로 즉위했기 때문이다.

성종이 죽기 석 달 전이었던 1494년(성종 25) 9월 29일에, 인정전에서 양로연이 열렸다. 종척宗戚과 재신宰臣 및 군로群老가 참여한 자리였다. 세 번 세자 빈객을 맡은 바 있던 판중추 손순효가 양로연에 참석한 세자에게 교훈과 경계로 삼을 만한 말을 건의했다. 그는 "성탕成湯은 성스럽고 공경함을 날로 높이셨으며, 문왕은 끊임없이 공경하였습니다. 원컨대 세자께서는 이 말을 잊지 마소서"라고 아뢰었다. 세자가 "삼가 알겠습니다"라고 대답하였다. 술이 일곱 번 도니, 손순효가 또 자리에서 나와 꿇어앉아 서연관을 보려고 하니, 세자가 보덕 이거로 하여금 가서 듣게 하였다. 손순효는 《대학》의 〈탕지반명湯之盤銘〉에 이르기를, '날마다 새롭고 또 날로 새롭다'라고 하고, 성탕은 화리貨利를 증식하지 않고 성색聲色을 가까이 하지 않았으니, 이것이 바로 날로 새롭게 하는 실지입니다"라고 말하였다. 세자는 "자세히 들었습니다"라고 대답했다. 손순효가 "이것은 다만 세자만이 아실 것이 아니고, 또한 상달할 만합니다"라고 하자, 세자는 "마땅히 상달하겠습니다"라고 대답하였다. 이 장면을 본 성종은 연회가 파하자 손순효를 불러서 "경은 이전에도 일찍이 나에게 경계하라는 말을 올리더니, 이제 또 세자에게 경계하는 말을 올렸으므로 내가 매우 가상하게 여긴다"라고 말하였다.

그러나 세자는 임금이 된 후에 삼가고 공경하는 모습을 보이지 않았다. 화리를 증식하고 사치하여 국고를 탕진시켰고, 성색을 가까이하여 방탕함에 빠졌다. 아버지를 부정하고 죽은 어머니의 억울함을 풀기 위해 칼부림을 서슴지 않았고, 할머니 인수대비까지 죽음으로 몰아가며 왕실을 파탄시켰다. 그의 사치함과 방탕함은 조선왕조의 어느 임금도 따라갈 수 없을 정도였다. 임금이 된 이후의 모습을 보면 세자 당시에 보여주었던 연산군의 언행은 위선이자 거짓이었다. 물론 연산군의 폭정을 모두 한 개인의 탓으로 돌리기는 어려울 것이다. 하지만 10여 년에 걸친 세자 시절을 통해 자신을 수양할 충분한 시간이 있었고 아버지의 지원과 배려가 있었음에도 불구하고, 학문 연마를 게을리했을 뿐만 아니라 스스로 맹세했던 교훈과 경계를 저버렸다는 점은 분명한 사실이다.

아버지의 사랑 ___ 성종은 아들 교육을 잘못시킨 것일까? 세자 교육 실패의 모든 책임은 성종에게 있는 것일까? 아버지로서 져야 할 결과적인 책임은 부정할 수 없을 것이다. 하지만 성종은 아버지로서 최선을 다해 세자의 학문 진보를 위해 노력하고 배려했다. 당초에 원자 외에는 세자로 세울 만한 자식이 없었고, 세자를 폐위시킬 하자나 명분이 없었고 다른 대안도 없었던 점을 고려한다면, 임금이 된 연산군의 모든 비행에 대해 성종에게 책임을 지우면서 리더십 승계를 제대로 이루지 못했다고 비난하는 것은 너무 가혹하지 않을까?

세자 교육의 성과가 국왕으로서의 업무 수행과 얼마만큼의 상관 관계가 있는가 하는 문제는 판단하기 어렵다. 세종의 경우, 세자 교육을 거의 받지 못하고 임금이 되었지만 성공적으로 국왕의 직무를 수행하였다. 문제는 성종에게 다른 대안이 없는 상황이었다는 것이다. 생모 윤씨를 폐했다고 해서 적장자인 아들을 폐할 수는 없는 일이었다. 그로서는 세자의 학문 진보를 위해 노력하고 배려하는 것이 최선이었다.

다만 그 어머니의 폐위에 대한 논의가 제기된 이후에 그 아들을 민간에서 생활하도록 하기보다는, 임금의 곁에 보다 가까이 두고 아버지의 사랑을 주지 못한 것이 끝내 아쉬운 대목이다. 하지만 어찌하겠는가? 성종 역시 아버지의 사랑이 무엇인지 모르며 자랐기에 그 사랑을 어떻게 표현해야 하는지 몰라서 벌어진 일이라 생각된다.

주목할 점은 성종이 세자의 자질을 고양시키기 위한 교육에 초점을 맞추어서 리더십 승계 문제를 해결하고자 했다는 사실이다. 이는 세종이 세자 섭정과 첨사원 설치와 같은 제도화에 초점을 맞추어 리더십 승계 문제를 해결하고자 했다는 점과 대비된다. 세종의 시대가 제도화의 시대였다면, 성종의 시대는 교화의 시대였다. 그러한 시대적 차이가 세자 교육과 리더십 승계 문제에서도 투영되어 있음을 확인할 수 있다.

o
에
필
로
그

성종인가, 인종인가 ___ 이 책은 정치 경험도 없었고 후계 서열에서 3위였음에도 불구하고 '운 좋게' 왕이 되었던 성종에 대한 평전이다. 그는 정계의 실력자였던 한명회의 사위였던 까닭에 예종의 아들 제안대군과 친형인 월산대군을 제치고 왕위에 오를 수 있었다. 하지만 그의 앞에 펼쳐진 길은 '꽃길'이 아니라 '가시밭길'이었다. 그는 세조시대의 부패한 정치와 적폐를 유산으로 물려받았고 권세 있고 탐오했던 훈구대신들의 위세에 둘러싸여 있었다.

오늘날 우리는 성종을 《경국대전》과 《국조오례의》를 비롯한 조선의 문물제도를 완성하고 정치적 태평을 누렸던 군주로 기억한다. 성종은 정치 경험 없이 왕위에 오른 첫 임금이었다. 그럼에도 당시뿐만 아니라 오늘날에도 세종이나 정조와 비견되는 성군으로 거론된다. 이러한 사실은 실록을 통해서도 확인해 볼 수 있다. 그 이후 중종과 명종 그리고 선조도 정치 경험이 없는 상태에서 왕위에 올랐다. 성종이라는 선례가 있었음에도 이들은 성종에 비해서 후세에 그다지 좋은 평가를 받지 못하고 있다.

성종 치세의 마지막 해였던 1494년(성종 25) 12월에 성종의 지병이 급속히 악화되었다. 20일에는 내의원 제조 윤은로에게 "배꼽 밑에 작은 덩어리가 생겼는데, 지난 밤부터 아프고 빛깔도 조금 붉다"고 말한다. 22일 사관은 "임금이 본래 이질로 편찮은데다가 또 부종을 앓아 음식을 먹지 못한 지 오래"되었으며, 이날 밤 이후 증세가 더 심해졌다고 기록했다. 23일 승정원과 각 도 관찰사에게 명하여 죄수를 사면하고 석방하게 한다. 24일에 당대의 명의로 꼽히는 전명춘이 마지막으로 진찰을 하고 나와서 "배꼽 밑에 덩어리는 종기"라고 말한다. 이때 말하는 종기는 암이었을 가능성이 크다. 이날 정오 무렵 영의정 이극배 등을 불러 유언을 남긴다.

정승들은 비록 밤이라고 하더라도 물러가지 말고 승정원에 머물면서 세자와 일을 의논하라.

성종은 유언을 마친 후 (창덕궁 대조전에서) 38세의 나이로 삶을 마감했다.

성종이 승하한 다음 달, 즉 1495년(연산군 원년) 1월 14일에 정부·6조·홍문관·예문관·춘추관 5품 이상이 빈청에 모여서 대행왕(성종)의 시호 및 묘호·능호·전호를 의논하였다. 이때 묘호는 성成이라 하고, 능호는 선宣, 전호는 영사永思라 하였다. 윤필상·노사신·신승선·한치형 등의 의견을 따른 것이다. 그런데 그 자리에 참여했던 성준·성건·홍귀달·이칙 등은 묘호에 대해 다른 의견을 제시했다. 그들은 대행왕의 '거룩한 덕과 지극한 교화盛德至化'는 견줄 이가 드물다는 것을 이유로 묘호를 인종으로 해야 한다고 주장한 것이다. 그들이 생각하기에 성종 시대는 '지극한 교화'의 시대였고, 그 시대를 표현하기 위해서는 묘호로 성成보다는 인仁이 더 적합하다는 것이었다. 그러나 이 의견에 대해서 윤필상 등은 반대했다. 그들은 조선이 중국 조정을 섬기는 상황에서 그 묘호를 범하는 것은 마음이 편치 못하다는 것과 성종이라 해도 족히 인仁의 뜻을 포함할 수 있다는 논리를 내세웠다.

논란이 이어지자 학술적 전문성과 권위를 대표하는 홍문관에서도 의견을 제시했다. 직제학 표연말 등은 성준 등과 마찬가지로 성종이라는 묘호가 대행왕의 '거룩한 덕'을 다 표현하지 못함을 지적하면서 '인종'으로 하는 것이 여러

사람의 마음에 합한 공론이라는 점을 주장하였다. 이날의
논의에서 처음에 연산군은 "우리나라에서 중조中朝의 일을
다 피하는 것은 아니니, 인종을 칭하여 올리자는 의론을 나
는 옳다고 생각한다"라는 입장을 표명하였다. 하지만 묘호
에 관한 신하들의 논의가 계속 대립하자, 연산군은 이 문제
를 대비에게 아뢰고 그 의견을 구하였다. 다음 날 연산군은
대비의 의견을 따라서 아래와 같이 홍문관에 전교하였다.

내가 그대들의 말대로 대비께 고하였더니, 대비의 말씀이,
'대행왕께서 일찍이 말씀하시기를 내가 국가에 공이 없었
으니, 모 대왕某大王이라고 칭하는 것이 족하고 종宗이라
칭할 것이 없다 하시어, 일찍이 스스로 칭호를 지으려 하
시다가 이루지 못하고 승하하셨다' 하시고, 또 대행대왕
께서 사대하는 정성이 지극하셨는데, 만약 참람되게 중조
와 같은 칭호를 올린다면, 하늘에 계신 대행왕의 영이 어
찌 마음이 편하시겠는가? 성成자도 상고해 보니, 좋지 않
은 것이 아니다. 앞서 의논대로 따르는 것이 좋겠다.

여기서 '대비'는 당시 왕실의 최고 어른인 성종의 모후
인수대비를 말한 것이다. 연산군은 성종이 생전에 스스로
에 대해 "종宗이라고 칭할 것이 없다"고 언급할 정도로 겸

손하였고 또한 중국 조정에 대해 사대하는 정성이 지극하였다는 대비의 의견을 받아들여 대행왕의 묘호를 인종이 아닌 성종으로 결정한다. 이 결정에 대해 다시 정승과 대신, 그리고 홍문관의 반대 논의가 이어졌지만 연산군은 뜻을 굽히지 않고 윤필상 등이 처음 제시한 의견에 따랐다.

오늘날 우리는 성종의 묘호인 '성成'의 의미에 주목하여, 성종 시대를 '제도화가 완성立政'되고 '백성들이 태평성대를 누렸다安民'고 기억하고 있다.《민족문화대백과사전》에서는 "태조 이후 닦아온 조선왕조의 정치·경제·사회·문화적 기반과 체제를 완성시켰으니 그의 묘호가 후일 성종으로 정해진 것도 그 때문이었다"고 서술되어 있다. 필자 역시 성종에 대한 연구를 시작하기 전에는, 성종을 조선의 통치제도를 완성시킨 임금 정도로만 인식하고 있었다.

하지만 성종 당시 정치인과 지식인들이 평가했던 성종 시대는 한마디로 교화의 시대였다. 그의 묘호를 둘러싼 논의를 통해서 우리는 성종이 '거룩한 덕과 지극한 교화'를 실천한 '인종'으로 기억되고 있었다는 사실을 알 수 있다. 비록 그의 묘호가 성종이 보여준 겸양과 중국 조정에 대한 배려의 결과로 '성成'으로 결정되기는 하였지만, 그의 치세를 나타내는 단어는 '성덕지화盛德至化'와 '인仁'에 있음을 확인할 수 있다.

사화의 원인 ___ 이 책은 사화의 원인이 무엇이었는지를 밝히는 것을 목적으로 하지 않는다. 다만 '성종 시대의 태평성세가 어떻게 가능했는가?'라는 문제의식을 바탕으로 성종의 정치 리더십을 교화의 관점에서 조명하고 있다. 그런데 성종의 리더십을 탐구하는 것은 성종 사후에 왜 사화가 일어났는가를 이해하는 데 중요한 함의를 제공할 수 있다는 점에서 '사화의 원인은 무엇인가?'라는 물음을 하나의 화두로 제기해 볼 수 있다.

하지만 이 질문은 어쩌면 진부하게 느껴질 수도 있다. 왜냐하면 우리는 이미 대략적으로 그 해답을 알고 있기 때문이다. 그 해답의 요지는 다음과 같다. 고려 말의 권력투쟁에서 혁명파 사대부가 정권을 장악하고 조선을 건국했다. 이때 패배한 온건파 사대부들은 지방을 근거로 세력을 키워나갔다. 이색-길재-김숙자-김종직-김굉필-조광조로 이어지는 사림파의 계보가 여기에서 등장한다. 사림파는 성종 대에 이르러 김종직의 추천으로 언관 직에 등용됨으로써 중앙 정계에 진출하였고, 당시 기득권층이었던 훈구파와 대립하기 시작했다. 그 대립과 갈등이 첨예해지는 가운데 연산군과 중종 시대의 사화가 일어났다는 것이다.

그런데 이러한 설명은 과연 신뢰할 만한 것일까? 필자는 김종직의 추천으로 중앙 정계에 진출하기 시작한 사림이 정치적 파벌을 형성하여 훈구파와 대립하였고 그 대립이 후에 사화를 초래했다고 보기는 어렵다고 판단한다. 성종 시대에 가문이 좋고 고위관료의 자손인 문과 출신이 언관에 제수되는 경향이 현저하였고, 사림의 출신 배경은 훈구와 별다른 차이가 없었다. 오히려 사화라는 정치적 탄압을 받으면서 사림파가 형성되었다고 보는 것이 사실에 가깝다. 그런 점에서 사화의 발생과 관련한 '훈구파–사림파의 대립'이라는 통설적 견해는 원인과 결과를 혼동하고 있는 것이라 할 수 있다.

기존 연구에서는 사림파의 특징과 관련하여, 향촌에 기반을 둔 중소지주로서 유향소나 향청 등을 통해 지방 사족의 이해관계를 대변했다고 주장한다. 특히 중소지주층인 영남 지역의 사림파가 김종직을 필두로 유향소를 다시 세우려는 운동 등을 통해 중앙의 훈구파와 대립했으며, 중앙집권에 맞서 향촌 자치를 강조했다고 한다. 그러나 사림파의 대표적인 인물인 김굉필, 정여창, 김일손, 이황, 이이 등은 중앙과 지방 각처에 걸쳐 많은 노비와 전답을 보유한 부호들이었다. 이 사실은 그들이 재지사족이라기보다는 부재지주의 성격이 더 강했다는 반증이 된다. 또한 영남 사림이 당시 중앙의 훈척 집안들과 빈번하게 혼인 관계를 맺고 있었다는 사실도 사림파의 정의와 잘 부합하지 않는다.

국내 학계에서 정설처럼 되어 있는 사림파 관련 통설은 하버드대학의 와그너 교수에 의해 비판받았다. 그는 사화를 계층간의 알력이 아니라 대간臺諫이라는 제도 때문에 발생한 결과로 설명했다. 성종의 불교식 장례(1494)에 격렬하게 반대하다가 처벌받은 성균관 유생 24명, 기묘사화(1519) 때 처형당한 8명, 현량과 출신 28명 등 대표적 사림으로 분류될 수 있는 인물들이 대개 서울의 명문거족 출신임을 증거로 삼아, 당시 사림으로 불린 집단이 동시대의 다른 집단들과 구별될 수 있는 특징은 성리학적 정치원리와 윤리규범에 철저했던 것 외에는 없다고 지적했다.

토지 소유에서 훈구와 사림 사이에 별다른 차이가 없었다는 점을 고려할 때, 와그너의 견해는 설득력이 있다. 당시 사헌부·사간원·홍문관의 구성원은 언제나 유동적이었고 유망한 관원들은 거의 대부분 삼사를 거쳐 대신으로 승진하였으며 관서의 인사이동이 빈번했다. 이러한 논거에 의거해서 성종 시대의 정치를 정치세력간의 대립이라는 측면보다는 국왕·대신·대간 사이의 견제와 균형이라는 측면에서 해설한 연구도 제시되었다.

그러나 이 설명은 국왕·대신·대간의 대립 구도가 성종 이전에도 존재했다는 데 문제가 있다. 성종 대에는 홍문관이 언관화되어 사헌부와 사간원과 함께 대간의 역할을 담당했다는 사실을 제외하면 그 이전과 본질적으로 차이가 없다. 따라서 만약 대간제도 때문에 사화가 발생한 것이라면, 그런 충돌이 왜 연산군과 중종 대에 비로소 발생했으며 그 이전에는 없었는지를 설명해야 한다. 아직 이에 대한 명확한 해답은 제시되지 않았다. 뿐만 아니라 그 대립 구도 속에서는 행위자들이 지녔던 이념이 무엇이었는지 드러나지 않는다.

사화의 원인이 이질적인 세력간의 대립이 아니었고 대간제도로 인해서 발생한 것도 아니라면, 성종에서 중종으로 이어지는 시기에 존재했던 정치적 갈등의 근본적 원인은 무엇이었을까? 이 책에서 필자는 주자학 정치론의 핵심인 '교화'의 문제가 정치무대에 전면적으로 등장했다는 데에서 해답을 찾고 있다. 이는 정치적 갈등의 초점이 권력투쟁이나 제도화의 문제를 넘어서 정치가의 내면(심성)으로 이동함을 의미하는 것이다.

주자학에서는 백성을 다스리는 치인의 두 가지 방법으로 정政과 교敎를 강조한다. 전자는 법도와 금령으로 외물을 제어하는 것이고, 후자는 도덕과 제례로 마음을 가지런히 하는 것을 말한다. 주자학은 제도나 법령을 통해서 질서를 세우는 것에 그치지 않고 정치공동체에 속한 모든 사람이 내면의 변화를 통해 성인이 되는 것을 지향한다. 이를 위해서 위정자가 먼저 자신을 되돌아보고 모범을 보일 것을 요구한다. 필자는 세종의 시대가 국가 운영의 틀을 제도화해 가는 수성의 시기였다면, 《경국대전》이 완성된 이후 펼쳐진 성종의 시대는 제도화 단계를 넘어서 교화의 시대로 이행했던 시기였다고 본다.

개혁과 통합의 딜레마 ___ 그런데 이처럼 개인의 내면에 초점을 맞춘 교화의 정치가 등장했다는 것은 정치의 발전이면서도 위험성을 내포하는 것이었다. 왜냐하면 사람의 내면은 알기가 어려운 것인데, 단지 심성이나 심술心術(마음가짐)이 바르지 못하다는 이유로 교화라는 원칙을 내세우며 처벌한다면, 누구도 그러한 심판으로부터 자유로울 수 없기 때문이다. 교화의 정치는 출발부터 끊임없는 정치적 투쟁과 혼란을 야기할 수 있는 것이었다. '내면의 선악을 문제 삼는 정치'는 개혁 과정에서 피할 수 없는 것이지만, 어떻게 정치적 파국을 막을 수 있는가가 군주의 리더십에서 중요한 과제가 되었다. 이 책은 이 딜레마에 초점을 맞추어서 성종의 리더십을 진단하고 평가한다.

성종의 재야 사림 등용정책에 따라 출사했던 신진 관료들은 그들에게 부여된 간쟁과 탄핵의 권한을 통하여 훈구들의 전행과 비리를 문제 삼으며 비판했다. 그들이 사용한

'군자와 소인을 분별'하는 논리는 이후의 사림에게도 계승되었다. 이러한 논쟁과 비판은 연산군과 중종 대를 거치면서 사화라는 극단적인 갈등과 비극을 야기하였다.

그렇다면 교화라는 동일한 시대적 과제를 안고 있었던 성종 대가 다른 어느 시대에 견주어도 정치적 안정과 태평을 유지할 수 있었던 이유는 무엇인가? 이 책에서 필자는 성종이 훈구대신들을 존중하고 적절히 기용하여 그 기득권을 보장해 주었고, 대간이 그들의 이상을 자유롭게 표출할 수 있도록 예우하고 언로와 신분을 보장해 주었기 때문에 사생결단으로까지 치닫는 극한 상황은 일어나지 않았다는 점을 말하고 있다. 즉 성종은 교화의 정치가 야기할 수 있는 위험성을 자각하고 대신과 대간의 대립을 중재하며 정치적 통합을 유지했다는 것이다.

이처럼 이 책은 세종 대와 구별되는 성종 대의 '새 정치', 즉 교화의 정치가 새로운 세력의 등장이라는 외재적 요인이 아니라, 성종의 주도적인 노력에 의해 이루어지고 있음을 밝히고 있다는 점에서 의의가 있다. 오늘날 우리는 조선시대 최고의 군주로 세종을 뽑는 데 주저함이 없을 것이다. 정政·교敎 분리의 원칙을 기본으로 하는 현대 정치의 관점에서 보면, 새로운 문물을 창조하고 제도화를 이루어 갔던 세종의 탁월한 업적이 돋보이기 때문이다. 하지만 정치의 본질이 제도의 문제보다는 교화의 실현에 있다고 생각하는 주자학의 관점에서 보면, 세종보다 성종이 더 유교적인 성군이 아니었을까?

뒤베르제M. Duverger는 정치를 "투쟁을 통합으로 이끌어내는 기술"로 정의했다. 정치사회에는 심리적·인구적·지리적인 요인에서부터 사회경제적·문화적 요인 등에 근거하는 다양한 갈등이 존재한다. 갈등을 해소하고 통합을 이루기 위해서는 폭력적 방법의 한계에 대한 인식, 타협의 실현, 연대 관계의 발전 등이 필요하다. 하지만 보다 본질적인 투쟁은 우리 내면에 존재하는 선과 악의 대립, 그리고 서로 다른 이데올로기와 가치체계를 가진 사람들 사이에서 발생한다.

정치 개혁이 공동체의 통합을 해치지 않고 원만하게 이루어질 수 있다면 그 사회는 한 단계 도약할 수 있을 것이다. 그러나 대개의 경우, 개혁은 갈등을 수반한다. 더욱이 그 개혁이 눈에 보이는 제도나 이해관계를 둘러싼 투쟁을 넘어서 내면의 선악을 다투는 것이라면, 갈등은 타협이 어려울 정도로 격렬해질 수밖에 없다. 이처럼 개혁은 현실정치에서 분열과 대립을 야기한다. 성종은 이러한 근본적 균열을 어떻게 수습하고 사람들의 마음을 하나로 모을 수 있을 것인가를 고민했다. 그는 개혁과 통합의 딜레마에 직면하여 그가 달성할 수 있는 최선의 통합을 실천해 간 정치가라고 할 수 있다. 비록 그가 완전한 통합을 이루어 냈다고 말할 수는 없지만, 교화의 시대에 필요한 통합을 위해서 군주는 무엇을 해야 하는가를 분명히 보여주었다.

행운과 역량 ___ 마키아벨리는 《군주론》에서 행운 Fortuna 또는 타인의 호의가 아니라 자신의 역량Virtu에 의해 군주가 된 인물들을 거론하며 모세, 키로스, 로물루스, 테세우스 등을 높이 평가했다. 그는 개혁자들이 자신들의 힘으로만 행동하는지 아니면 타인에게 의존하는지를 검토하면서, 개혁에 성공하기 위해서는 자신의 힘에 의지하여 개혁을 주도할 만한 충분한 역량이 있어야 함을 강조했다. 반면 종교개혁가 사보나롤라와 같이, 자신의 역량에 의존하지 않고 타인에게 의존하는 자들은 성공하지 못하며 아무것도 성취하지 못한다고 보았다.

바로 그러한 이유로 "무장한 예언자는 모두 성공한 반면, 무장하지 않은 예언자는 실패한다"고 단언했다. 인민은 변덕스럽기 때문에 한 가지 일에 대해 그들을 설득하기는 쉬우나, 그 설득된 상태를 유지하기란 어렵다. 따라서 그들이 "당신과 당신의 계획을 더 이상 믿지 않을 경우, 힘으로라도 그들이 믿게끔 강제할 수 있어야 한다"고 조언했다.

성종은 정치 경험 없이 '운 좋게' 왕위에 오른 임금이었다. 그러나 그가 이룩한 교화의 정치는 결코 행운에 의해서 얻어진 것이 아니었다. 그는 세조 대의 부정적인 정치유산을 자신의 노력과 힘으로 극복하고 새로운 정치를 만들어 갔다. 마키아벨리의 관점에서 평가하자면, 성종은 자신의 역량으로 정치 개혁을 이룩한 '무장한 예언자'라고 할 수 있다. 여기서 예언자는 모세와 사보나롤라의 사례를 지적하지만, 그것은 단순히 신정일치의 지배자뿐만 아니라 모든 새로운 지배자를 지칭한다.

성종은 교화의 정치가 비로소 시작된 지점에서 대신과 대간을 우군으로 삼고 그들의 지지와 협조를 이끌어 냈다. 성종은 그들의 호의에 의존한 것이 아니라, 그들을 끝까지 설득하고 대립과 갈등을 중재하고 교화라는 목표를 제시하여 통합함으로써 새로운 정치를 이끌어 갔다. 그는 군주에게 그러한 역량이 없다면 교화의 정치는 자칫 사화로 귀착될 수 있다고 예견했다. 그는 대신을 존중하고 대간을 예우하고 인사권과 형벌권을 신중히 사용함으로써 사화를 예방한 명군明君이었다.

셰익스피어는 《헨리 4세》에서 "왕관을 쓰려는 자 그 무게를 견뎌라"고 말했다. 성종은, 세종처럼, 뜻하지 않게 자신에게 씌워진 왕관의 무게를 온몸으로 견뎌내며 교화의 정치를 이룩했다. 반면에 성종 이후의 군주들은 그 무게를 견디며 정치를 한다는 것이 결코 쉽지 않은 일임을 보여주었다.

인연과 감사 ___ 성종과 필자와의 인연은 우연의 산물이었다. 박사과정을 시작하면서 《태조실록》부터 읽어갔는데, 박사과정을 마치기 위해 학위논문을 써야 할 시점에서 《성종실록》을 읽고 있었던 것이 그 계기가 되었기 때문이다. 그렇게 시작된 만남이 지금까지 이어졌다.

이제 필자는 성종과의 인연을 마무리하고 그를 떠나보낼 준비를 하고 있다. 오랫동안 짝사랑에 빠져서 눈이 멀고 귀가 먹고 정이 들었던 '나의 왕'과 헤어질 결심을 하게 되니 서운한 마음이 든다. 하지만 더 이상 그를 '나만의 연인'으로 붙잡아 두어서는 안 된다고 생각한다. 그에 대한 나의 사랑은 변함이 없지만, 그가 지닌 아름다운 매력을 나 혼자만 알고 있는 것은 죄를 짓는 일이라고 판단했다. 내가 더 이상 그를 객관적으로 평가할 수 없다는 사실도 고려했다.

이제 그는 조선 정치사와 유교 정치사상에 관심을 가지고 실천적 지혜를 추구하는 모든 사람의 연인으로 자리매김 되어야 한다.

하기에 그동안 그를 통해서 알게 된 소중한 인연에 대한 감사의 글을 기록해 두고자 한다.

먼저 필자의 학위논문 심사위원으로서 귀중한 조언과 가르침을 준 고려대 김남국 교수님과 용인대 장현근 교수님, 그리고 서울대 박성우 교수님께 진심으로 감사드린다. 학부에서 정치학을 전공하지 않은 필자를 정치사상 연구자의 길로 인도해 주고 석사 및 박사과정을 수료하는 내내 가르침을 준 고려대 김병곤 교수님의 은혜는 평생 잊을 수 없다. 필자의 박사과정의 지도를 맡아주고 항상 성심을 다해서 한국(동양) 정치사상사에 대한 가르침을 주는 고려대 박홍규 교수님이 아니었다면 필자는 여기까지 올 수 없었다.

학위논문 제출 이후 필자는 여주대 세종리더십연구소의 박현모 교수님이 주관한 국책 과제에 참여하면서 많은 가르침을 받았다. 세종 연구에 대한 열정과 세종 사업에 대한 헌신에서 누구도 따라갈 수 없는 탁월함과 신심信心을 가진 분이다. 필자는 세종이야말로 조선의 군주들 가운데 오늘날 어디에 내놓아도 손색이 없는 리더십을 가진 국왕이라고 확신한다. 앞으로도 세종 리더십 연구가 글로벌한 차원에서 더욱 활발하게 이루어지기를 희망한다.

성종대왕연구포럼과 선릉왕자파 동종회와의 인연 역시 필자에게 각별하다. 우연한 기회에 연구포럼의 이종구 위원장님을 만나뵙게 되었고, 그 이후로 동종회가 주최하는 연구포럼에서 몇 차례 발표를 하기도 했다. 연구포럼에서 알게 된 선릉왕자파 동종회 이석우 회장님과 이한우 선생님은 필자가 성종 연구를 지속하는 데 격려의 말씀을 아끼지 않았다. 한동안 코로나 때문에 성종포럼이 중단되었다가 올해 다시 발표를 했다. 연구 결과를 들어주고 공감해주면서 질문을 해주는 분들이 계시다는 것은 연구자에게 큰 행운이 아닐 수 없다. 앞으로도 동종회와의 소중한 인연이 지속되기를 소망한다.

필자는 올해 2월에 KBS 〈역사저널 그날〉에 출연하여 성종을 소개할 수 있는 기회를 가졌다. 작년에 출간된 필자의 저서 《성종의 국가경영》을 읽은 담당 피디가 성종과 세종의 리더십을 비교하는 코너에 출연해서 간략하게 해설해달라는 요청을 해주었다. 이제까지 〈역사저널 그날〉에서 폐비 윤씨 사건 등을 다룬 적은 있지만, 성종에 대해서 단독으로 다룬 적은 없었다고 말씀하기에 흔쾌히 수락했다. 첫 방송 출연의 기회를 준 피디, 따뜻하게 환대해 준 출연진들, 친절하게 배려해 준 작가들에게 진심으로 감사한다.

다만 필자가 말하고자 했던 '교화의 정치'에 대해서는 보다 명확하게 제시되지 못한 부분이 있어서 아쉬움이 남는다.

대한민국을 대표하는 역사방송인 만큼 사건 하나하나에 역사적 고증과 검토를 거치는 것은 당연하다. 그런데 그 검토는 대체로 역사학자들의 자문을 통해서 이루어지는 것 같다. 그 결과 성종 시대의 정치를 훈구파와 사림파의 대립에서 보는 기존의 학설에서 크게 벗어나지 않은 범위에서 성종 리더십에 대한 평가가 이루어졌다. 그리고 폐비 윤씨 사건에 대한 필자의 주장은 다루어지지 않았다. 하지만 상관없다. 역사를 연구하는 정치학자는 역사학자들에 비해 언제나 소수파일 수밖에 없다. 칼 마르크스가 《자본론》 서문에서 단테의 글을 인용하며 쓴 마지막 말이 나에게도 여전히 타당하다. "남이야 뭐라든 너의 길을 가라!"

이 책은 도서출판 푸른역사의 뜻과 정성으로 출간되었다. 교정 과정에서 원고를 여러 번 꼼꼼히 읽고 수준 높은 비평과 건설적인 제안을 준 박혜숙 대표와 편집자에게 감사의 마음을 전한다. 박 대표의 배려가 없었다면 이 책은 완성되지 못했을 것이다. 모두 언급하지는 못하지만, 이 책이 나오기까지 연구의 길을 함께 해준 지적 동료들에게 고마움을 표한다.

효치와 눈물 ___ 이 책에서 서술한 성종 치세의 키워드는 '교화'였다. 그러나 성종 치세의 또 다른 키워드는 '효치孝治', 즉 효로써 나라를 다스린다는 것이었다. 성종은 재위 7년 1월에 친정을 선포하면서 교서를 반포했는데, 그 마지막 구절이 "효치를 나타내어 백성의 풍속을 두텁게 교화한다"는 것이었다. 그 말은 일차적으로 성종의 정치적 아버지인 세조의 정책을 계승하겠다는 뜻이었다. 자신을 왕위에 올려준 할머니 정희왕후에 대한 고마움의 표현이기도 했다. 다른 한편으로 그의 어머니 인수대비에게 드리는 다짐이었다. 일찍이 남편과 사별하고 평생을 홀로 살아온 어머니에 대한 눈물겨운 감사의 고백이었다. 그 어머니의 헌신을 생각할 때 결코 부끄러운 아들이 되지 않겠다는 맹세였다. 필자 역시 어려서 아버지를 여의고 홀어머님 밑에서 자라났다. 그래서인지 성종의 마음이 어떠했을지 느껴진다.

아무리 성군이라 일컫는 군주라 할지라도, 세종의 경우에도 말년에 불사佛事 문제로 신하들로부터 비판받고 스스로 "독부獨夫가 되었다"고 한탄할 정도로, 때로는 좌나 우로 치우칠 때가 있다. 하지만 성종은 끝까지 중도를 지키면서 치우치지 않았다. 혹자는 그것을 '마마보이'라거나 '모범생 콤플렉스'라고 폄훼할 수도 있을 것이다. 하지만 필자는 그것이 어머니에 대한 효심의 산물이라고 확신한다. 결코 밖으로 드러내지 않는 그의 눈물이 보이기 때문이다.

불초한 아들의 뒷바라지를 위해 평생을 홀몸으로 고생하시고 필자를 바라볼 때마다 환하게 웃어주시며 늘 자랑스러워하시는 나의 어머니, 김복순 여사께 이 책을 바친다. 필자의 남은 삶 동안 어머니에게 부끄럽지 않은 아들로 남을 것임을 다짐한다. 누나와 매형의 건강이 조속히 회복되고 조카 오선아가 나라를 다스릴 만한 인재로 성장하기를 기원한다.

참고문헌

1. 1차 자료

《태종실록》, 《세종실록》, 《세조실록》, 《성종실록》, 《연산군일기》, 《중종실록》,

《서경》, 《논어》, 《맹자》, 《대학》, 《중용》, 《사서집주》, 《주자어류》, 《근사록》,

《송명신언행록》, 《한비자》, 《내훈》, 《대학연의》, 《소학》, 《삼강행실》, 《연려실기술》,

《삼봉집》, 《점필재집》, 《퇴계집》, 《율곡집》, 《설공찬전》, 《용재총화》, 《동문선》,

《동국여지승람》.

2. 연구서 및 논문

강광식, 《유교 정치사상의 한국적 변용》, 백산서당, 2009.

_____, 〈붕당정치와 조선조 유교 정치체제의 지배구조 변동 양상: 지배연합의 변동 양
상 분석을 중심으로〉, 《오토피아》 24-1, 2009.

강성문, 〈조선 시대 여진 정벌에 관한 연구〉, 《군사》 18, 1989.

강제훈, 〈조선 성종 대 조회의식과 조회 운영〉, 《한국사학보》 27, 2007.

계승범, 《중종의 시대》, 역사비평사, 2014.

김대홍, 〈조선 시대 어우동 음풍 사건의 전모와 당시의 법적 논의〉, 《법사학연구》 44,
2011.

김범, 《사화와 반정의 시대》, 역사비평사, 2007.

____, 《연산군—그 인간과 시대의 내면》, 글항아리, 2010.

김순남, 〈조선 성종 대 올적합兀狄哈에 대하여〉, 《조선시대사학보》 49, 2009.

_____, 〈조선 성종 대의 건주삼위建州三衛〉, 《대동문화연구》 68, 2009.

_____, 〈조선 세조 대 말엽의 정치적 추이〉, 《역사와 실학》 60, 2016.

김우기, 〈조선 성종 대 정희왕후의 수렴청정〉, 《조선사연구》 10, 2001.

김종직, 임정기 역, 《점필재집》, 한국고전번역원, 2016.

김중권, 〈조선조 경연에서 성종의 독서력 고찰〉, 《서지학연구》 32, 2005.

남지대, 〈조선 초기의 경연제도〉, 《한국사론》 6, 1980.

_____, 〈조선 성종 대의 대간 언론〉, 《한국사론》 12, 1985.

도이힐러, 마르티나, 《한국사회의 유교적 변환》, 아카넷, 2003.

마키아벨리, 니콜로, 《군주론》, 강정인·김경희 역, 까치, 2015.

박정민, 〈조선 성종 대 여진인 '내조來朝' 연구〉, 《만주연구》 15, 2013.

박현모, 〈경국대전의 정치학〉, 《한국정치연구》 12-2, 2003.

_____, 《세종처럼》, 미다스북스, 2012.

_____, 《세종이라면》, 미다스북스, 2014.

박홍규, 《삼봉 정도전의 생애와 사상》, 선비, 2016.

_____, 《태종처럼 승부하라》, 푸른역사, 2021.

송영일, 〈조선 성종 조 경연 진강 연구〉, 성종대왕 연구포럼, 2015.

송웅섭, 〈조선 성종 대 전반 언론의 동향과 언론 관행의 형성〉, 《한국문화》 50, 2010.

_____, 〈조선 성종의 우문정치와 그 귀결〉, 《규장각》 42, 2013.

송재혁, 〈갑진자, 계축자 주조와 서적의 간행〉, 미발표 논문, 2017.

신승운, 〈조선 성종 조의 문사의 양성과 문집의 편찬·간행〉, 성종대왕 연구포럼, 2015.

이규철, 〈세조 대 모련위 정벌의 의미와 대명의식〉, 《한국사연구》 158, 2012.

_____, 〈세조 대 건주위 정벌과 명의 출병 요청〉, 《역사와 현실》 89, 2013.

_____, 〈조선 성종 대 대외정벌 정책의 한계와 국왕의 위상 약화〉, 《역사와 현실》 92, 2014.

이병휴, 〈사림세력의 진출과 사화〉, 《한국사》 28, 1996.

_____, 《조선 전기 사림파의 현실 인식과 대응》, 일조각, 1999.

이한우, 《성종, 조선의 태평을 누리다》, 해냄, 2006.

장현근, 〈여성의 법적 지위−어을우동 사건을 중심으로〉, 미발표논문, 2017.

정두희, 《조선 시대의 대간 연구》, 일조각, 1994.

_____, 〈조선 성종 9년 '무술지옥戊戌之獄'의 정치적 성격〉, 《서강인문논총》 29, 2010.

정만조, 〈16세기 사림계 관료의 붕당론〉, 《한국학논총》 12, 1989.

정윤재 외, 《세종의 국가경영》, 지식산업사, 2006.

_____, 《세종 리더십의 형성과 전개》, 지식산업사, 2009.

_____, 《세종 리더십의 핵심 가치》, 한국학중앙연구원 출판부, 2014.

정출헌, 〈성종 대 신진 사류의 동류의식과 그 분화의 양상〉, 《민족문학사연구》 50, 2012.

정해은, 〈조선 전기 어우동 사건에 대한 재검토〉, 《역사연구》 17, 2007.

정호훈, 〈조선 전기 법전의 정비와 《경국대전》의 성립〉, 《조선 건국과 경국대전 체제의 형성》, 혜안, 2004.

지두환, 《성종대왕과 친인척》, 역사문화, 2007.

진덕규, 《한국 정치의 역사적 기원》, 지식산업사, 2002.

진덕수, 이한우 역, 《대학연의(上·下)》, 해냄, 2014.

최동희, 《조선의 외교정책》, 집문당, 2004.

최승희, 《조선 초기 정치사연구》, 지식산업사, 2002.

_____, 《조선 초기 언론사 연구》, 지식산업사, 2004.

최연식, 《조선의 지식계보학》, 옥당, 2015.

최이돈, 《조선 중기 사림정치 구조 연구》, 일조각, 1994.

최홍기 외, 《조선 전기 가부장제와 여성》, 아카넷, 2004.

한희숙, 〈조선 초기 성종비 윤씨 폐비·폐출 논의 과정〉, 《한국인물사연구》 4, 2005.

_____, 〈조선 성종 대 폐비 윤씨 사사사건賜死事件〉, 《한국인물사연구》 6, 2006.

함재학, 〈경국대전이 조선의 헌법인가〉, 《법철학연구》 7-2, 2004.

_____, 〈유교 전통 안에서의 입헌주의 담론〉, 《법철학연구》 9-2, 2006.

황혜진, 〈실록을 통해 본 어을우동의 사랑과 죽음〉, 《통일인문학》 46, 2008.

Edward W. Wagner, *The Literati Purges: Political Conflict in Early Yi Korea*, Harvard University Press, 1974.

* 이 책을 쓰면서 박홍규의 《태종처럼 승부하라》와 이한우의 《성종, 조선의 태평을 누리다》에서 다수 인용했다. 대중서라는 특성에 따라 이 두 책을 포함하여 본문에서 인용한 자료는 각주로 처리하지 않고 참고문헌에서 일괄적으로 제시했음을 밝힌다.

* 이 책은 필자의 기존 저작들을 기반으로 이루어졌다. 출전은 다음과 같다.

〈철인왕 성종의 설득적 리더십〉, 《정신문화연구》 34-2, 2011.

〈성종의 중재적 리더십과 태평의 정치〉, 《대동문화연구》 74, 2011.

〈성종과 포황包荒의 정치〉, 《한국정치연구》 21-1, 2012.

〈조선 세조 대 여진정책과 역사화해〉, 《평화연구》 28-2, 2020.

《성종의 국가경영》, 지식산업사, 2021.

찾아보기

【ㄱ】

간당조 66, 146

감교청 173, 181, 183

《갑오대전》 175, 181, 182

갑인자 256, 258~261

갑자사화 87, 99, 244, 252, 333, 355

갑진자 254, 257~260, 266

강응정 59

강자평 215, 218, 219, 221

강희맹 107, 140, 221, 234, 245, 257, 367

개전론改悛論 296, 315, 320, 358

건주위 113, 123, 124, 126~128, 130~132, 209, 273, 284, 291, 293

경계론警戒論 358

《경국대전》 6, 10, 146, 153, 170~179, 181~186, 188, 193, 295, 311, 330, 384, 393

경연經筵 34, 39~45, 47~49, 54, 70, 73, 80, 140, 147, 148, 155, 156, 160, 194, 196, 197, 201, 212, 236, 249, 266, 268, 318, 320, 337, 339, 340, 344, 346, 347, 350, 361, 364, 369, 377, 379

계축자 254, 258, 260, 262

고신告身 62, 63, 106, 175, 176, 221, 302, 303, 357

고알告訐 307~310, 328

공혜왕후 69, 74, 110, 191, 200, 201

관교官敎 302, 303

《국조오례의》170, 187, 384

권경우 90~93, 353, 355, 361

권경유 252

귀성군 35~37, 91, 194, 225, 352, 353

《기축대전》10, 172, 182

길재 230, 234, 389

김계창 45, 105, 107, 108, 112, 180

김굉필 236, 239, 240, 242~244, 247~249, 251~253, 389, 390

김국광 125, 171

김범 95

김숙자 229, 230, 232, 234, 389

김언신 54~57, 63~66, 296, 298

김일손 240, 243, 250, 252, 333, 360, 361, 390

김종직 145, 160, 167, 204, 228~232, 234~253, 257, 258, 331, 333, 336, 343, 346, 356, 360, 361, 364, 369, 370, 389, 390

김지경 196, 197

김질 41, 54, 199

【ㄴ~ㄷ】

남효온 58, 59, 240, 241, 243, 247, 248

내명부 83

내수사 198~200

단종 31, 51, 73, 204, 217, 230, 250, 268, 274, 340, 366

대명률 66, 146, 173~175, 181

《대학연의》44, 45, 47, 69~73, 80, 81, 255

덕종德宗 28, 29, 37, 39, 50~52, 55, 56, 75

도총관 306, 307

도총부 305, 306

도학道學 229, 232, 234, 234, 244, 247, 248, 253, 337, 338

독서당 42, 270, 271

동맹가첩목아 116, 121, 274

【ㅁ】

맹자 33, 44, 45, 62, 118, 119, 233, 371

모련위 277, 278

무술년의 옥사 66, 67

무오사화 66, 67, 204, 236, 247, 250,
251, 252, 253, 270, 321, 333, 334,
360, 361

민풍 51, 101, 102, 340

【ㅂ】

박숙진 86, 88, 89

박시형 194~197

박정민 292

박현모 189

박홍규 119

박효원 63, 64, 66, 296, 298

반정 253, 343, 354, 362, 363

방납防納 310, 311, 313, 314

방산수 105~107

북정北征 51, 142, 274, 281, 282,
284~292, 326

분경금지법 192, 193

붕당 47, 53, 56, 65, 66, 109, 146,
147, 162, 164, 220, 241, 242, 299,
310

【ㅅ】

사가독서 254, 262, 268~271, 339,
343, 344, 348

사림파 67, 144, 145, 228, 229, 244,
252, 326, 331, 336, 343, 389~391

사풍士風 9, 51, 52, 53, 68, 96, 100,
101, 159, 164, 166, 302, 310, 313,
315, 321, 324, 325, 330, 346

사화 66, 145, 147, 228, 330, 332~
334, 343, 365, 389~392, 394, 398

《삼강행실》 100~102

삼대三代 61, 330, 369

서감원 161, 356

서거정 171, 172, 174, 223, 241, 261,
263, 270

서경署經 302, 304

서연書筵 369~371, 373~381

성헌成憲 170, 171, 303

성현成俔 107, 148, 242, 267, 356,
361, 364

세조 28~30, 35~40, 51, 53, 58, 65, 67~
69, 73, 115, 117, 122, 126, 130, 132,
137, 142~144, 152, 169, 170~172,
176, 186, 191, 193, 194, 199, 204~
207, 215, 217, 224, 228, 231, 232,

234, 236, 238, 250, 252, 253, 256,
268, 272~274, 278, 283, 286, 289~
292, 330, 336, 338, 340, 341, 343,
344, 346, 366, 367, 384, 398, 403
세종 30, 32, 33, 35, 40~42, 47, 52,
73, 74, 91, 104, 115, 125, 178,
178, 184, 211, 225, 232, 254,
256, 257, 268, 269, 271~273,
295, 301~303, 318, 319, 330,
339~341, 346, 352, 366, 383, 393,
394, 395
소학小學 45, 59, 100, 101, 229, 240,
243, 244, 267, 370
소혜왕후 42, 69, 74, 77, 87, 367
손순효 156, 157, 381
송웅섭 338
송질 374, 375
수렴청정 34, 37, 38, 42, 46, 52, 69,
85, 96, 122, 145, 193, 200~202,
219, 225, 241, 295, 336~338
수산수 106, 107
수성守成 170, 171, 393
승출陞黜의 법 100, 110, 157,
160~164, 166~169, 239, 246,
250, 335, 356
신숙주 33, 36, 37, 45, 53, 73, 136,

137, 154, 194, 199, 234, 237~239,
257, 262, 268~270, 278, 338
신정申瀞 154, 155
심술心術 97, 100, 294, 303, 309, 328,
329

【ㅇ】

안순왕후 32, 34, 74, 77
알타리 117, 122, 272~274, 280, 287,
288
압구정 209~216, 219, 247
야마나 소젠 134
양녕대군 74, 87
양핵음사 310, 312
어우동 103~115, 149
어유소 105, 112, 113, 125, 128, 205
연산군 67, 96, 99, 111, 145, 147,
204, 228, 244, 251, 253, 290, 321,
332~334, 343, 346, 354, 356, 360,
361, 363, 365, 366, 382, 386~389,
392, 393
영락제 120~122, 255
예문관 38, 61, 199, 236, 262,
268~270, 339, 386

예문록 339

예종 29~32, 38, 42, 53, 151, 171,
175, 186, 192~194, 200, 203, 206,
236, 349, 352, 366, 384

예치禮治 188, 189

오닌의 난 133, 134, 142

올량합 117, 122, 272~275, 278, 287

올적합 117, 121, 122, 272, 274~280,
284, 285, 287~289, 291, 293

왕안석 55, 56, 60, 61, 64, 156, 260,
359

요시마사 135

요시미츠 134

원상(제) 53, 195~197, 201, 202, 207,
208, 241, 336, 338

월산군 28, 30, 36

유감동 103, 104

유신維新 110, 115, 144, 149, 150

유신의 교화 150, 246

유자광 64~67, 97, 109, 146, 150,
151, 203~206, 236, 250, 252, 284,
305, 333, 334, 352, 360

윤기견 73, 74, 208, 371

윤은로 310, 311, 313~318

윤필상 81, 94, 107, 125, 130, 131,

161, 185, 281, 282, 284, 304, 308,
311~313, 315~319, 356, 377, 386

윤호 74, 185, 281, 311, 321,
322~326

《율해변의》 173, 174

《을사대전》 182~184

을해자 256, 258~260

음사陰私 306

의경세자 28, 30, 38, 39, 51, 201, 367

이규철 285

이극기 199, 261

이극배 107, 124, 125, 129, 185, 284,
358, 385

이덕숭 307, 309, 310, 312

이동 103

이색 233, 234, 389

이세좌 94, 307, 358

이세 황제 204, 205, 301

이시애 35, 51, 232, 233

이심원 58, 59, 63, 64, 68, 241

이창신 148, 311~316

이철견 251. 252, 305, 309, 315~317,
319

이칙 300~302, 304, 386

이한우 82, 192, 219, 223

인수대비 31, 69, 77, 299, 331, 367, 382, 387, 403

일대지제一代之制 170, 182

일시동인一視同仁 117, 118, 122, 123

임광재 61, 299, 305, 306, 309, 315, 316, 317

임사홍 58~67, 96, 97, 109, 110, 145~150, 241, 251, 295~301, 304, 305, 333, 334, 343, 349, 352, 359

임원준 38, 61, 63~66, 299~301

임희재 251, 252, 298

입헌주의 187

【ㅈ】

자녀안恣女案 176, 177

자산군 28~31, 33, 40

장리소 198, 199

장리贓吏 174, 175

장리長利 52

장안贓案 174, 175

정두희 66

【ㅌ~ㅍ】

투기妬忌 71, 73, 75, 76, 78, 79, 83, 86, 95, 97

투서 75, 78, 81, 109

파출罷黜 165

패상안敗常案 176, 177

폐비 윤씨 44, 73, 74, 75, 84, 87~90, 92, 95~97, 99, 110, 111, 161, 209, 331, 333, 343, 353, 354, 355, 356, 362, 364, 368, 371, 401

폐비廢妃 71, 76, 79, 81, 83, 84, 86~89, 91, 92, 95, 98, 99, 109, 150, 209, 211, 352, 355, 357, 363, 364, 366~368, 371, 401, 402

포폄 47, 154, 167

표연말 63, 68, 242, 352

【ㅎ】

한명회 29, 31, 33, 34, 53, 74, 81, 90, 125, 130, 132, 191~225, 241, 331, 367, 370, 384

한(나라) 성제 71, 81, 82, 85, 345

한치형 101, 386

한희숙 76

함재학 187

허종 78, 130, 277, 278~282, 284, 286, 287, 308, 318~321, 359

현석규 47, 50, 54~58, 61, 63~67, 97, 107, 109, 125, 146, 147, 295, 349

호소카와 가츠모토 134

호패법 34

홍귀달 55, 83, 123, 243, 318, 350, 355, 386

홍문관 43, 61, 157, 159, 165, 166, 232, 241, 246, 262, 266, 270, 281, 282, 311, 312, 336, 338, 341, 342, 344, 361, 386, 388, 391

홍문록 339

홍응 48, 107, 125, 185, 281, 361, 373

화동(론) 319, 320, 359

회간왕懷簡王 38

효치孝治 50~52, 109, 142, 273, 402

훈구파 67, 144, 145, 228, 229, 250, 326, 331, 344, 390, 401

이 저서는 2016년 대한민국 교육부와 한국학중앙연구원(한국학진흥사업단)의
한국학총서사업의 지원을 받아 수행된 연구임(AKS-2016-KSS-1230003)

군주 평전 시리즈 03

성종, 군주의 자격을 묻다

2022년 11월 22일 초판 1쇄 인쇄
2022년 11월 29일 초판 1쇄 발행

글쓴이   방상근
펴낸이   박혜숙
디자인   이보용
펴낸곳   도서출판 푸른역사
    우) 03044 서울시 종로구 자하문로8길 13
    전화: 02)720-8921(편집부) 02)720-8920(영업부)
    팩스: 02)720-9887
    전자우편: 2013history@naver.com
    등록: 1997년 2월 14일 제13-483호

ⓒ 방상근, 2022

ISBN 979-11-5612-238-8 04900
ISBN 979-11-5612-205-0 04900 (세트)

· 잘못 만들어진 책은 교환해드립니다.